AF591235

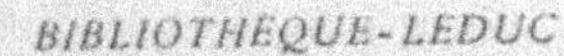

BIBLIOTHÈQUE-LEDUC

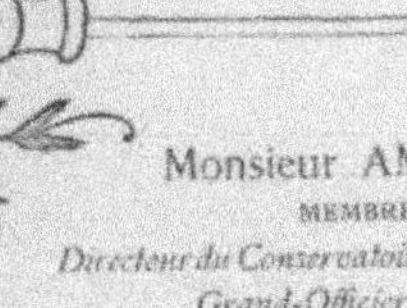

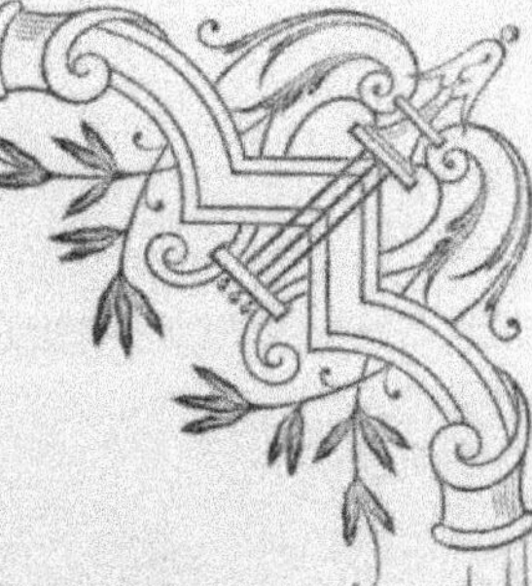

À

Monsieur AMBROISE THOMAS

MEMBRE DE L'INSTITUT

Directeur du Conservatoire N.al de Musique et de Déclamation

Grand-Officier de la Légion-d'Honneur

RÉALISATIONS

DES LEÇONS

DU

COURS D'HARMONIE

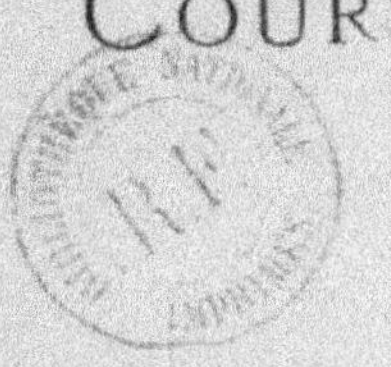

PAR

ÉMILE DURAND

PROFESSEUR AU CONSERVATOIRE NATIONAL DE MUSIQUE

PR : 12fr NET

Premier Volume :

Cours complet d'Harmonie, Théorique et Pratique, Prix Net : 25 fr.

PARIS. ALPHONSE LEDUC, ÉDITEUR

3, rue de Grammont

AVERTISSEMENT

Si nous publions en un volume à part les *Réalisations des Leçons* de notre *Cours d'Harmonie*, c'est dans le but d'éloigner des yeux de l'élève *ces Corrigés*, qu'il pourrait être tenté de consulter ou même de copier, ce qui serait très-préjudiciable à ses progrès.

Ce volume doit donc rester *entre les mains du professeur*, et l'élève consciencieux se gardera bien d'en lire aucune leçon avant de l'avoir faite.

Nous devons faire observer que le *numérotage* des exercices de contrepoint est *indépendant* de celui des leçons d'harmonie proprement dites; celles-ci ne commencent qu'à la page 49 du Cours et à la page 9 du volume des réalisations.

La plupart de nos leçons ont été composées pour les voix; mais quelques-unes d'entre elles ont le *caractère instrumental* et embrassent une assez *grande étendue*, bien que ne dépassant pas absolument le *registre vocal*.

EMILE DURAND

ÉMILE DURAND.—COURS D'HARMONIE

DEUXIÈME VOLUME

RÉALISATIONS DES LEÇONS

PREMIÈRE PARTIE

CONTREPOINT NOTE CONTRE NOTE A DEUX PARTIES

Sur les Deux premiers degrés

1 *Ténor.* *Contralto.* *Soprano.*

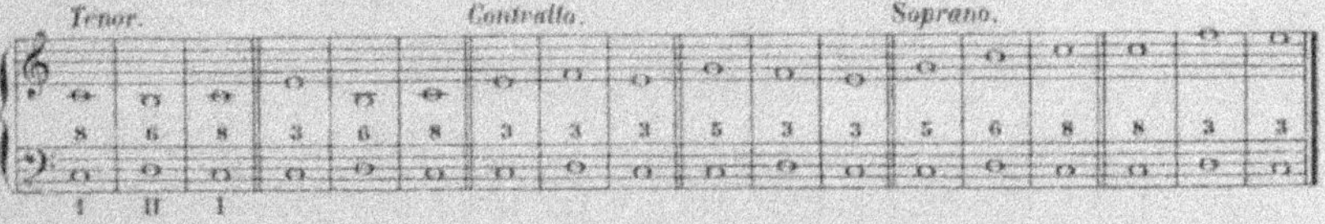

Sur les Trois premiers degrés

2 *Ténor.* *Contralto.* *Soprano.*

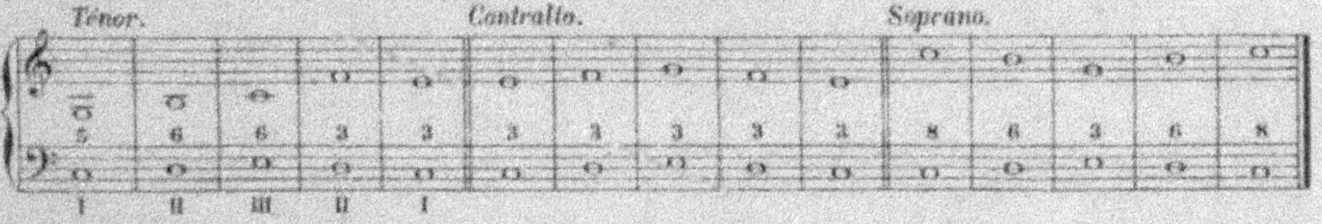

3 *Ténor.* *Contralto.* *Soprano.*

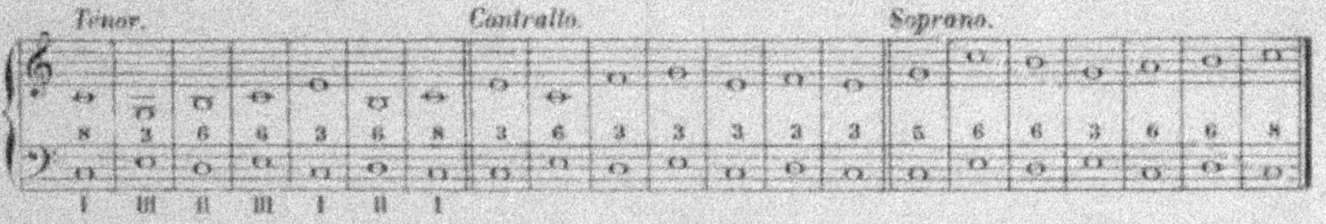

4 *Ténor.* *Contralto.* *Soprano.*

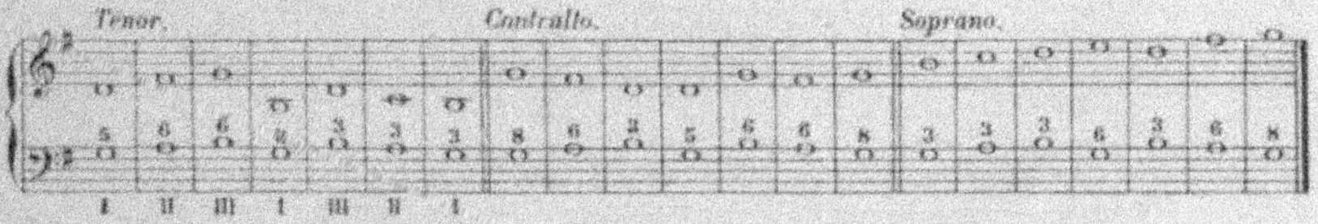

Sur les Quatre premiers degrés

5 *Ténor.* *Contralto.* *Soprano.*

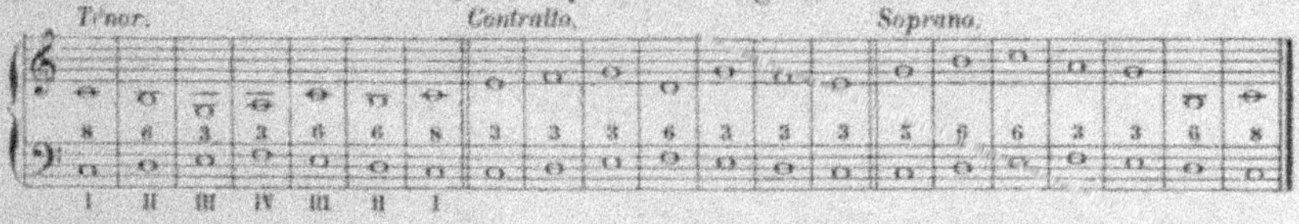

(*) Bien que la plupart de ces leçons aient été composées pour *les voix*, elles sont, ici, notées presque toutes en *clef de fa* et *clef de sol*, afin que les élèves qui ne savent point d'autres clefs puissent en prendre connaissance.

Le *Ténor*, quoique noté en clef de sol, y est placé à *son véritable diapason*; et non à *une octave trop haut*, comme on a l'habitude de le faire lorsqu'on l'écrit sur cette clef.

Paris, ALPHONSE LEDUC, Éditeur. A.L.6502. *(Gravé chez Alphonse Leduc)*

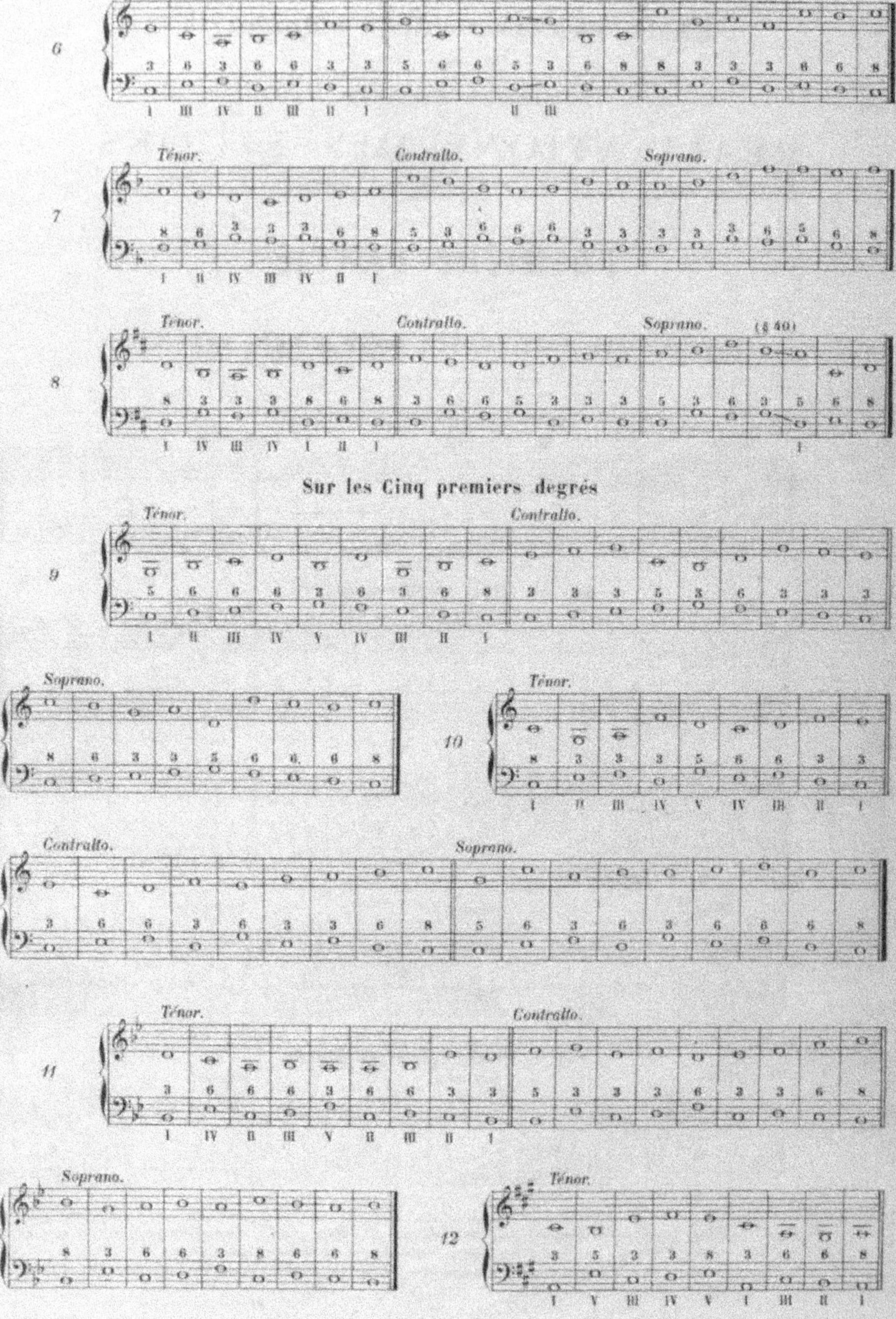
6
Ténor.
Contralto.
Exceptionnel.
Soprano.
7
Ténor.
Contralto.
Soprano.
8
Ténor.
Contralto.
Soprano.
(§ 40)
Sur les Cinq premiers degrés
9
Ténor.
Contralto.
Soprano.
10
Ténor.
Contralto.
Soprano.
11
Ténor.
Contralto.
Soprano.
12
Ténor.

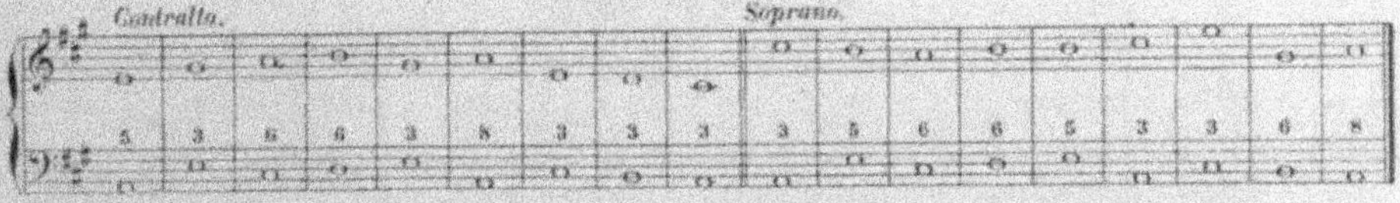

Contralto. *Soprano.*

5 3 6 6 3 8 3 3 3 3 5 6 6 5 3 3 6 8

Sur les Six premiers degrés

Ténor. *Contralto.*

13

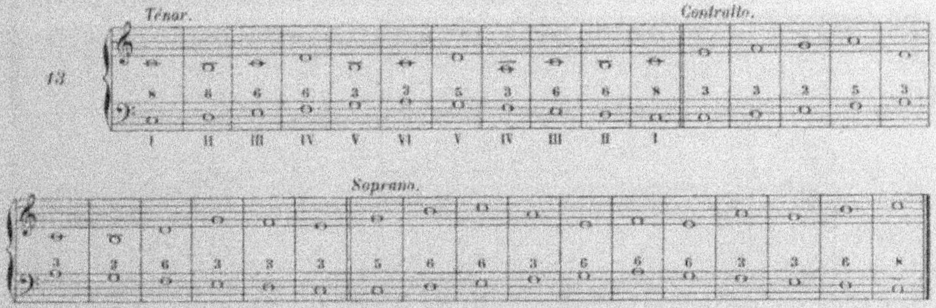

8 6 6 6 3 3 5 3 6 6 8 3 3 3 5 3

I II III IV V VI V IV III II I

Soprano.

3 3 6 3 3 3 5 6 6 3 6 6 6 3 3 6 8

Ténor. *Contralto.*

14

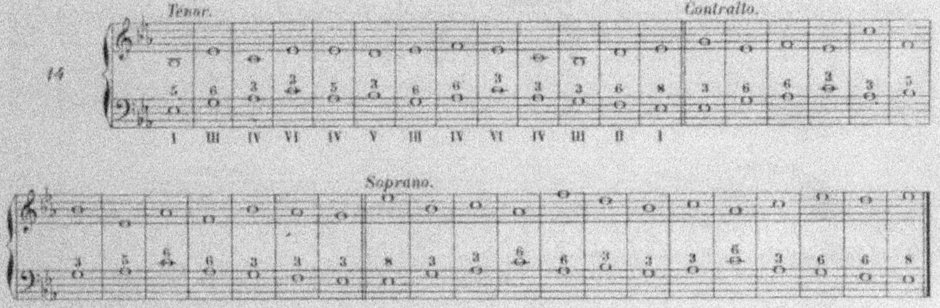

5 6 3 3 5 3 6 6 3 3 3 6 8 3 6 6 3 3 5

I III IV VI IV V III IV VI IV III II I

Soprano.

3 5 6 6 3 3 3 8 3 3 6 6 3 3 3 6 3 6 6 8

Ténor.

15

8 3 5 3 6 6 6 3 3 8 3 3 6 6 8

I III II VI II IV III I VI II V I IV II I

Contralto.

3 6 3 8 3 6 3 6 5 3 5 3 5 3 3

Soprano. (§ 28)

5 6 6 3 3 3 3 6 3 3 3 8 3 6 8

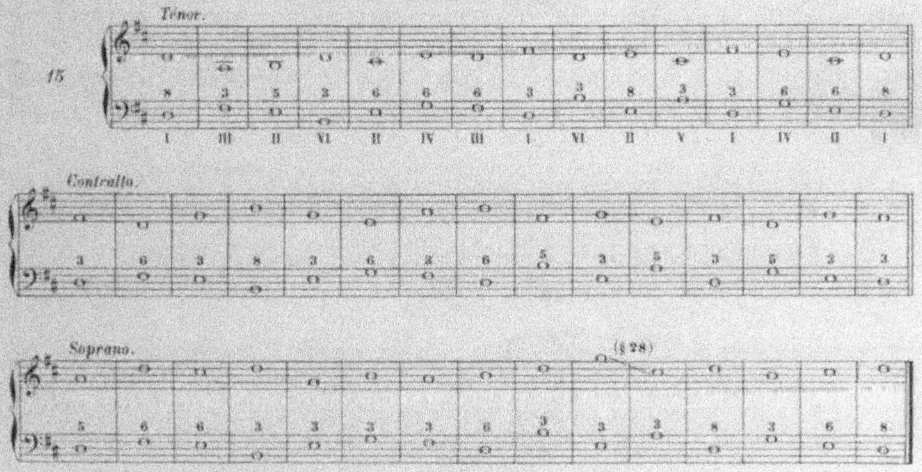

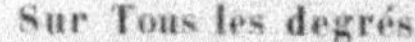

Sur Tous les degrés

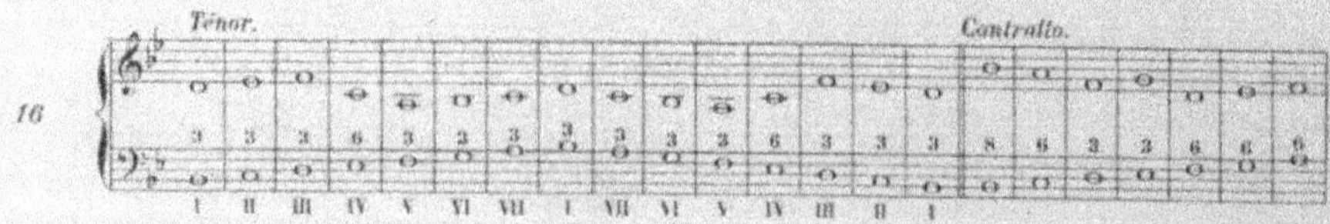

Soprano.

Ténor. Contralto.

17

I III IV VI V VII I VII V VI IV II I

Soprano.

Ténor. Contralto.

18

(§ 40)

I III V I VII II I VI VII V VI IV III II I

Soprano.

Ténor. Contralto.

19

I II VII I II IV III II IV VII I III VI II I

(§ 28)

(§ 28) Soprano.

20

Ténor. — Contralto.

Soprano.

MODE MINEUR

Sur les Quatre premiers degrés

21

Ténor. — Contralto. — Soprano.

22

Ténor. — Contralto. — Soprano.

23

Ténor. — Contralto. — Soprano.

24

Ténor. — (§ 60) — Contralto. — (§ 40) — Soprano.

25

Ténor. — Contralto.

Soprano.

26

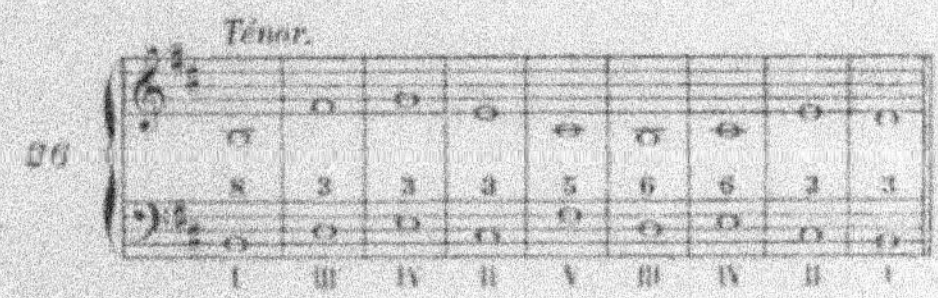

Contralto. *Soprano.* (§ 28)

27 *Ténor.* (§ 40) *Contralto.*

I VI II III V II III II I

Soprano. (§ 60)

28 *Ténor.*

I V III IV V I III II I

Contralto. (§ 40) *Soprano.*

V

Sur les Six premiers degrés

29

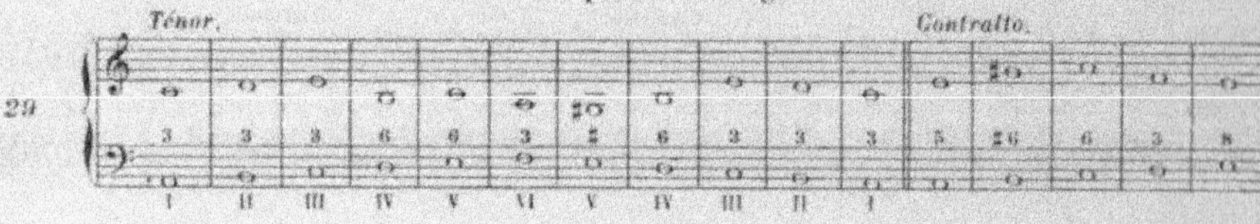

Soprano.

30 *Ténor.* *Contralto.*

I III IV VI IV V III I IV II I

Soprano.

Sur Tous les degrés

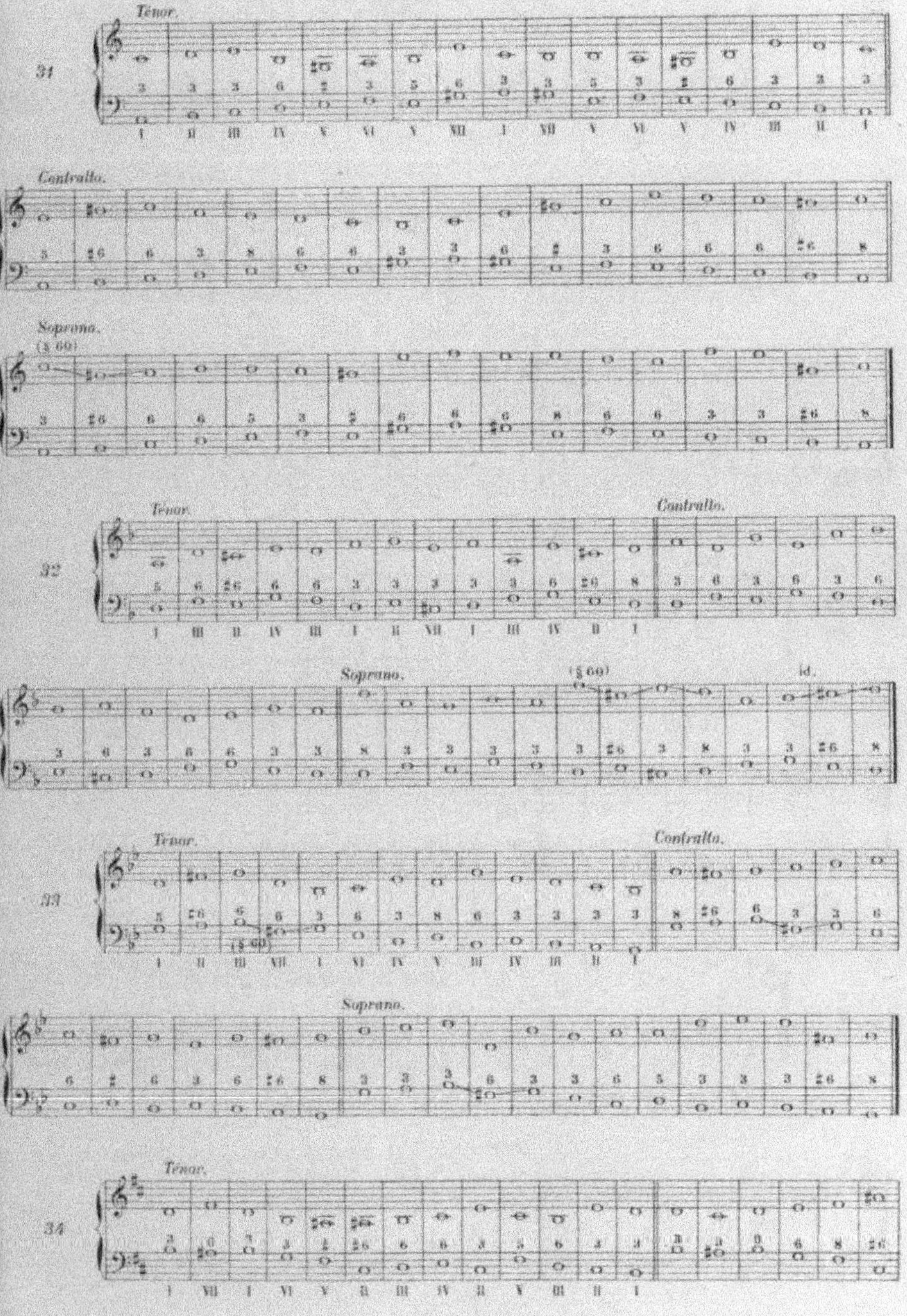

31

Ténor.

I II III IV V VI V VII I VII V VI V IV III II I

Contralto.

Soprano.
(§ 60)

32

Ténor. Contralto.

I III II IV III I II VII I III IV II I

Soprano. (§ 60) id.

33

Ténor. Contralto.

(§ 60)

I II III VII I VI IV V III IV III II I

Soprano.

34

Ténor.

I VII I VI V II III IV II V III II I

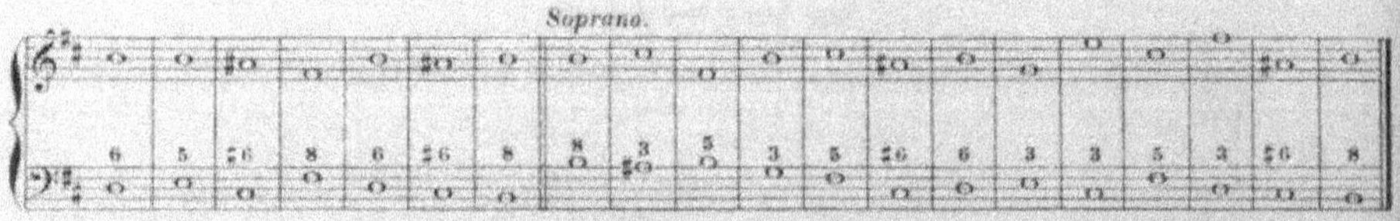

Soprano.

35

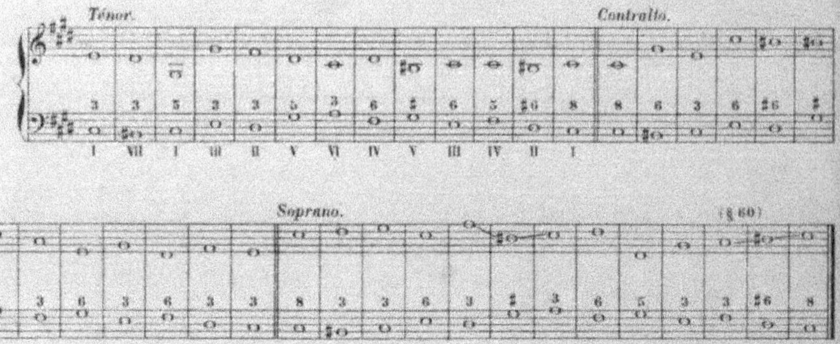

Ténor.

Contralto.

I VII I III II V VI IV V III IV II I

Soprano.

(§ 60)

36

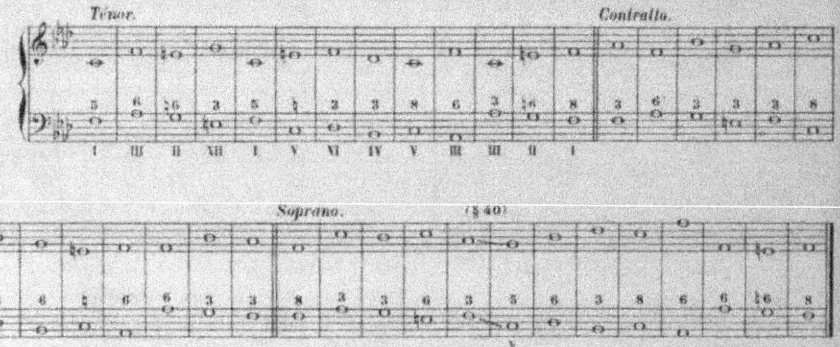

Ténor.

Contralto.

I III II VII I V VI IV V III III II I

Soprano.

(§ 40)

37

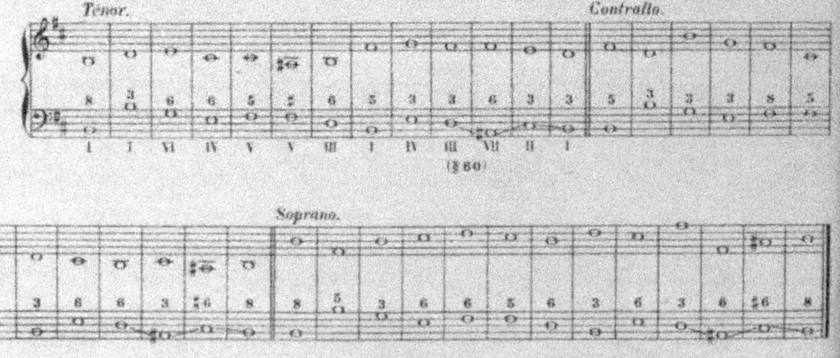

Ténor.

Contralto.

I I VI IV V V III I IV III VII II I

(§ 60)

Soprano.

LEÇONS A TROIS PARTIES
sur les Accords de trois sons fondamentaux

BASSES DONNÉES CHIFFRÉES

Accords de Premier ordre

1re DISPOSITION pour *Basse, Ténor et Contralto* — 2me DISPOSITION pour *Basse, Contralto et Soprano*

Nº 1.

I IV V I IV V I

Accords de Premier et de Deuxième ordre

Nº 2.

I IV V VI IV V I

Nº 3.

I VI IV II V I

Nº 4.

I V I VI IV V I

Nº 5.

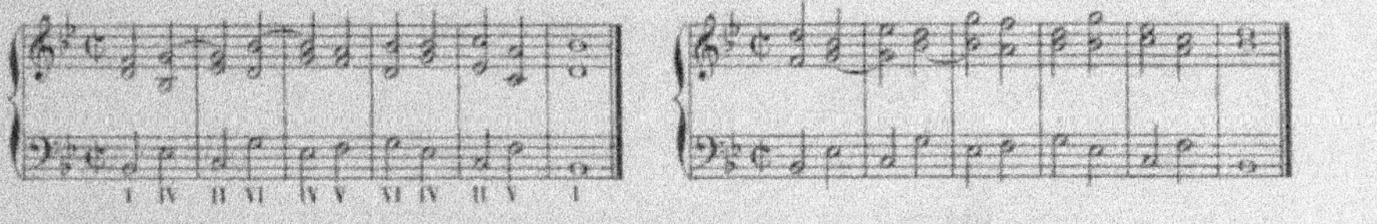

I IV II VI IV V VI IV II V I

Nº 6.

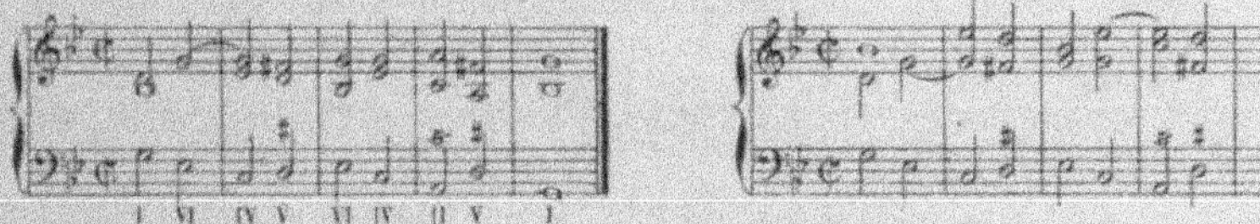

I VI IV V VI IV II V I

Accords de Premier, de Deuxième et de Troisième ordre

Nº 7.

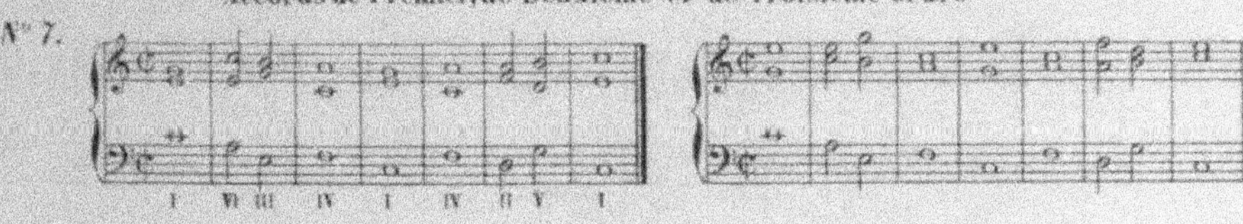

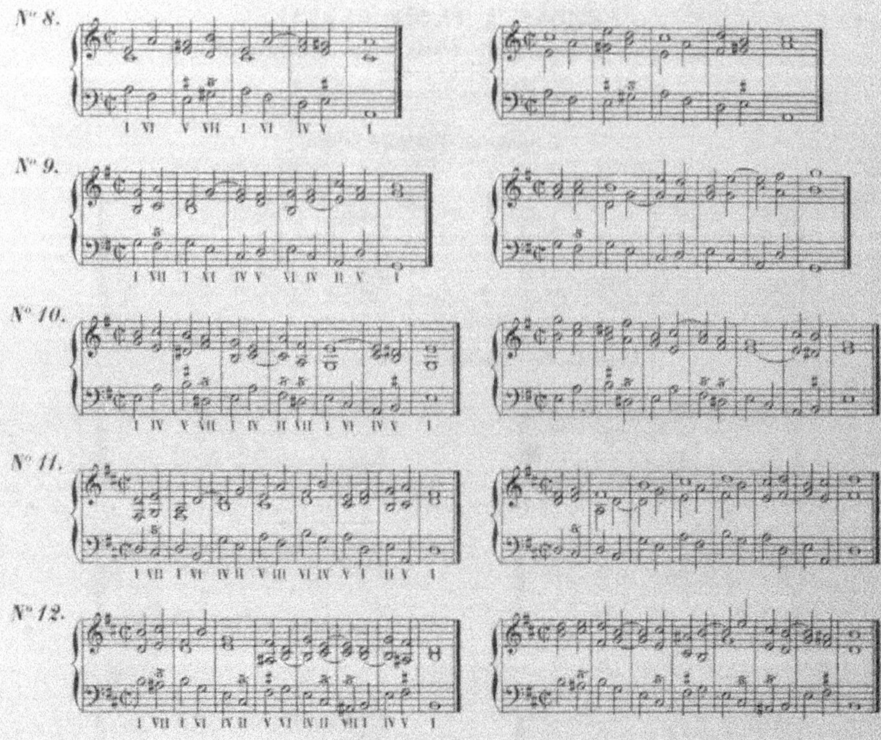

LEÇONS A TROIS PARTIES
sur les Accords de Sixte

BASSES DONNÉES CHIFFRÉES

Accords de Sixte des 3me, 4me, 6me et 7me Degrés

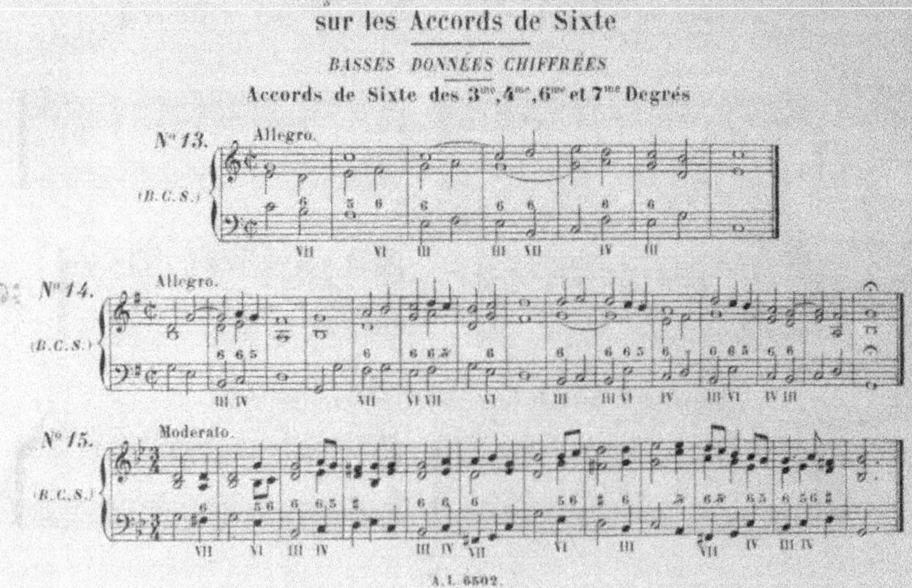

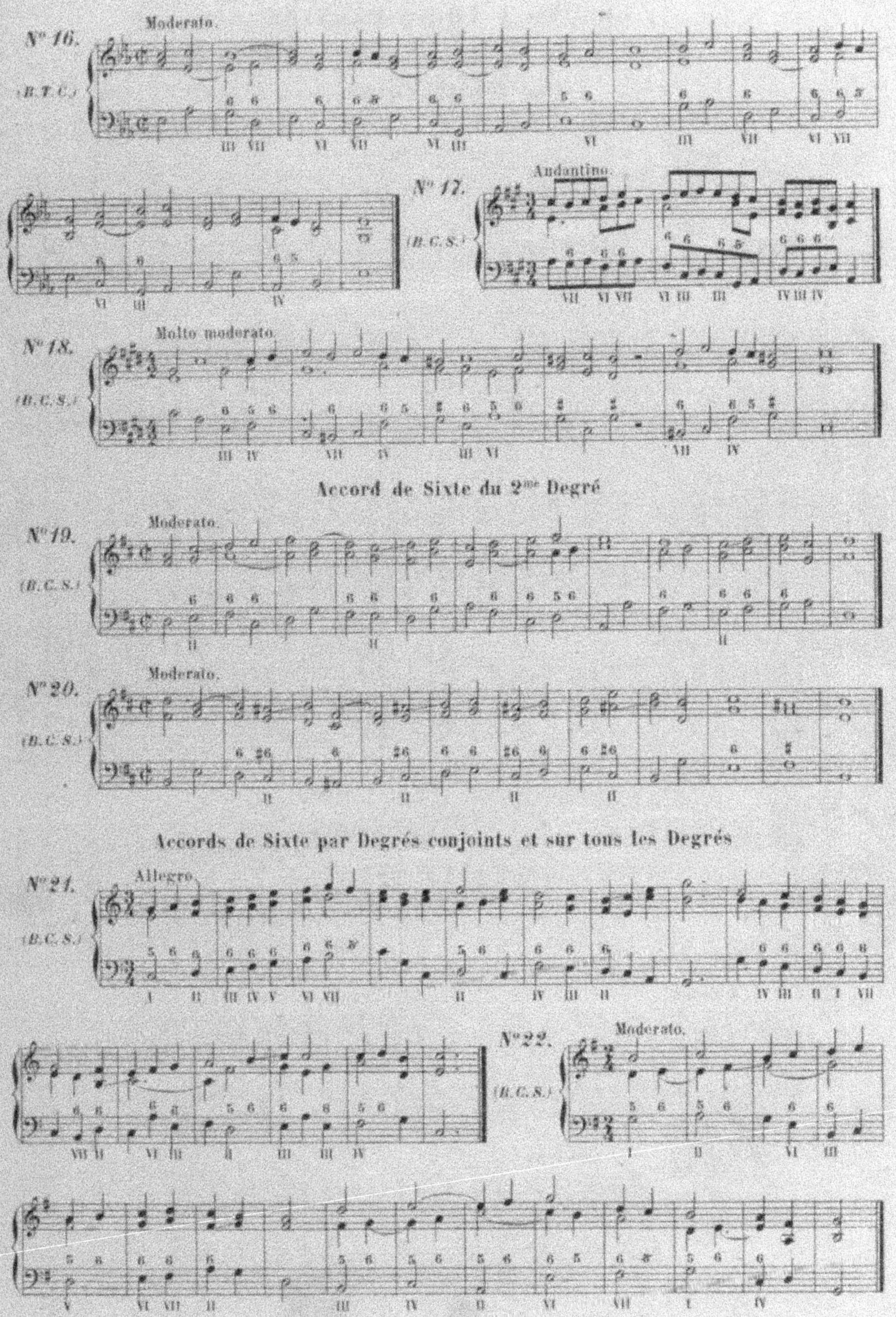
Nº 16.
Moderato.
(B.T.C.)
Nº 17.
Andantino.
(B.C.S.)
Nº 18.
Molto moderato.
(B.C.S.)
Accord de Sixte du 2me Degré
Nº 19.
Moderato.
(B.C.S.)
Nº 20.
Moderato.
(B.C.S.)
Accords de Sixte par Degrés conjoints et sur tous les Degrés
Nº 21.
Allegro.
(B.C.S.)
Nº 22.
Moderato.
(B.C.S.)

LEÇONS A TROIS PARTIES
sur les Accords de Quarte et Sixte

BASSES DONNÉES CHIFFRÉES

Accords de Quarte et Sixte des 1er, 2me et 5me Degrés (de 1er ordre)

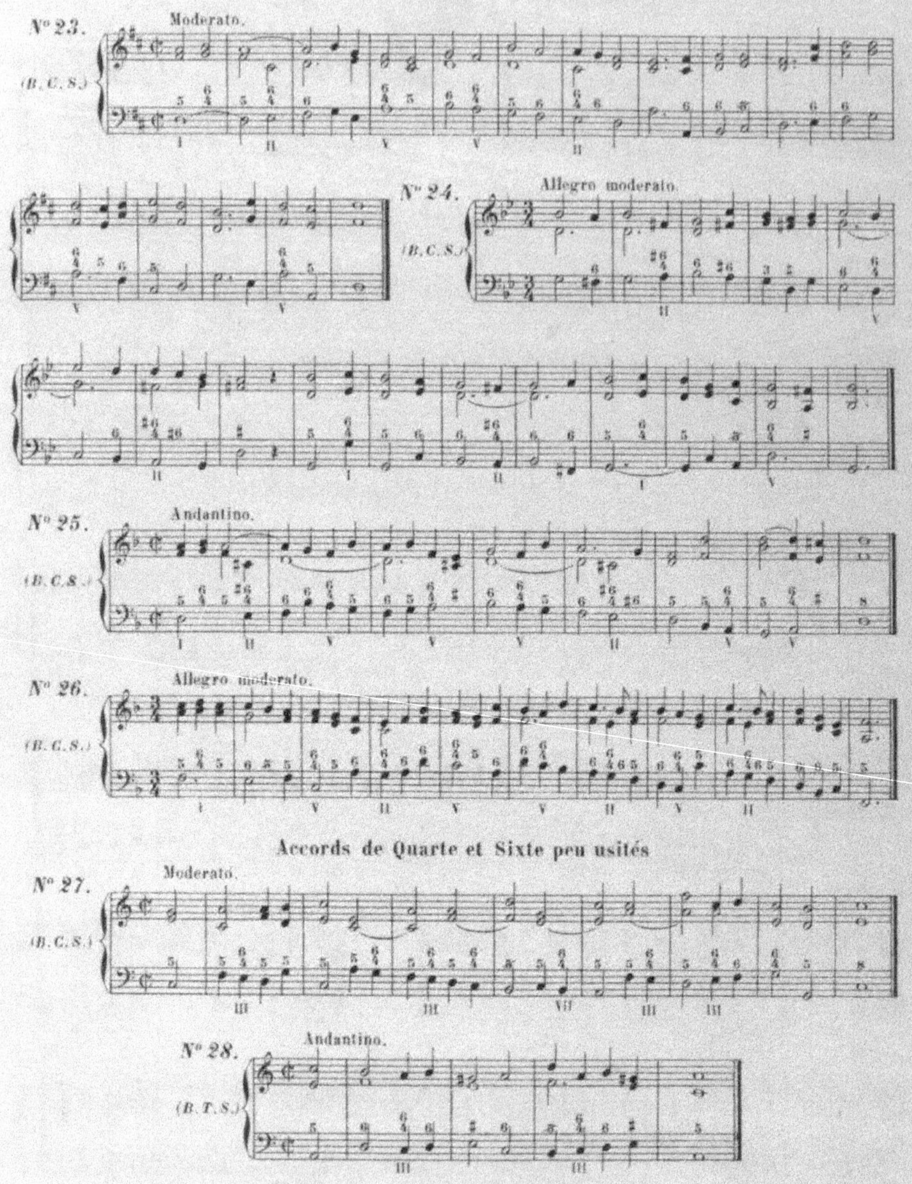

Accords de Quarte et Sixte peu usités

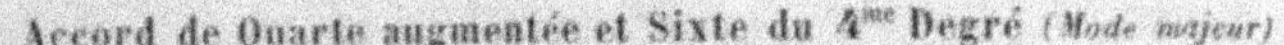

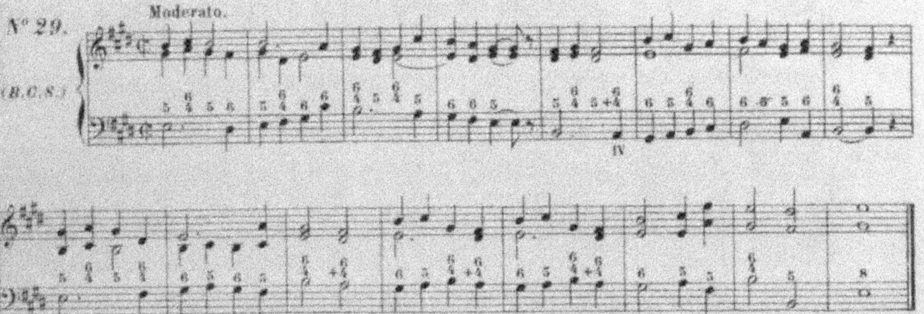

Accords de Quarte augmentée et Sixte des 4me et 6me Degrés *(Mode mineur)*

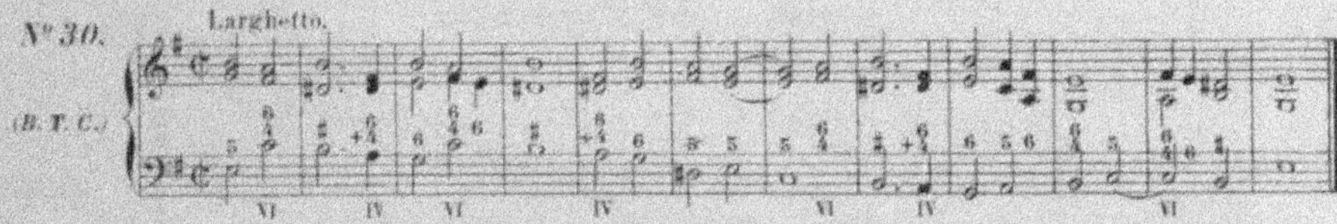

LEÇONS A QUATRE PARTIES
sur les Accords de trois sons fondamentaux

BASSES DONNÉES CHIFFRÉES

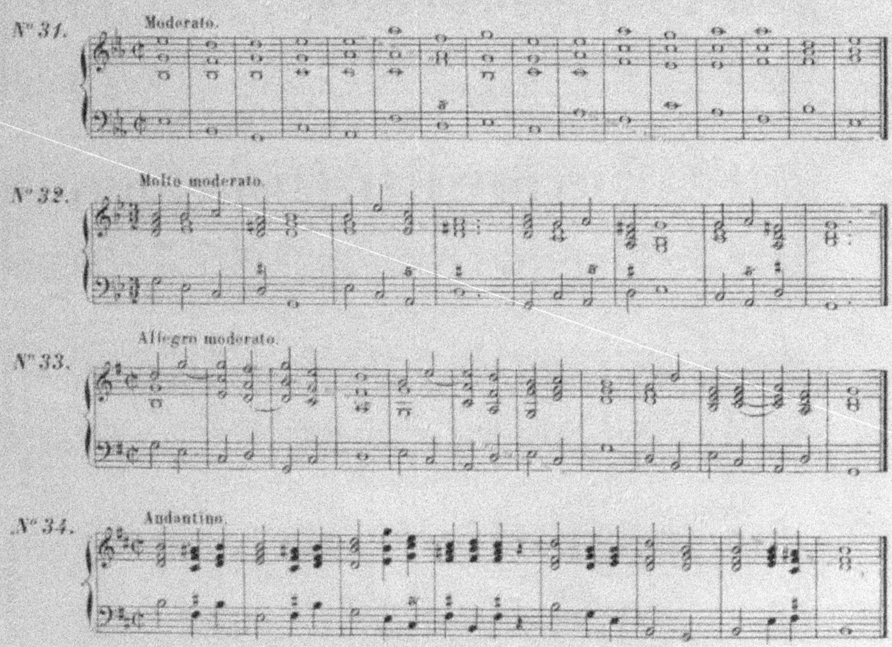

N° 35.

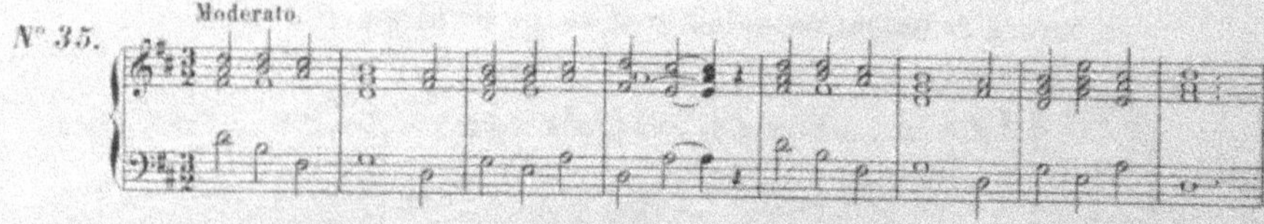

N° 36.

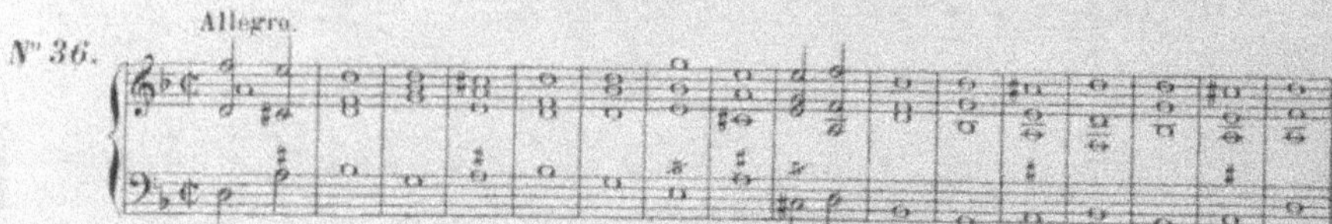

LEÇONS A QUATRE PARTIES
sur les Accords de Sixte

BASSES DONNÉES CHIFFRÉES

N° 37.

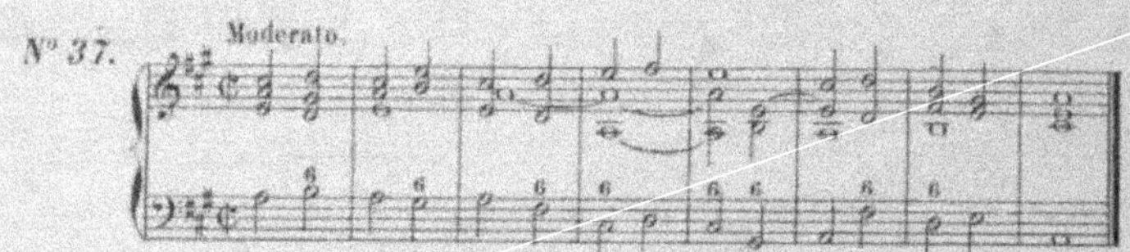

N° 38.

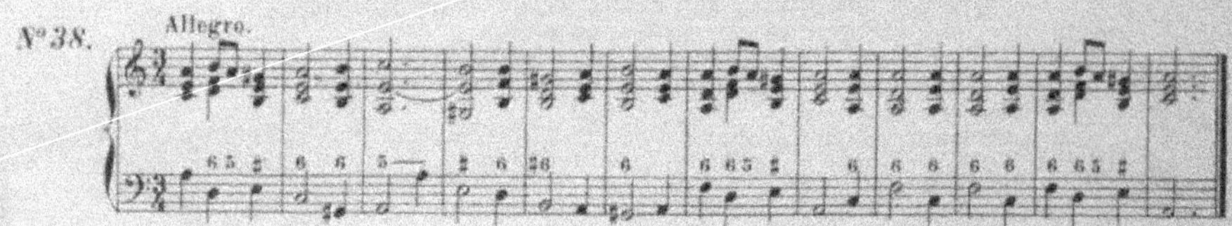

N° 39.

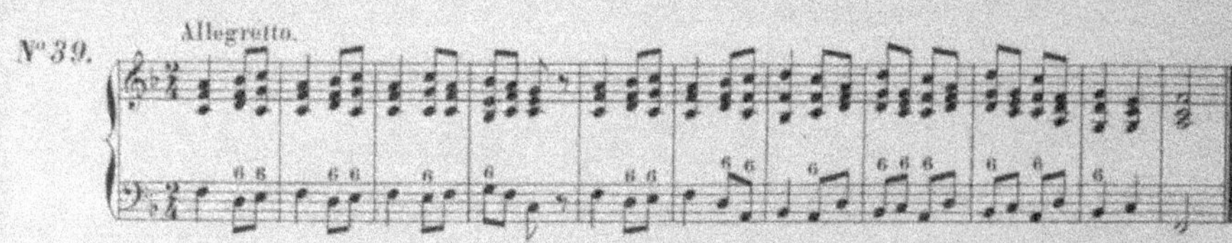

N° 40.

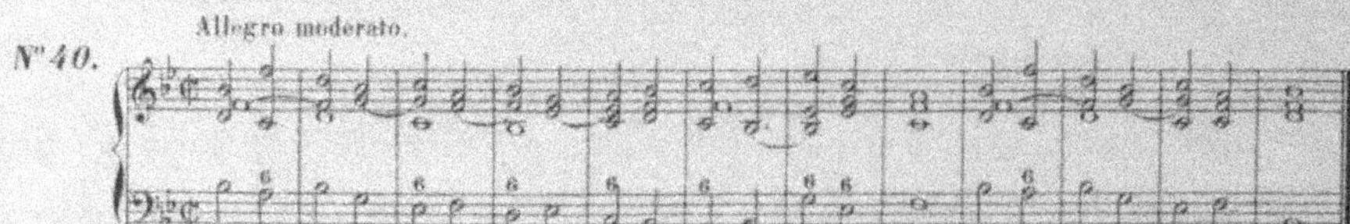

N° 41.

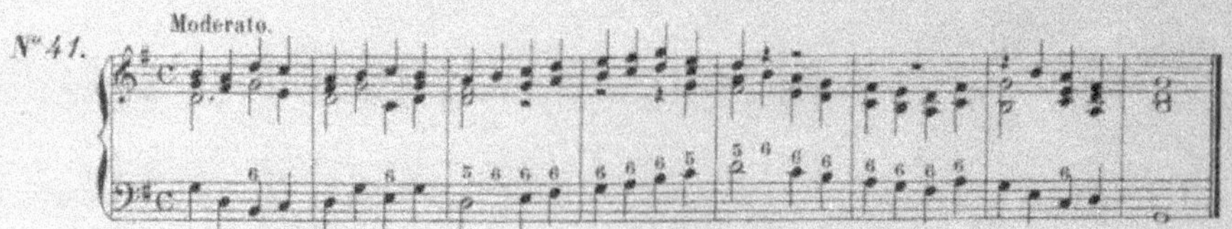

LEÇONS A QUATRE PARTIES
sur les Accords de Quarte et Sixte

BASSES DONNÉES CHIFFRÉES

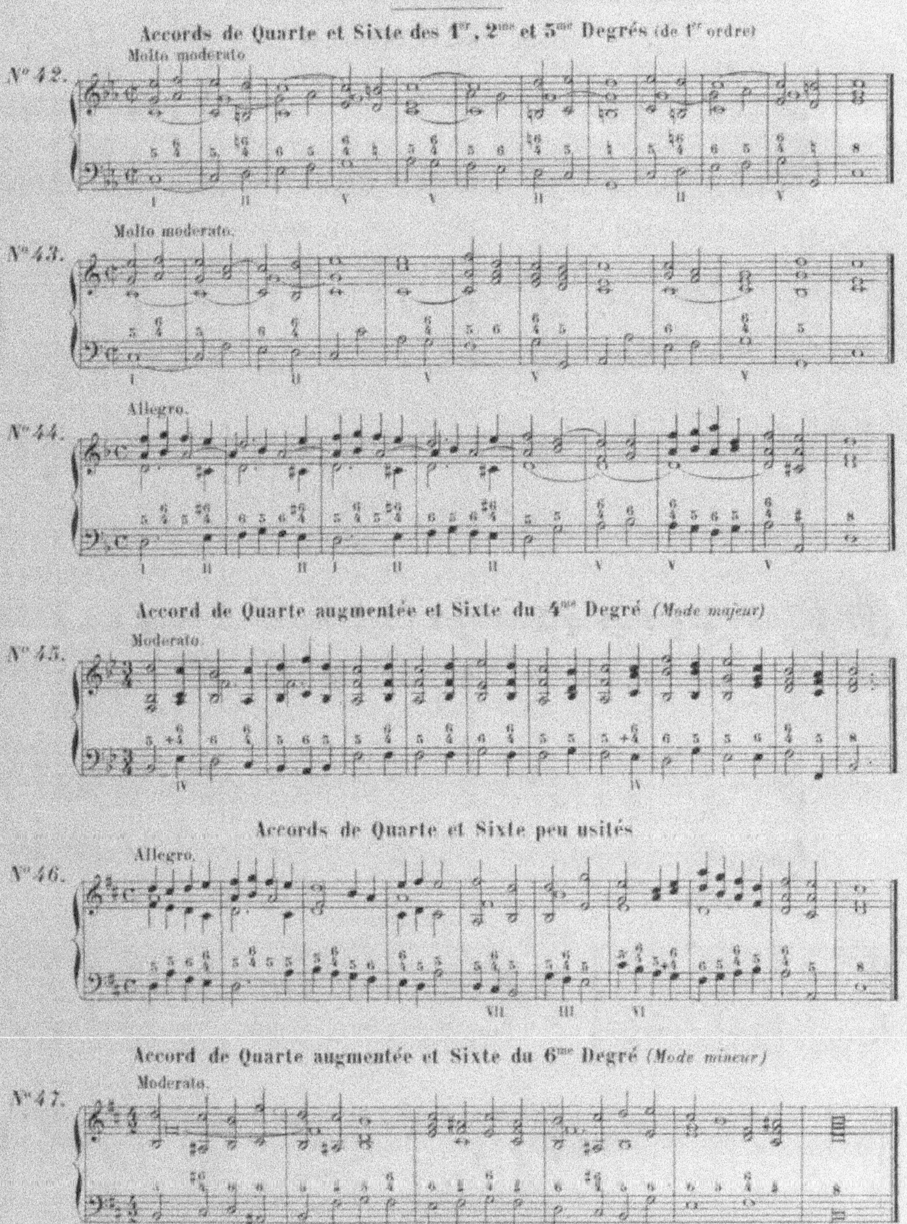

ACCORDS BRISÉS

Changements de Position et Echanges de Notes

BASSES DONNÉES CHIFFRÉES

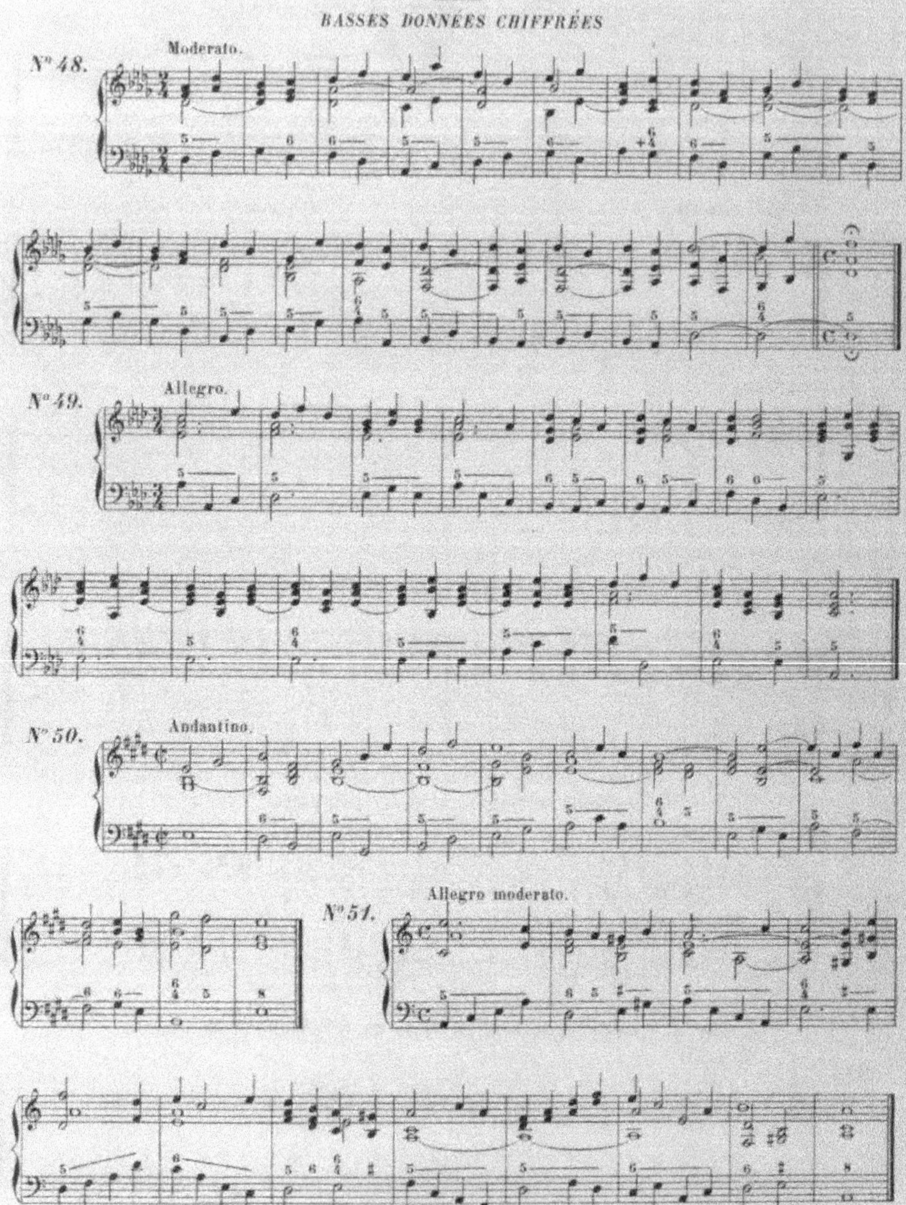

FORMULES DE CADENCES

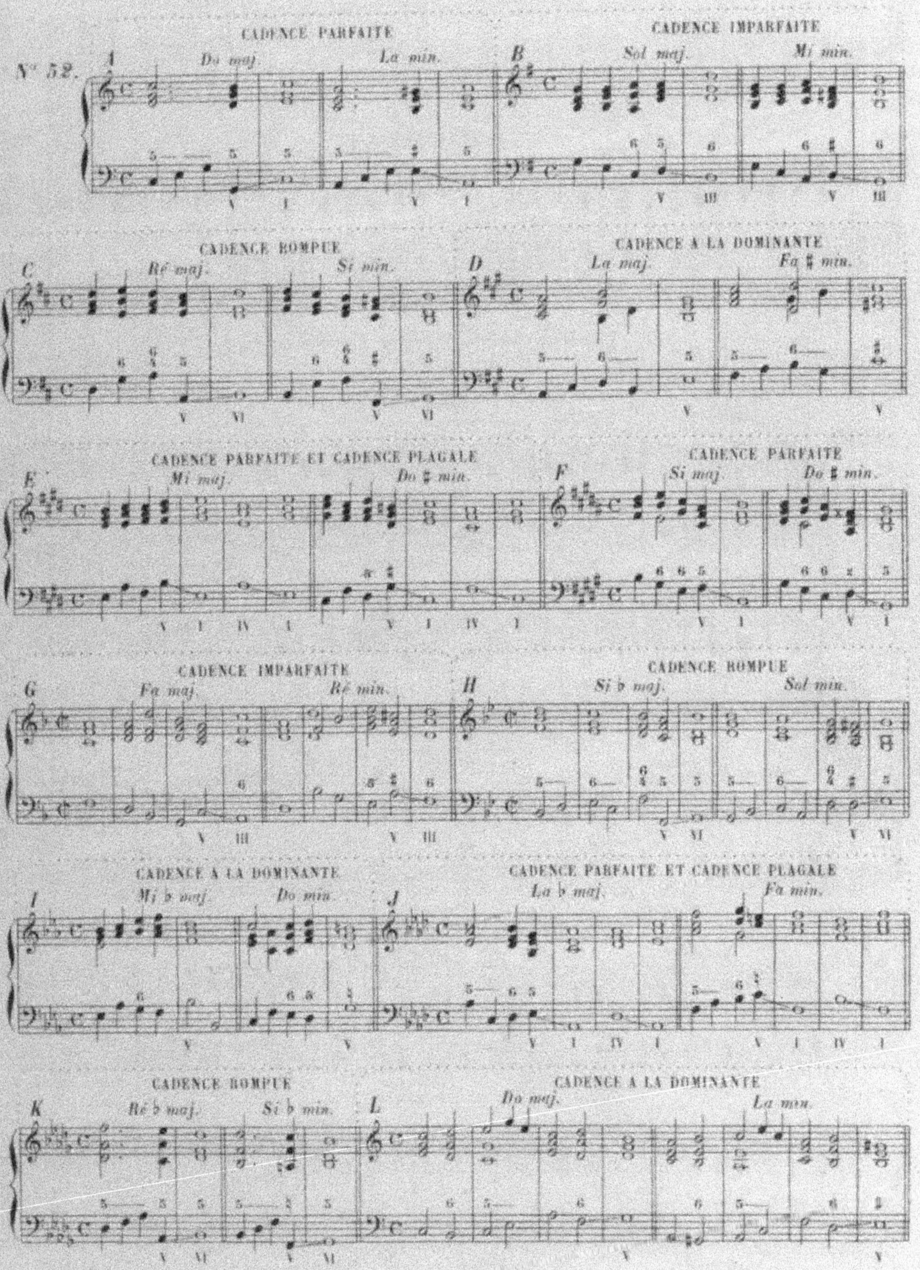

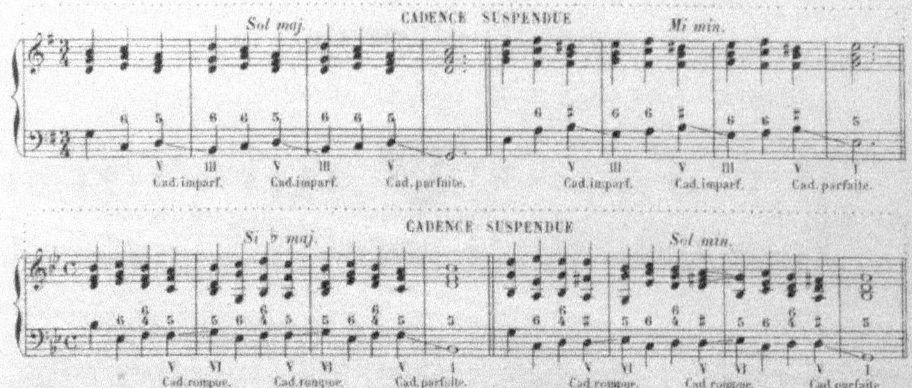

FORMES VARIÉES DES CADENCES

BASSES DONNÉES CHIFFRÉES

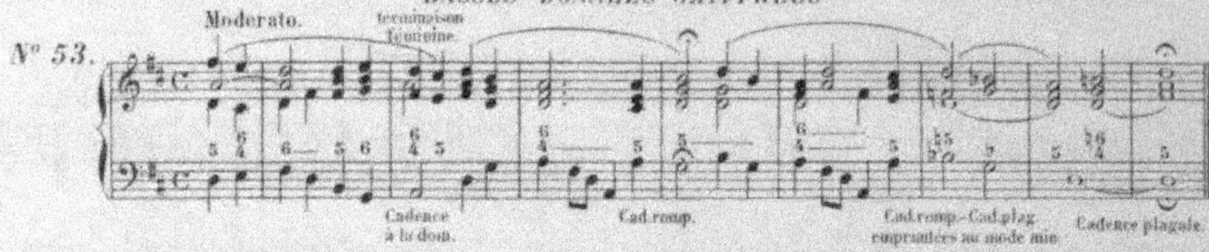

Nº 53. Moderato.

terminaison féminine

Cadence à la dom. — Cad. romp. — Cad. romp.-Cad. plag. empruntées au mode min. — Cadence plagale.

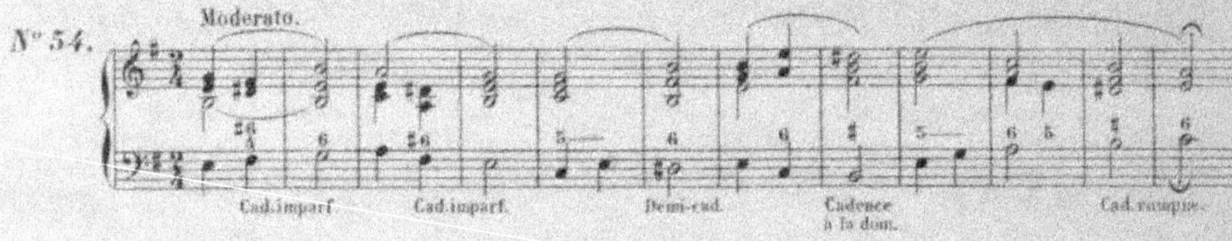

Nº 54. Moderato.

Cad. imparf. — Cad. imparf. — Demi-cad. — Cadence à la dom. — Cad. rompue.

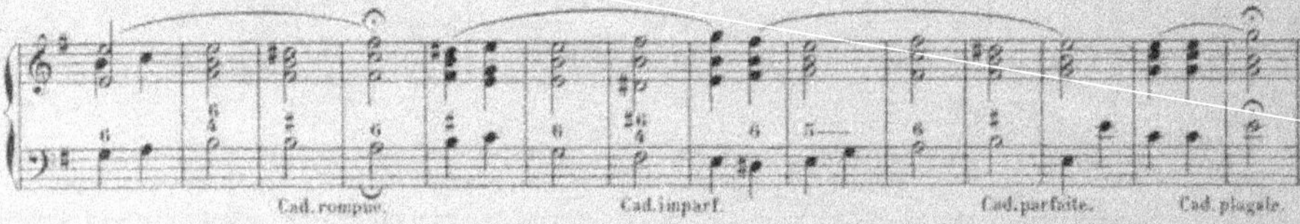

Cad. rompue. — Cad. imparf. — Cad. parfaite. — Cad. plagale.

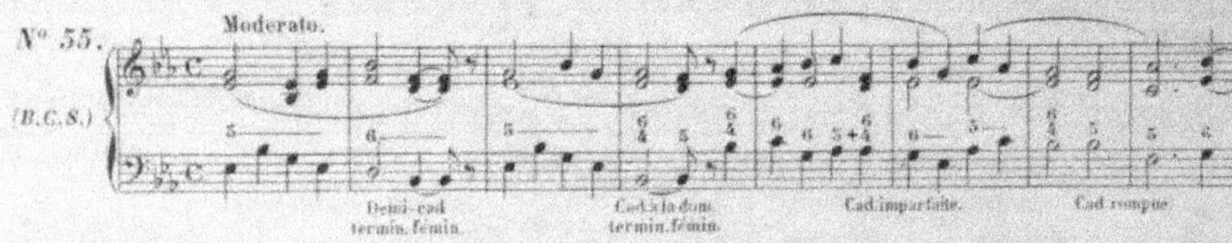

Nº 55. Moderato.

(B.C.S.)

Demi-cad termin. fémin. — Cad. à la dom. termin. fémin. — Cad. imparfaite. — Cad. rompue.

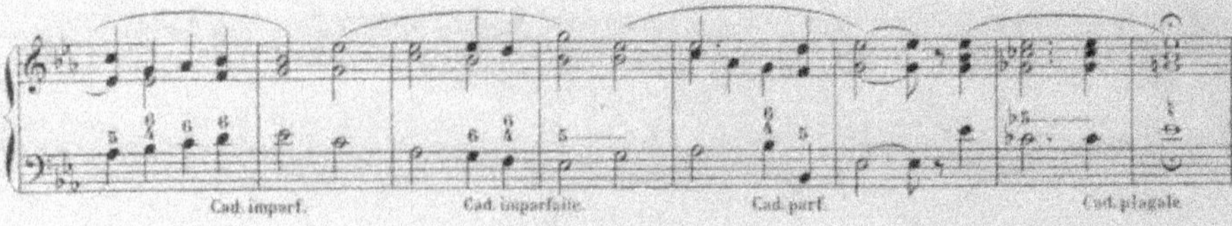

Cad. imparf. — Cad. imparfaite. — Cad. parf. — Cad. plagale.

MARCHES D'HARMONIE UNITONIQUES

BASSES DONNÉES CHIFFRÉES

N° 56.

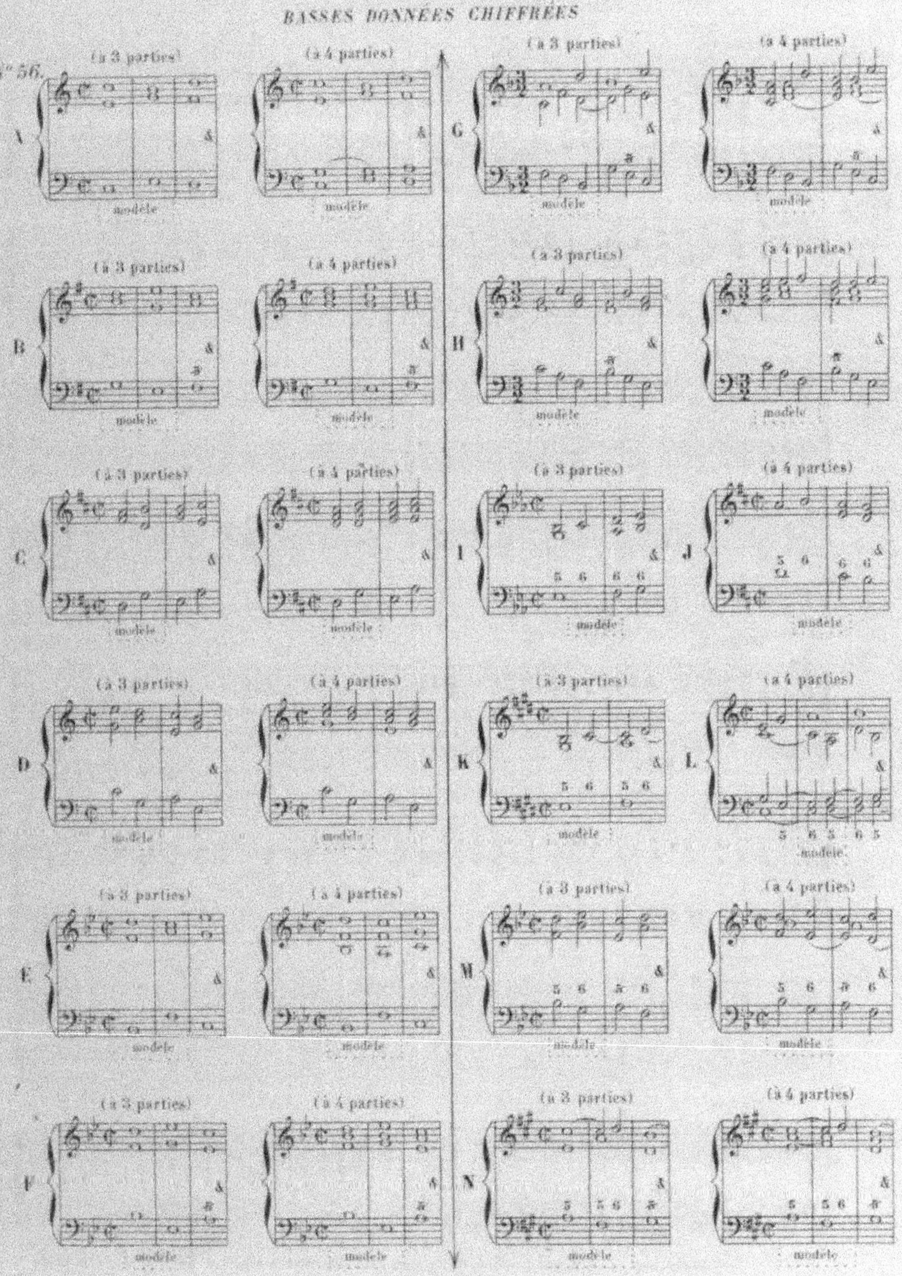

LEÇONS UNITONIQUES
pour l'emploi des Accords de 3 sons fondamentaux et renversés

BASSES DONNÉES SANS CHIFFRES (*)

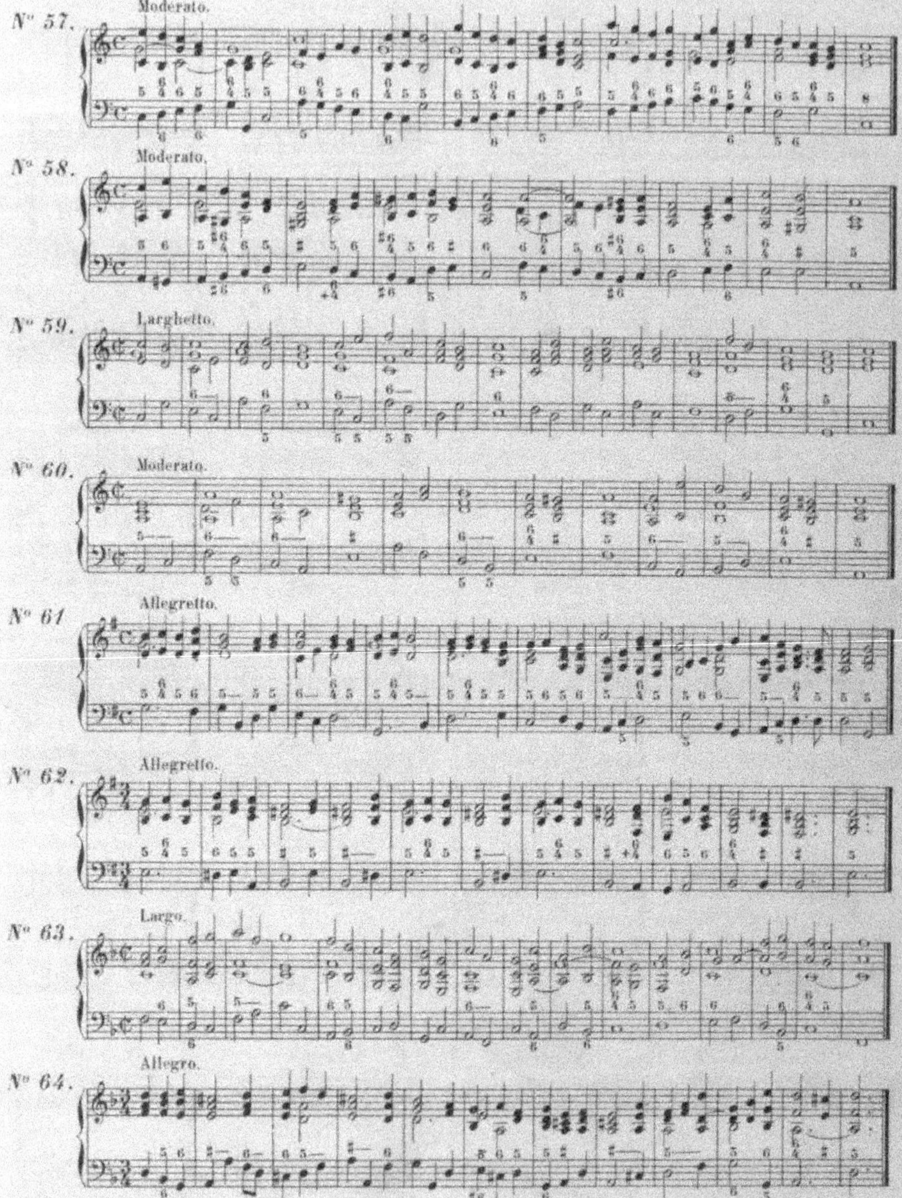

(*) Les *chiffres* placés *au dessous* de certaines notes de basse indiquent une *seconde manière d'harmoniser* ces notes

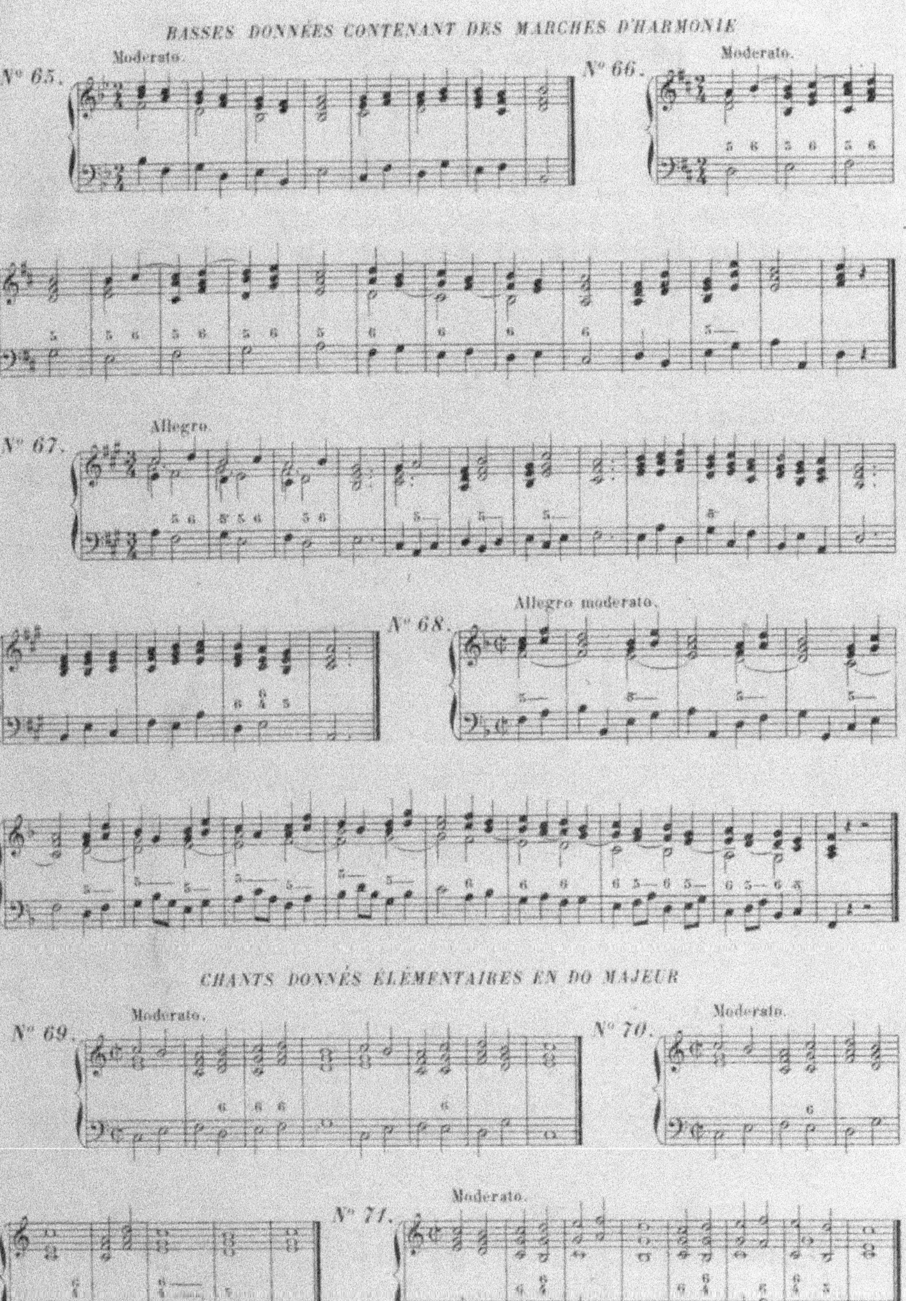
BASSES DONNÉES CONTENANT DES MARCHES D'HARMONIE
Nº 65.
Moderato.
Nº 66.
Moderato.
Nº 67.
Allegro.
Nº 68.
Allegro moderato.
CHANTS DONNÉS ÉLÉMENTAIRES EN DO MAJEUR
Nº 69.
Moderato.
Nº 70.
Moderato.
Nº 71.
Moderato.

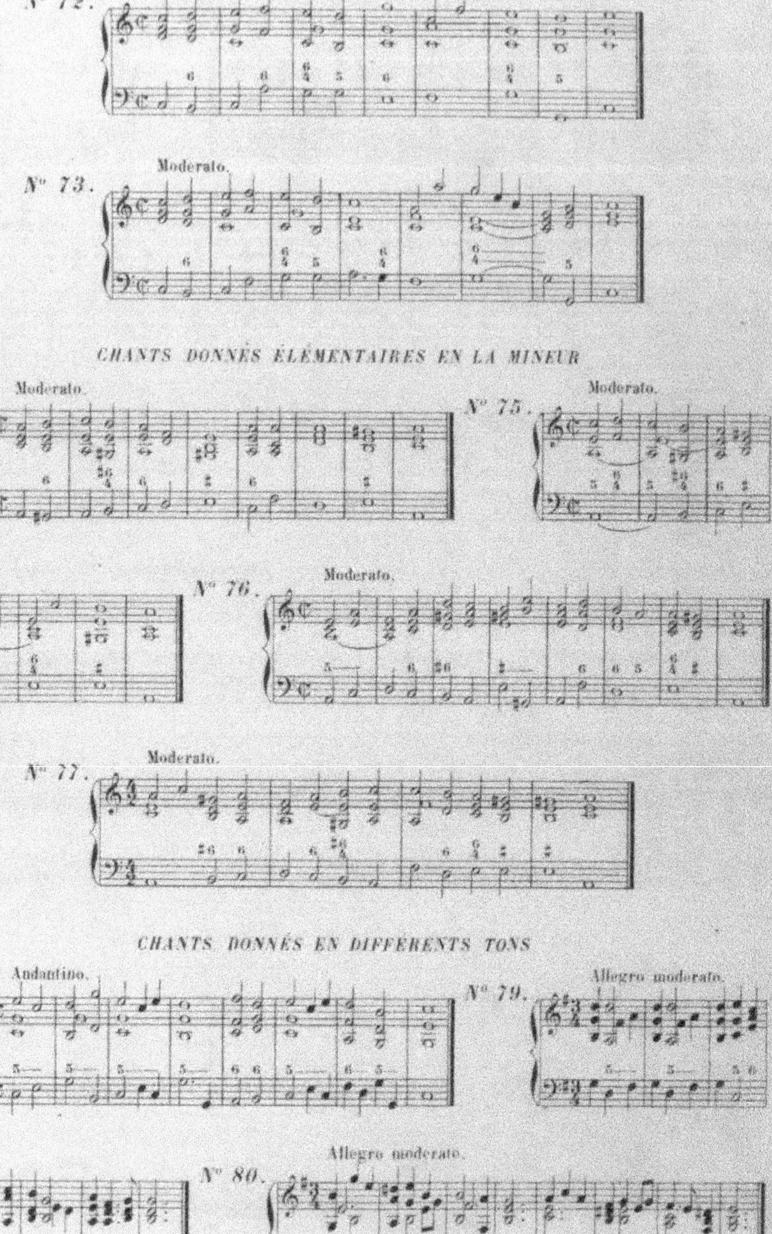
N° 72.
Moderato.
N° 73.
Moderato.
CHANTS DONNÉS ÉLÉMENTAIRES EN LA MINEUR
N° 74.
Moderato.
N° 75.
Moderato.
N° 76.
Moderato.
N° 77.
Moderato.
CHANTS DONNÉS EN DIFFÉRENTS TONS
N° 78.
Andantino.
N° 79.
Allegro moderato.
N° 80.
Allegro moderato.

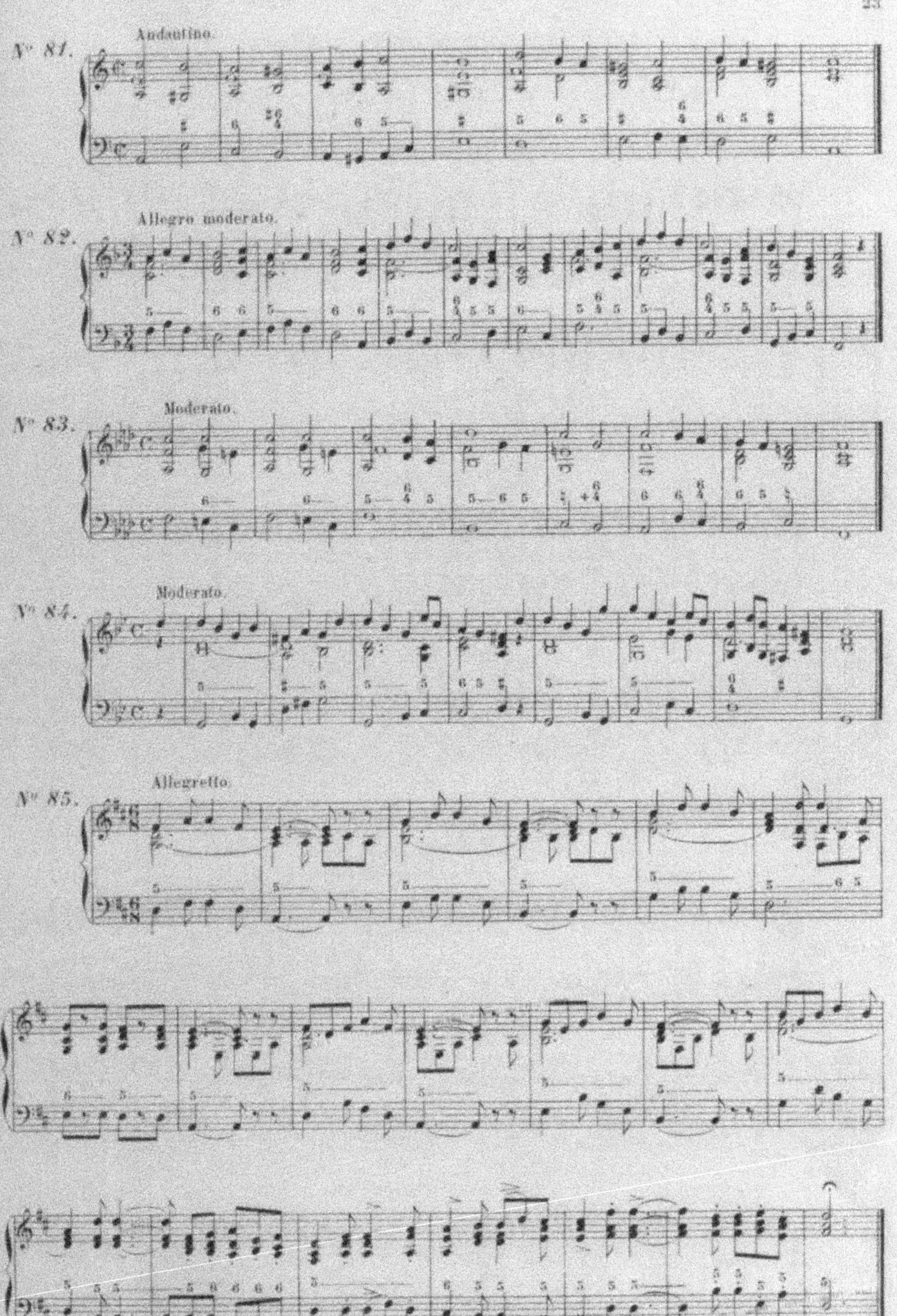
Nº 81.
Andantino.
Nº 82.
Allegro moderato.
Nº 83.
Moderato.
Nº 84.
Moderato.
Nº 85.
Allegretto.
A.L. 6502

BASSES DONNÉES SANS CHIFFRES

MODULATIONS AUX TONS VOISINS *(Accord du 5me Degré)*

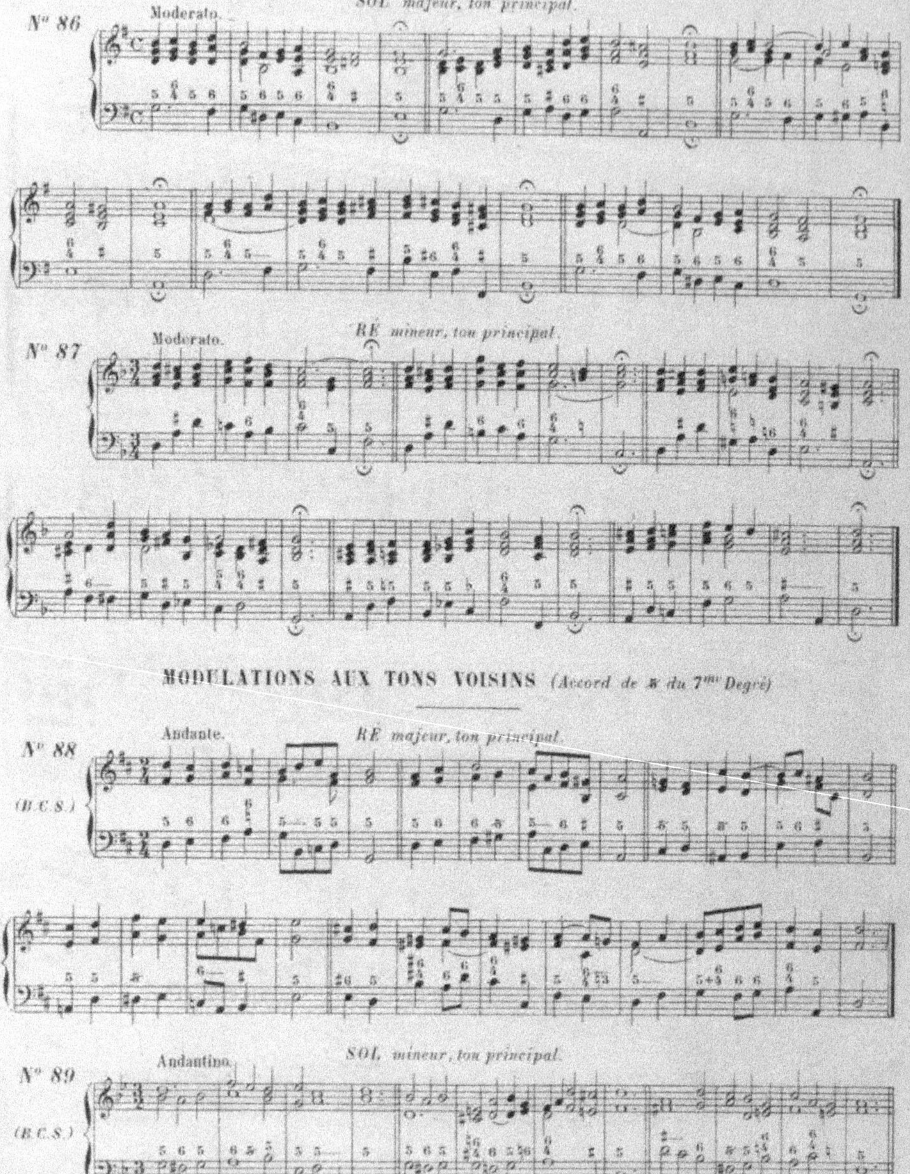

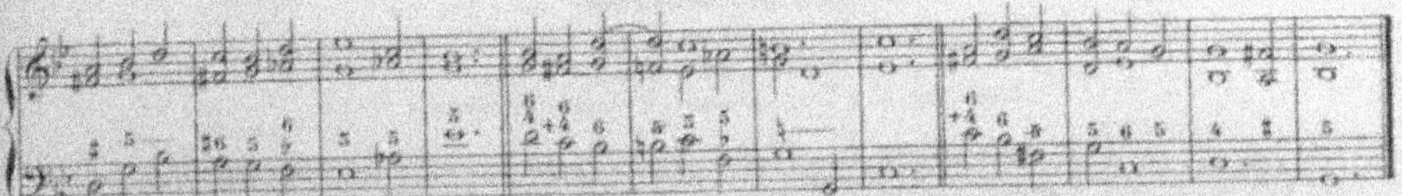

MODULATIONS ENTRE TONS VOISINS
avec accords mixtes

Modérato.

Nº 90.

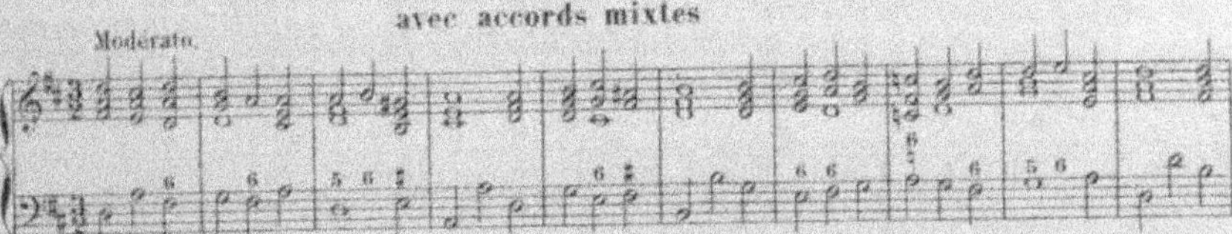

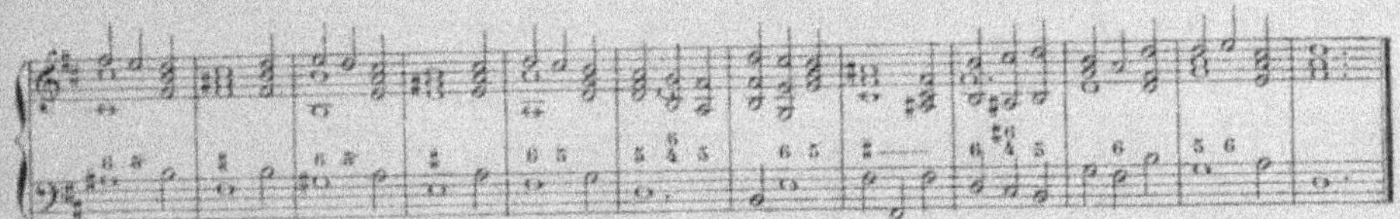

MODULATIONS ENTRE TONS VOISINS
en quittant le ton primitif
et en abordant le nouveau ton de diverses manières

Moderato.

Nº 91.

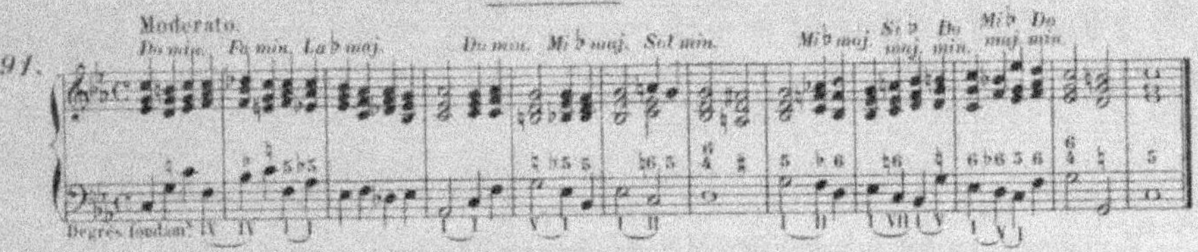

MODULATIONS PAR LE CHANGEMENT DE MODE
de l'accord du 1er degré fondamental ou renversé

Molto moderato.

Nº 92.

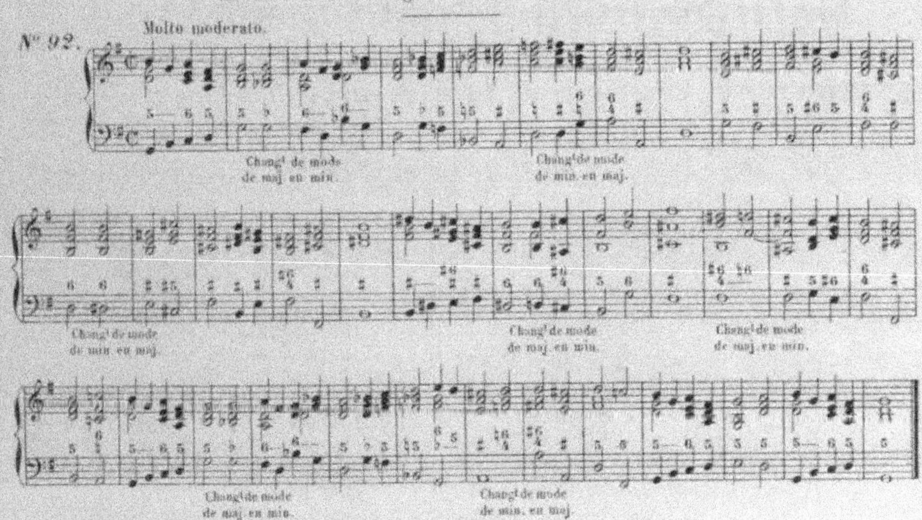

MODE MINEUR

abordé par l'un de ses accords du 2e, du 4e ou du 6e degré;

MODE MAJEUR

abordé par le 1er renversement de l'accord du 4e degré.

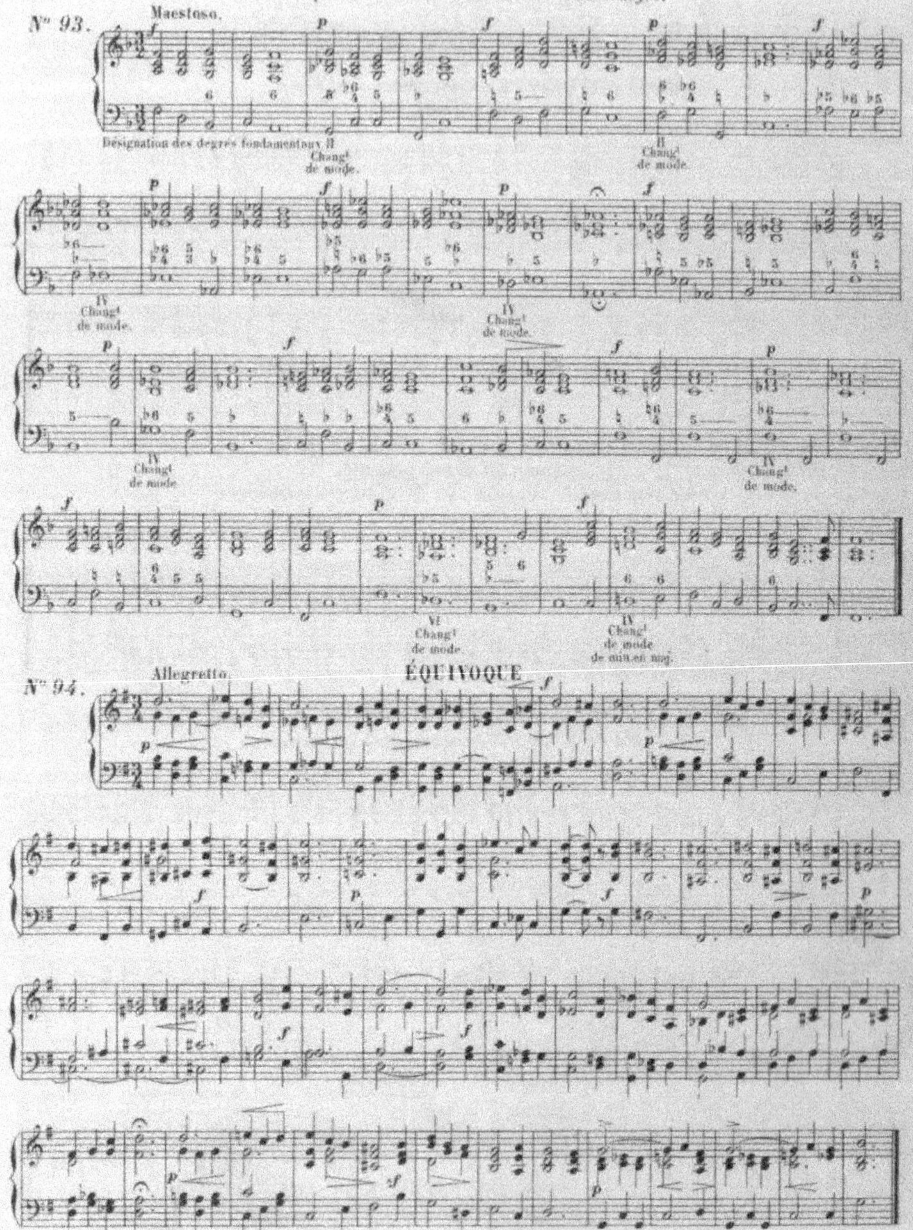

MODULATIONS
provoquées par l'Accord de Quarte et Sixte non-préparé.

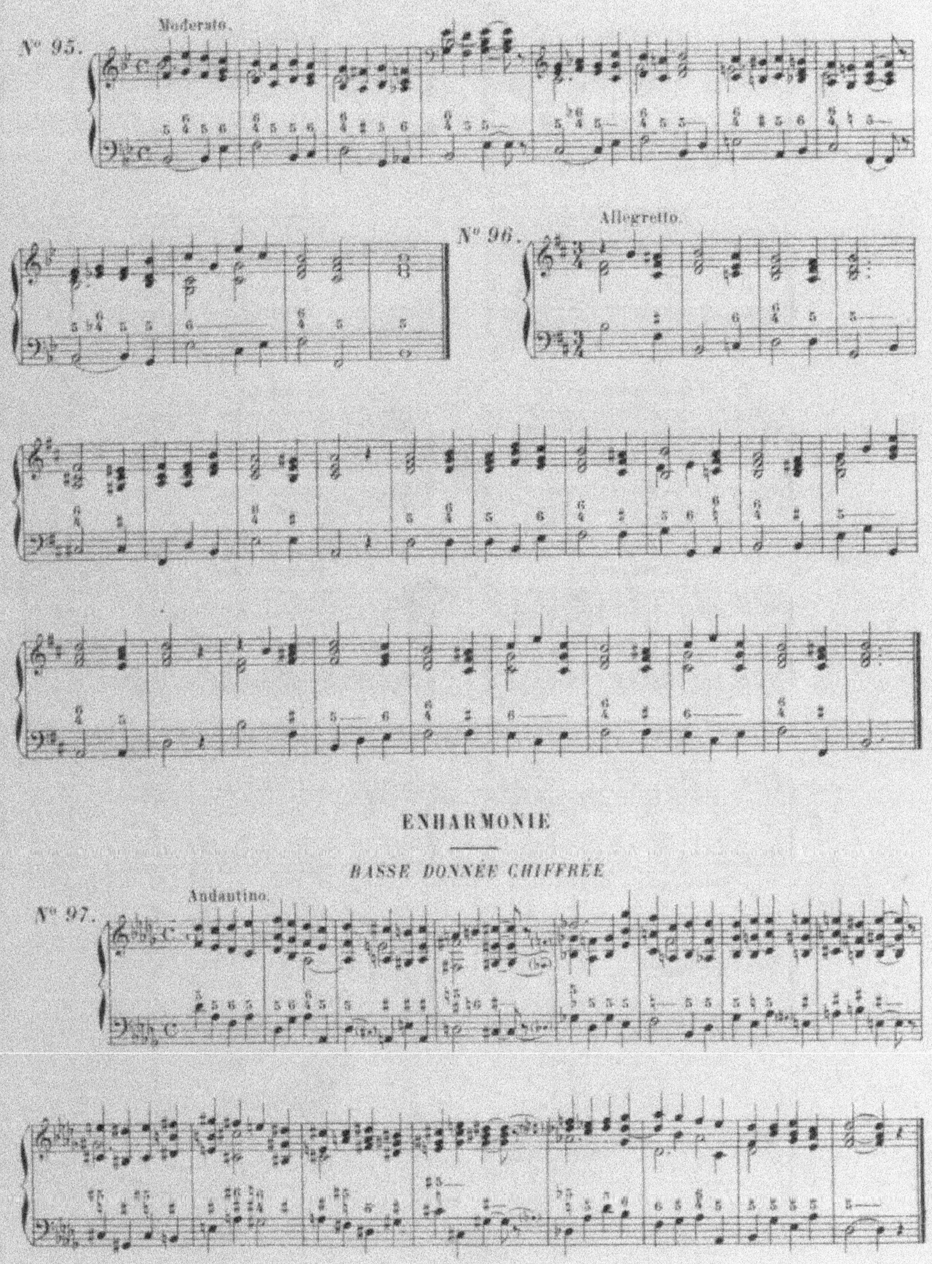

MARCHES MODULANTES

BASSES DONNÉES CHIFFRÉES

N° 98.

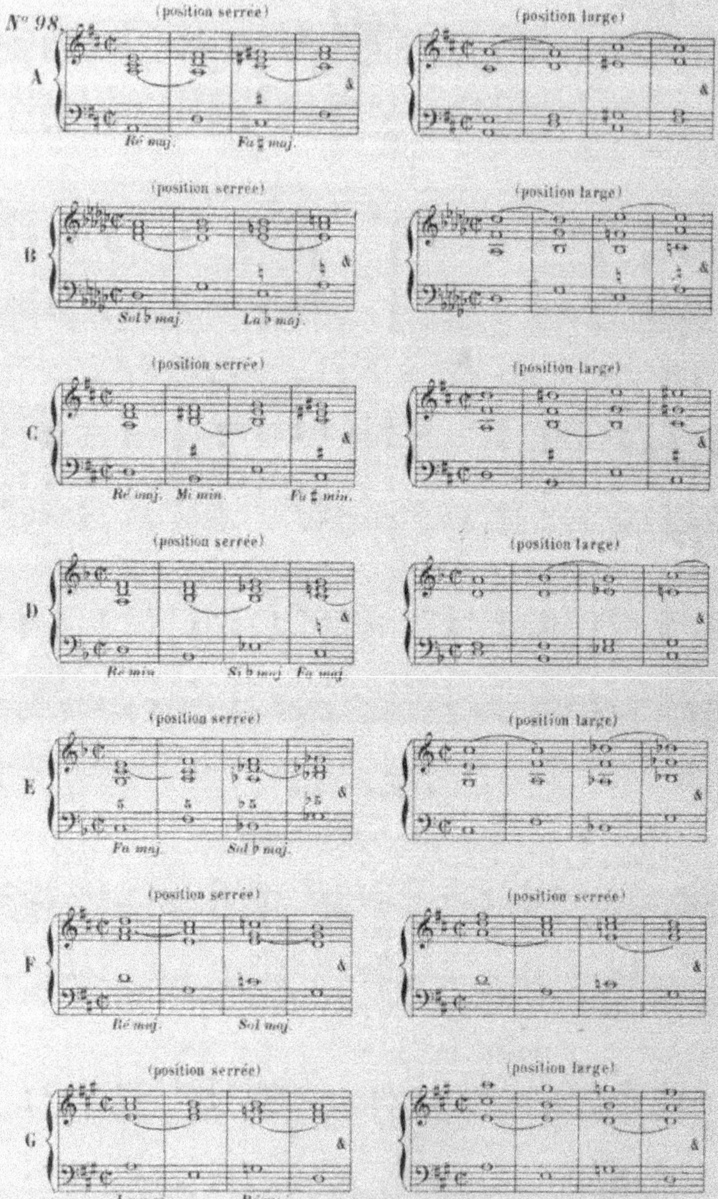

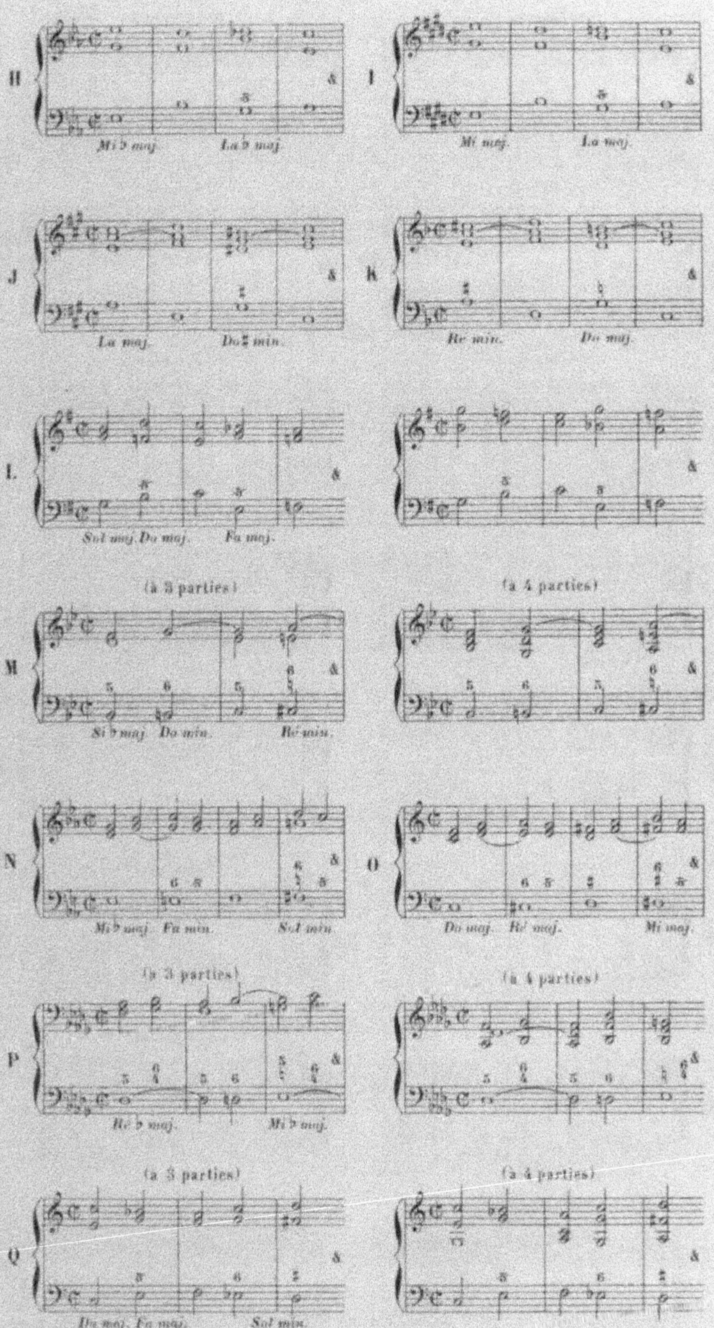
H
Mi ♭ maj.
La ♭ maj.
I
Mi maj.
La maj.
J
La maj.
Do ♯ min.
K
Ré min.
Do maj.
L
Sol maj. Do maj.
Fa maj.
(à 3 parties)
(à 4 parties)
M
Si ♭ maj. Do min.
Ré min.
N
Mi ♭ maj. Fa min.
Sol min.
O
Do maj. Ré maj.
Mi maj.
(à 3 parties)
(à 4 parties)
P
Ré ♭ maj.
Mi ♭ maj.
(à 3 parties)
(à 4 parties)
Q
Do maj. Fa maj.
Sol min.

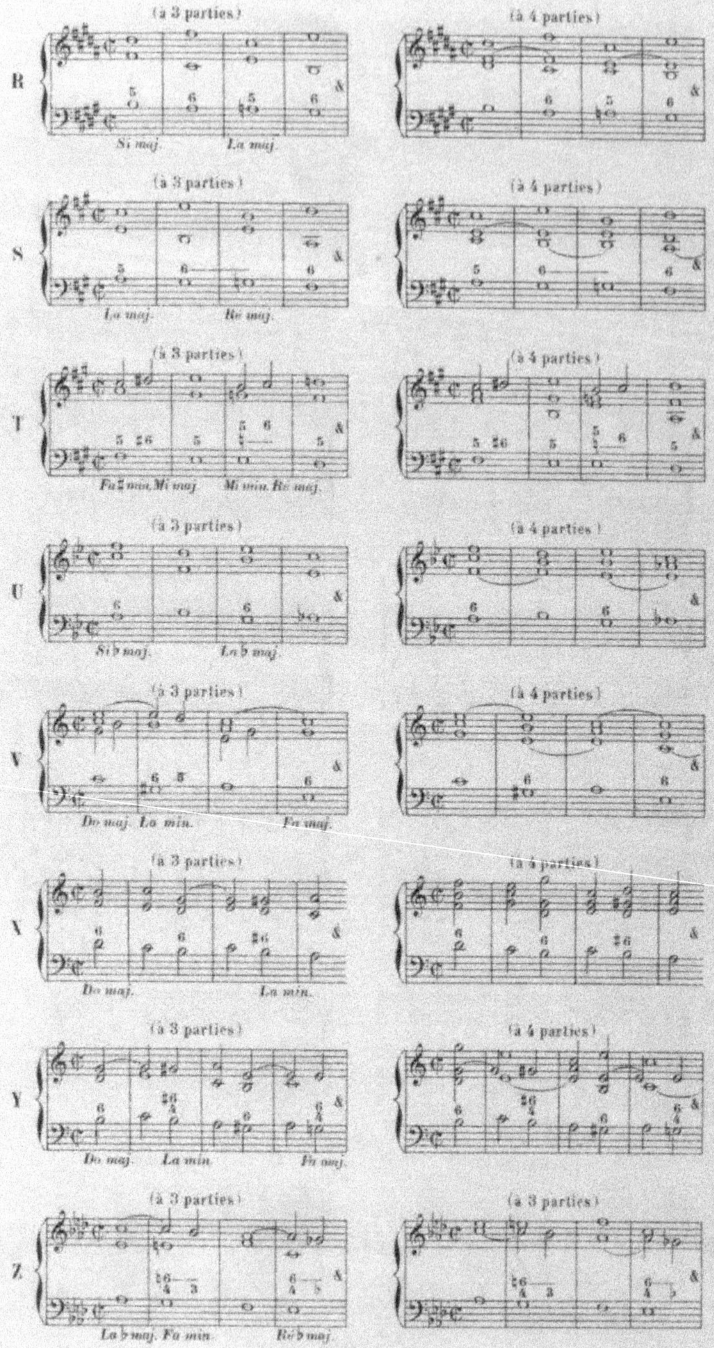
(à 3 parties)
(à 4 parties)
R
Si maj.
La maj.
S
La maj.
Ré maj.
T
Fa♯ min. Mi maj.
Mi min. Ré maj.
U
Si♭ maj.
La♭ maj.
V
Do maj. La min.
Fa maj.
X
Do maj.
La min.
Y
Do maj.
La min.
Fa maj.
Z
La♭ maj. Fa min.
Ré♭ maj.

CADENCES ÉVITÉES

BASSE DONNÉE CHIFFRÉE

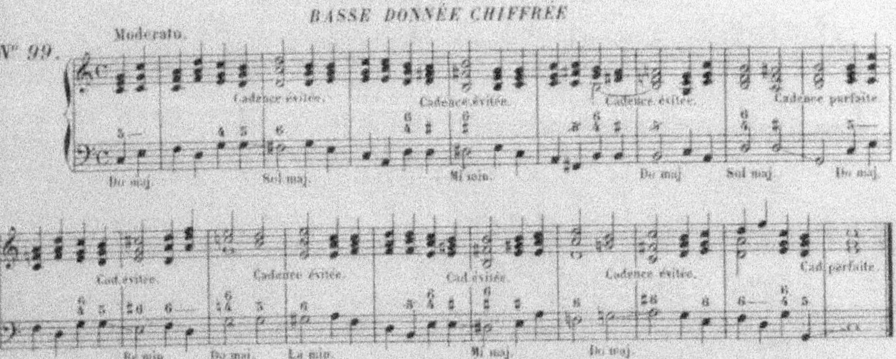

LEÇONS DONNÉES AVEC LEUR RÉALISATION
sauf les Altérations demandées

MODE MAJEUR

Accords parfaits majeurs rendus mineurs par l'altération descendante de leur Tierce

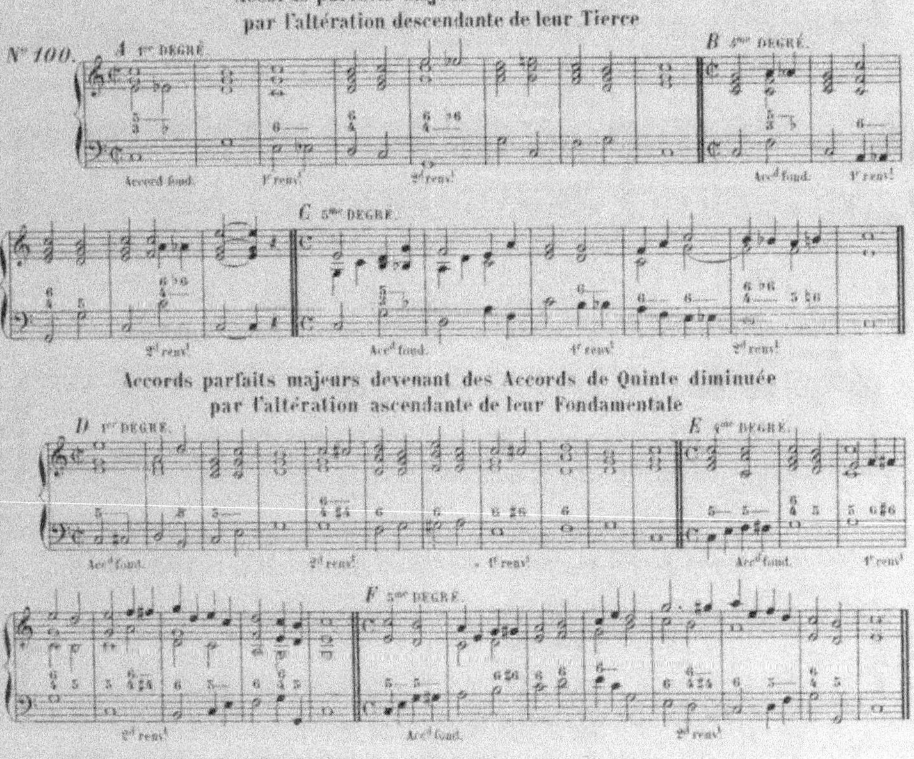

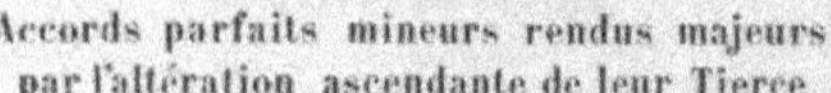

Accords parfaits mineurs rendus majeurs par l'altération ascendante de leur Tierce

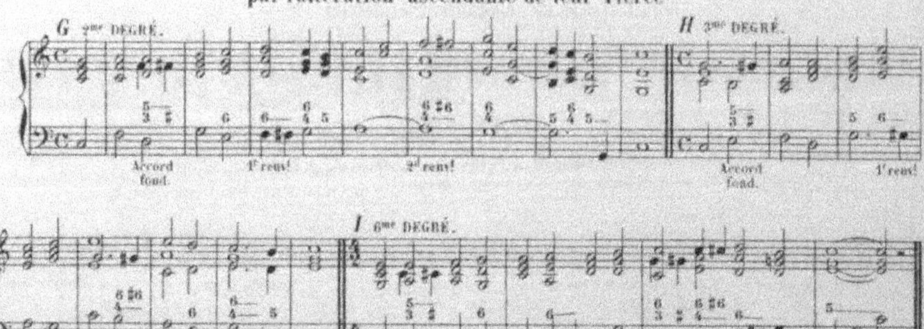

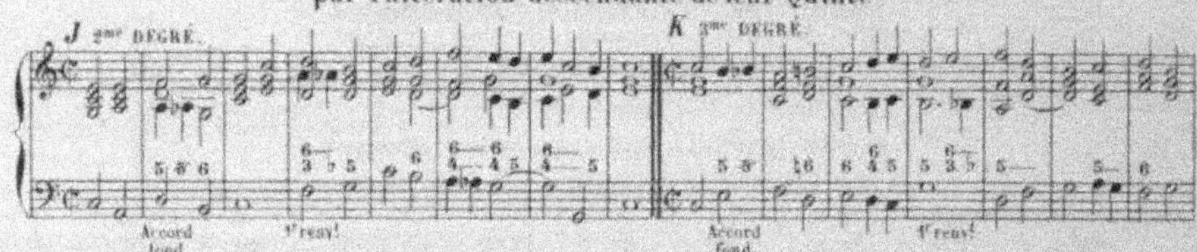

Accords parfaits mineurs devenant des Accords de Quinte diminuée par l'altération descendante de leur Quinte

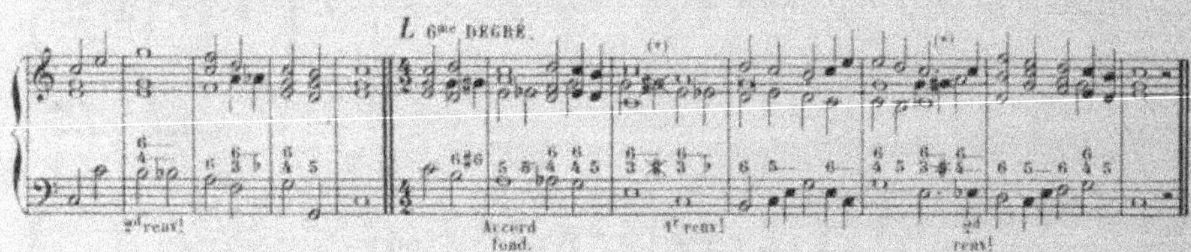

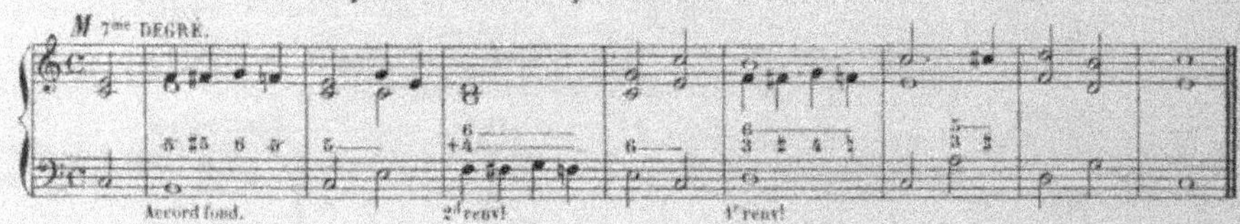

Accord de Quinte diminuée du 7me degré devenant accord parfait mineur par l'altération ascendante de sa Quinte

Accord de Quinte diminuée du 7me degré devenant Accord parfait majeur par l'altération descendante de sa Fondamentale

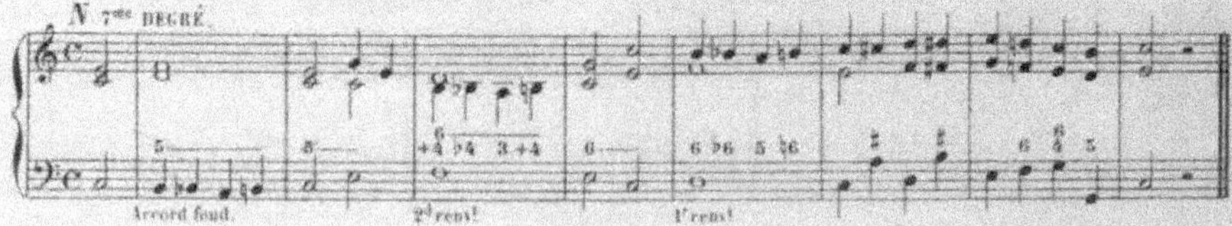

(*) Si nous employons ici cette *altération dissonante* c'est qu'elle amène bien ce renversement *peu usité* de l'accord du 6e degré.

MODE MINEUR

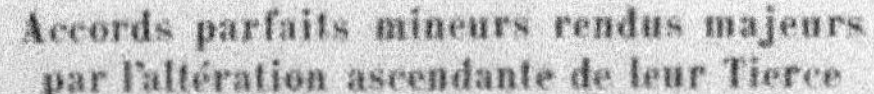

Accords parfaits mineurs rendus majeurs par l'altération ascendante de leur Tierce

N° 101.

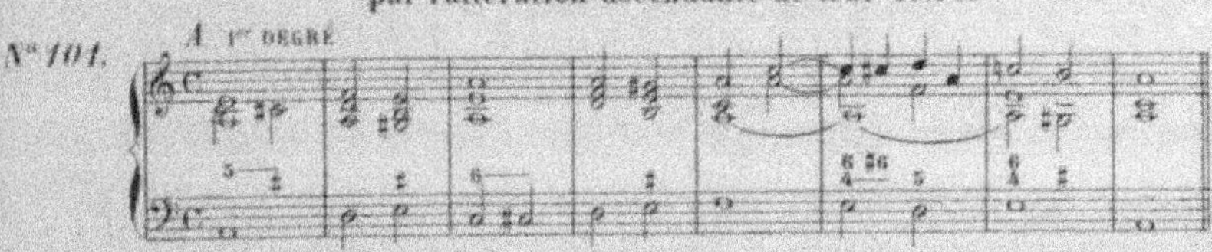

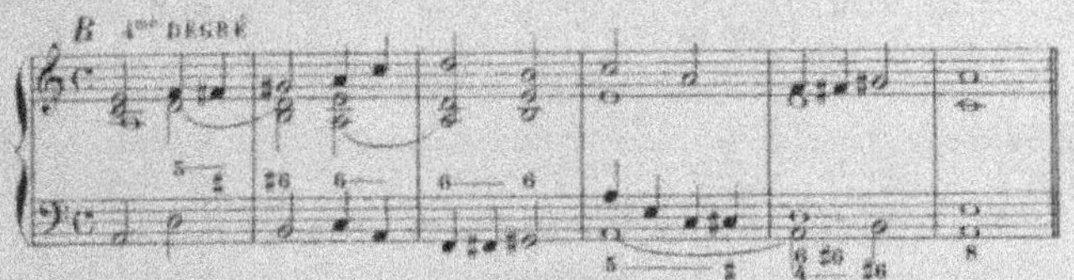

Accord parfait majeur du 5me degré rendu mineur par l'altération descendante de sa Tierce

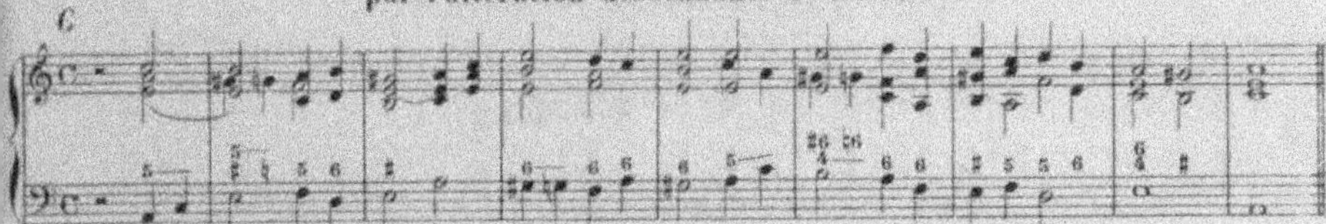

Accord parfait majeur du 6me degré devenant accord de Quinte diminuée par l'altération ascendante de sa Fondamentale

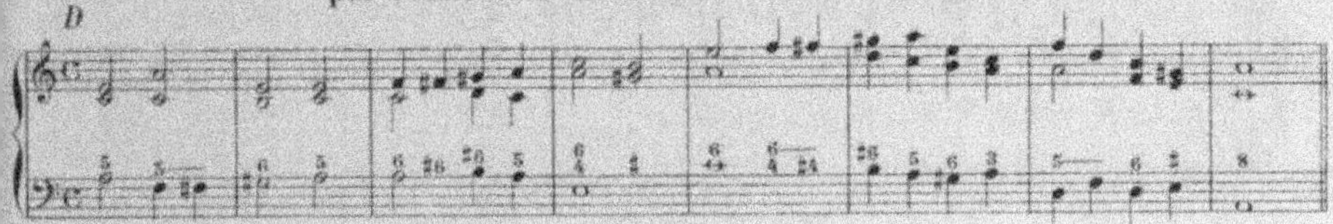

Accords de Quinte diminuée devenant des accords parfaits mineurs par l'altération ascendante de leur Quinte

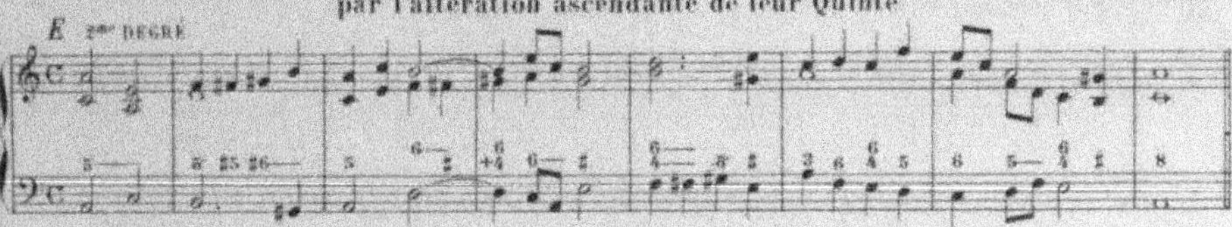

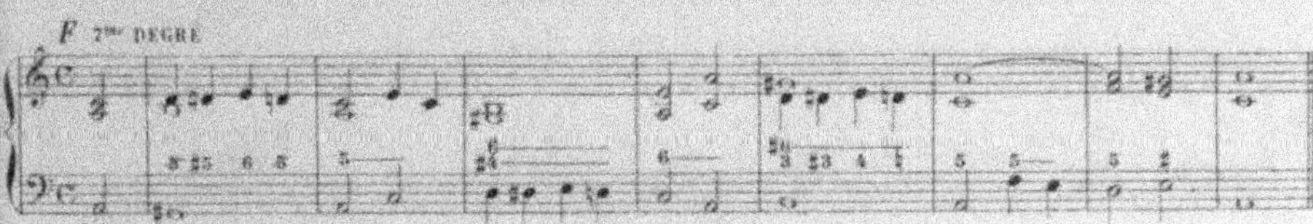

Accords de Quinte diminuée devenant des Accords parfaits majeurs par l'altération descendante de leur fondamentale

G 2me DEGRÉ

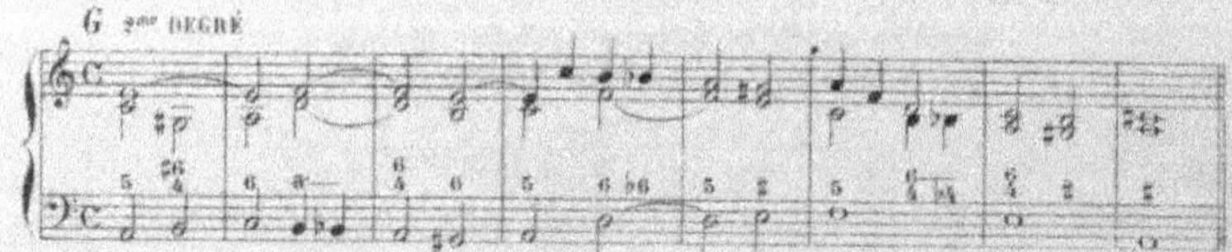

H 7me DEGRÉ

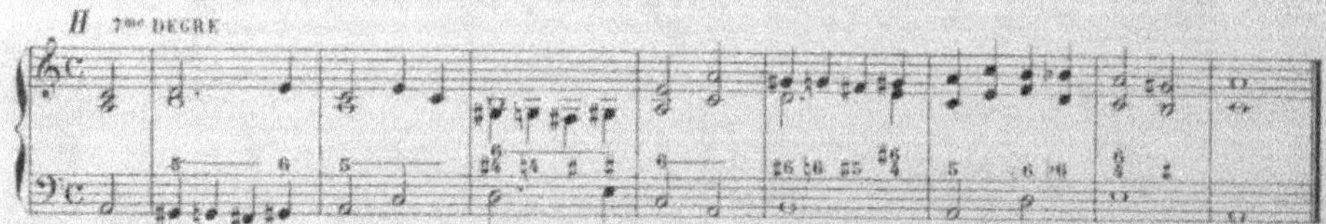

ALTÉRATIONS DOUBLES ET TRIPLES

MODE MAJEUR

ALTÉRATIONS DESCENDANTES DOUBLES

N° 102.

A

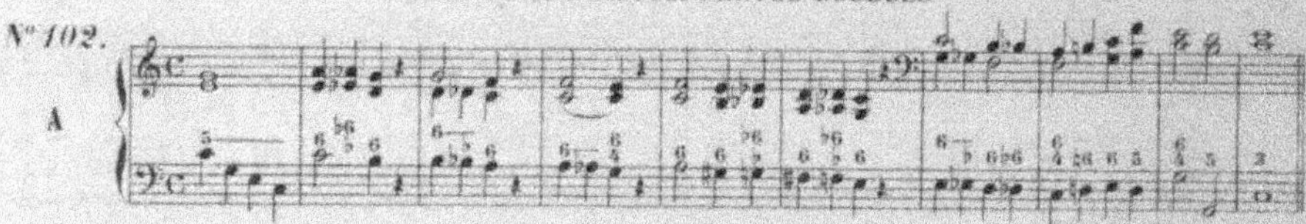

ALTÉRATIONS ASCENDANTES DOUBLES

B

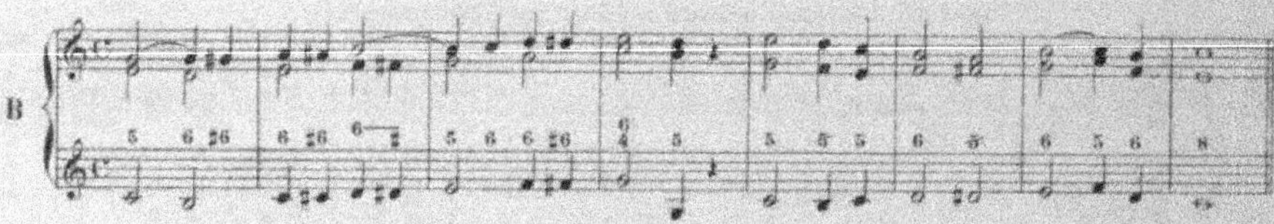

ALTÉRATIONS TRIPLES ASCENDANTES ET DESCENDANTES

C

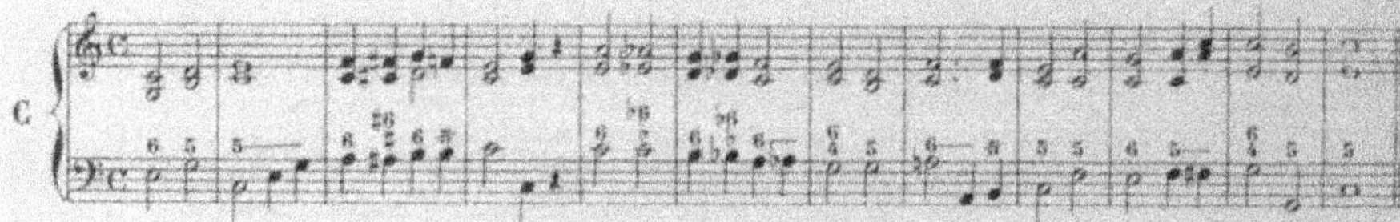

MODE MINEUR

ALTÉRATIONS DOUBLES ET TRIPLES ASCENDANTES ET DESCENDANTES

D

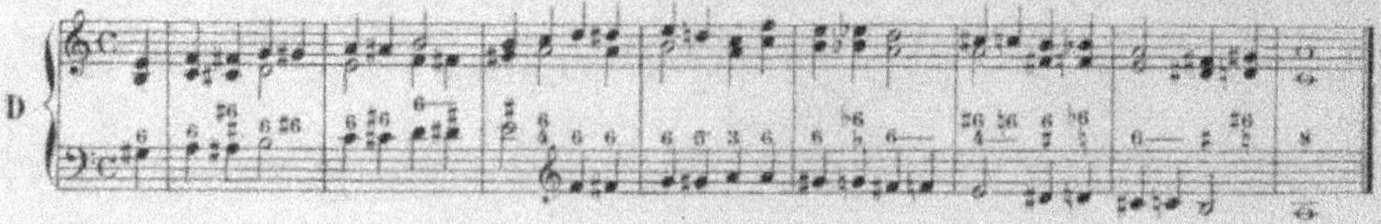

ALTÉRATIONS NON-PRÉPARÉES

BASSES DONNÉES CHIFFRÉES

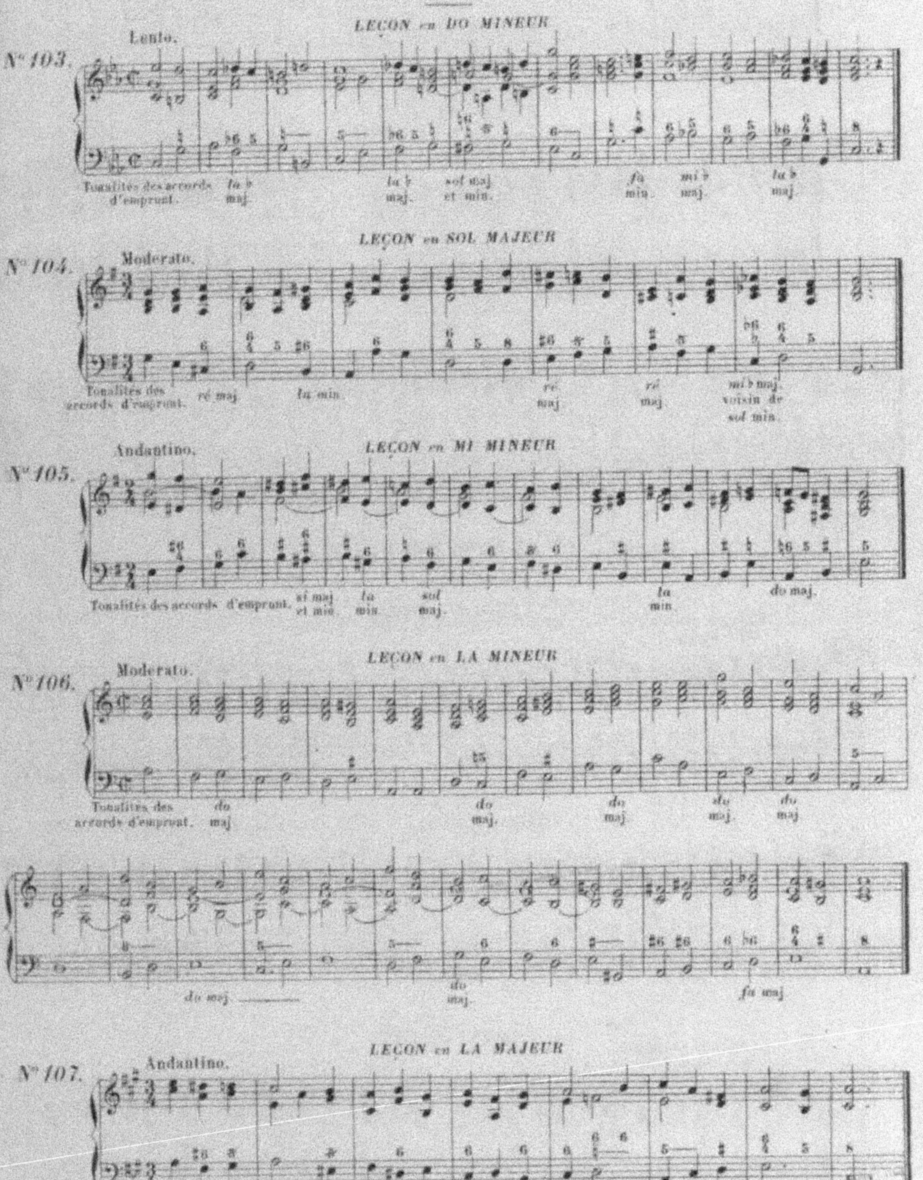

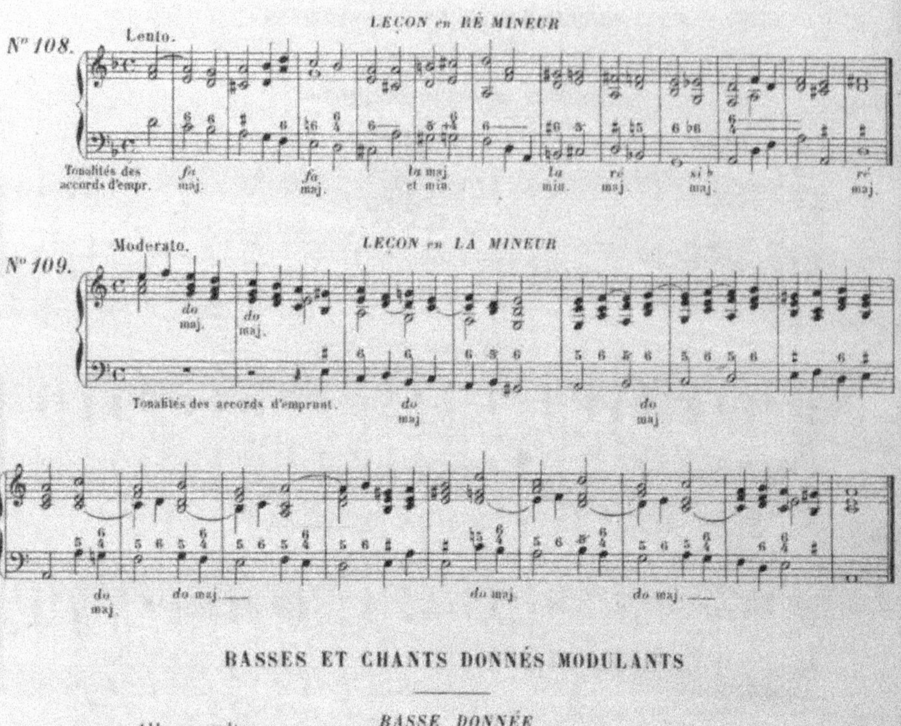

BASSES ET CHANTS DONNÉS MODULANTS

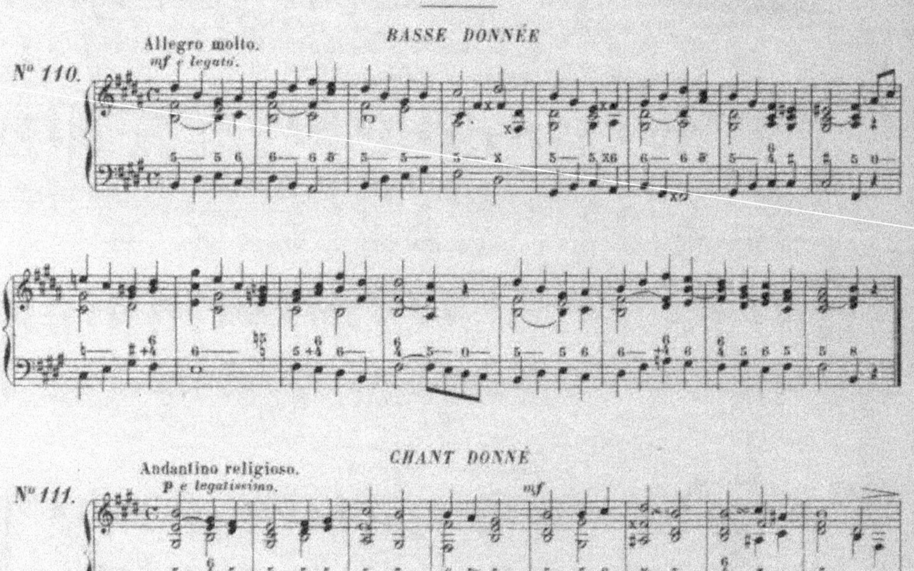

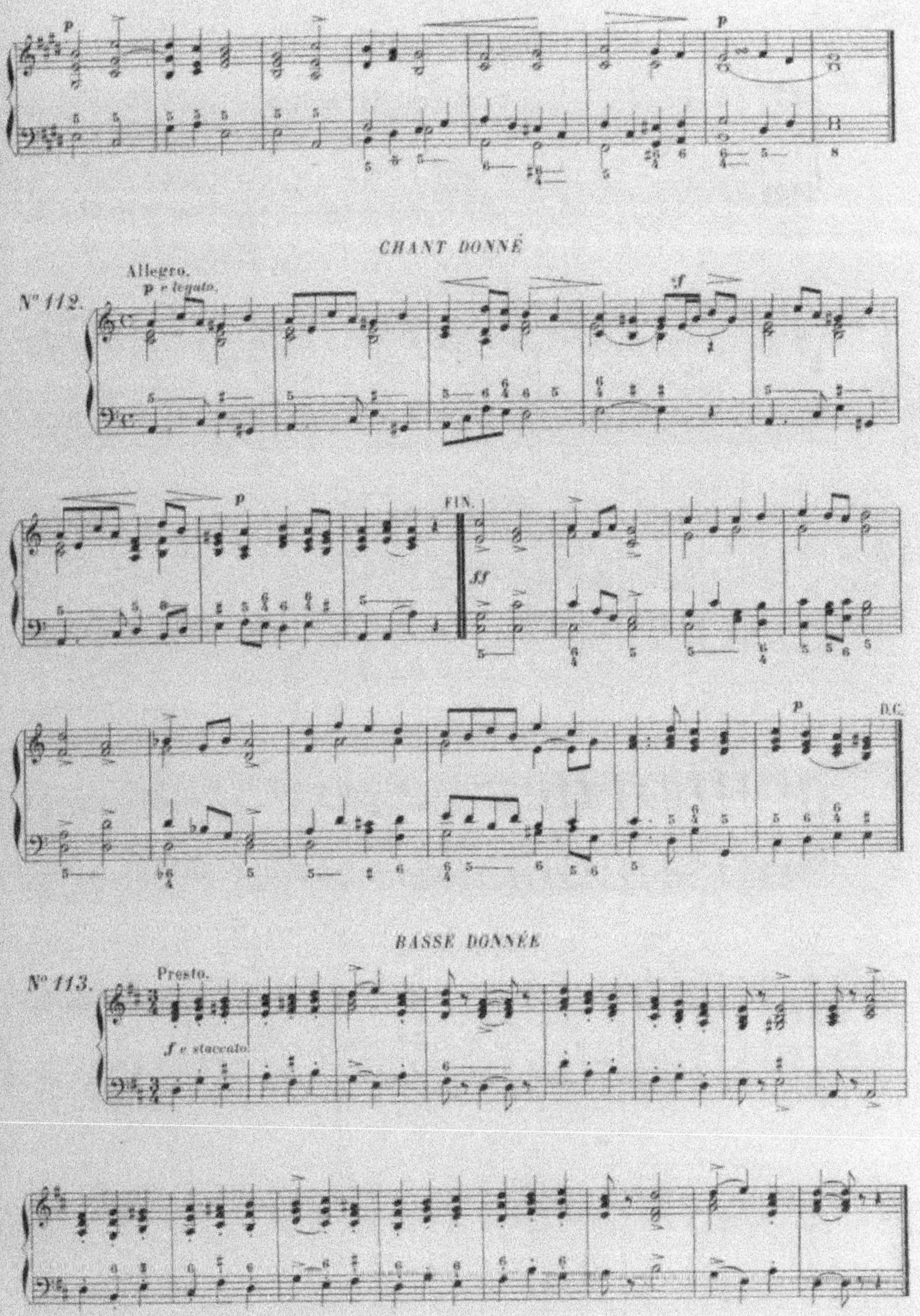
CHANT DONNÉ
Allegro.
Nº 112.
p e legato.
FIN.
D.C.
BASSE DONNÉE
Nº 113.
Presto.
f e staccato.

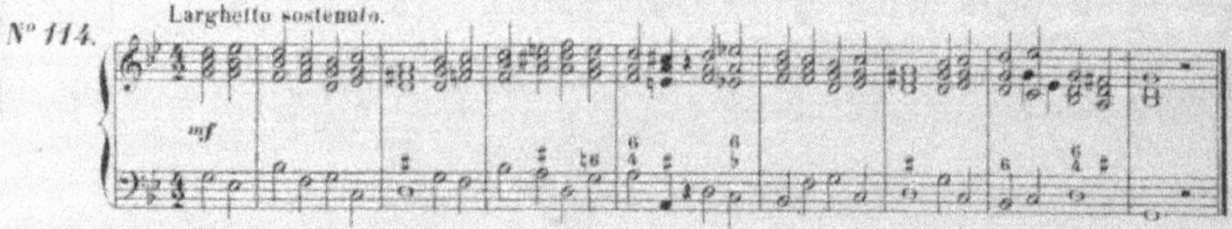

CHANT DONNÉ

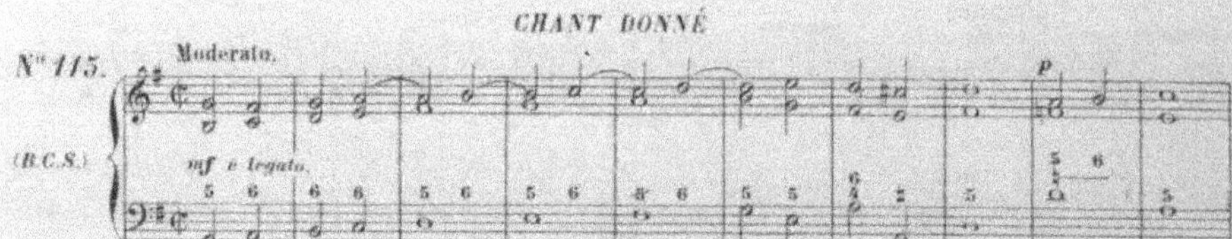

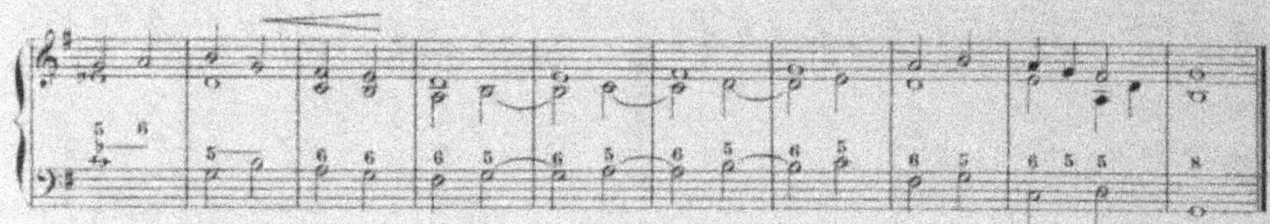

BASSE DONNÉE

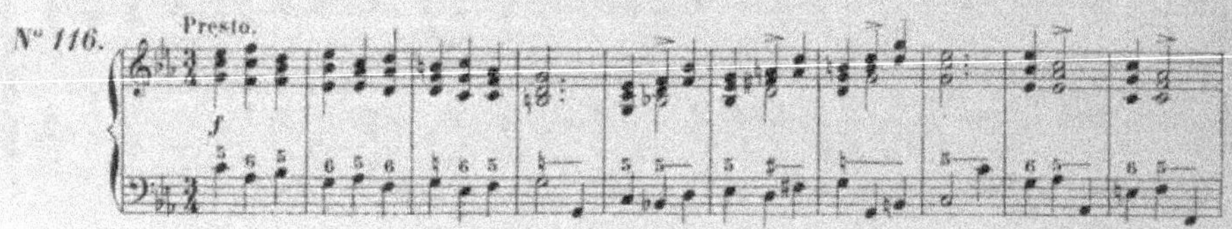

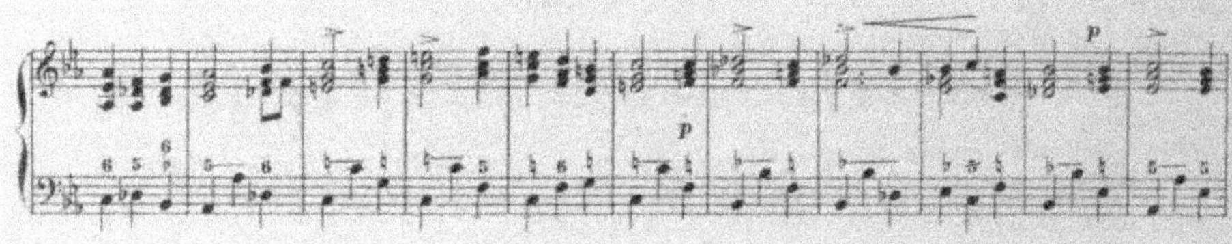

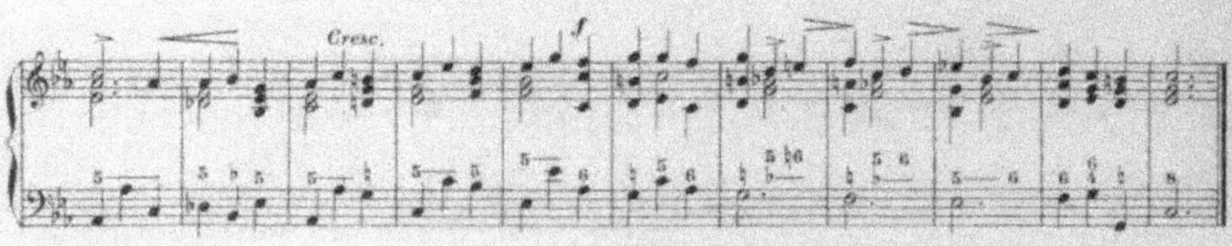

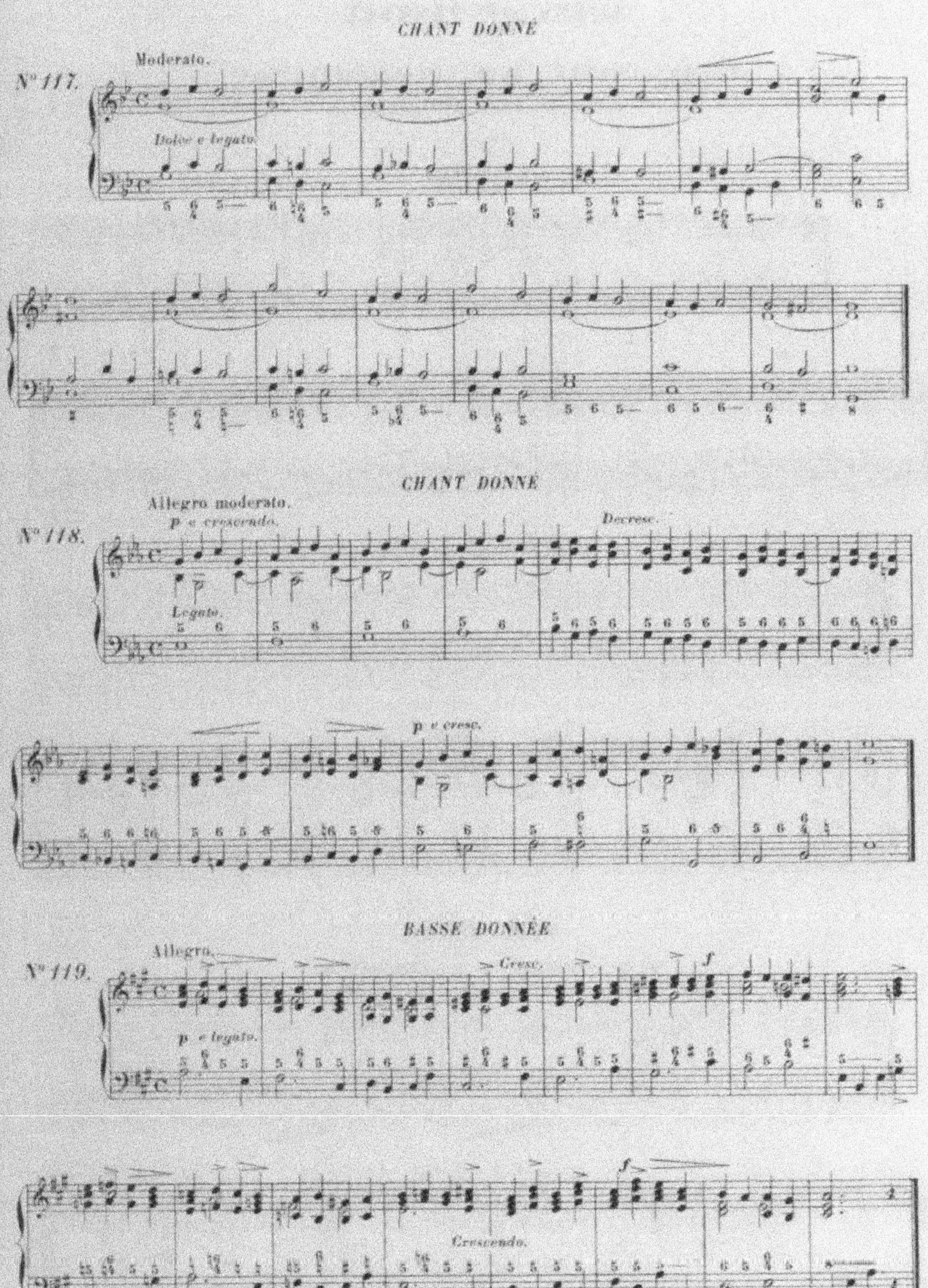
CHANT DONNE
Moderato.
N° 117.
Dolce e legato.
CHANT DONNE
Allegro moderato.
N° 118.
p e crescendo.
Decresc.
Legato.
p e cresc.
BASSE DONNÉE
Allegro.
N° 119.
Cresc.
f
p e legato.
f
Crescendo.

NOTES DE PASSAGE

LEÇONS DONNÉES AVEC LEUR RÉALISATION
en Notes réelles seulement

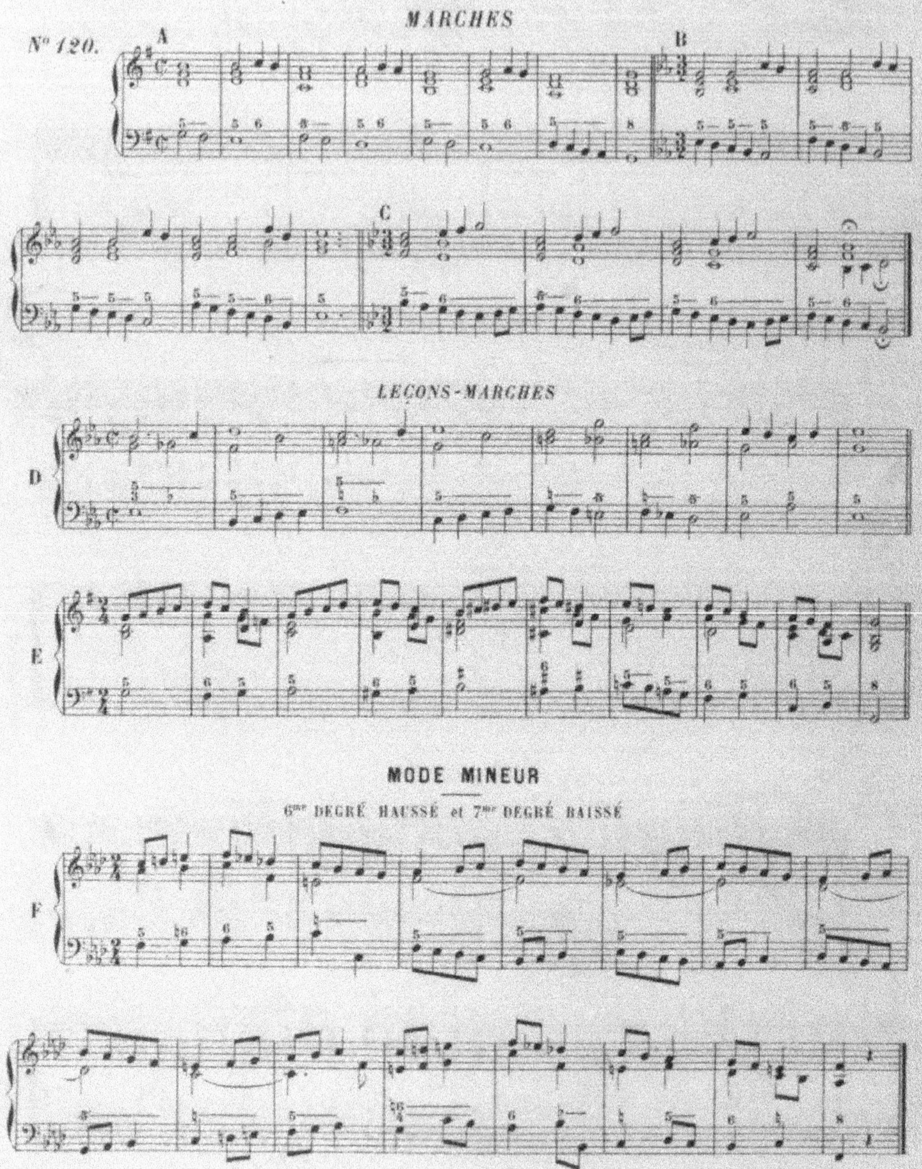

BRODERIES

LEÇONS DONNÉES AVEC LEUR RÉALISATION
sauf les Broderies

MARCHES

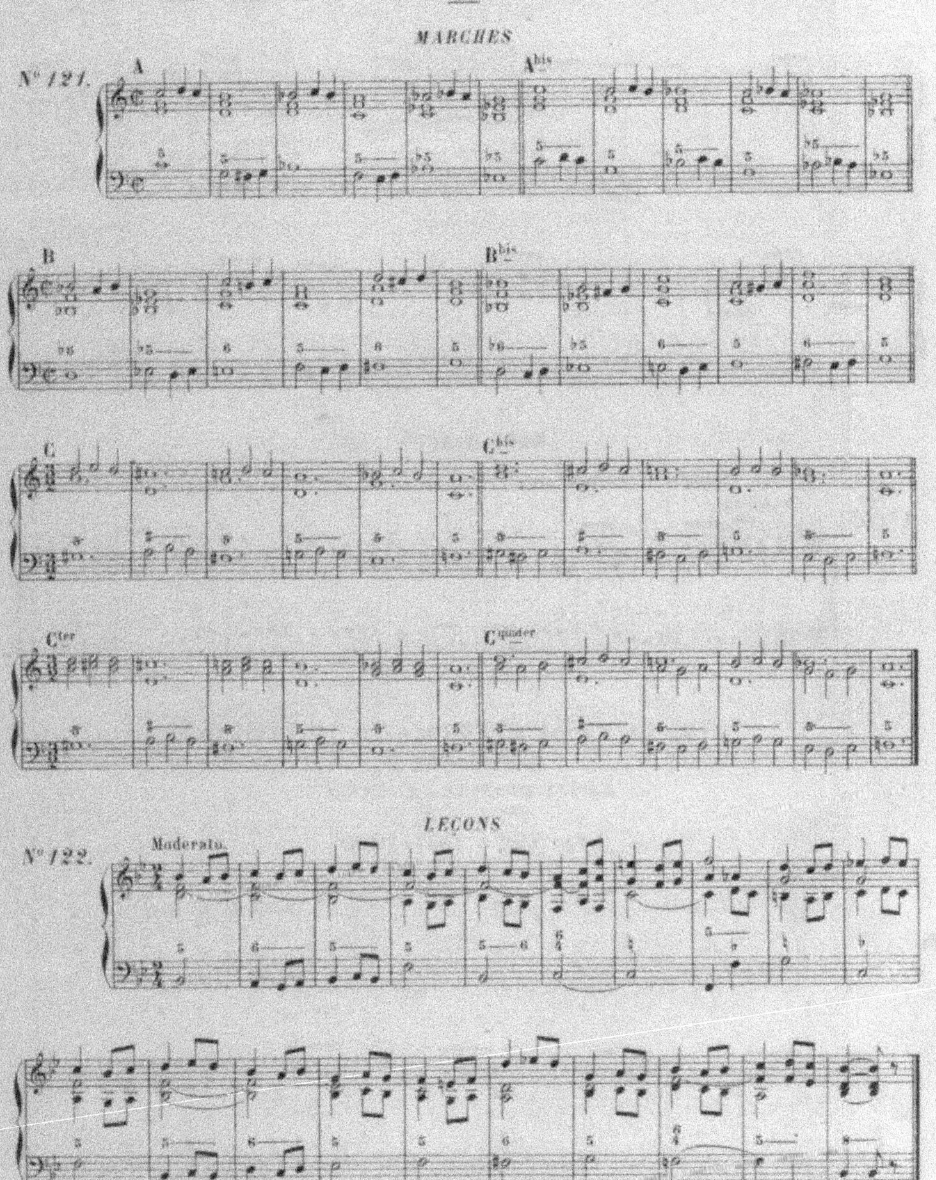

N° 123. Moderato.

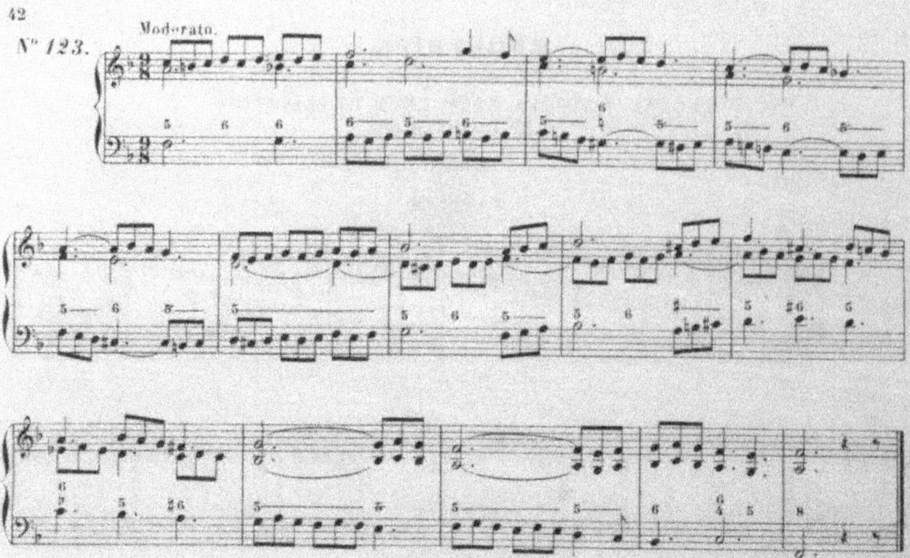

MODE MINEUR

BRODERIE SUPÉRIEURE du 6me DEGRÉ, BRODERIE INFÉRIEURE du 7me

N° 124. Andantino.

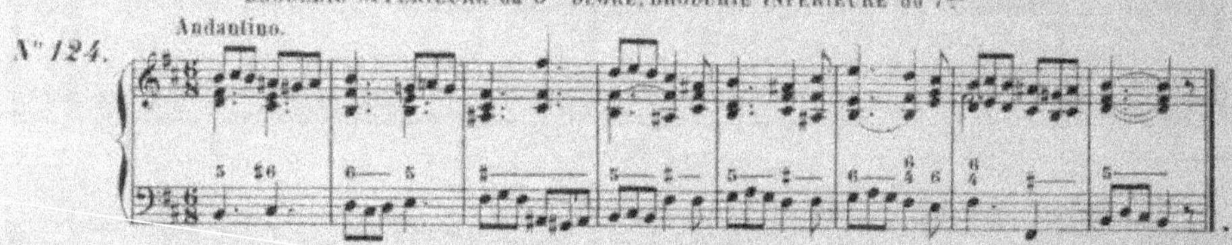

NOTES DE PASSAGE, BRODERIES, IMITATIONS

BASSES DONNÉES CHIFFRÉES

MARCHES A IMITATIONS

N° 125.

A

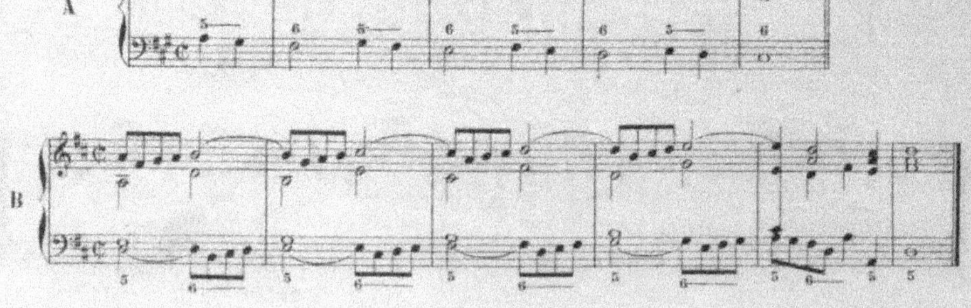

B

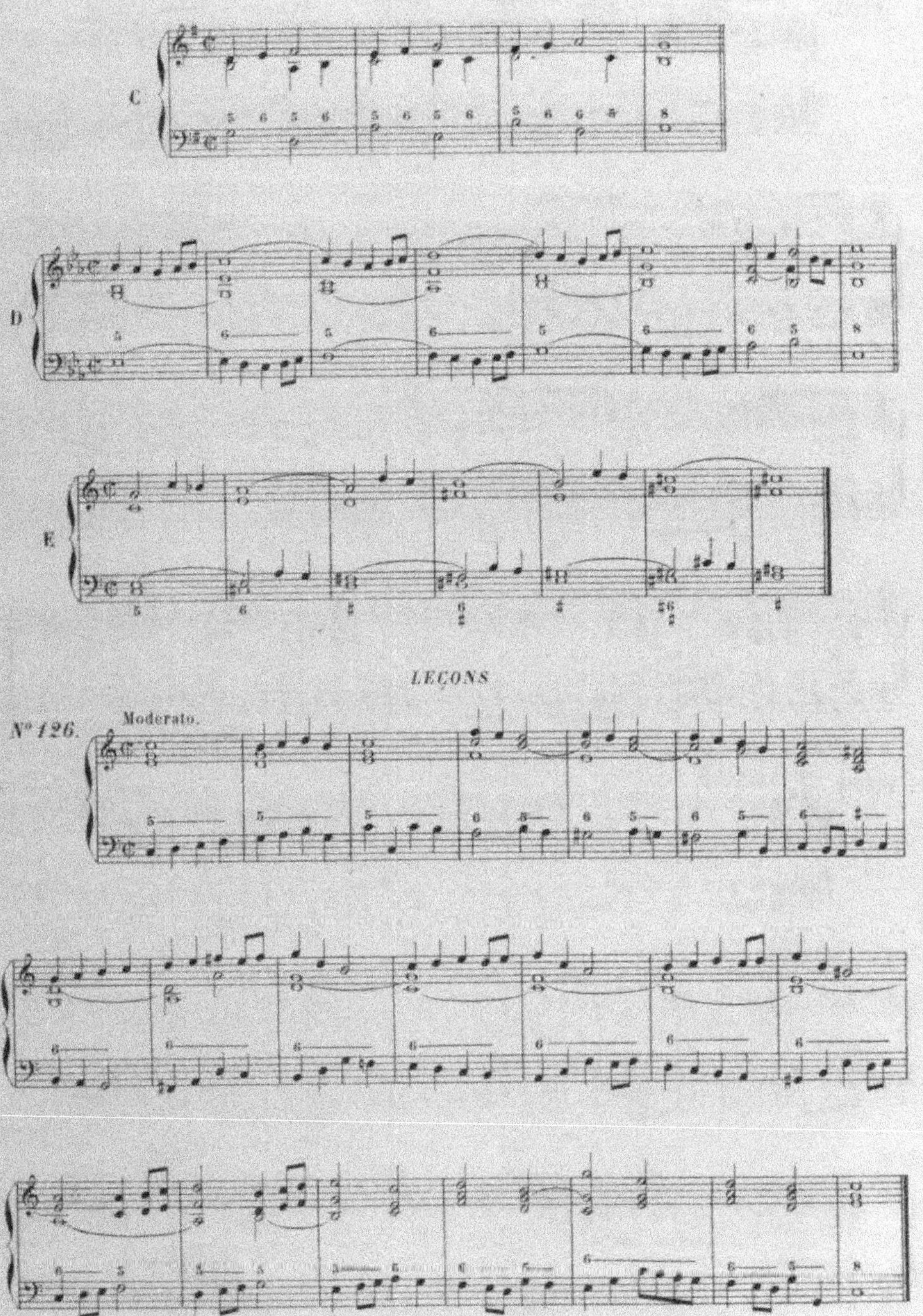
C
D
E
LEÇONS
Nº 126.
Moderato.

No 127. Moderato.

No 128. Andantino.

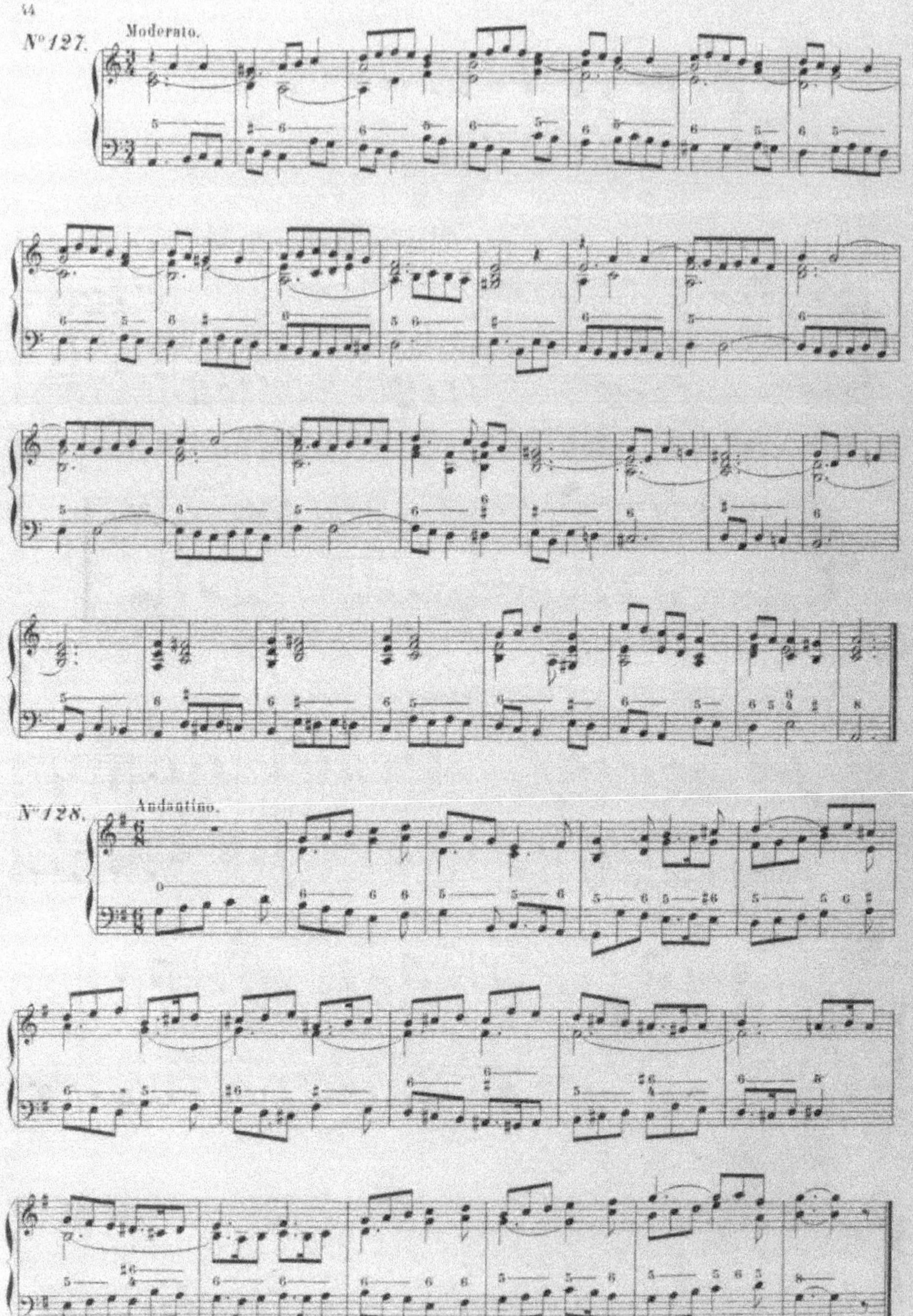

CHANT DONNÉ

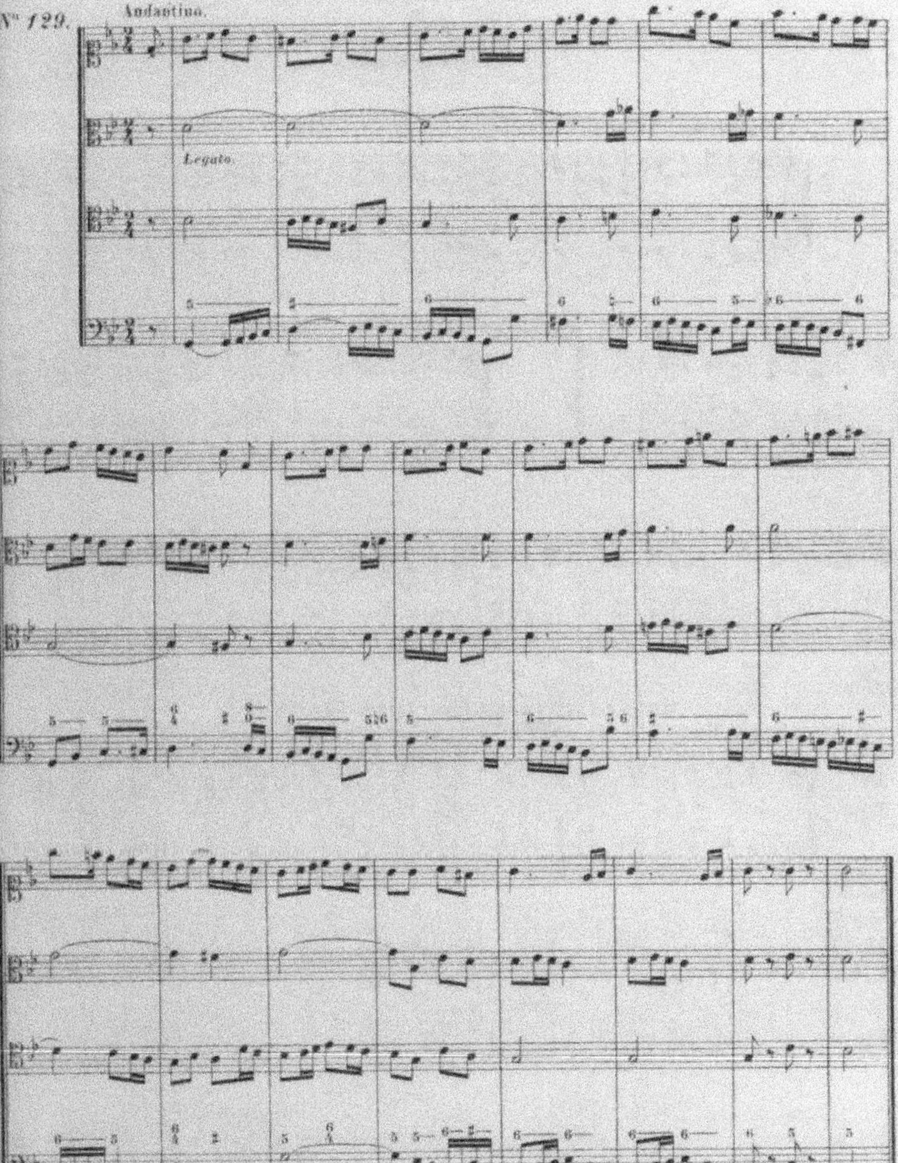

FIN DE LA PREMIÈRE PARTIE

DEUXIÈME PARTIE

ACCORD de SEPTIÈME de DOMINANTE
et ses renversements

LEÇONS UNITONIQUES

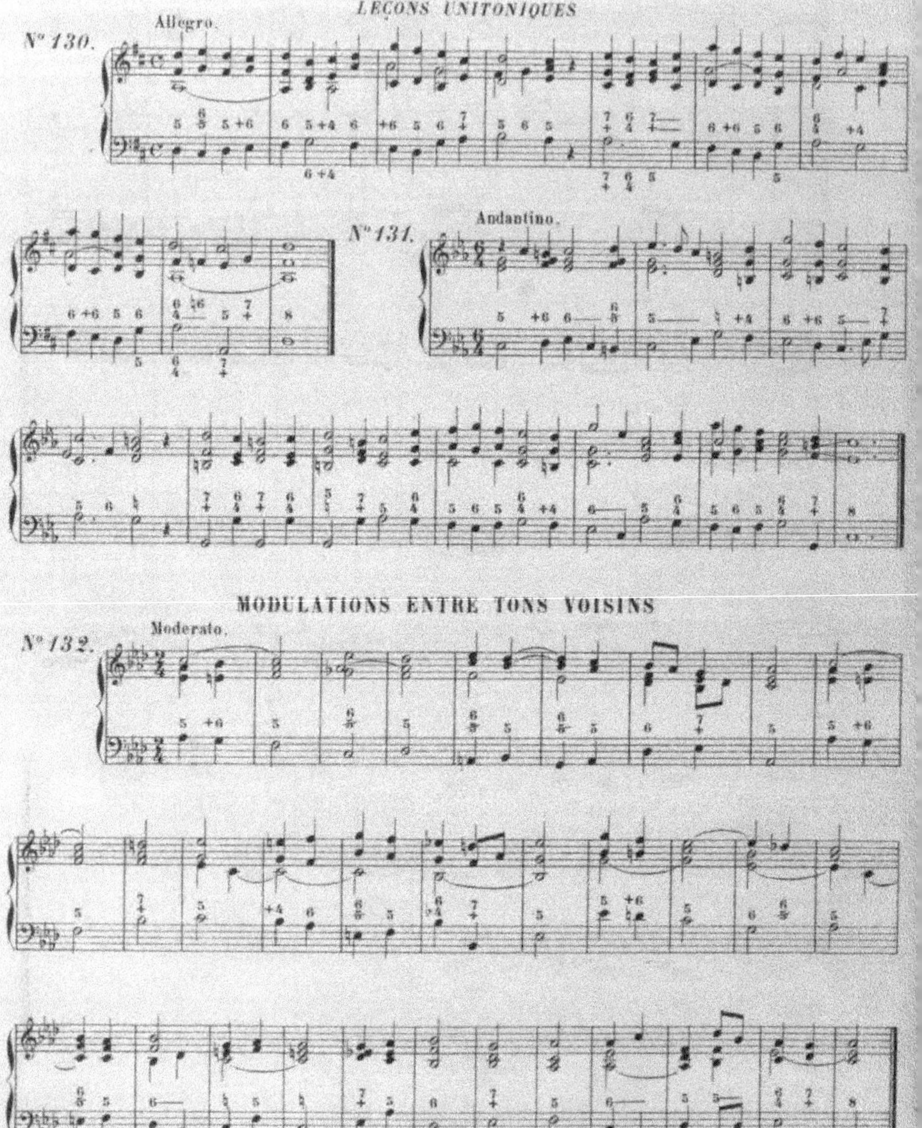

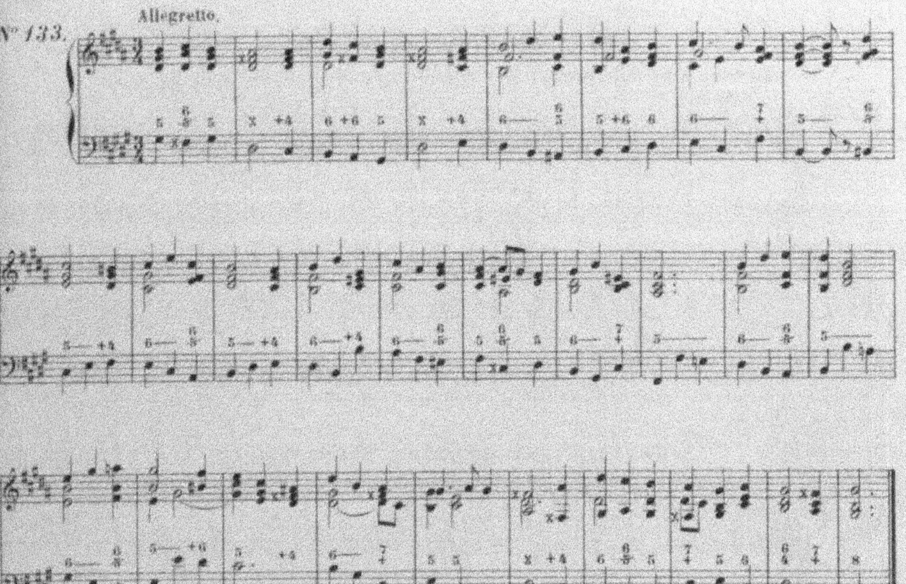

MODULATIONS AUX TONS ÉLOIGNÉS
opérées au moyen de modulations successives entre tons voisins poursuivies dans une même direction.

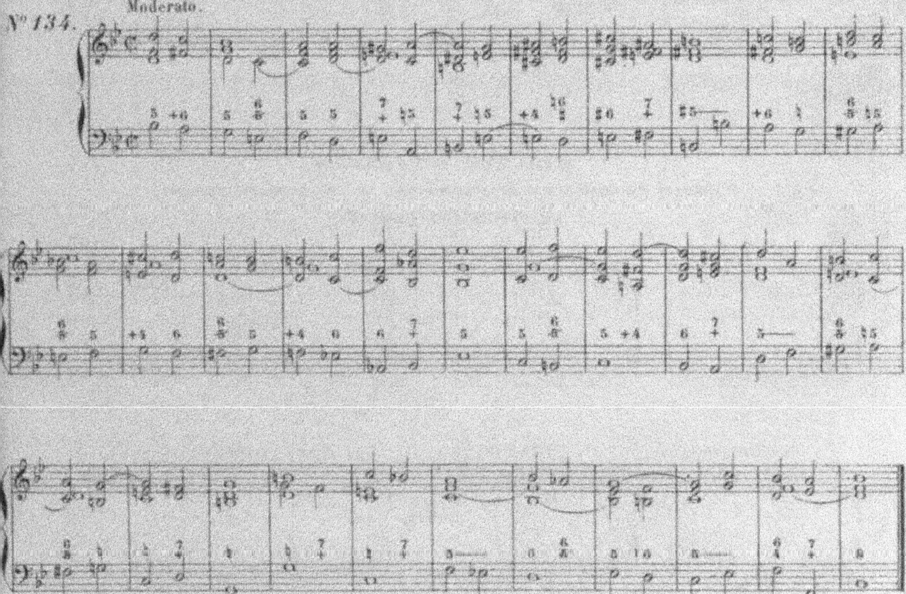

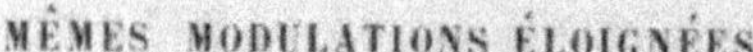

MÊMES MODULATIONS ÉLOIGNÉES
obtenues plus rapidement par l'équivoque et le changement de mode

N° 135.

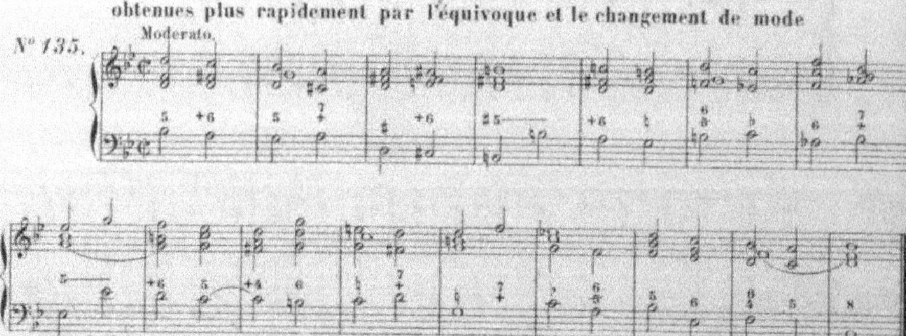

MODULATIONS OPÉRÉES BRUSQUEMENT
au moyen de la cadence rompue empruntée au mode mineur

N° 136.

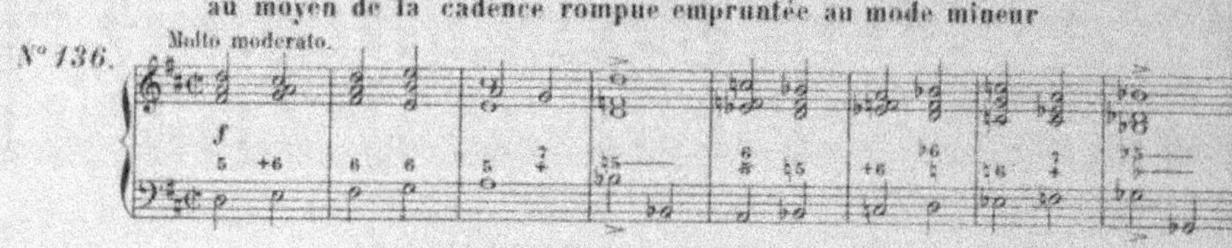

MARCHES D'HARMONIE
Accord de septième de Dominante et ses Renversements en résolution naturelle.

N° 137.

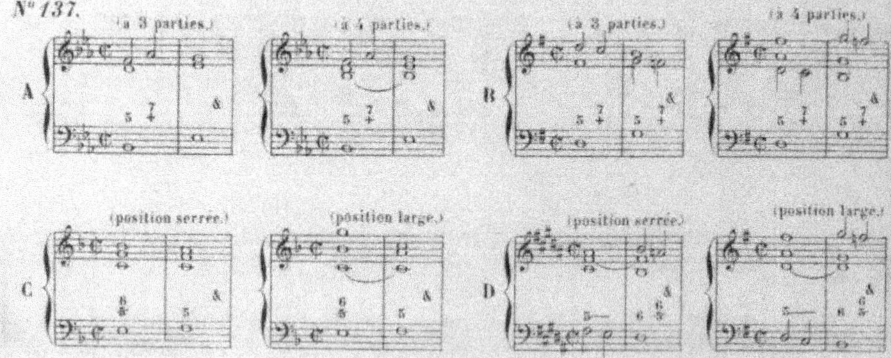

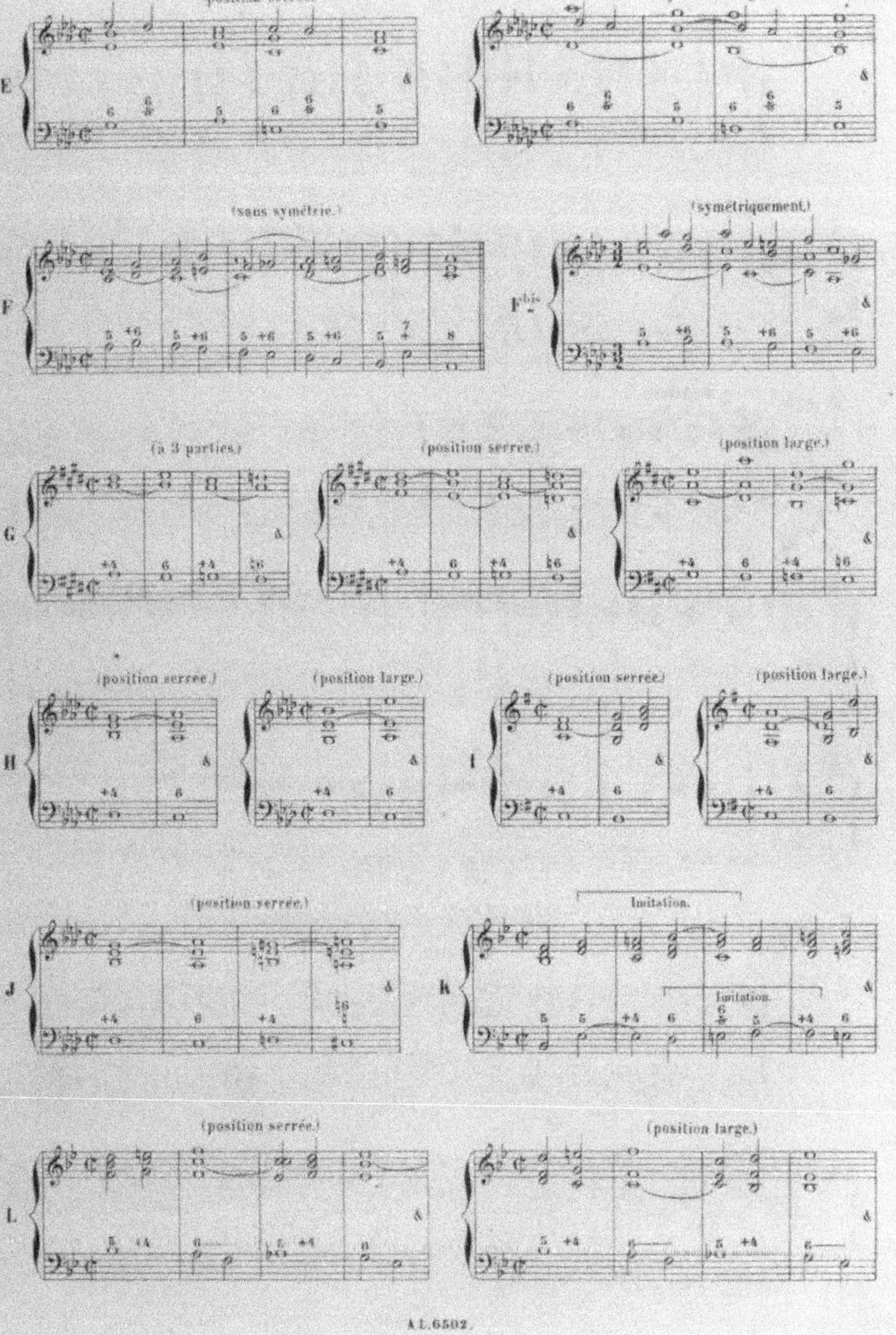
(position serrée.)
(position large.)
E
(sans symétrie.)
(symétriquement.)
F
F bis
(à 3 parties.)
(position serrée.)
(position large.)
G
(position serrée.)
(position large.)
H
(position serrée.)
(position large.)
I
(position serrée.)
J
Imitation.
Imitation.
K
(position serrée.)
(position large.)
L

CHANTS DONNÉS

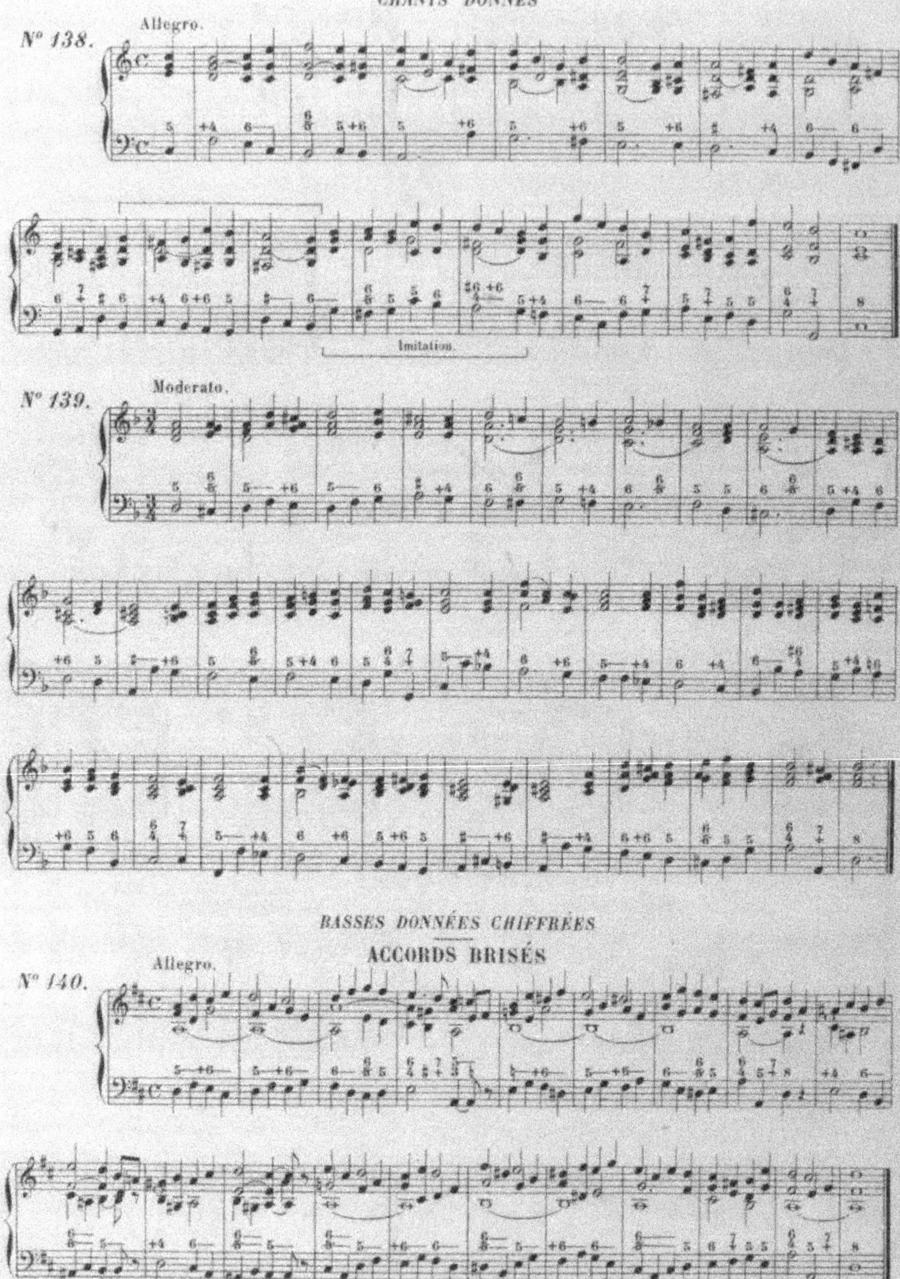

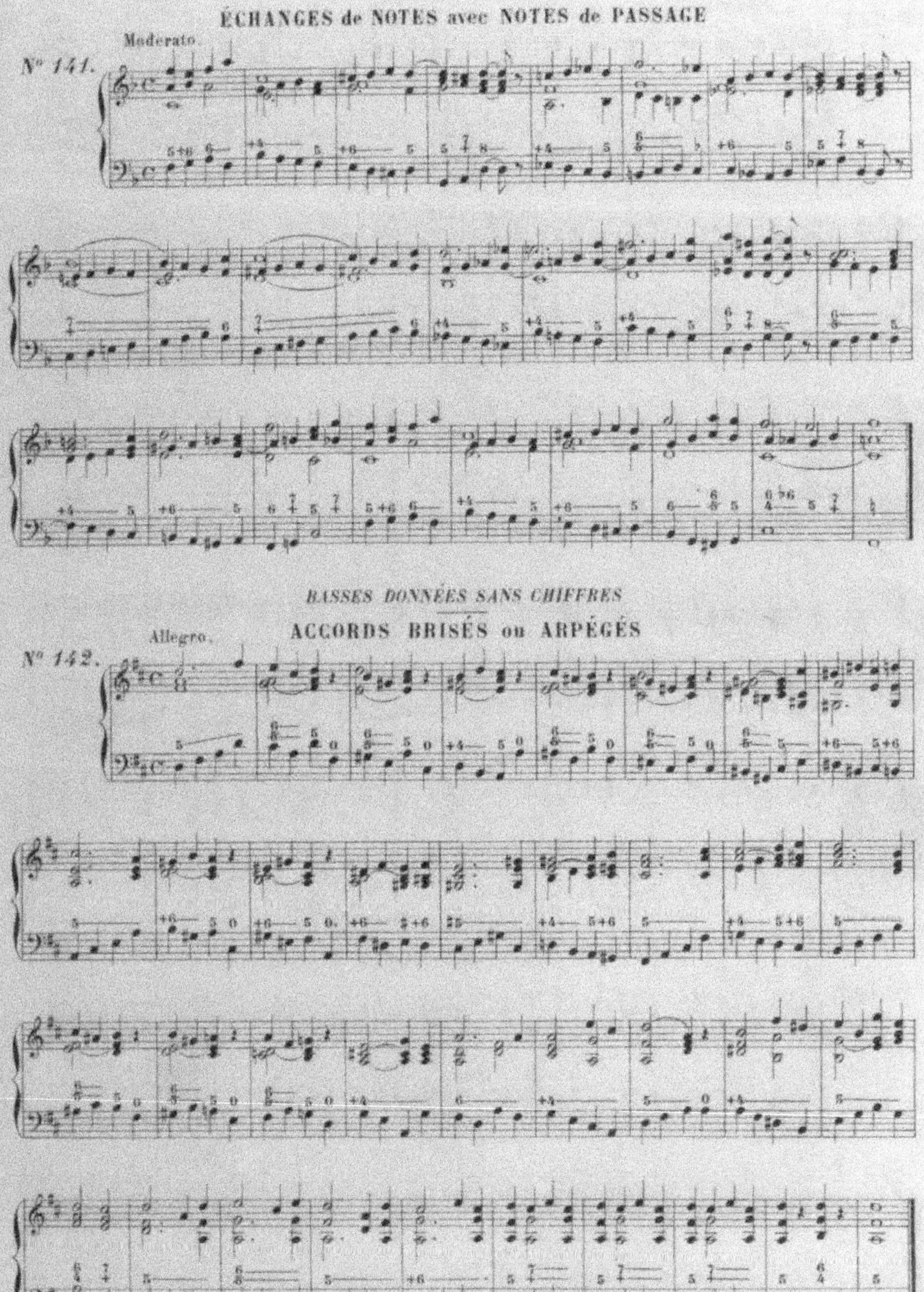
ÉCHANGES de NOTES avec NOTES de PASSAGE
Moderato.
N° 141.
BASSES DONNÉES SANS CHIFFRES
ACCORDS BRISÉS ou ARPÉGÉS
Allegro.
N° 142.

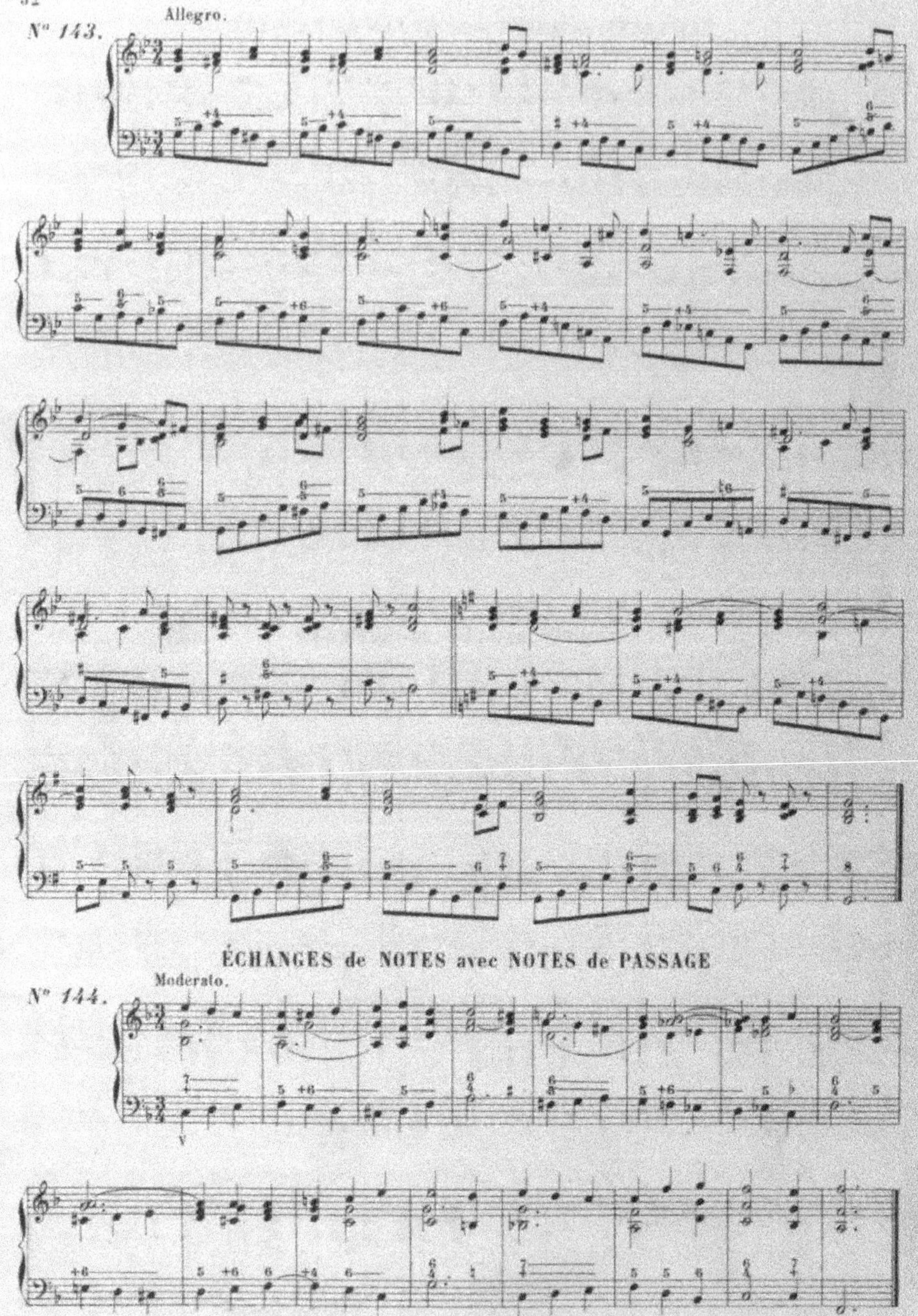
N° 143.
Allegro.
ÉCHANGES de NOTES avec NOTES de PASSAGE
N° 144.
Moderato.

CHANTS DONNÉS

ACCORDS BRISÉS

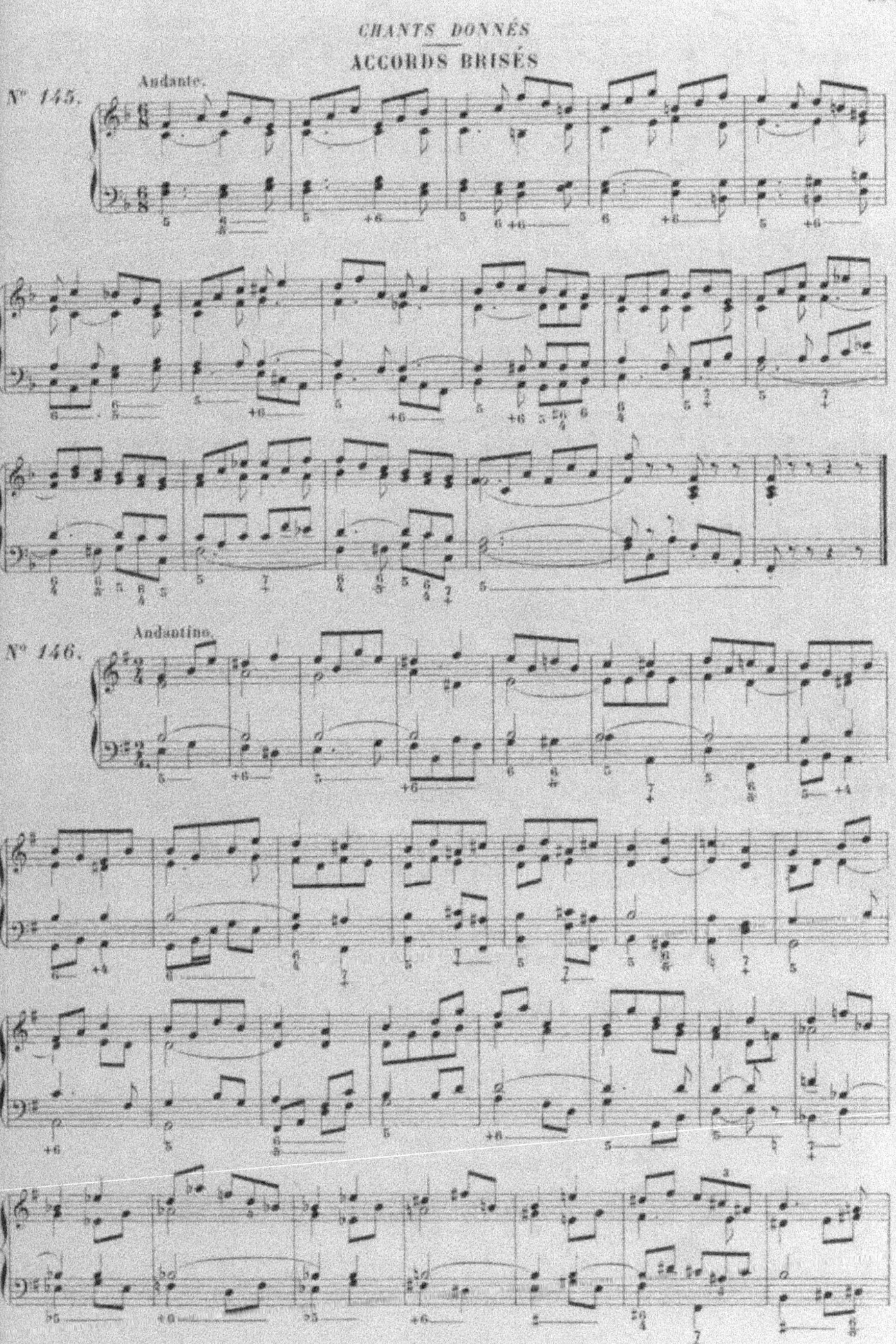

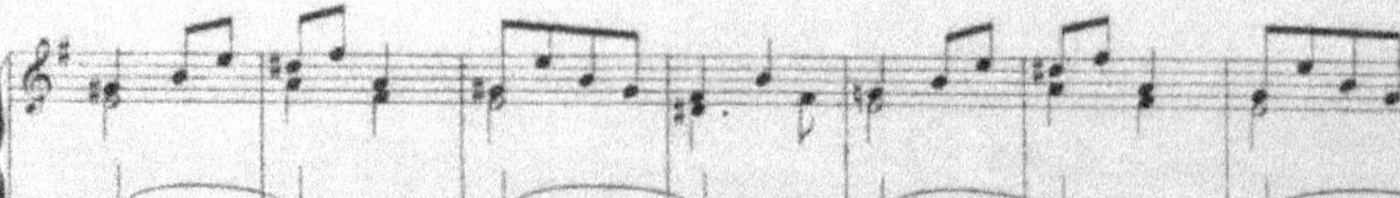

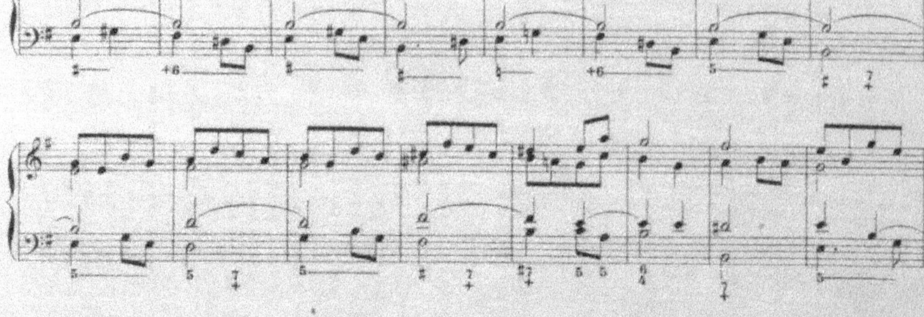

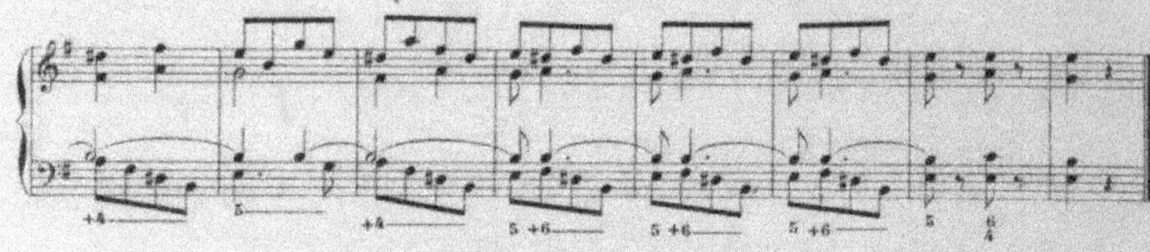

RÉSOLUTIONS EXCEPTIONNELLES
de l'accord de septième de dominante et de ses renversements

EXERCICES

Nº 147.

I CADENCES ROMPUES. REPOS à la dominante.

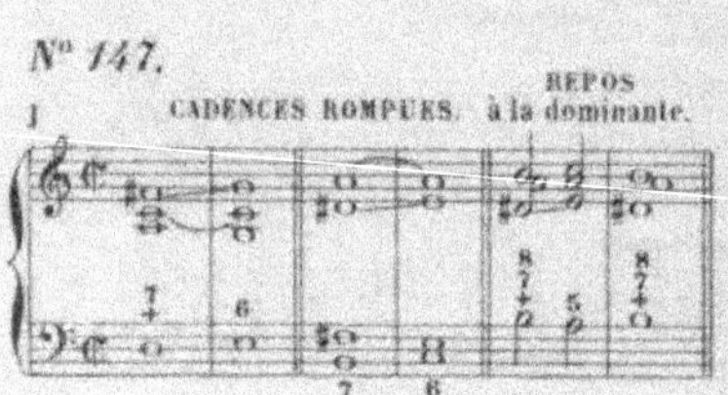

II *MODULATION* à la quarte supérieure ou quinte inférieure.

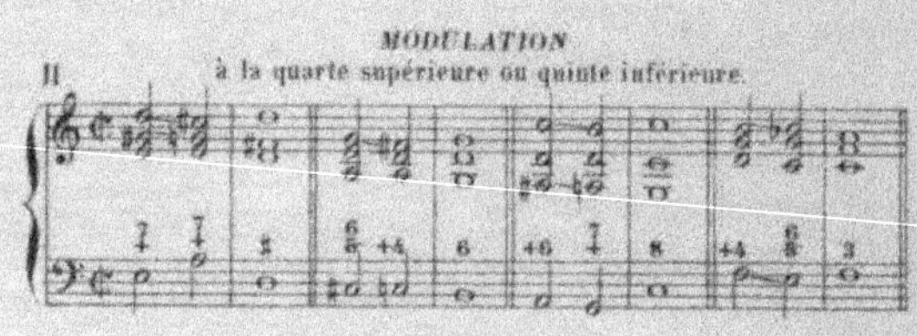

MODULATION

au relatif mineur (tierce mineure inférieure.)

III

MODULATION

à la tierce majeure inférieure.

IV

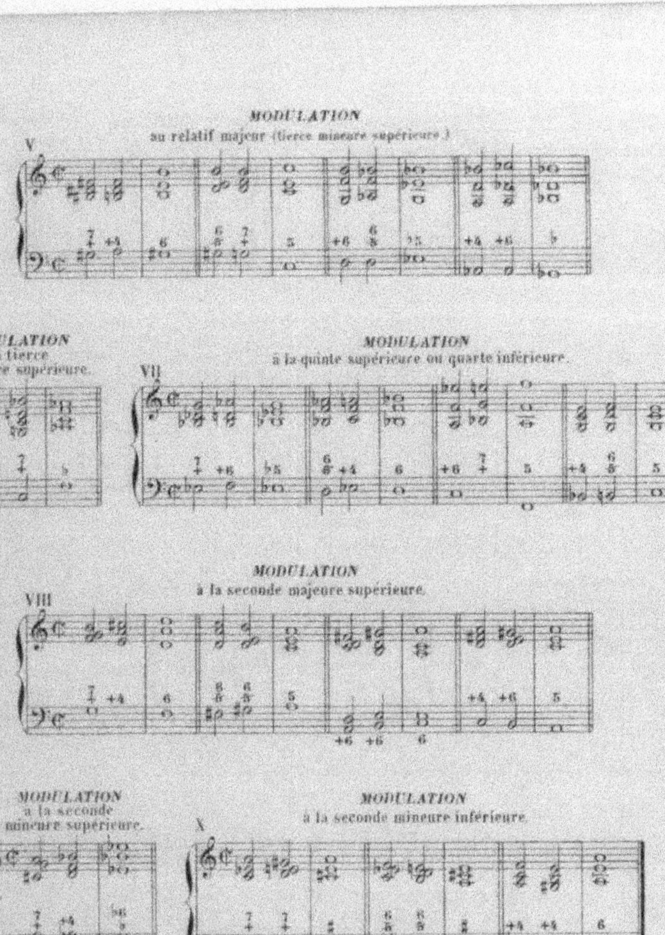

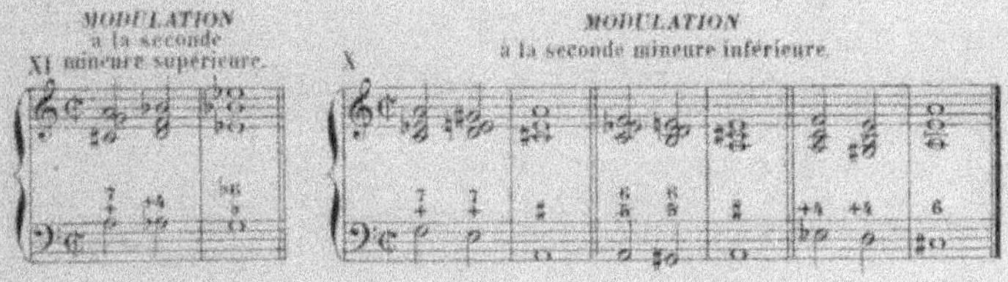

MARCHES D'HARMONIE

N° 148.

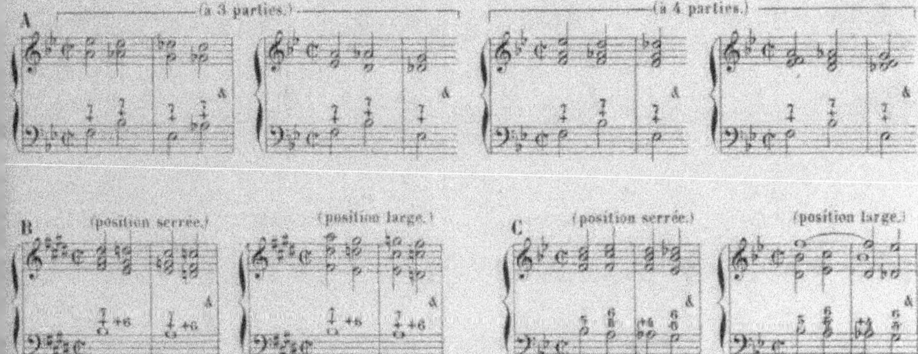

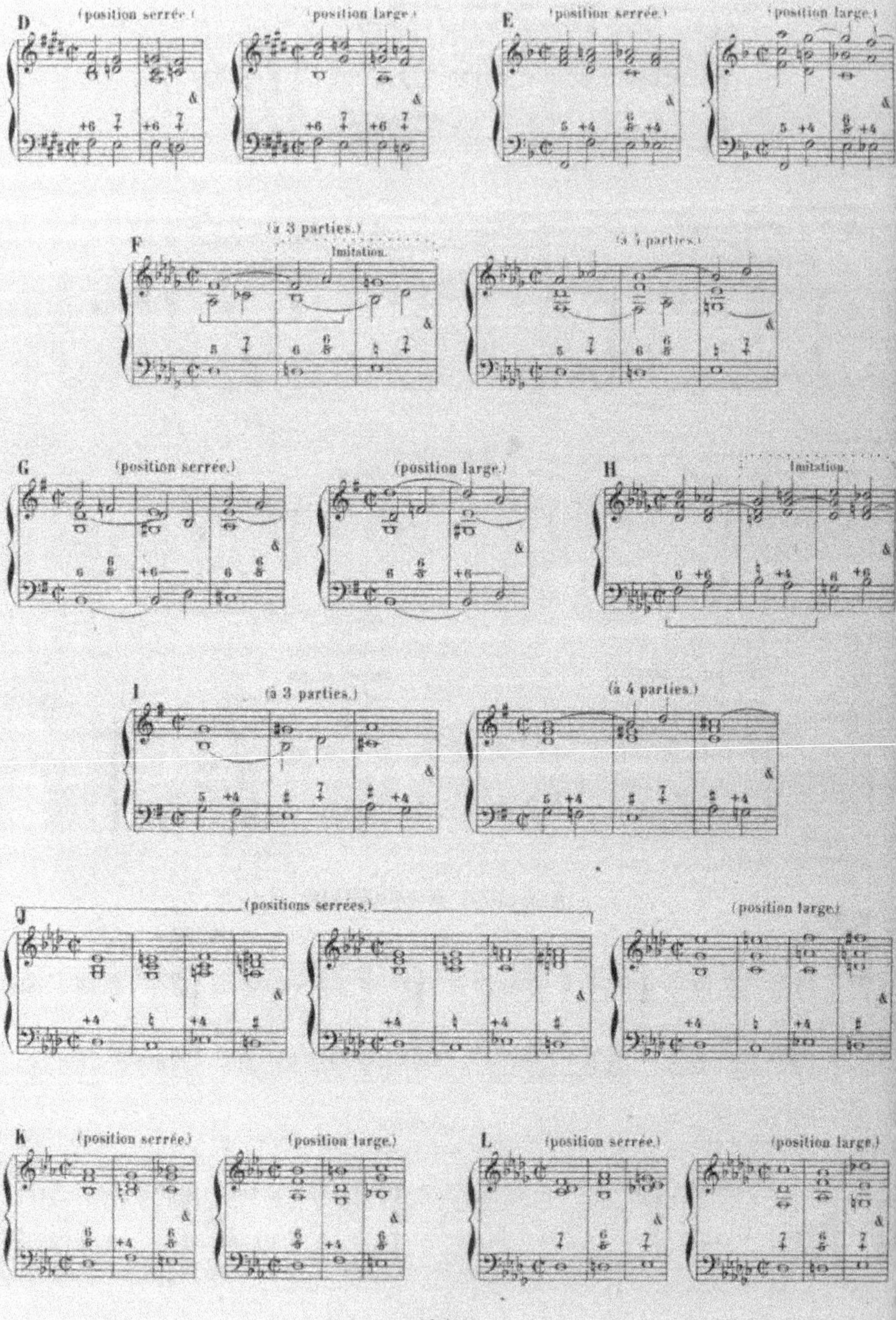
D
(position serrée.)
(position large.)
E
(position serrée.)
(position large.)
F
(à 3 parties.)
Imitation.
(à 4 parties.)
G
(position serrée.)
(position large.)
H
Imitation.
I
(à 3 parties.)
(à 4 parties.)
J
(positions serrées.)
(position large.)
K
(position serrée.)
(position large.)
L
(position serrée.)
(position large.)

M

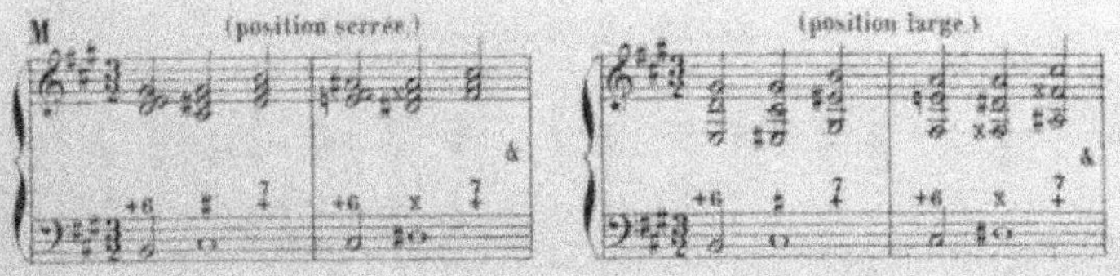

(position serrée.)

(position large.)

N

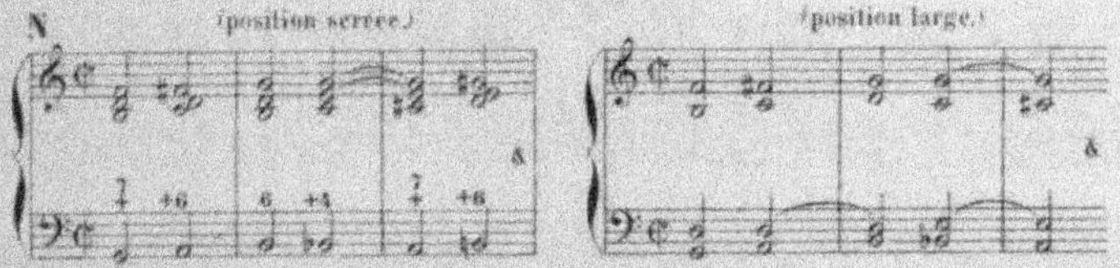

(position serrée.)

(position large.)

O

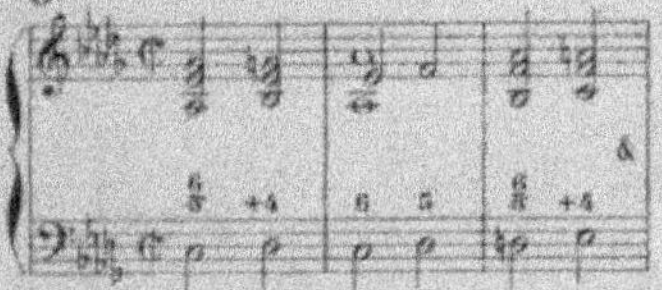

P

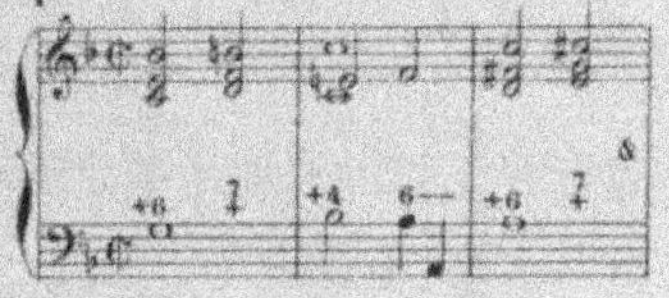

Q

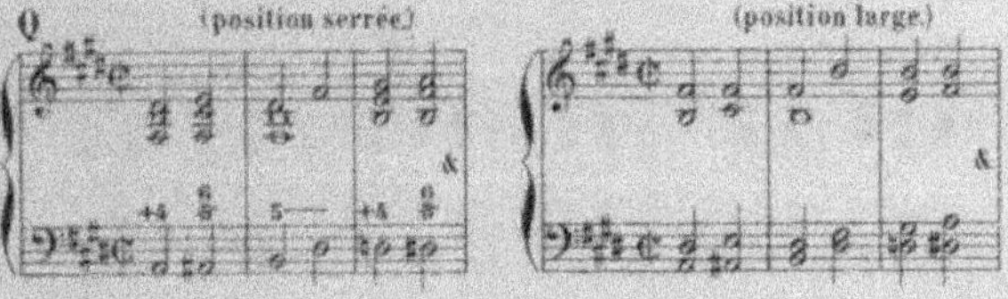

(position serrée.)

(position large.)

R

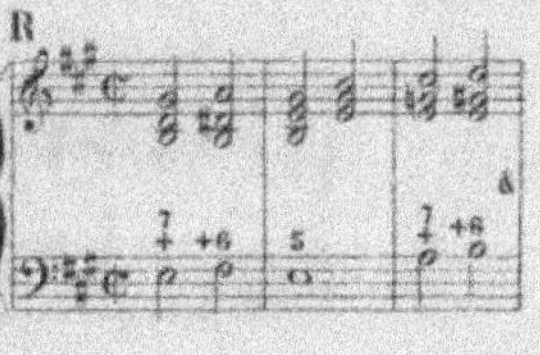

MARCHES RÉALISÉES SANS SYMÉTRIE

S

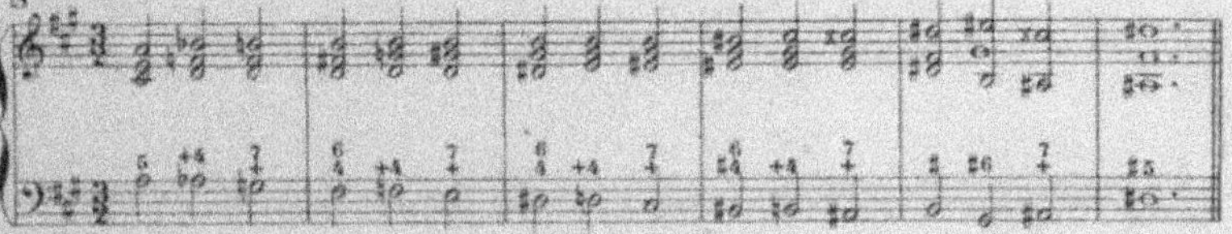

T

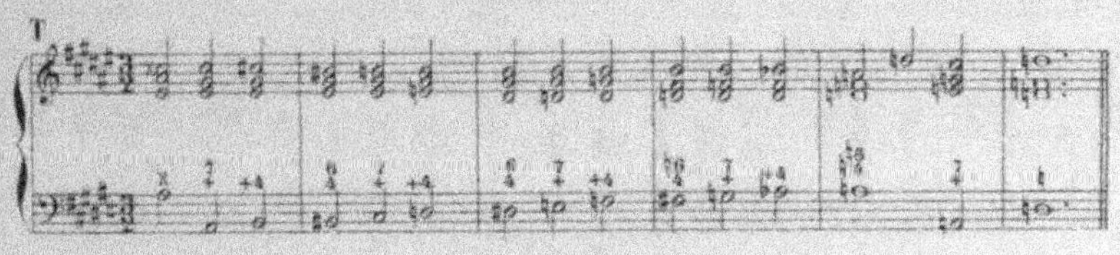

BASSE ET CHANT DONNÉS

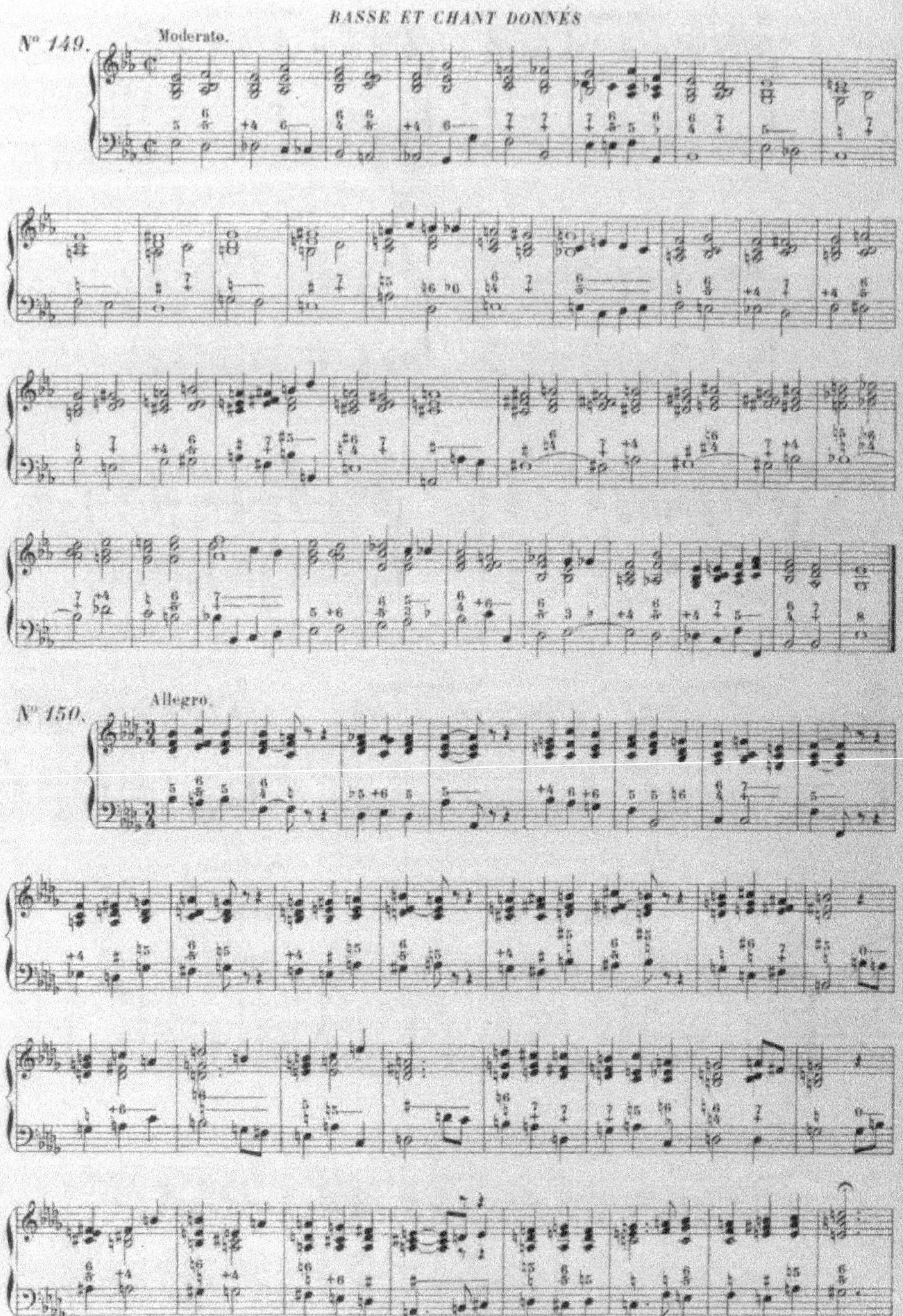

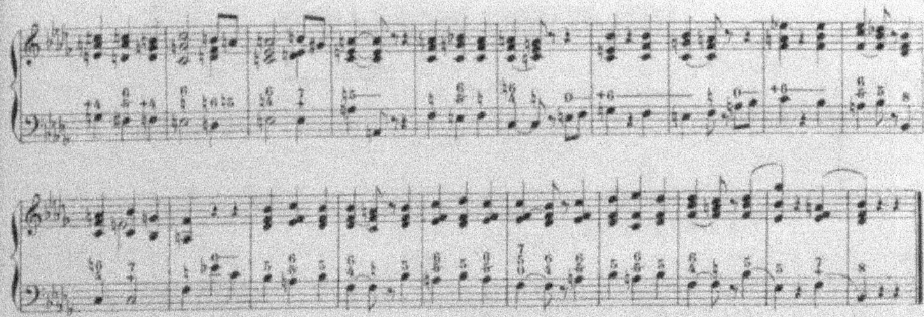

NOTES de PASSAGE, BRODERIES, IMITATIONS

LEÇONS DONNÉES SANS LEUR HARMONIE

BASSE DONNÉE

Nº 151. Moderato. Imitation. Imitation.

Imitation.

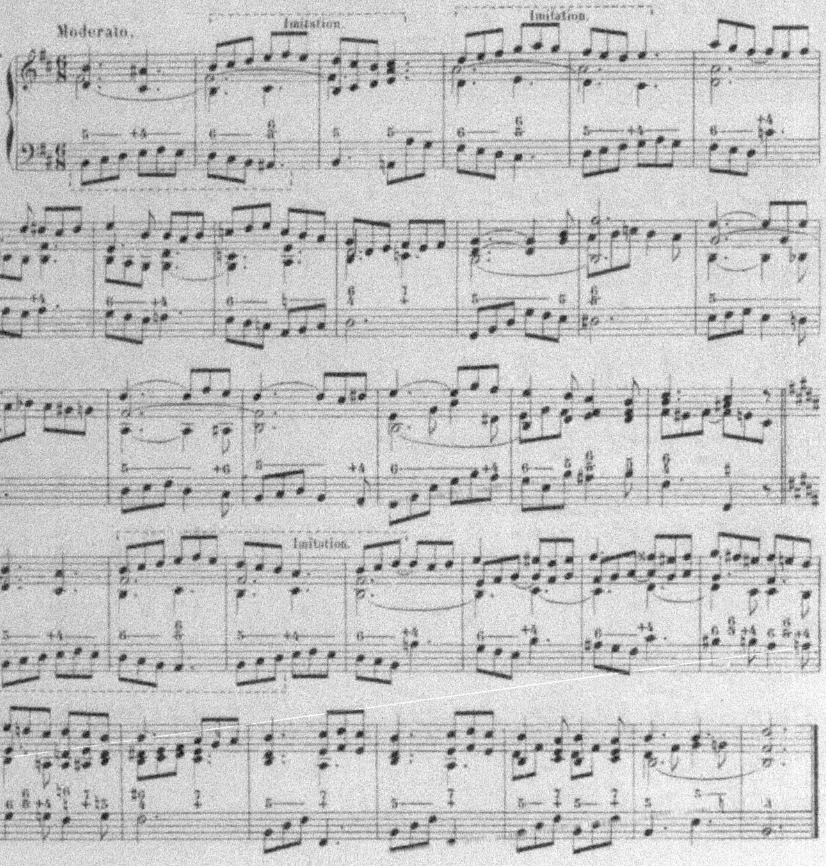

BASSE, DEUXIÈME et PREMIÈRE PARTIES
données alternativement.

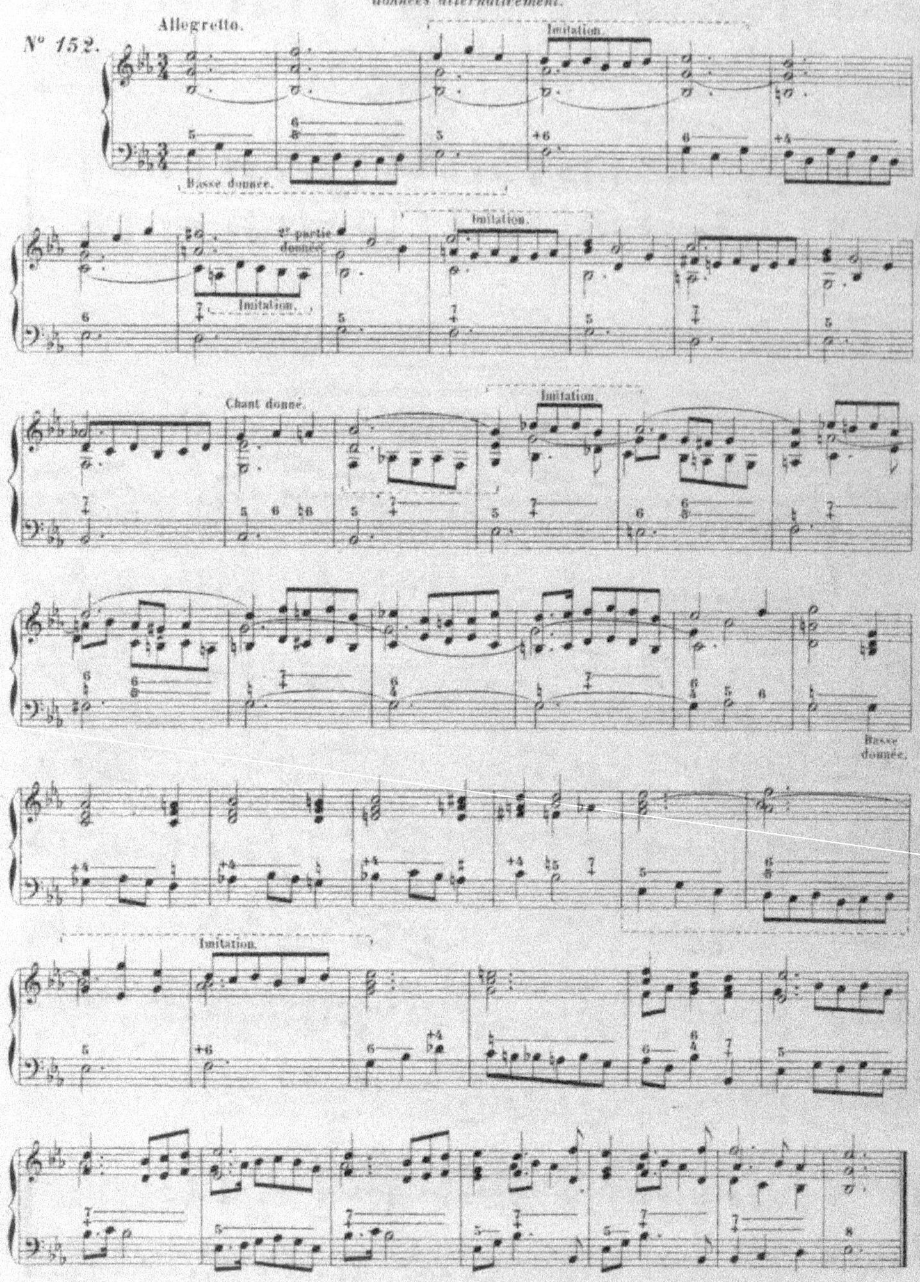

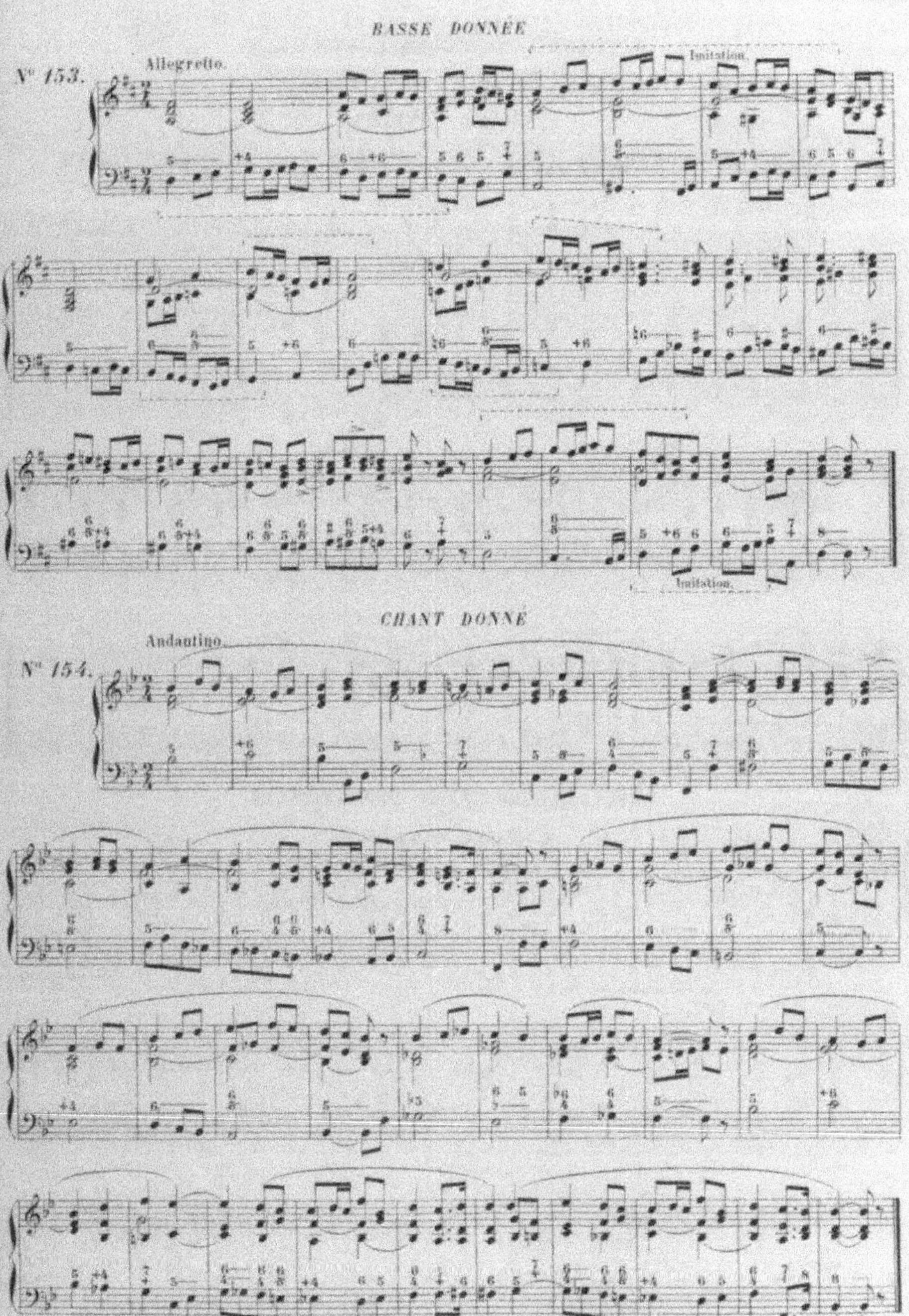
BASSE DONNÉE
Nº 153.
Allegretto.
Imitation
Imitation
CHANT DONNÉ
Nº 154.
Andantino

ACCORDS de SEPTIÈME de SENSIBLE
des deux modes et leurs renversements

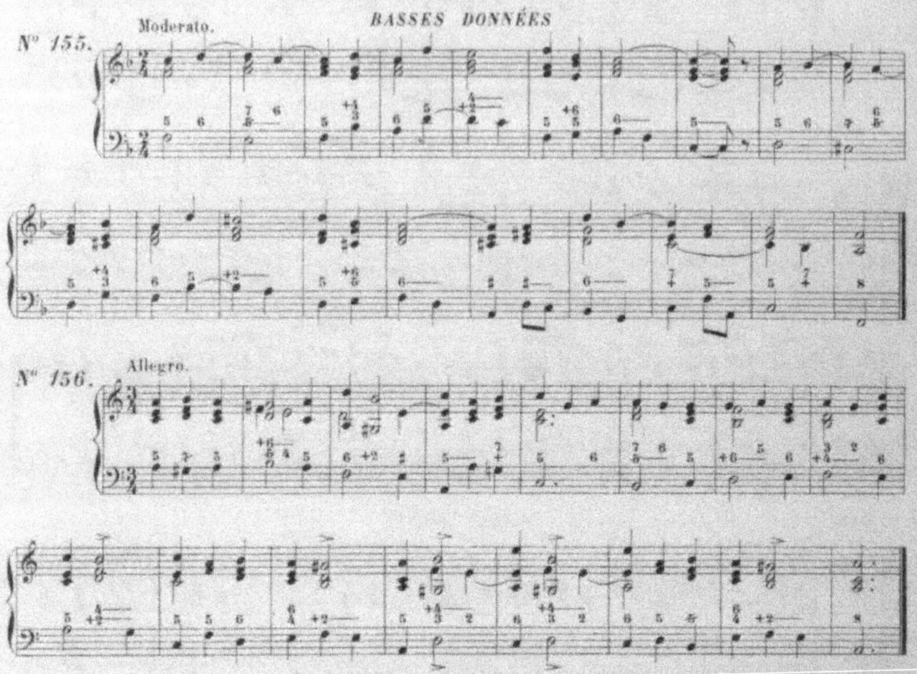

MODULATIONS ENTRE TONS VOISINS

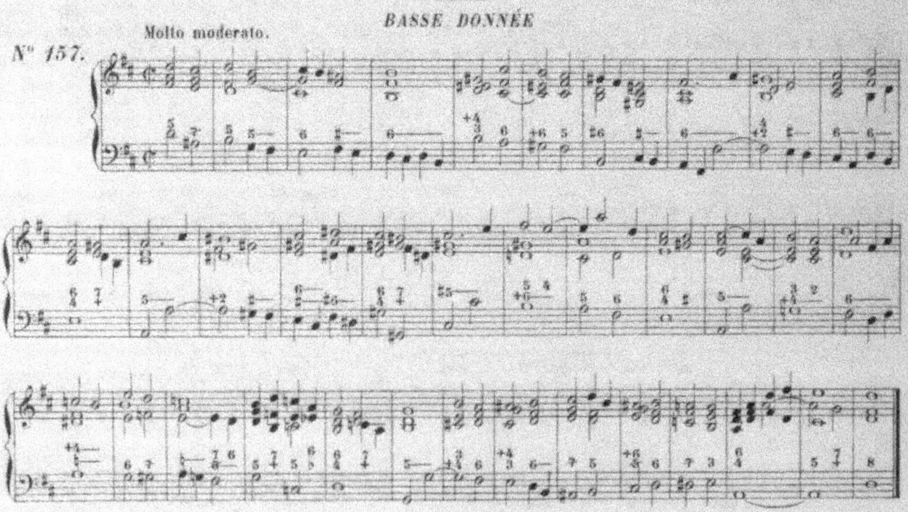

MARCHES D'HARMONIE

SEPTIÈME de SENSIBLE (mode majeur)

Nº 158. A (à 3 parties.) (à 4 parties.)

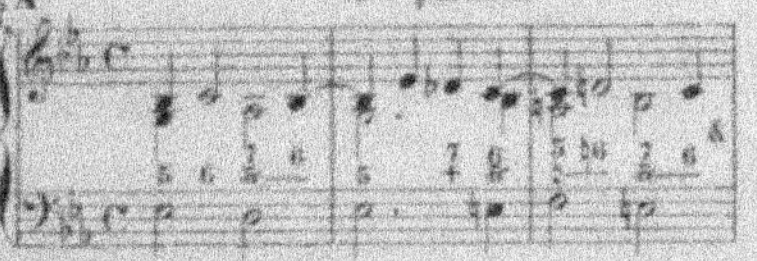

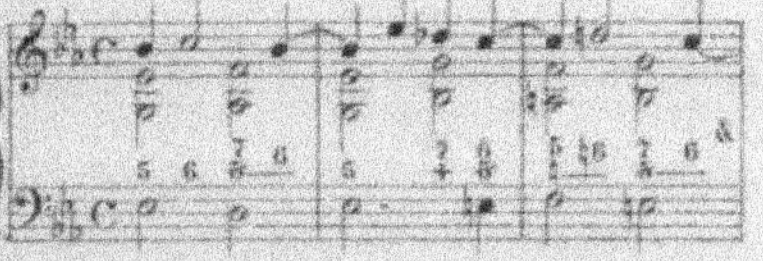

B

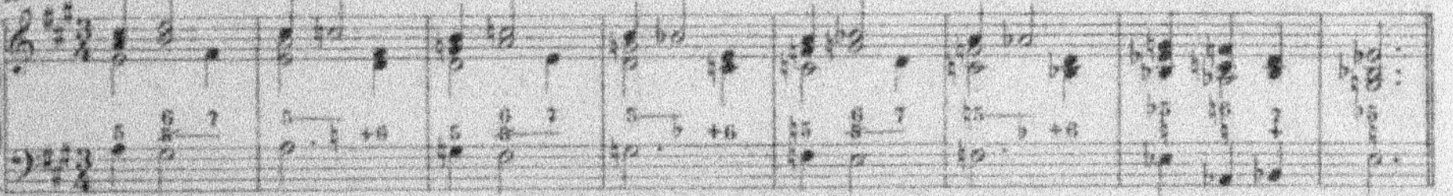

C (à 3 parties.) (à 4 parties.)

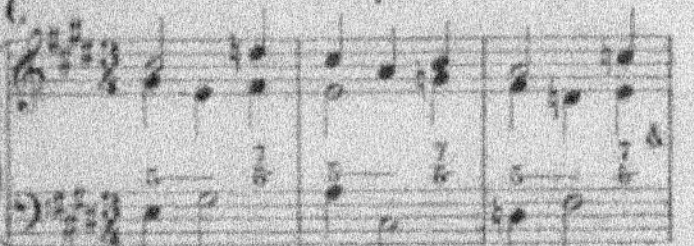

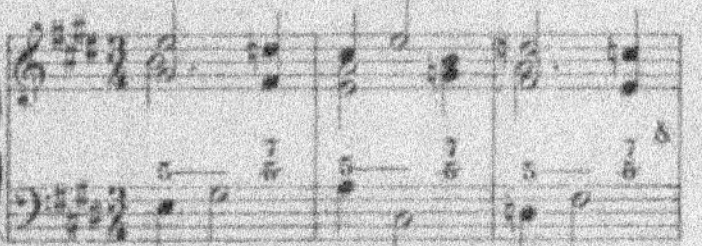

SEPTIÈME DIMINUÉE (mode mineur)

D

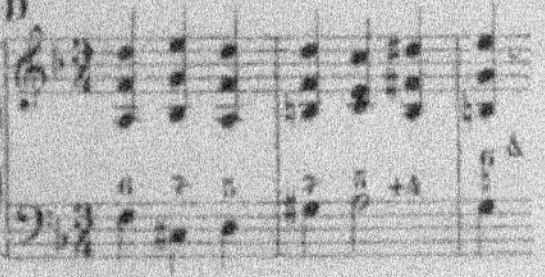

E (à 3 parties.) (à 4 parties.)

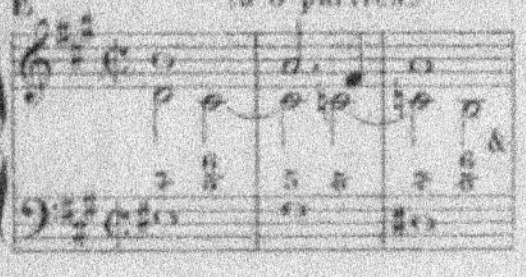

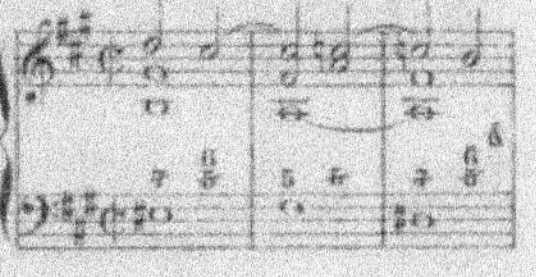

SEPTIÈME de SENSIBLE des deux modes.

F

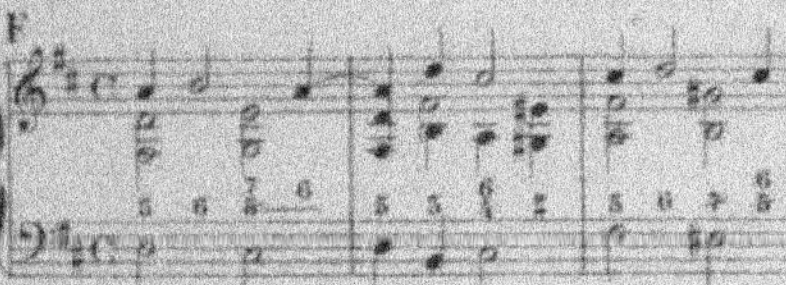

G

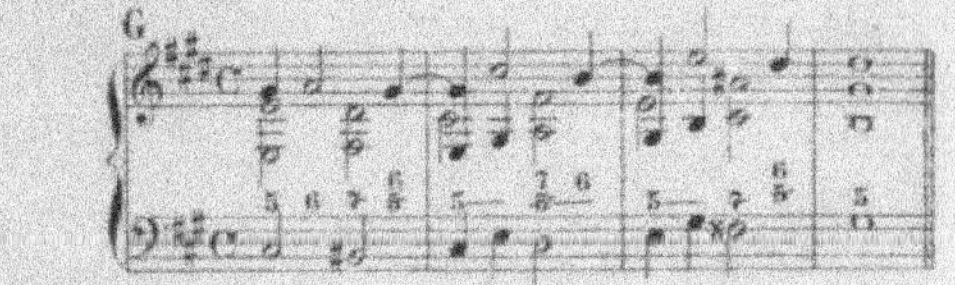

QUINTE et SIXTE SENSIBLE (mode majeur)

H

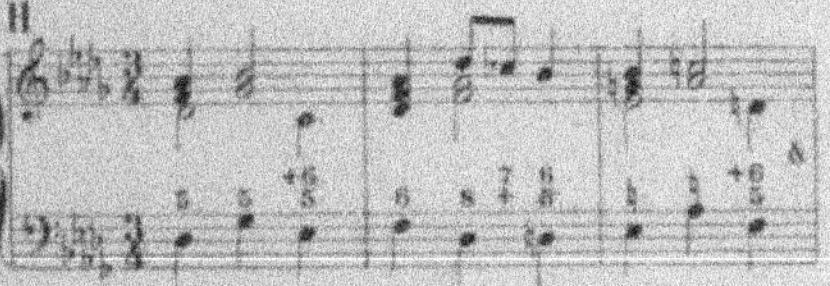

I

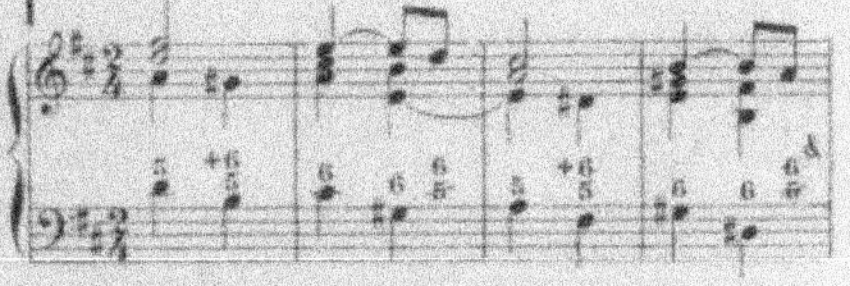

QUINTE DIMINUÉE et SIXTE SENSIBLE (mode mineur)

J

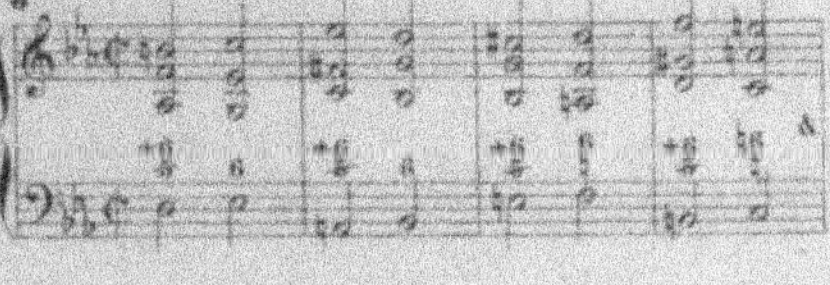

K

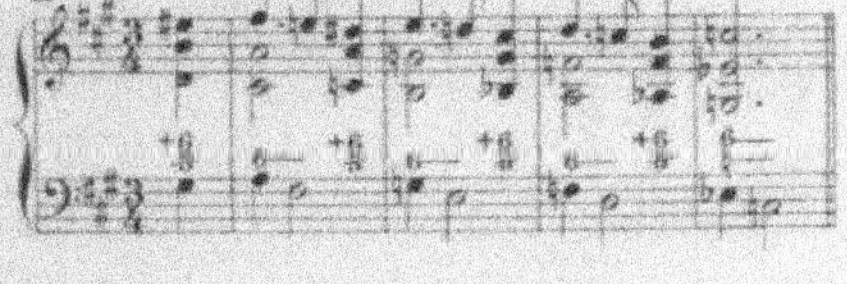

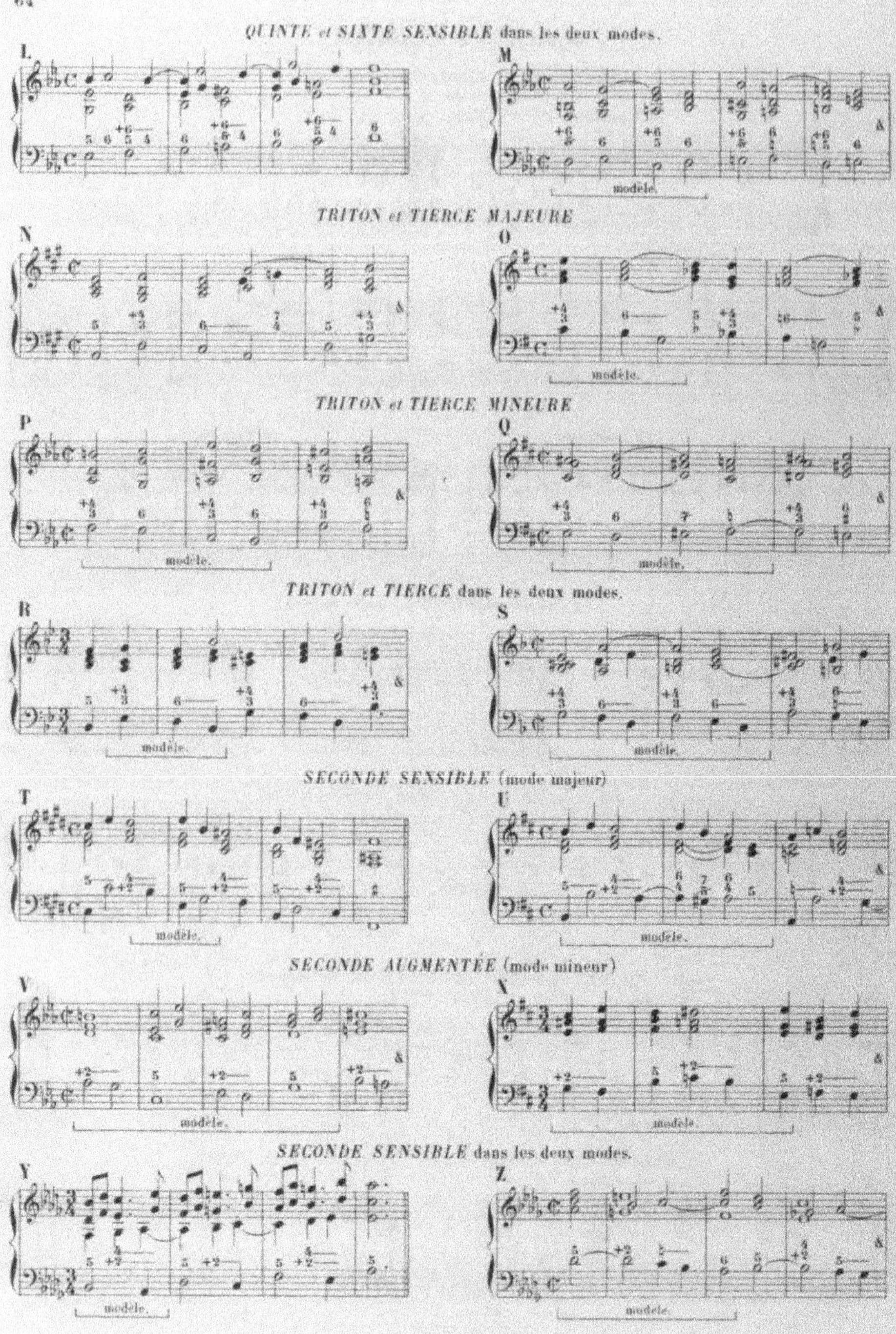
QUINTE et SIXTE SENSIBLE dans les deux modes.
L
M
modèle.
TRITON et TIERCE MAJEURE
N
O
modèle.
TRITON et TIERCE MINEURE
P
Q
modèle.
modèle.
TRITON et TIERCE dans les deux modes.
R
S
modèle.
modèle.
SECONDE SENSIBLE (mode majeur)
T
U
modèle.
modèle.
SECONDE AUGMENTÉE (mode mineur)
V
X
modèle.
modèle.
SECONDE SENSIBLE dans les deux modes.
Y
Z
modèle.
modèle.

MODULATIONS SUCCESSIVES ENTRE TONS VOISINS
qui font parvenir à des tons fort éloignés

BASSE DONNÉE

Nº 159.

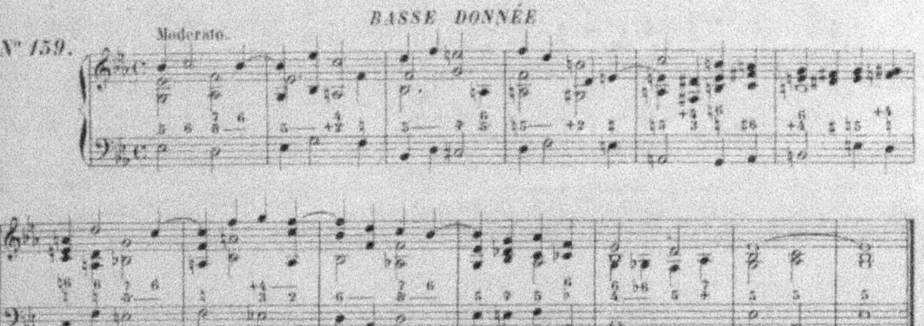

MODULATIONS ENTRE TONS VOISINS ou TONS ÉLOIGNÉS
les unes convergentes, les autres divergentes.

BASSE DONNÉE

Nº 160.

Tempo giusto.

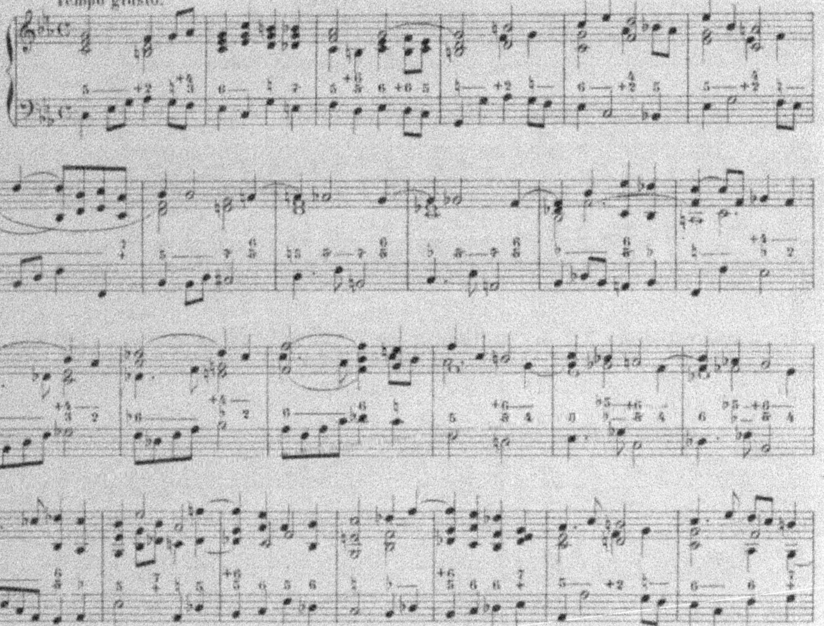

CHANT DONNÉ

Nº 161.

Moderato quasi andantino.

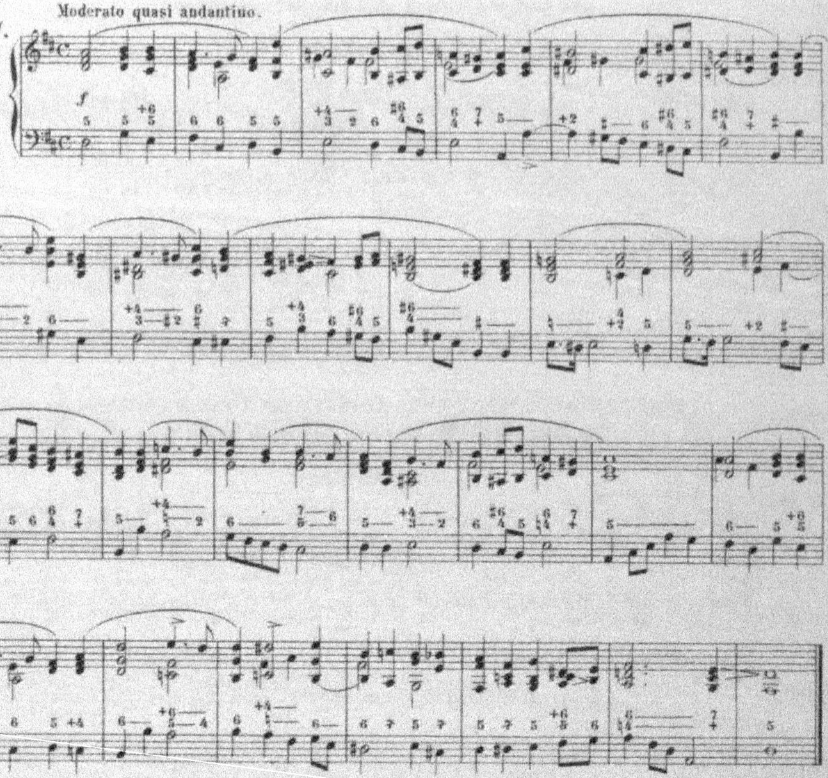

ACCORDS de 7me de SENSIBLE, de 7me DIMINUÉE et RENVERSEMENTS obtenus par l'altération

BASSE DONNÉE

Nº 162.

Allegro moderato.

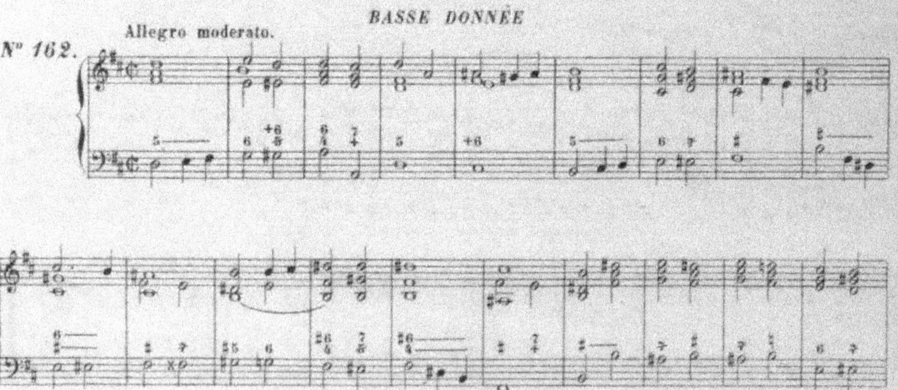

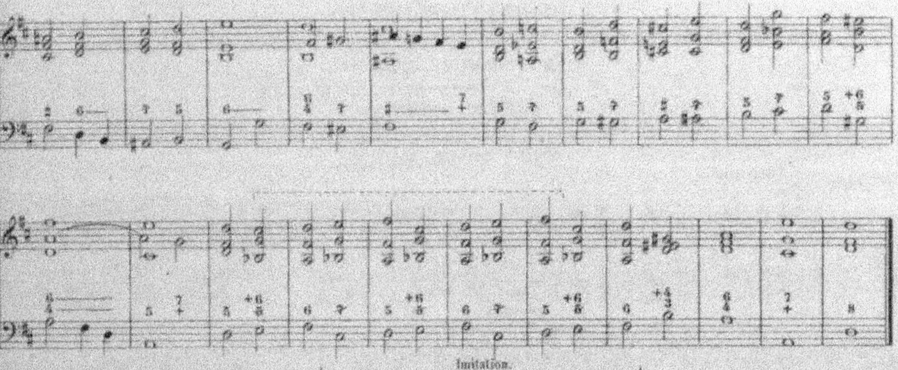

ALTÉRATION ASCENDANTE
de la septième diminuée produisant un accord de septième de sensible du mode majeur

BASSE DONNÉE

Andantino.

N° 163.

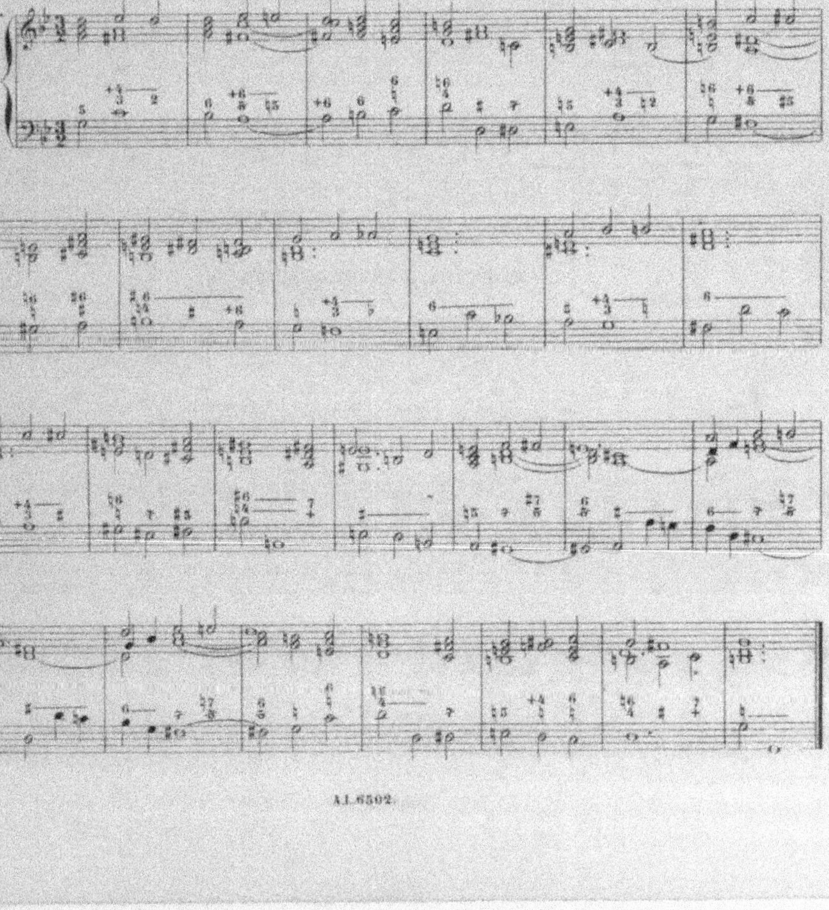

LEÇONS SPÉCIALES
sur chacun des états des accords de septième de sensible des deux modes en résolution naturelle

BASSES DONNÉES

ÉTAT FONDAMENTAL

Nº 164.

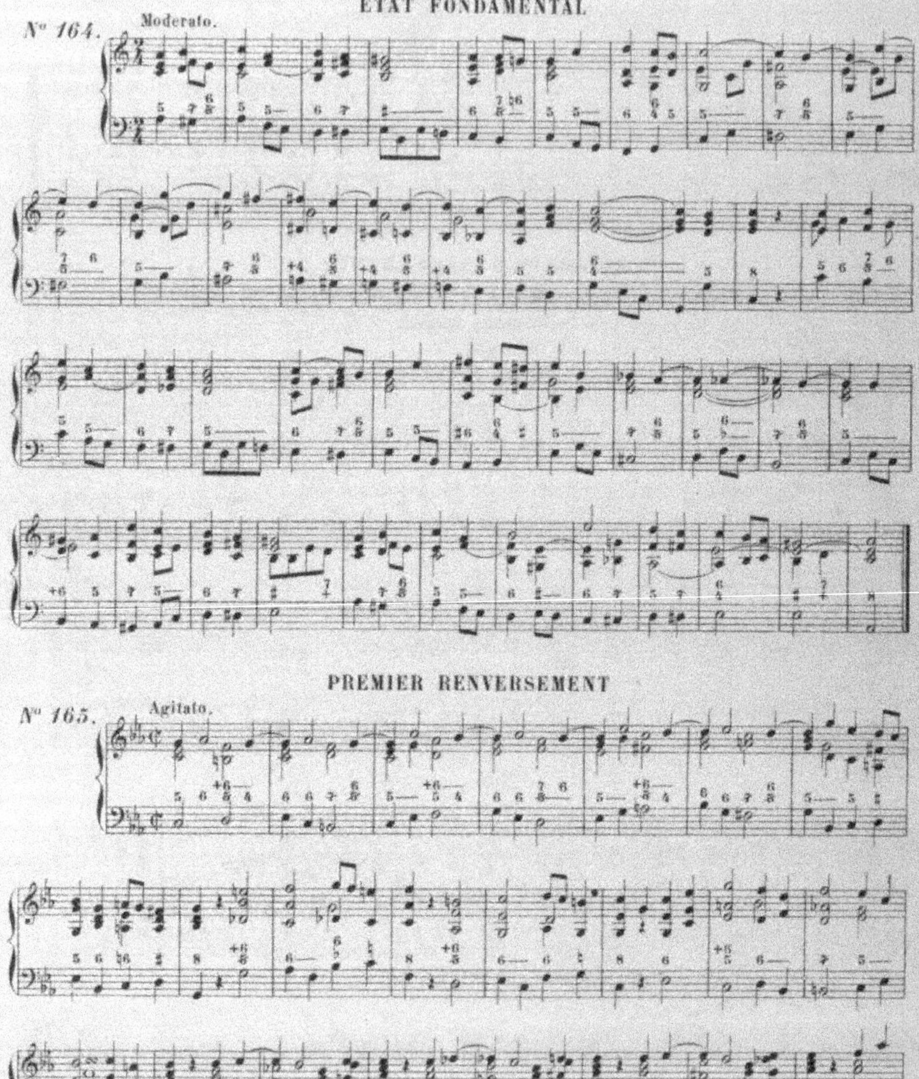

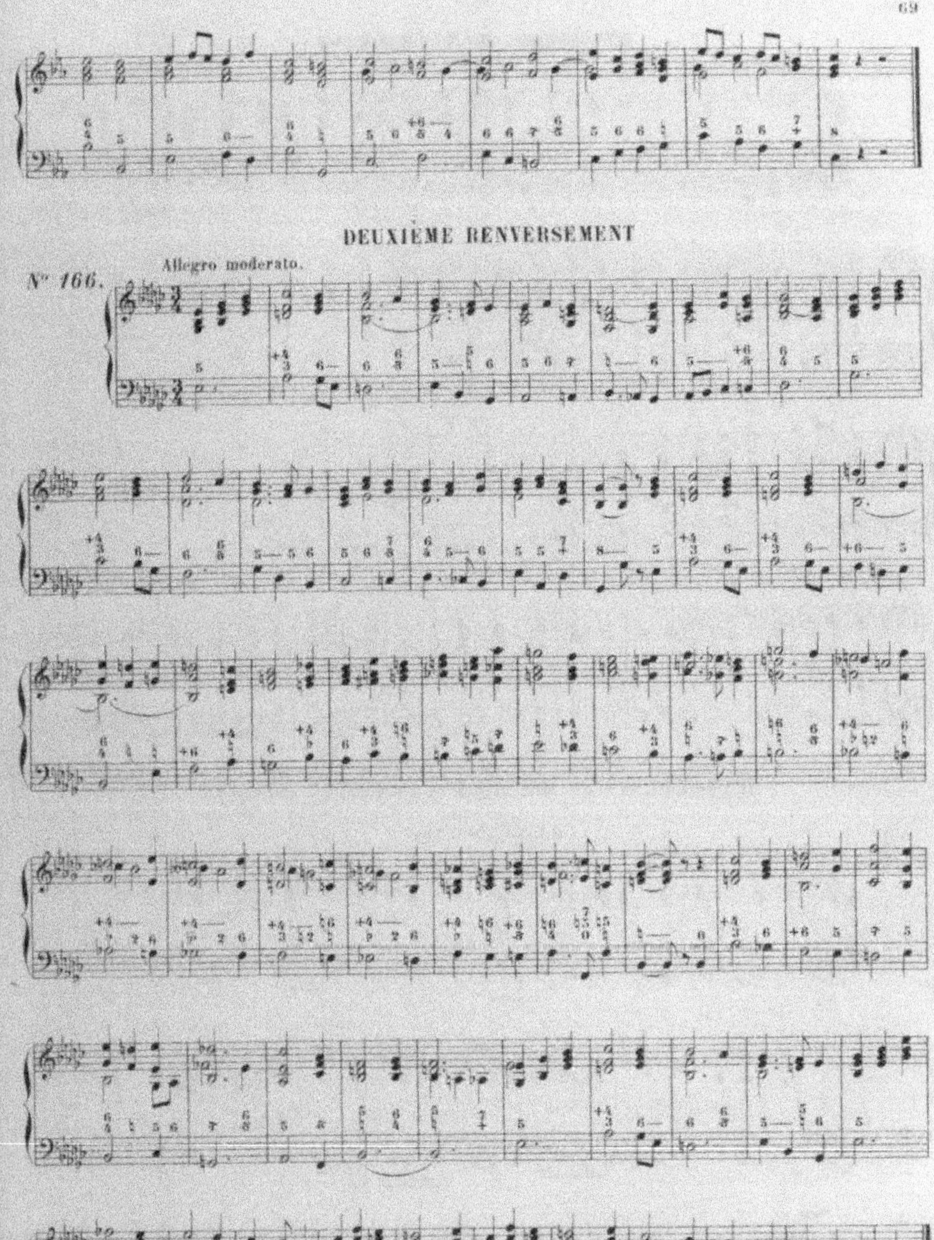
DEUXIÈME RENVERSEMENT
Nº 166.
Allegro moderato.

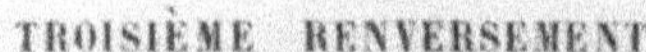

TROISIÈME RENVERSEMENT

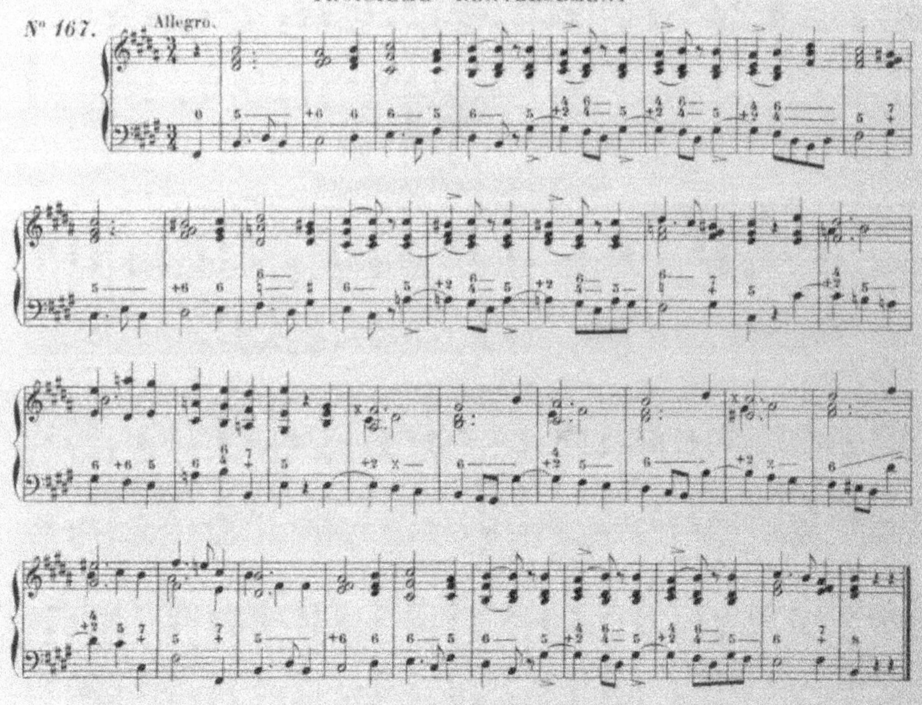

CHANGEMENTS de POSITION et ÉCHANGES de NOTES

BASSE DONNÉE

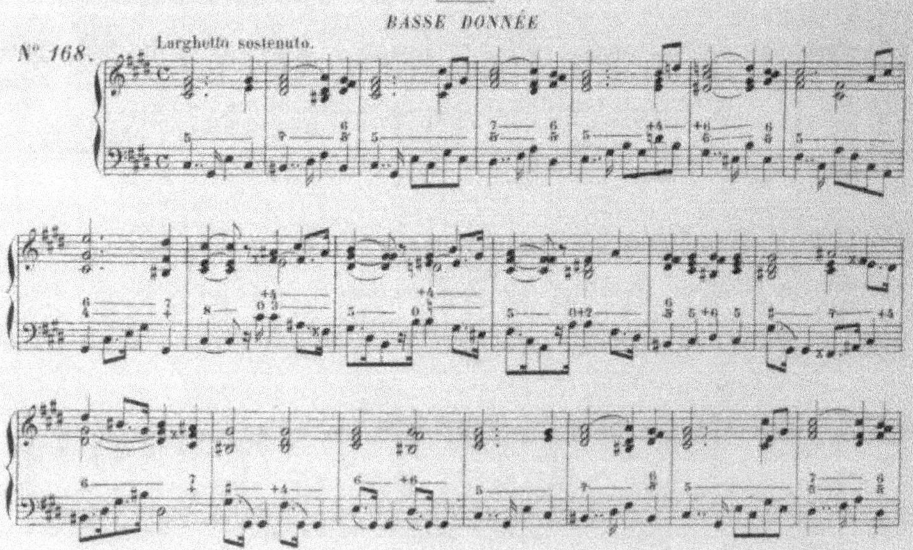

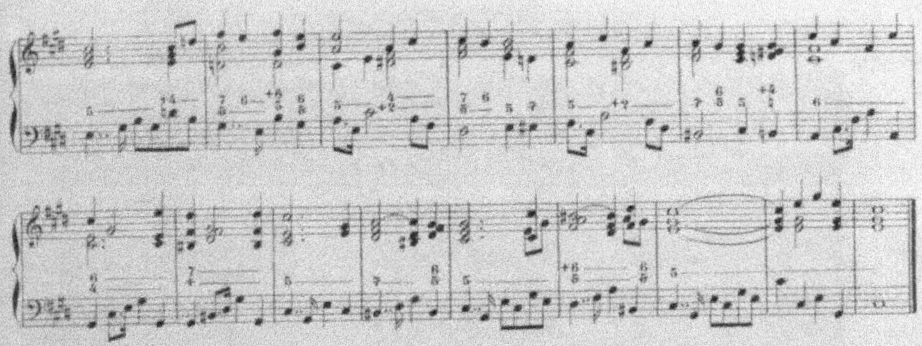

ÉCHANGES de NOTES avec NOTES de PASSAGE

BASSE DONNÉE

Nº 169.

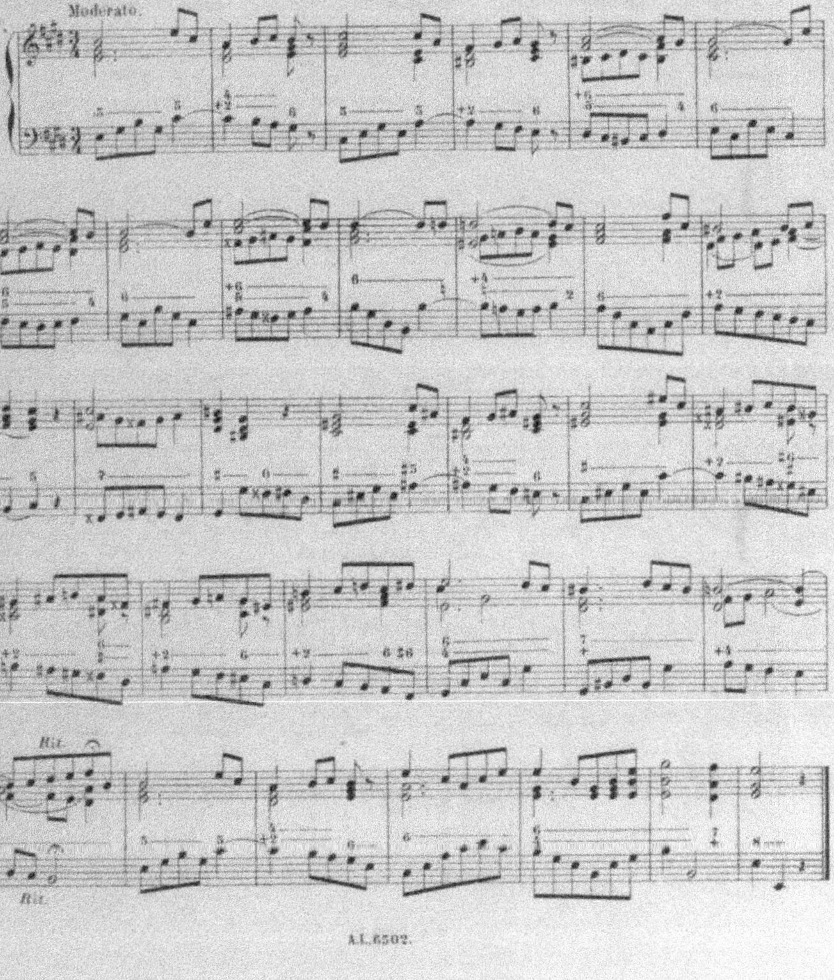

Moderato.

Rit.

Rit.

CHANT DONNÉ

sur les *changements de position* et les *échanges de notes*.

Moderato.

Nº 170.

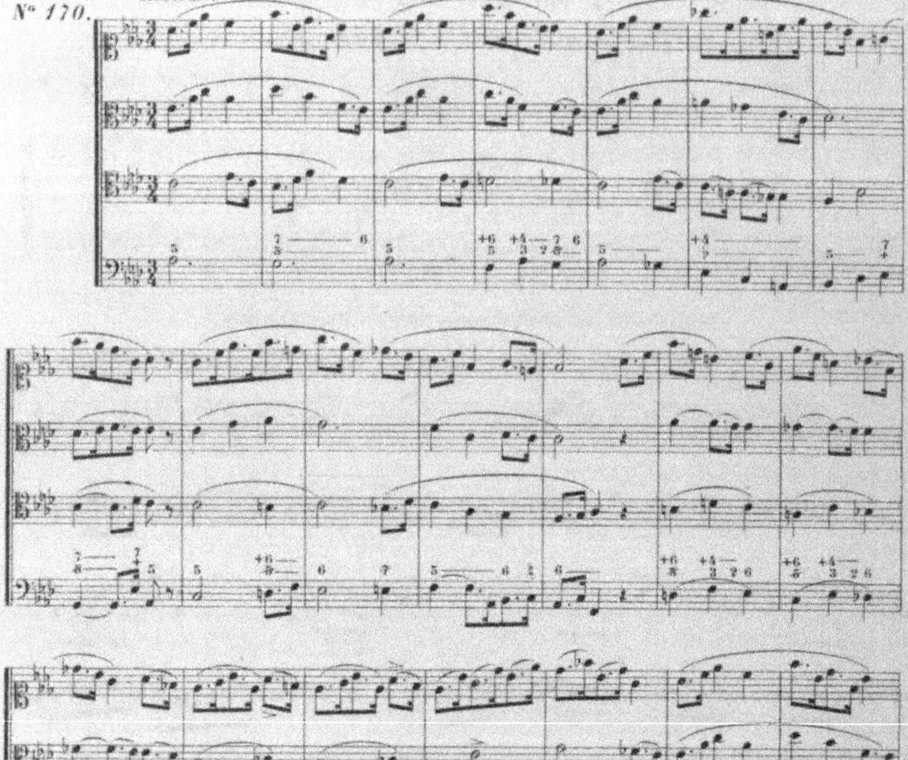

MODULATIONS ENHARMONIQUES

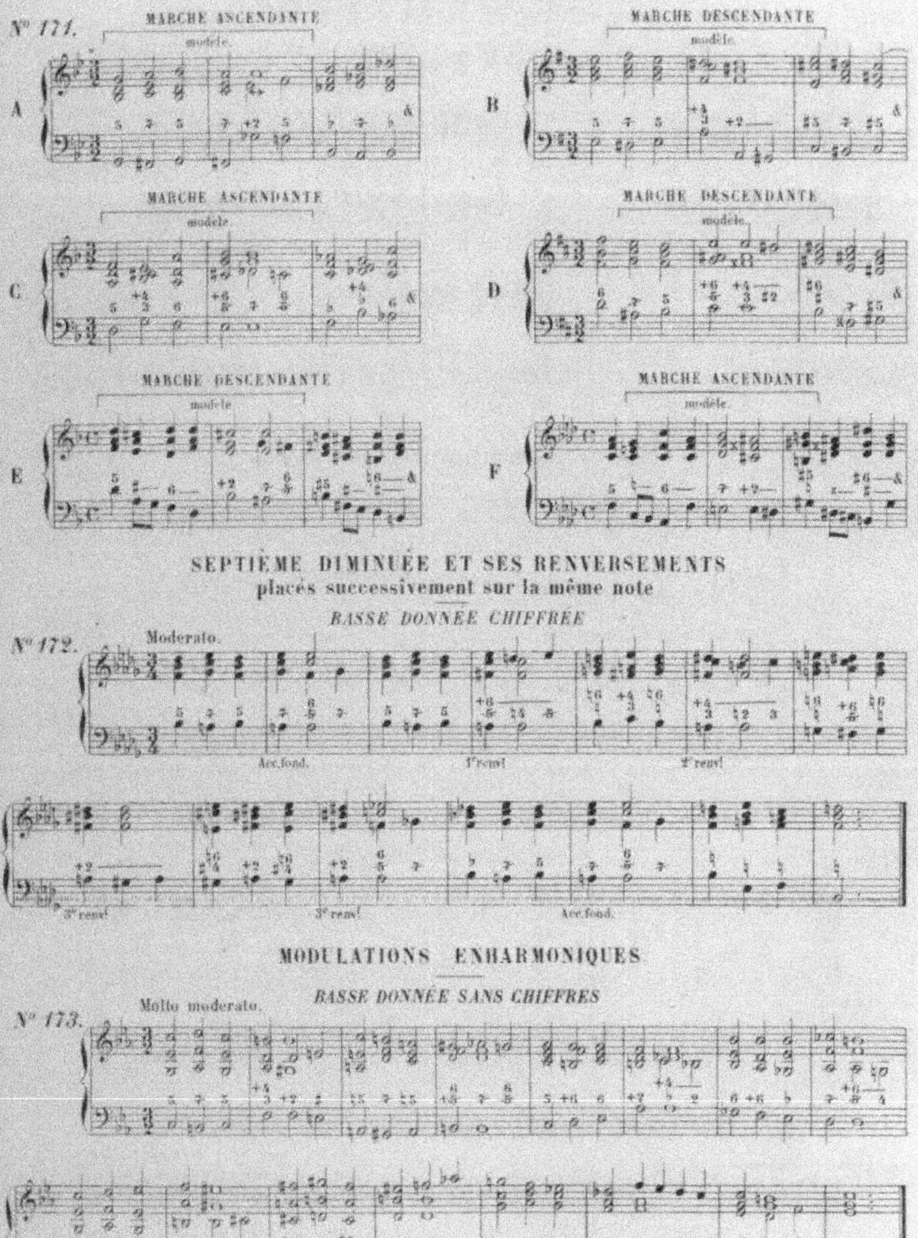

RÉSOLUTIONS EXCEPTIONNELLES
des accords de septième de sensible et de septième diminuée

MARCHES D'HARMONIE

N° 174.

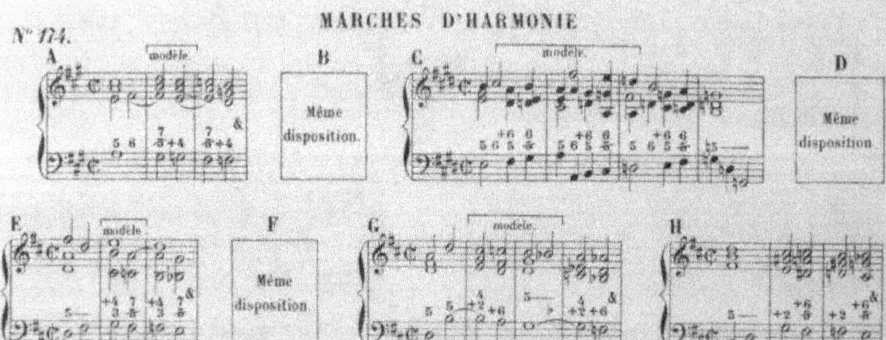

PARTIES SUPÉRIEURES NON-SYMÉTRIQUES

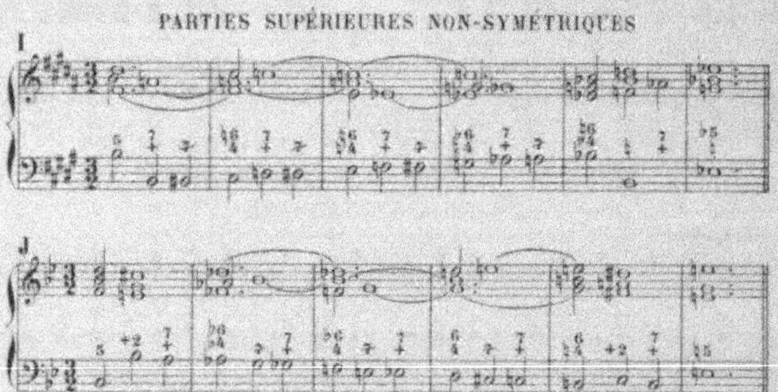

GAMME CHROMATIQUE avec TONALITÉ PRÉDOMINANTE

MODULATIONS CONVERGENTES

K

SEPTIÈME DE SENSIBLE ET SES RENVERSEMENTS
servant de résolution exceptionnelle à la septième de dominante

BASSES DONNÉES CHIFFRÉES

MODULATION A LA QUARTE SUPÉRIEURE OU QUINTE INFÉRIEURE (mode majeur)

N° 175.

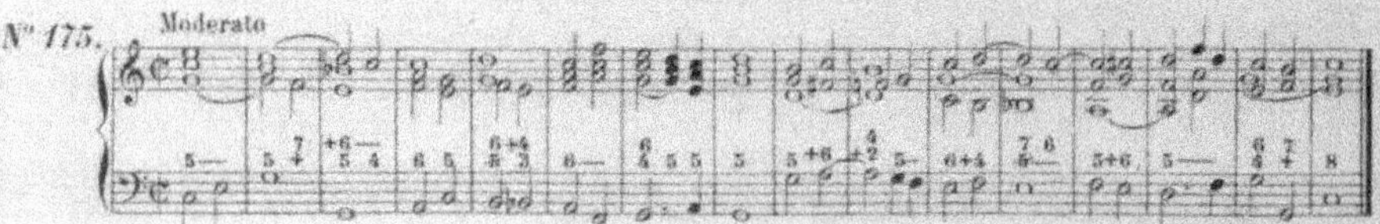

MODULATION A LA TIERCE MAJEURE INFÉRIEURE
(d'un ton *mineur* à un ton *majeur*)

Nº 176. Moderato.

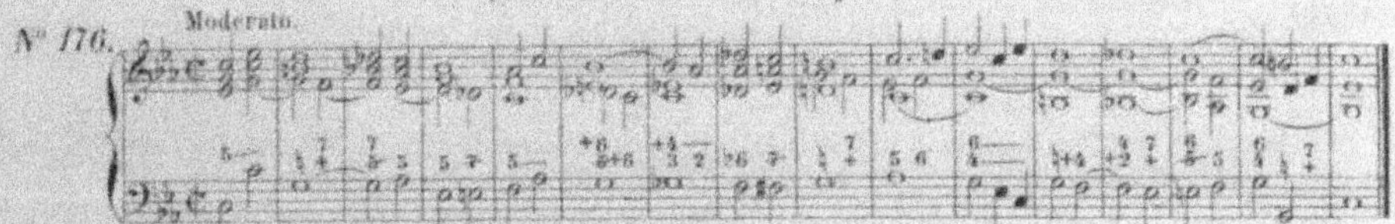

MODULATION A LA TIERCE MINEURE SUPÉRIEURE
(d'un ton *mineur* à son relatif *majeur*)

Nº 177. Allegretto.

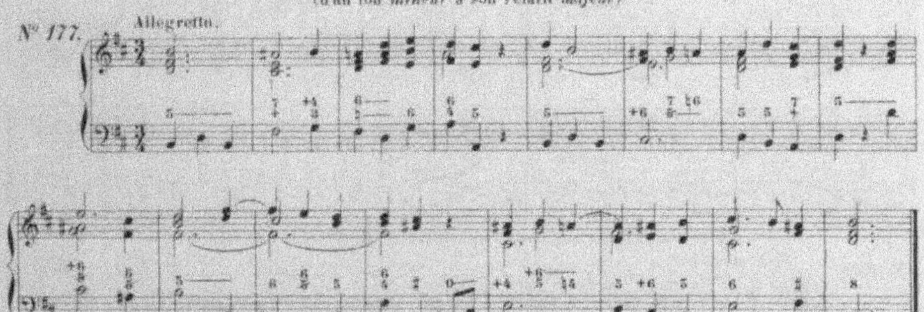

SEPTIÈME DIMINUÉE et ses RENVERSEMENTS
servant de résolution exceptionnelle à la septième de dominante

BASSES DONNÉES CHIFFRÉES

MODULATION A LA TIERCE MINEURE INFÉRIEURE
(d'un ton *majeur* à son relatif *mineur*)

Nº 178. Molto moderato.

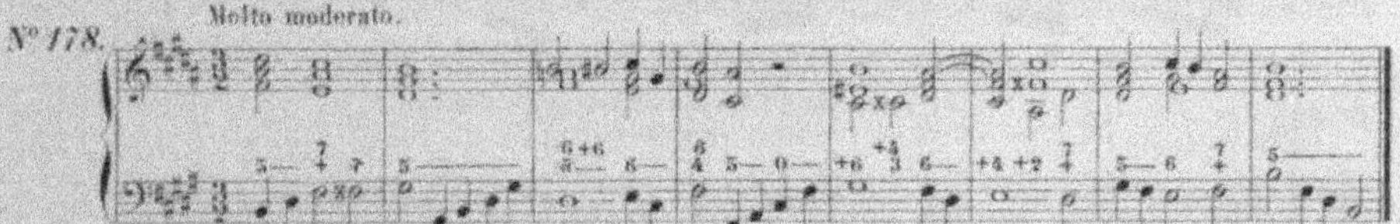

MODULATION A LA SECONDE MAJEURE SUPÉRIEURE

Nº 179. Moderato.

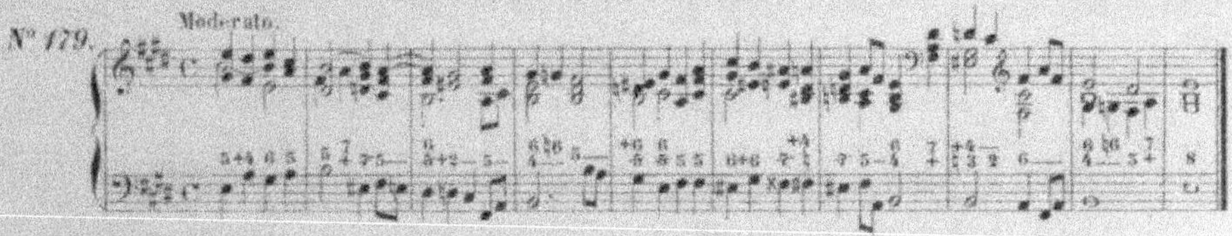

MODULATION A LA SECONDE MAJEURE SUPÉRIEURE (mode mineur)

Nº 180. Moderato.

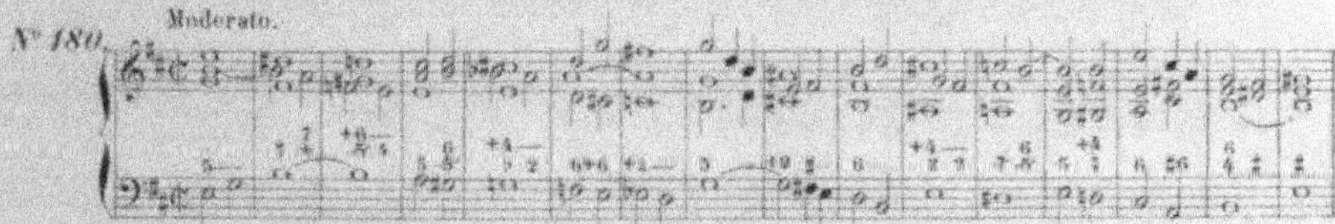

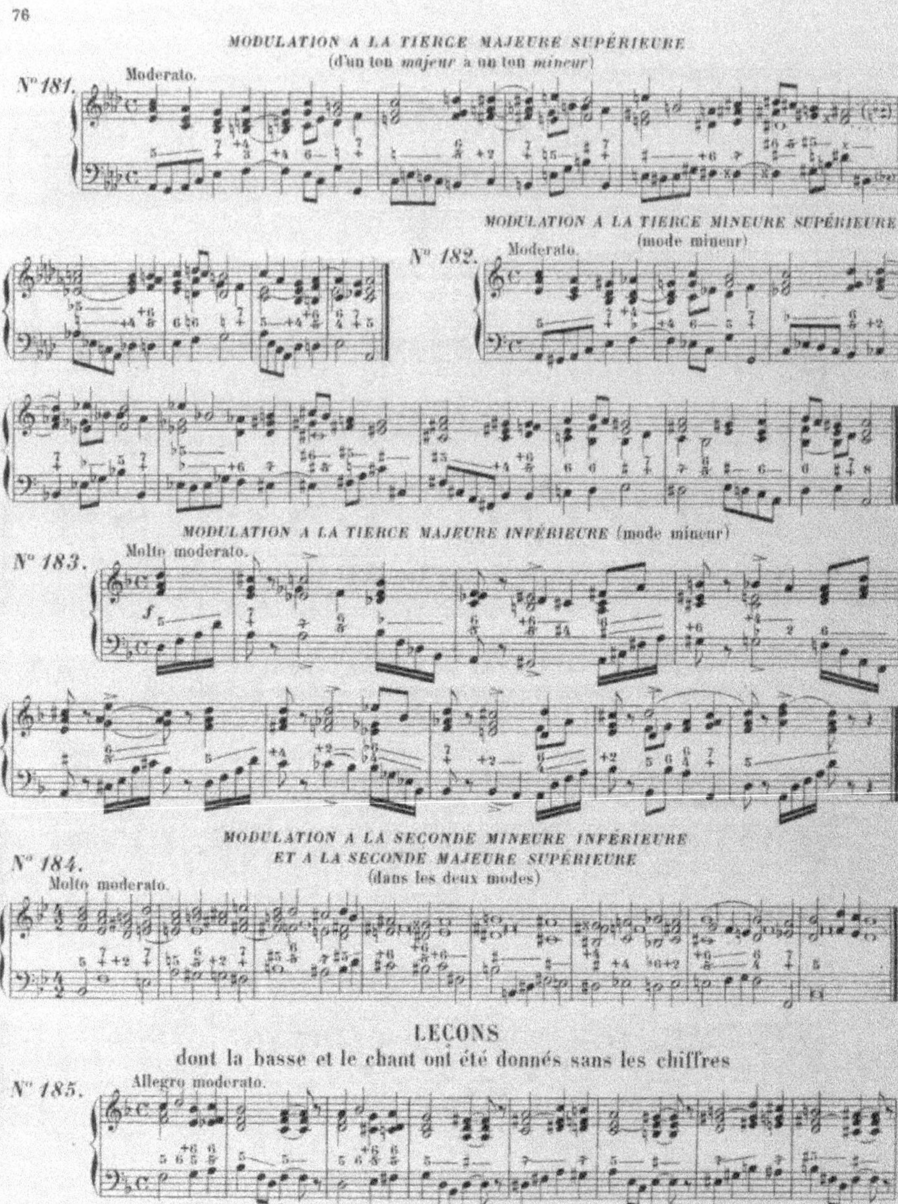
MODULATION A LA TIERCE MAJEURE SUPÉRIEURE
(d'un ton *majeur* à un ton *mineur*)
Nº 181.
Moderato.
MODULATION A LA TIERCE MINEURE SUPÉRIEURE
(mode mineur)
Nº 182.
Moderato.
MODULATION A LA TIERCE MAJEURE INFÉRIEURE (mode mineur)
Nº 183.
Molto moderato.
MODULATION A LA SECONDE MINEURE INFÉRIEURE
ET A LA SECONDE MAJEURE SUPÉRIEURE
(dans les deux modes)
Nº 184.
Molto moderato.
LEÇONS
dont la basse et le chant ont été donnés sans les chiffres
Nº 185.
Allegro moderato.

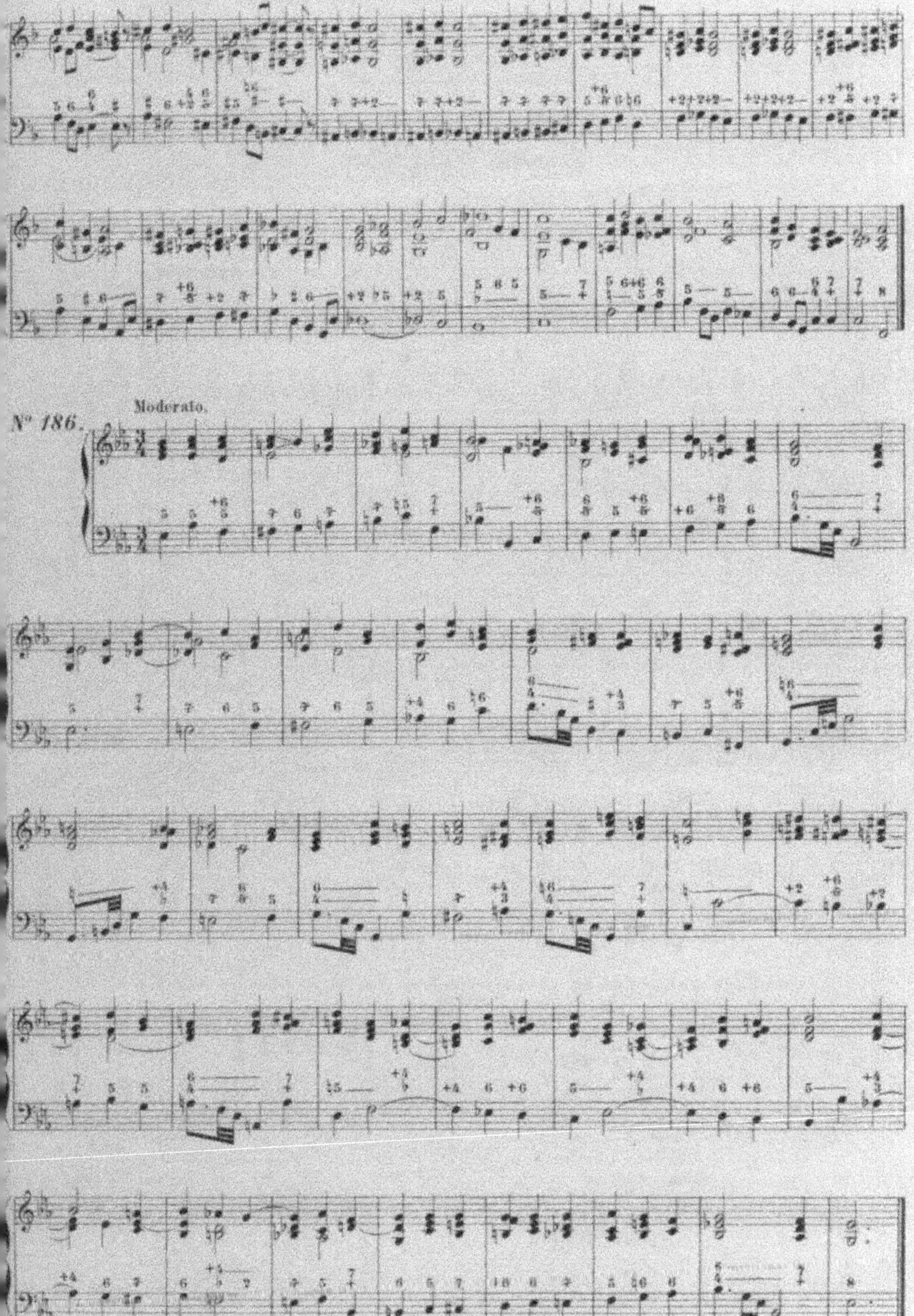
Nº 186.
Moderato.

BRODERIES
dans les accords de septième de sensible des deux modes et leurs renversements

MARCHES D'HARMONIE

BRODERIE INFÉRIEURE DE LA FONDAMENTALE

Nº 187.

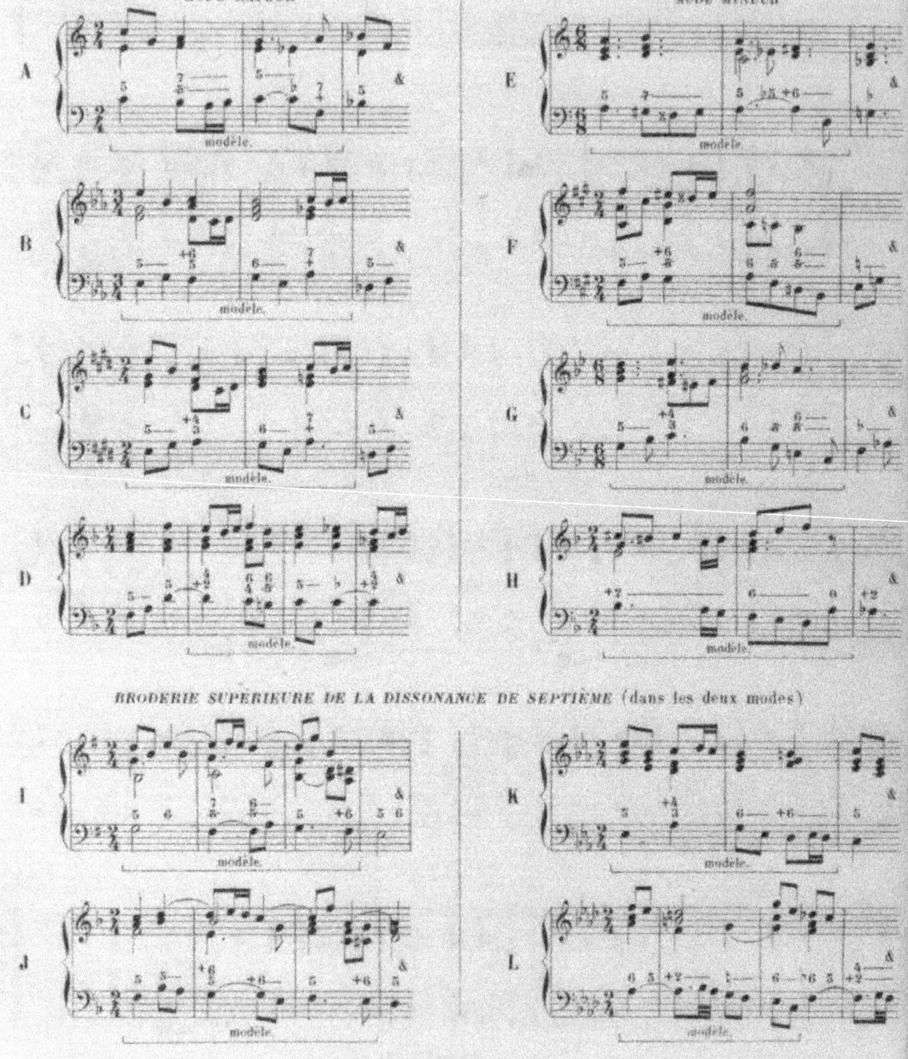

BRODERIE INFÉRIEURE DE LA DISSONANCE DE SEPTIÈME (dans les deux modes)

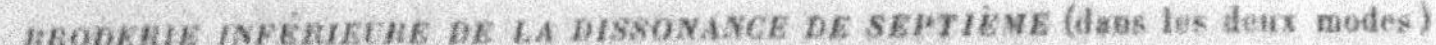

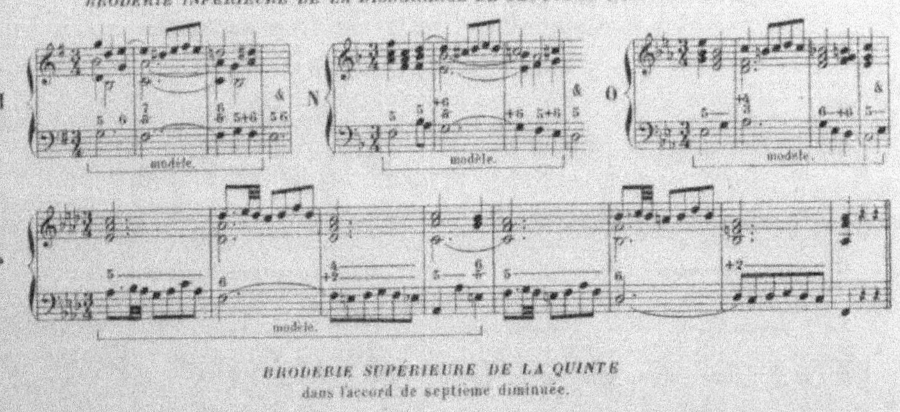

BRODERIE SUPÉRIEURE DE LA QUINTE
dans l'accord de septième diminuée.

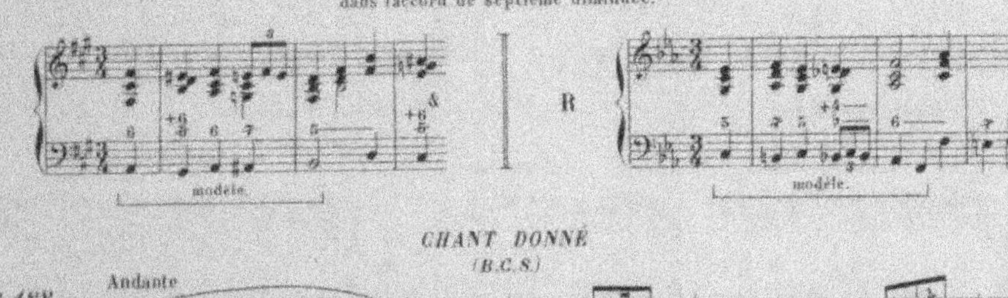

CHANT DONNÉ
(B.C.S.)

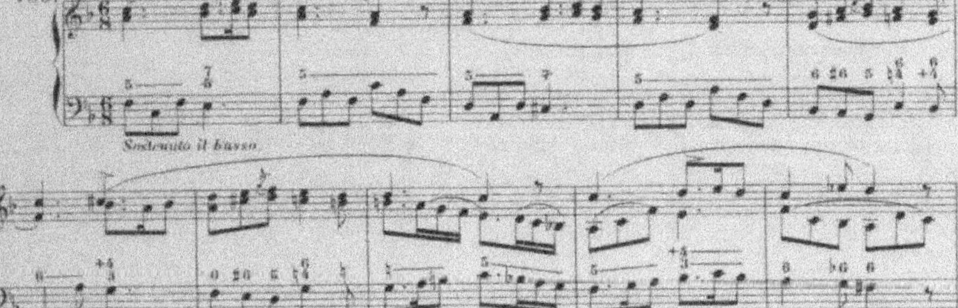

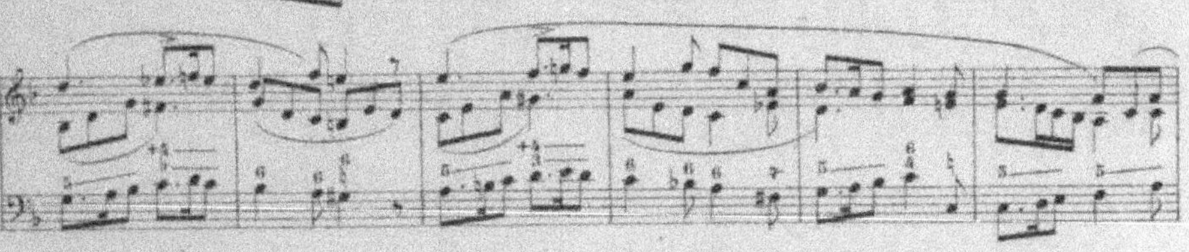

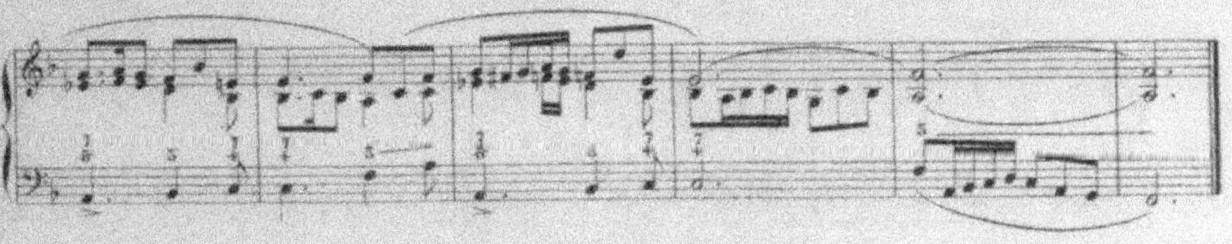

ACCORDS de NEUVIÈME de DOMINANTE
à l'état fondamental et en résolution naturelle

MARCHES D'HARMONIE

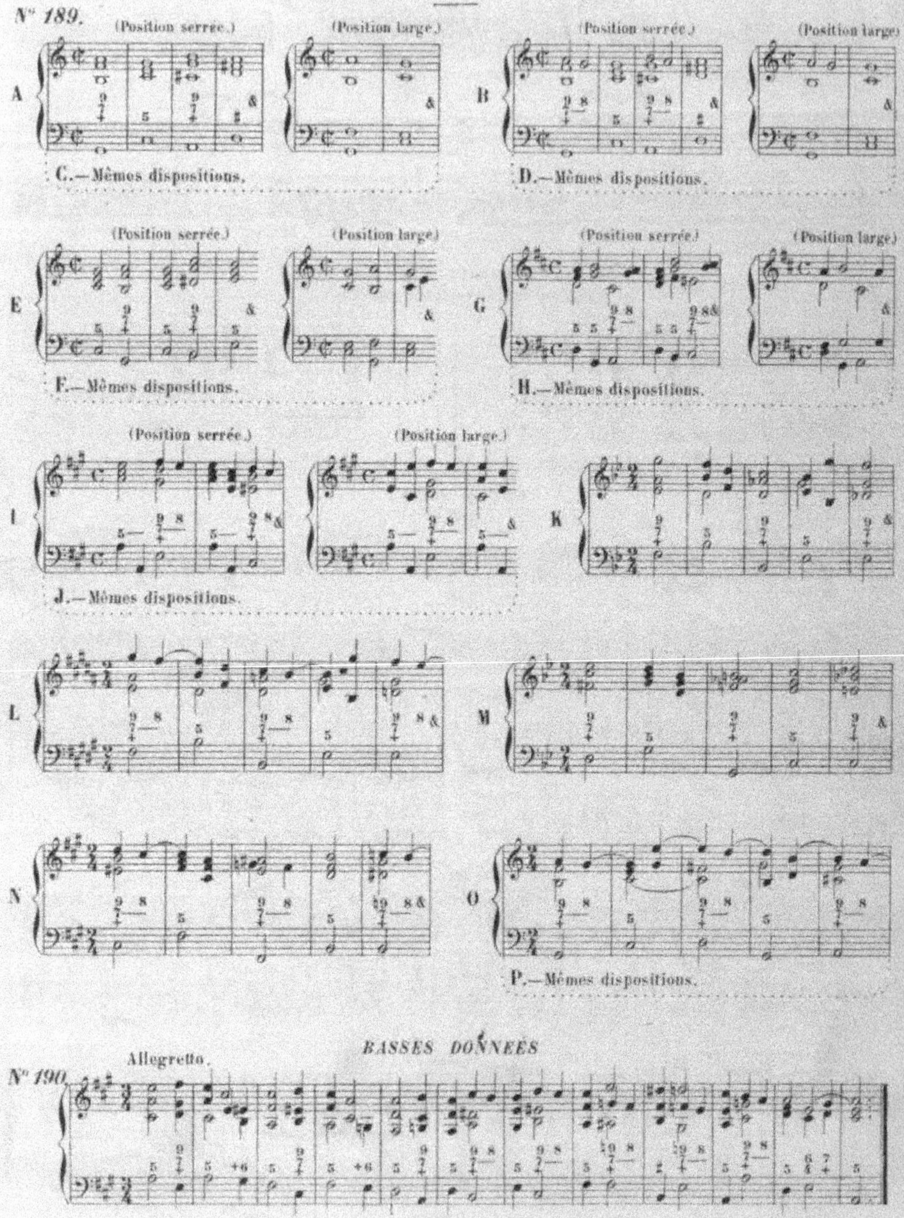

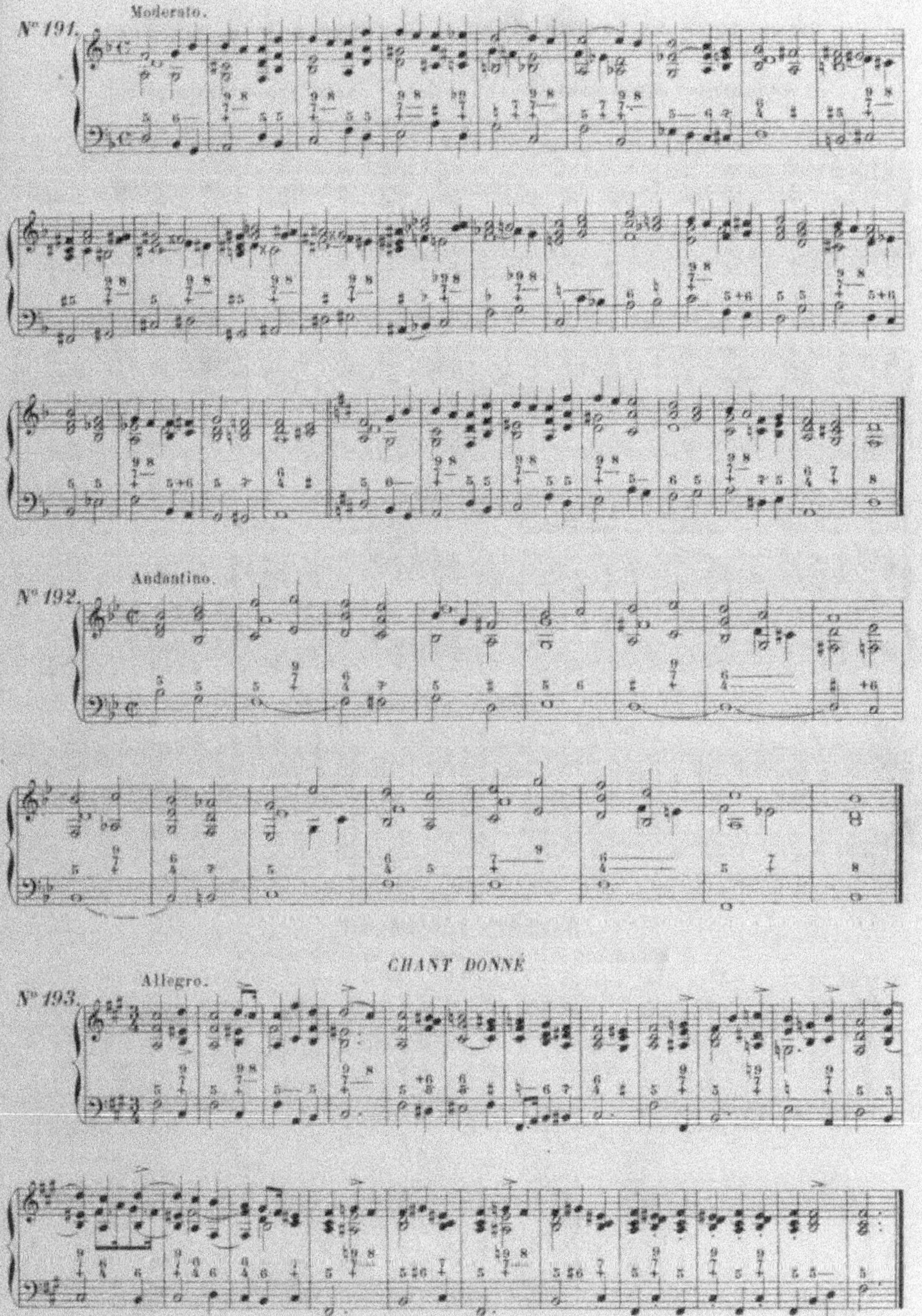
Nº 191.
Moderato.
Nº 192.
Andantino.
CHANT DONNÉ
Nº 193.
Allegro.

RÉSOLUTIONS EXCEPTIONNELLES des ACCORDS de 9me de DOMINANTE

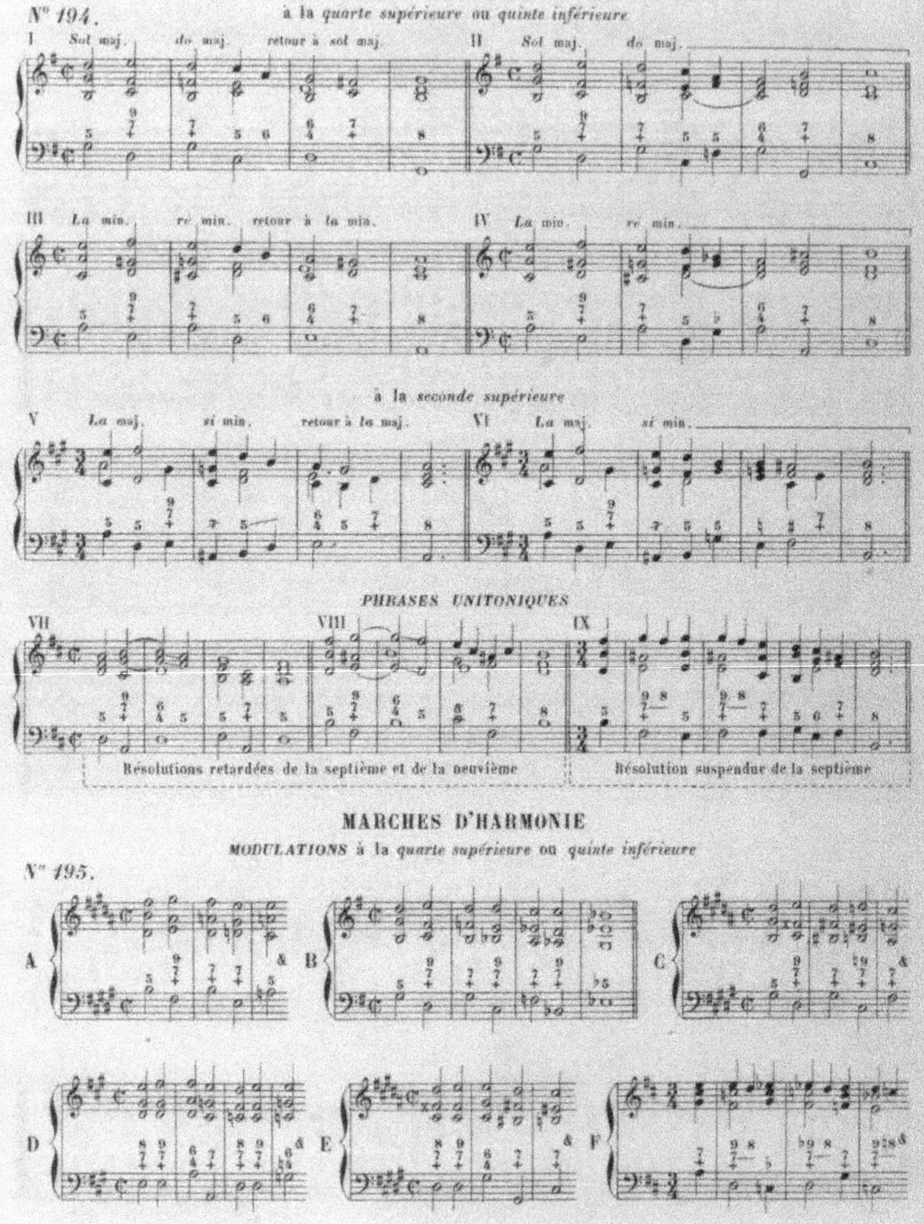

MARCHES D'HARMONIE

MODULATIONS à la quarte supérieure ou quinte inférieure

N° 195.

BASSE ET CHANT DONNÉS

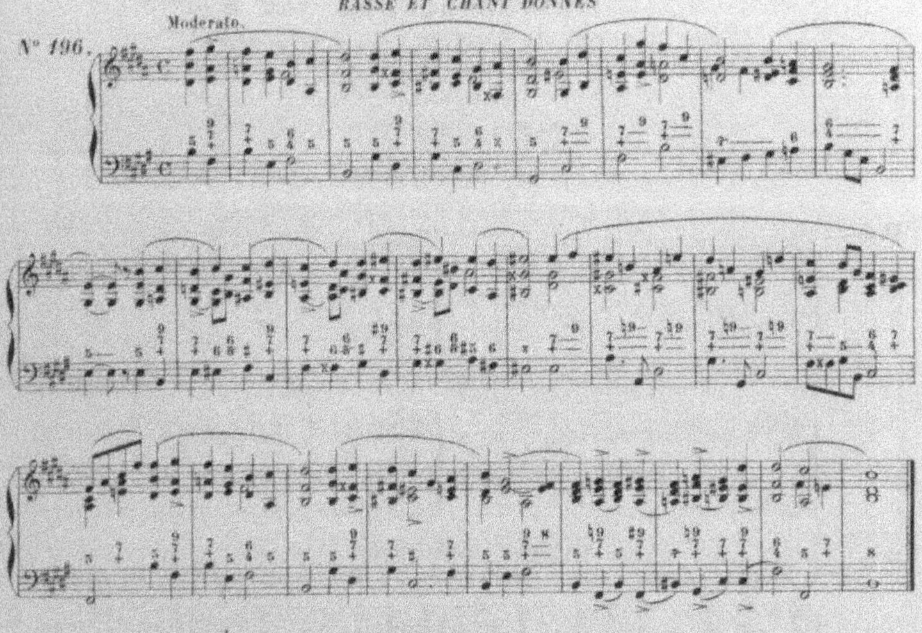

ALTÉRATION ASCENDANTE de la Neuvième mineure
ALTÉRATION DESCENDANTE de la Neuvième majeure

BASSE DONNÉE

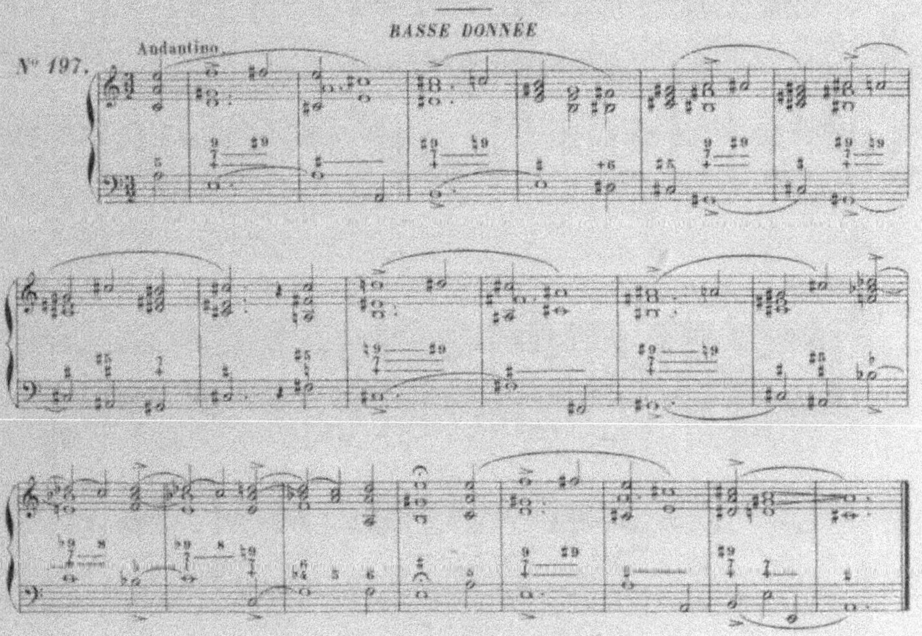

RENVERSEMENTS
des accords de neuvième de dominante en résolution naturelle

MARCHES D'HARMONIE

PREMIER RENVERSEMENT

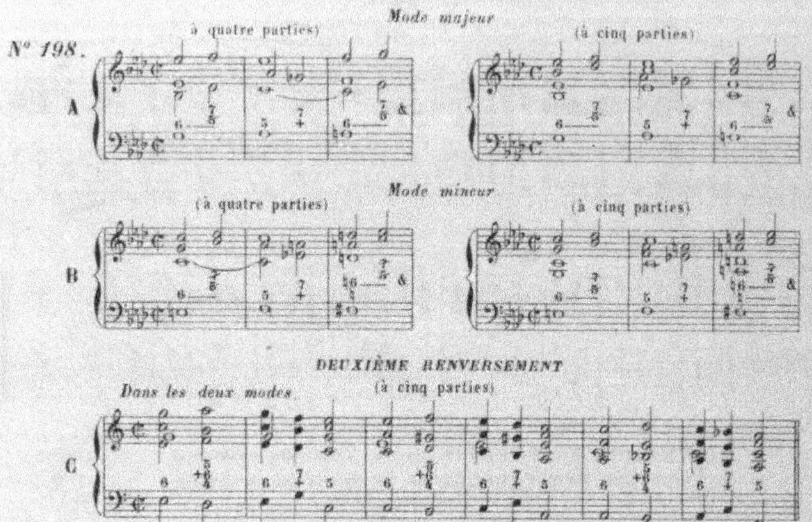

TROISIÈME RENVERSEMENT

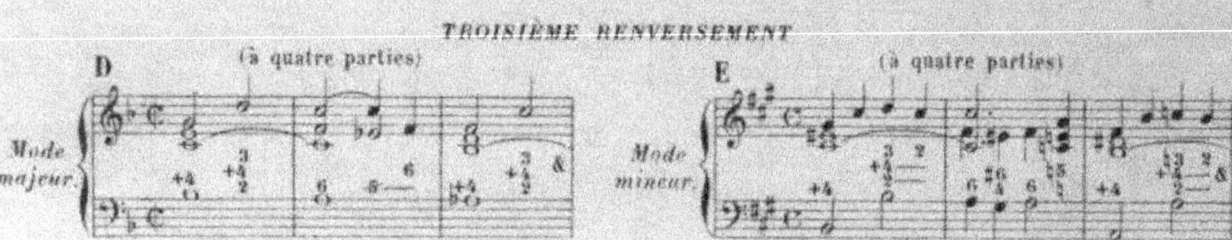

BASSE DONNÉE

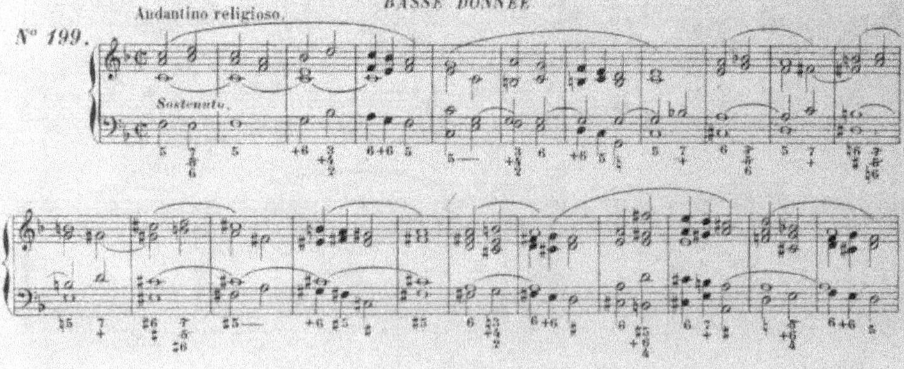

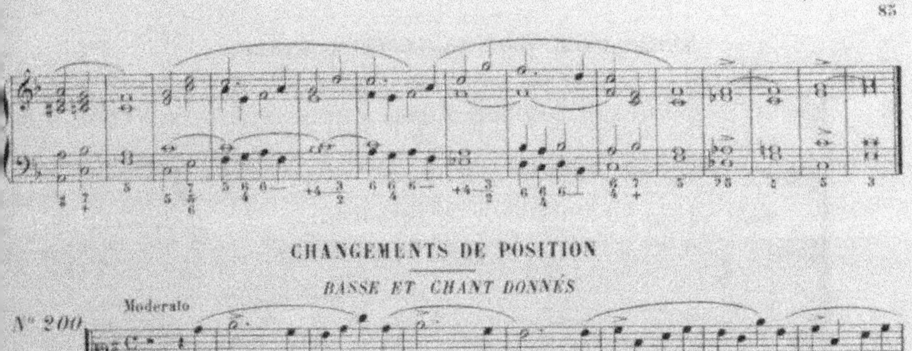

CHANGEMENTS DE POSITION

BASSE ET CHANT DONNÉS

N° 200

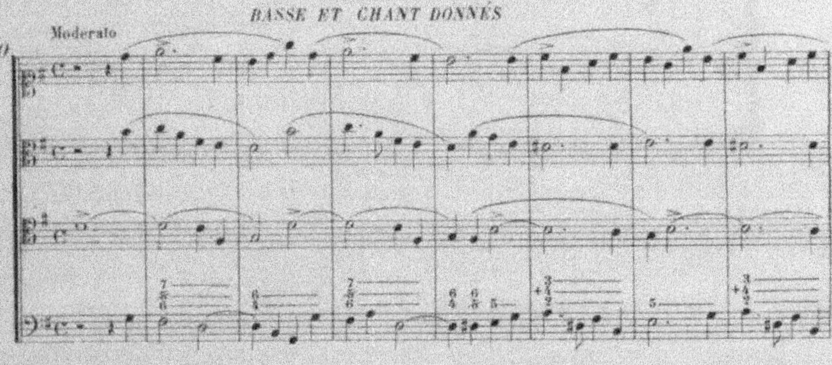

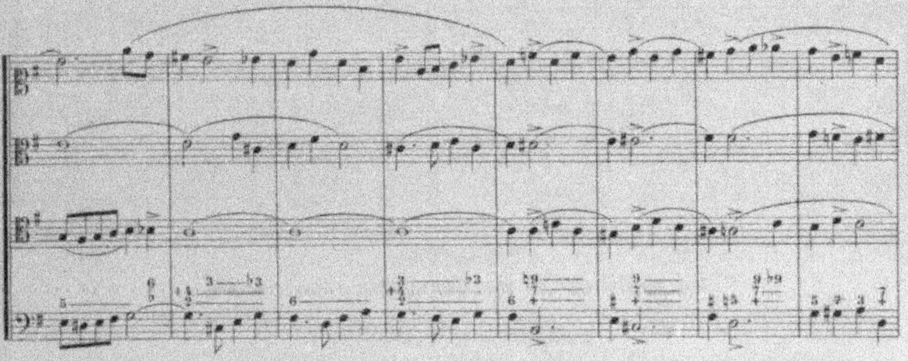

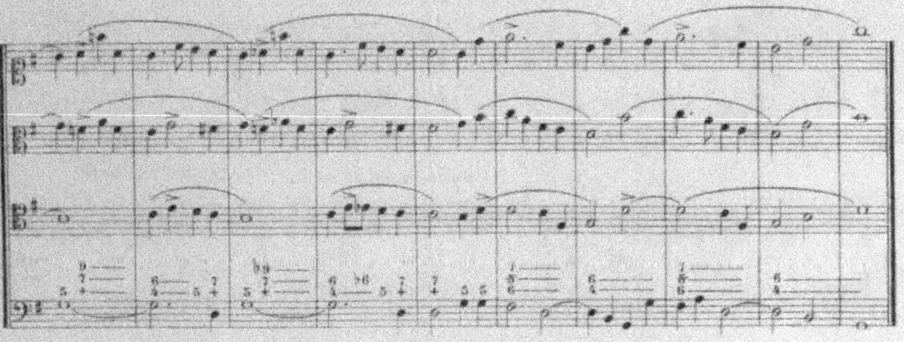

ÉCHANGES de NOTE avec NOTES de PASSAGE

Grave.

N° 201.

Soprano.

Contralto.

Ténor.

Baryton.

Basse.

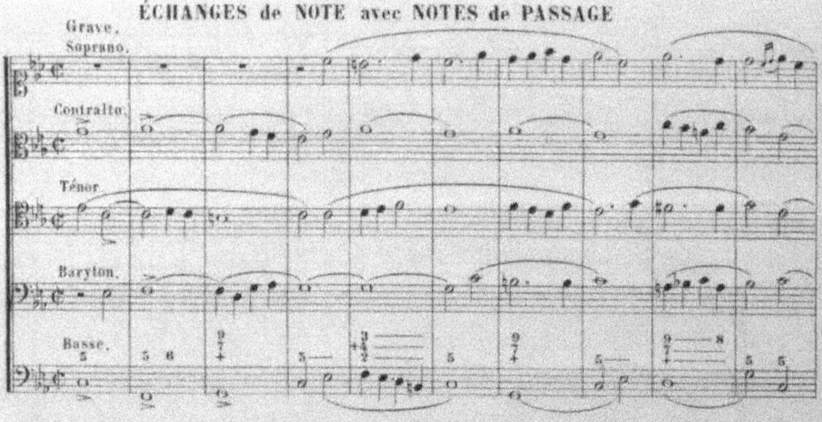

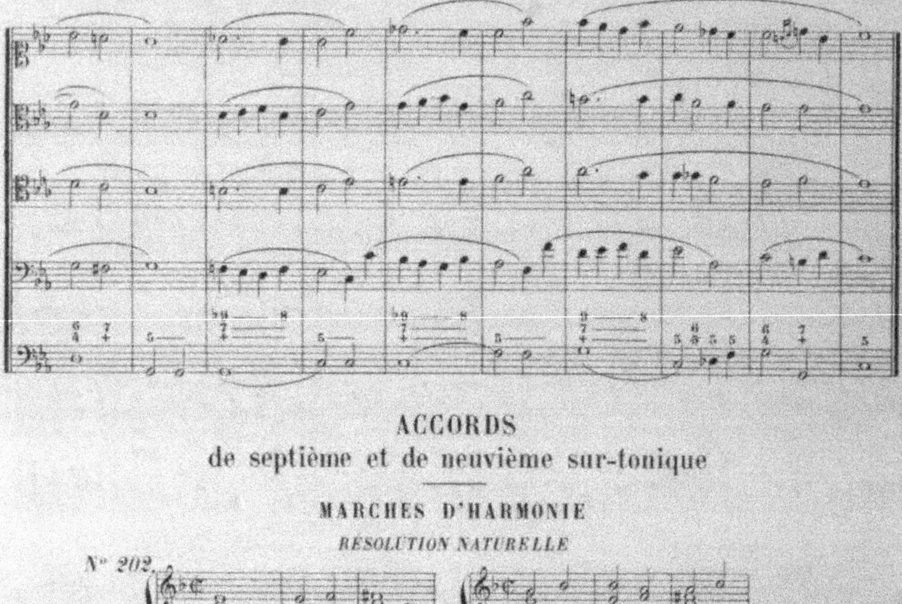

ACCORDS
de septième et de neuvième sur-tonique

MARCHES D'HARMONIE

RÉSOLUTION NATURELLE

N° 202.

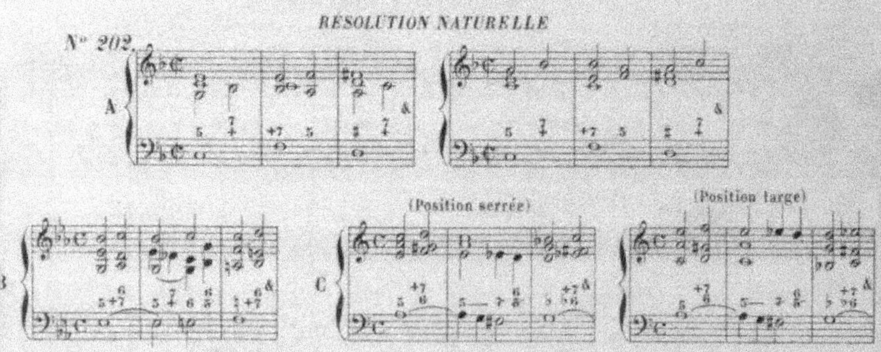

A CINQ PARTIES

D

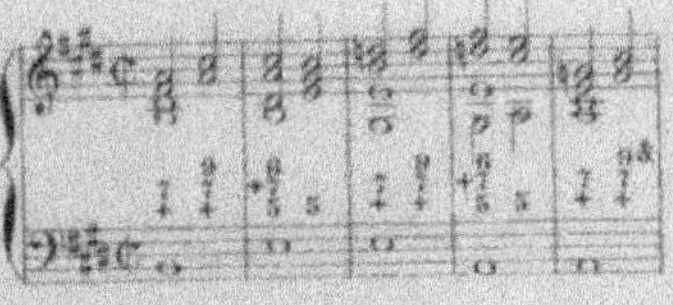

E

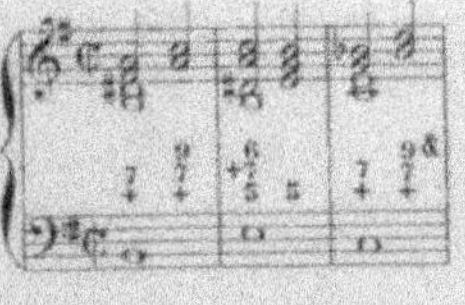

F

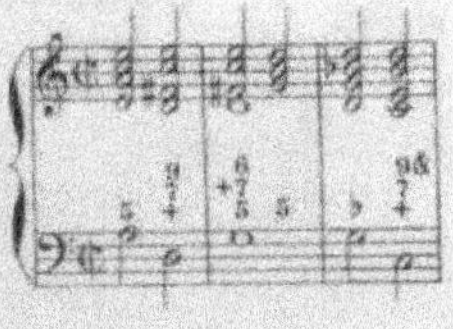

RÉSOLUTIONS EXCEPTIONNELLES

N° 203.

(Position serrée) (Position large)

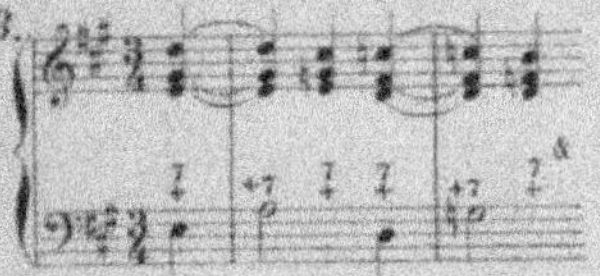

G

(Position serrée) (Position large)

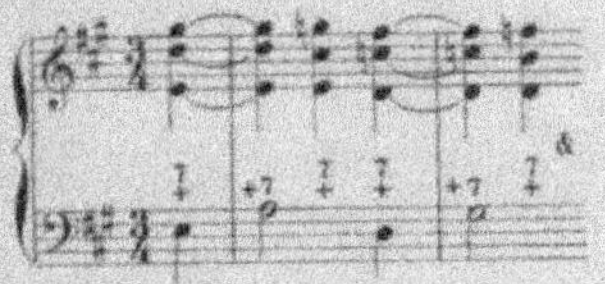

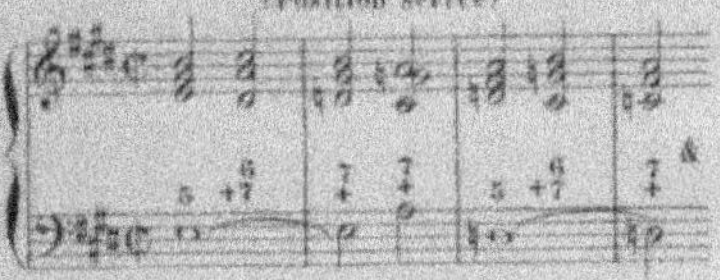

H

(Position serrée) (Position large)

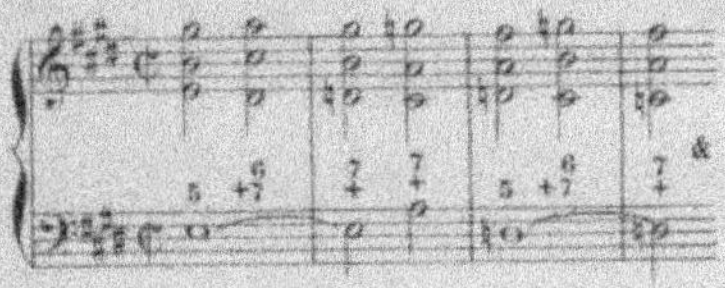

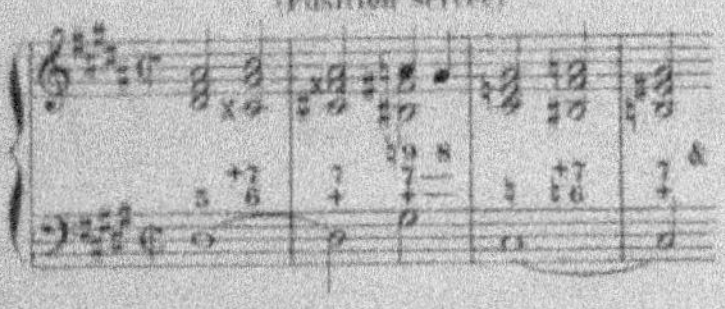

I

(Position serrée) (Position large)

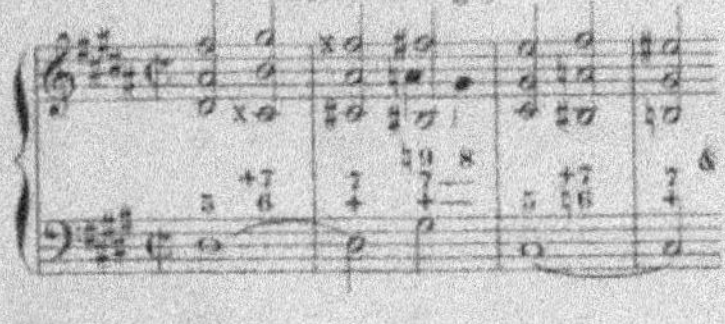

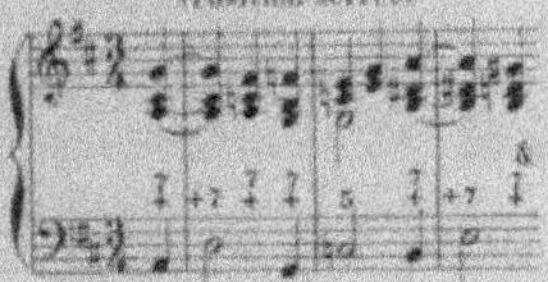

J

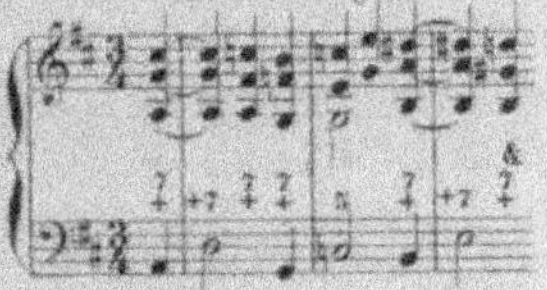

K

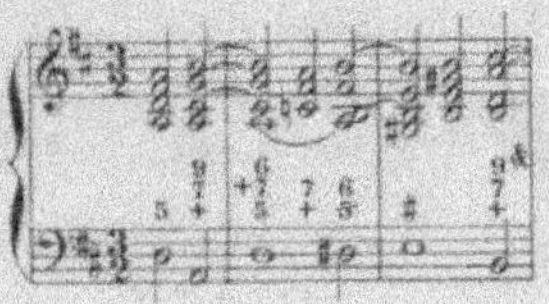

BASSES DONNÉES

ACCORDS de SEPTIÈME SUR-TONIQUE

N° 204. Larghetto.

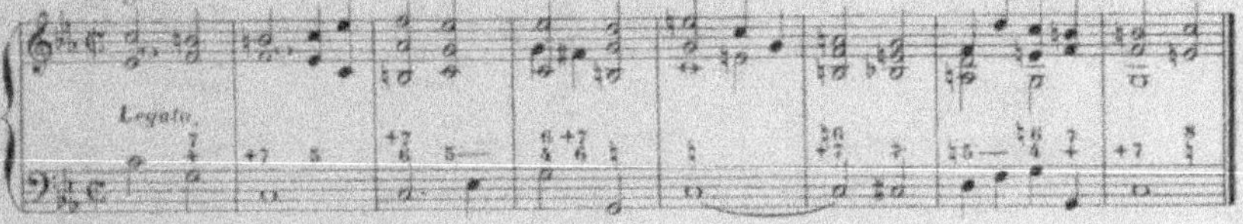

Legato.

N° 205. Andantino.

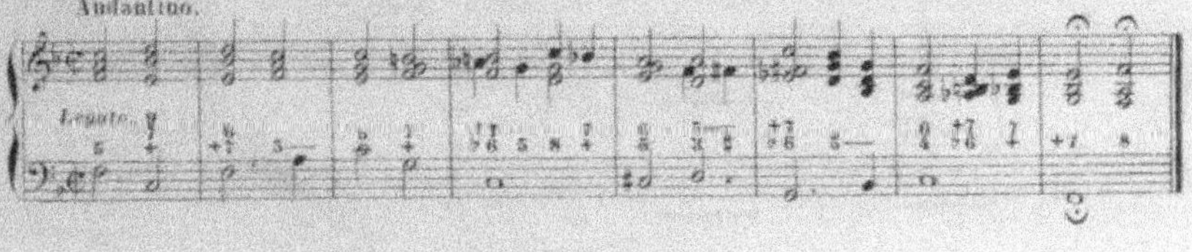

Legato.

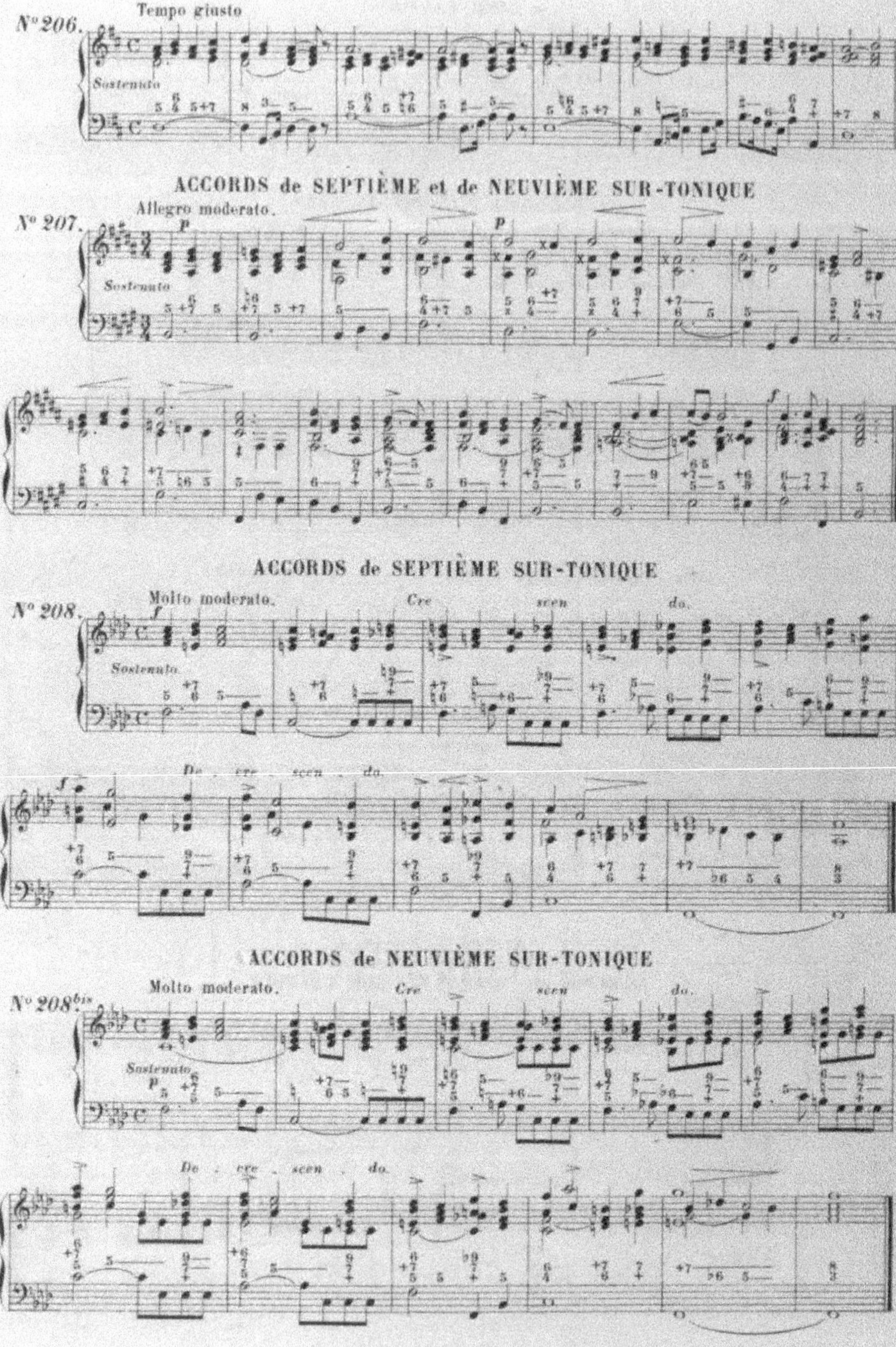
Nº 206.
Tempo giusto
Sostenuto
ACCORDS de SEPTIÈME et de NEUVIÈME SUR-TONIQUE
Nº 207.
Allegro moderato.
Sostenuto
ACCORDS de SEPTIÈME SUR-TONIQUE
Nº 208.
Molto moderato.
Cre scen do.
Sostenuto
De - cre - scen - do.
ACCORDS de NEUVIÈME SUR-TONIQUE
Nº 208bis.
Molto moderato.
Cre scen do.
Sostenuto
De - cre - scen - do.

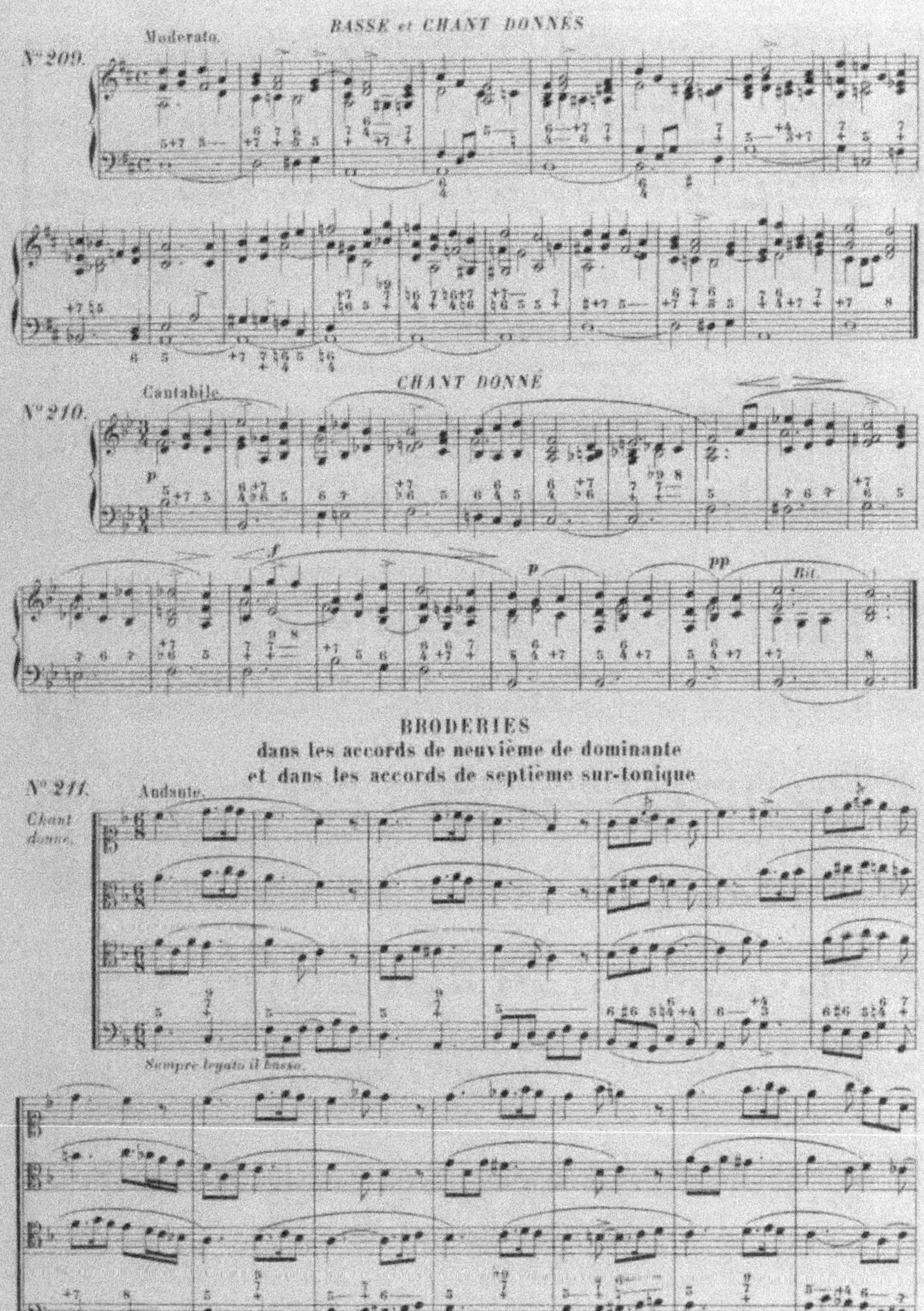
BASSE et CHANT DONNÉS
N° 209.
Moderato.
CHANT DONNÉ
N° 210.
Cantabile.
Rit.
BRODERIES
dans les accords de neuvième de dominante
et dans les accords de septième sur-tonique
N° 211.
Andante.
Chant donné.
Sempre legato il basso.

RÉCAPITULATION
des accords dissonants naturels

N° 212.

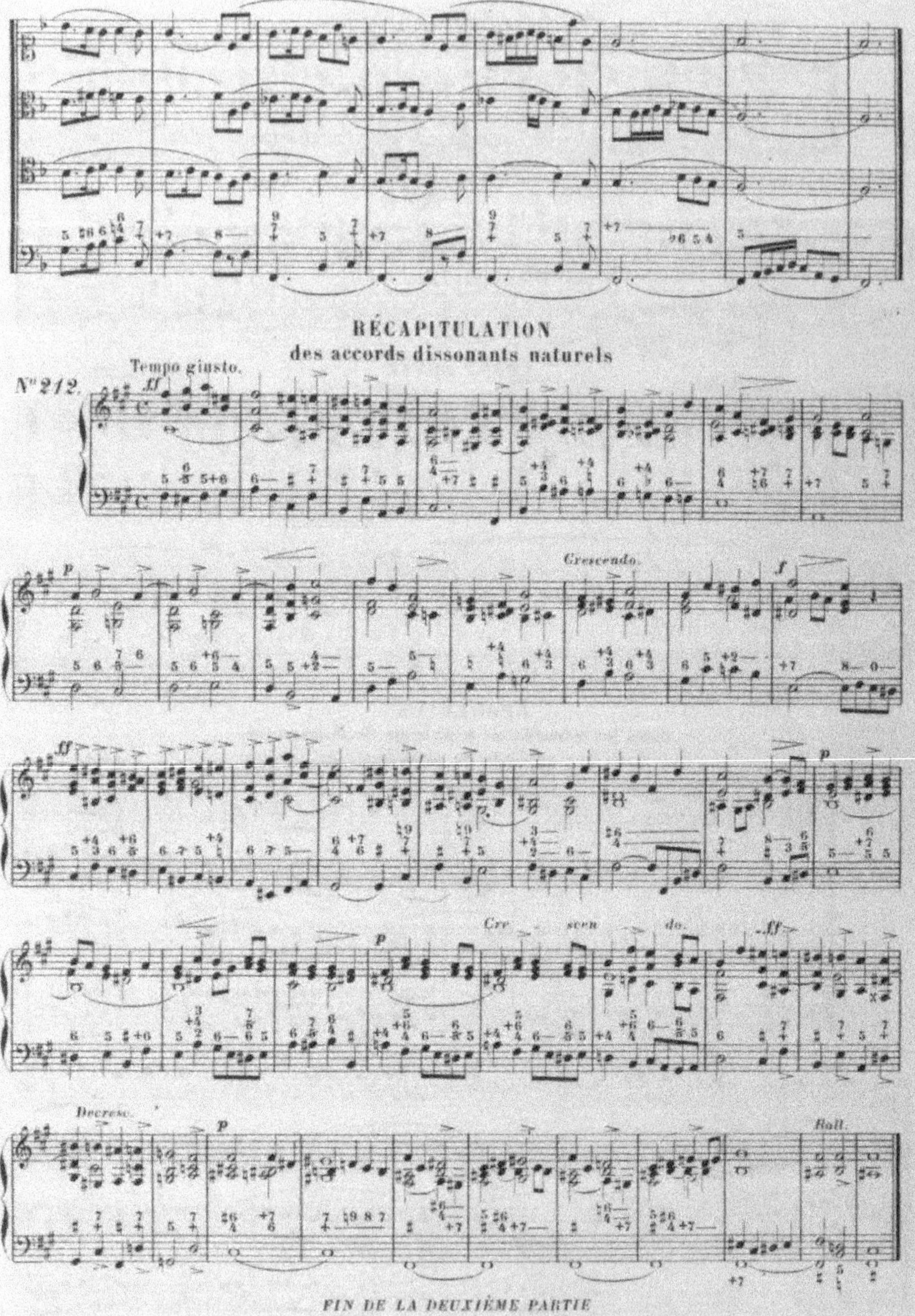

FIN DE LA DEUXIÈME PARTIE

TROISIÈME PARTIE

ACCORDS de SEPTIÈME par PROLONGATION

TROISIÈME RENVERSEMENT (*)

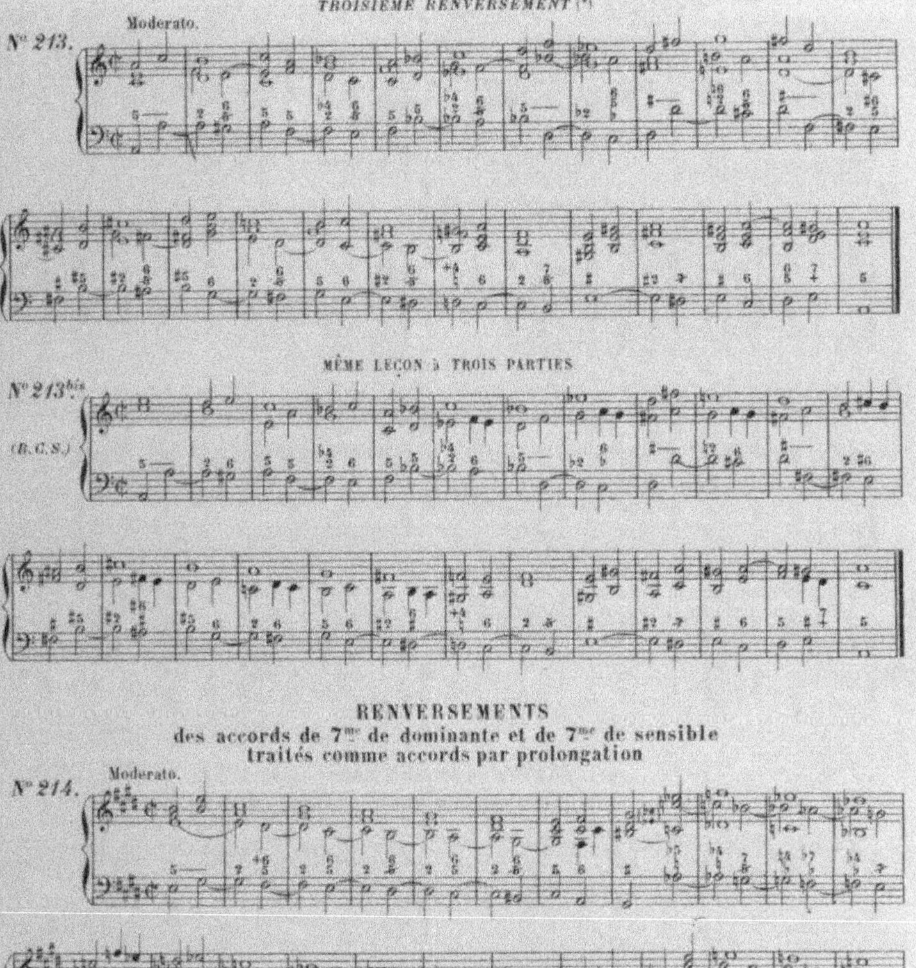

RENVERSEMENTS
des accords de 7me de dominante et de 7me de sensible traités comme accords par prolongation

Moderato.

N° 214.

(*) Les exercices sur les accords *fondamentaux* et les *deux premiers renversements* n'ayant pas la forme de leçons, nous n'en donnons pas la *réalisation* parce qu'elle est *facile* et ne présente aucun intérêt.

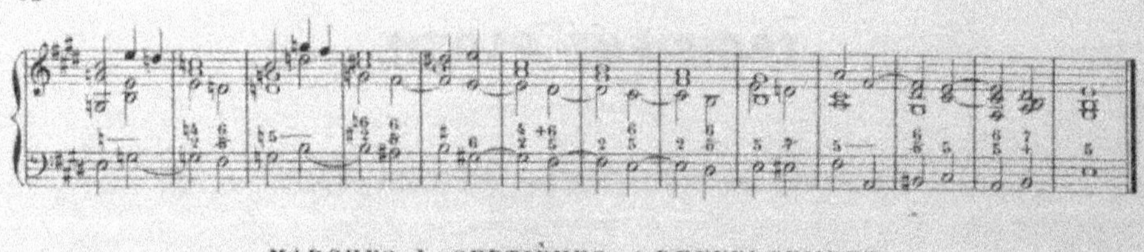

MARCHES de SEPTIÈMES et RENVERSEMENTS

N° 215.

SEPTIÈMES SUR LE TEMPS FORT SEULEMENT

A &

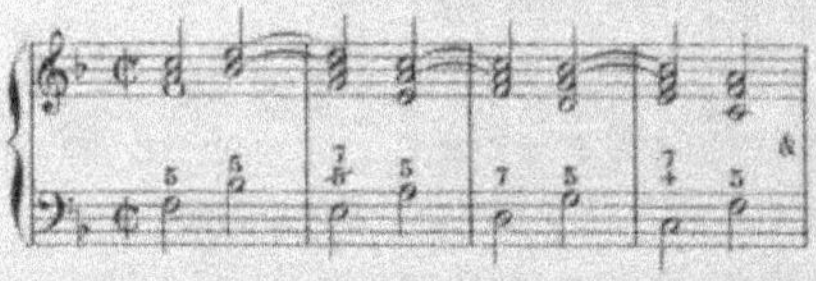

B &

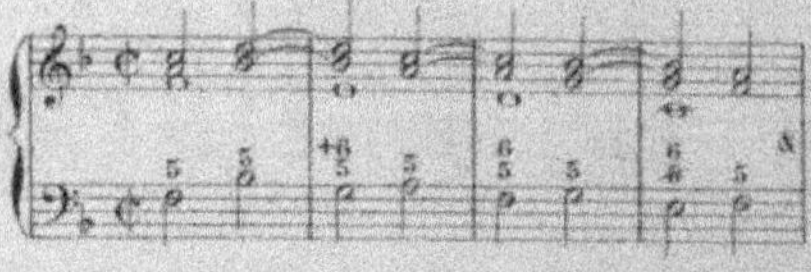

C &

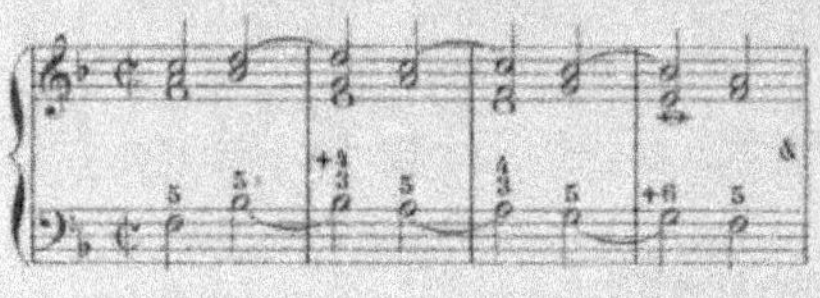

D &

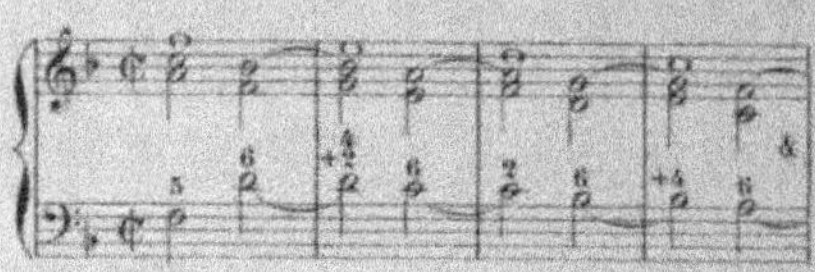

SEPTIÈMES A TOUS LES TEMPS

E &

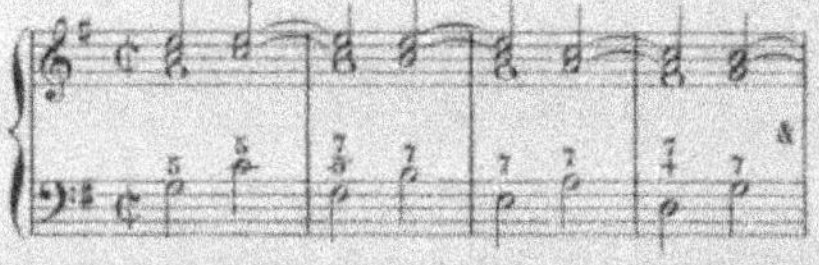

F &

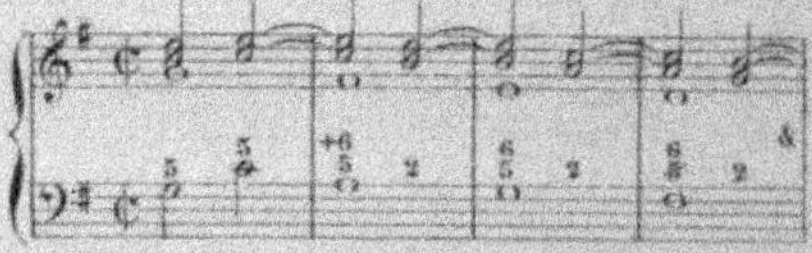

G &

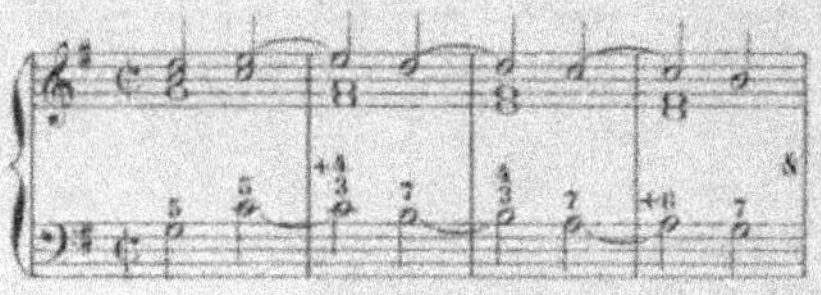

H &

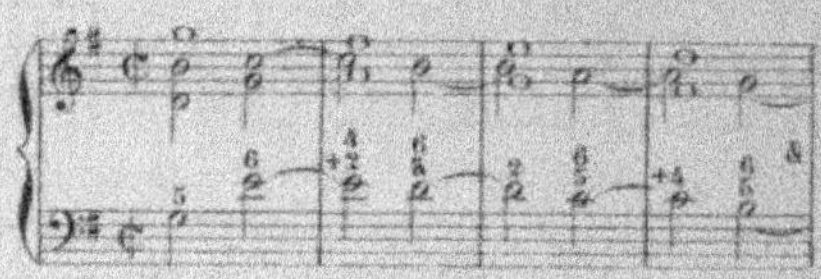

MARCHE à IMITATIONS

A TROIS PARTIES

1 &

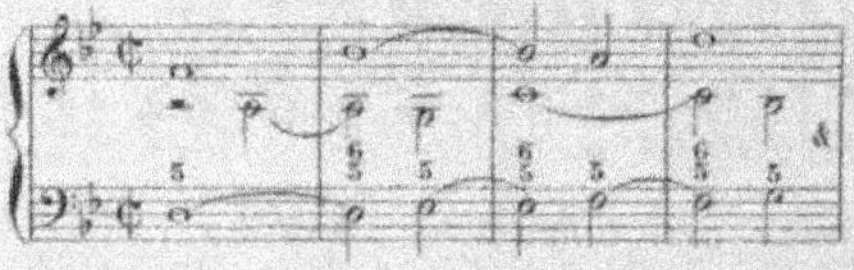

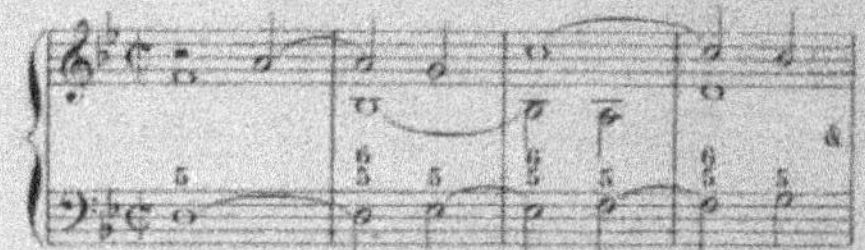

&

A QUATRE PARTIES

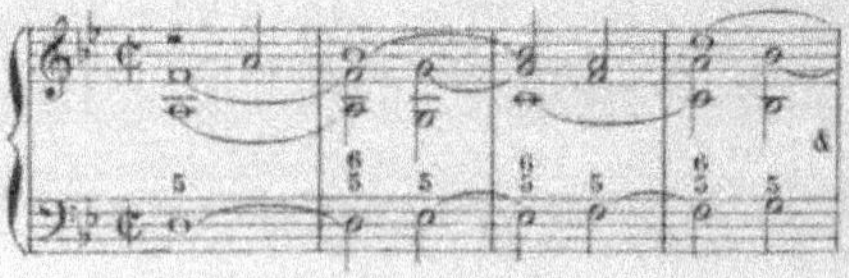

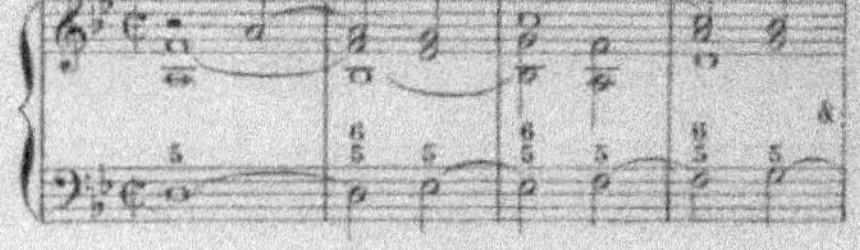

&

&

ACCORDS par PROLONGATION

BASSES DONNÉES

ÉTAT FONDAMENTAL

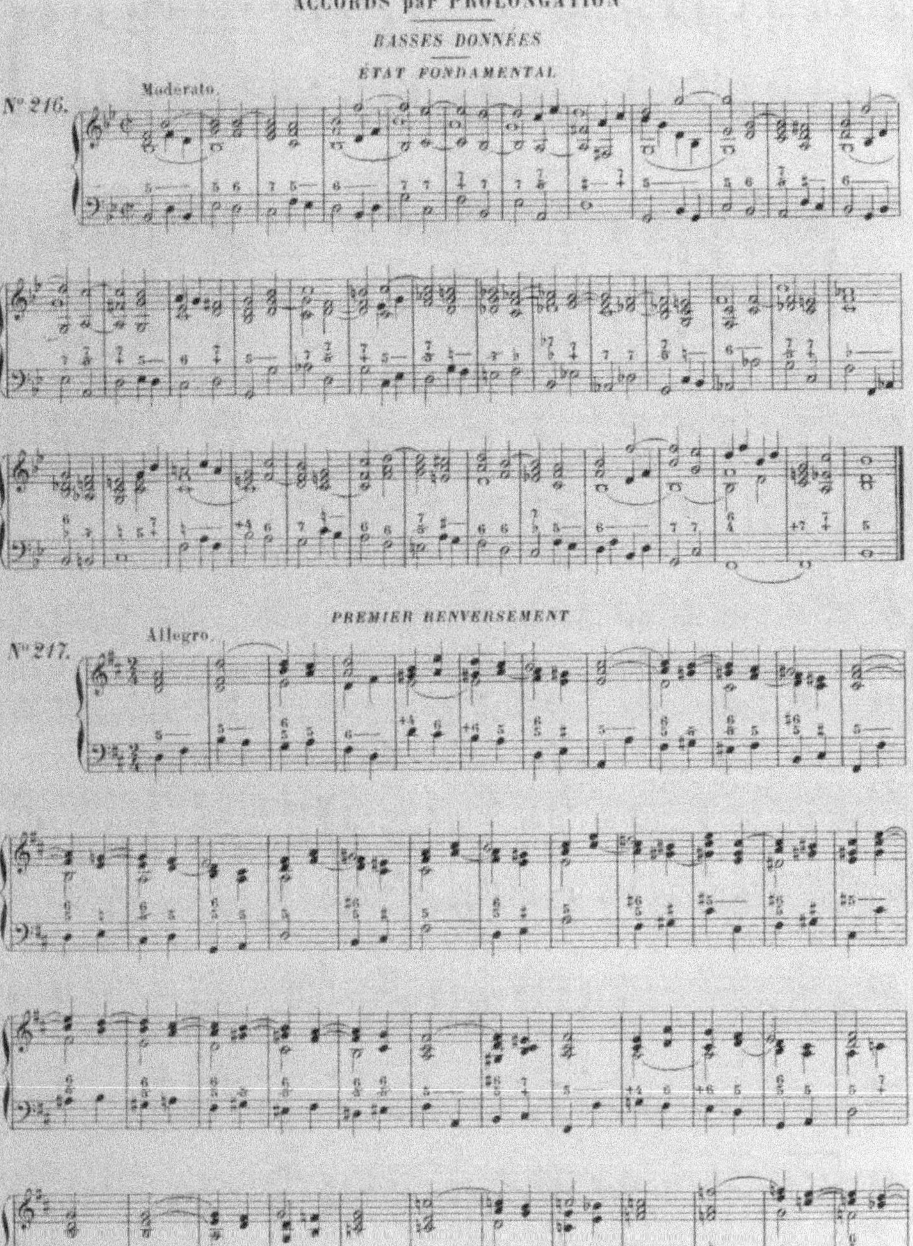

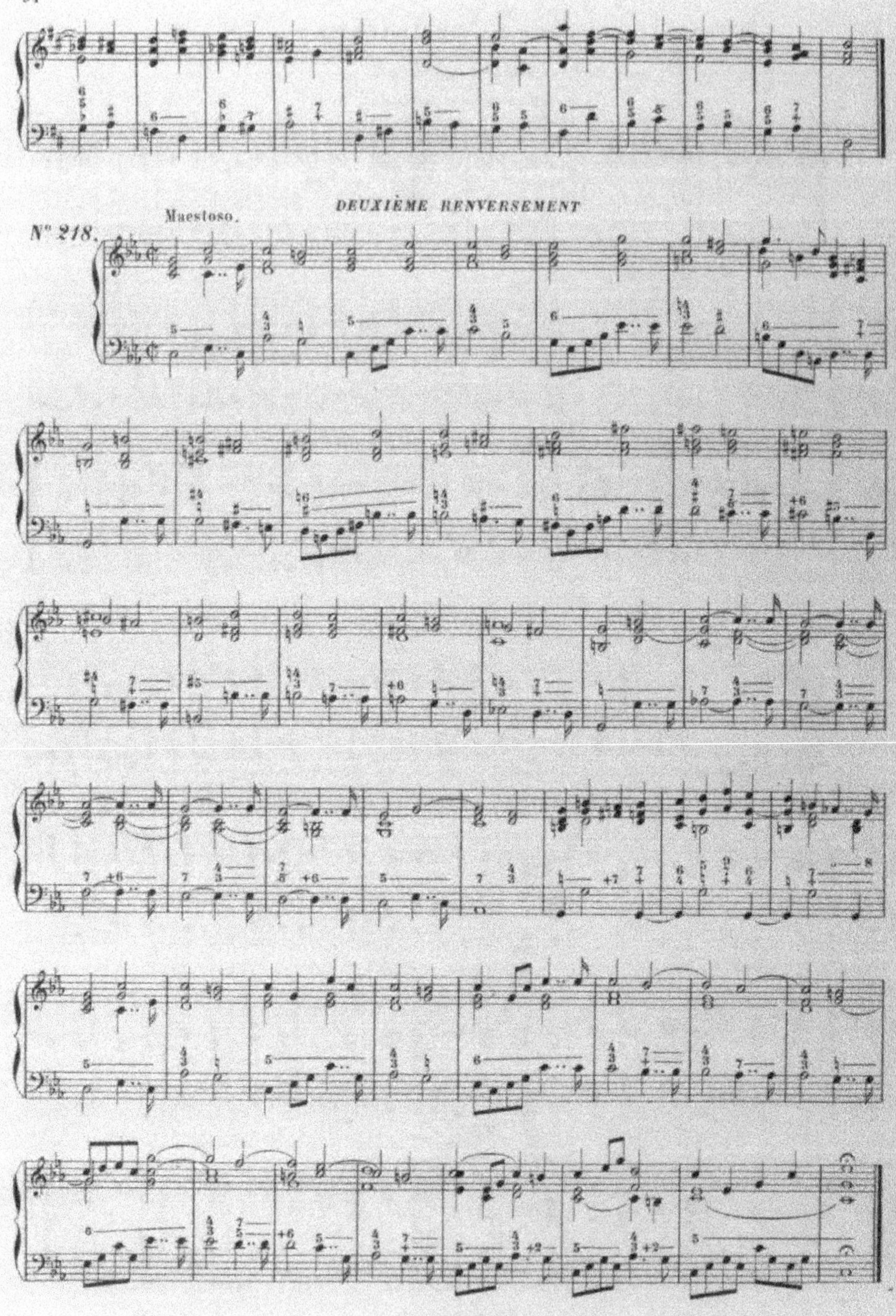
DEUXIÈME RENVERSEMENT
N° 218.
Maestoso.

TROISIÈME RENVERSEMENT

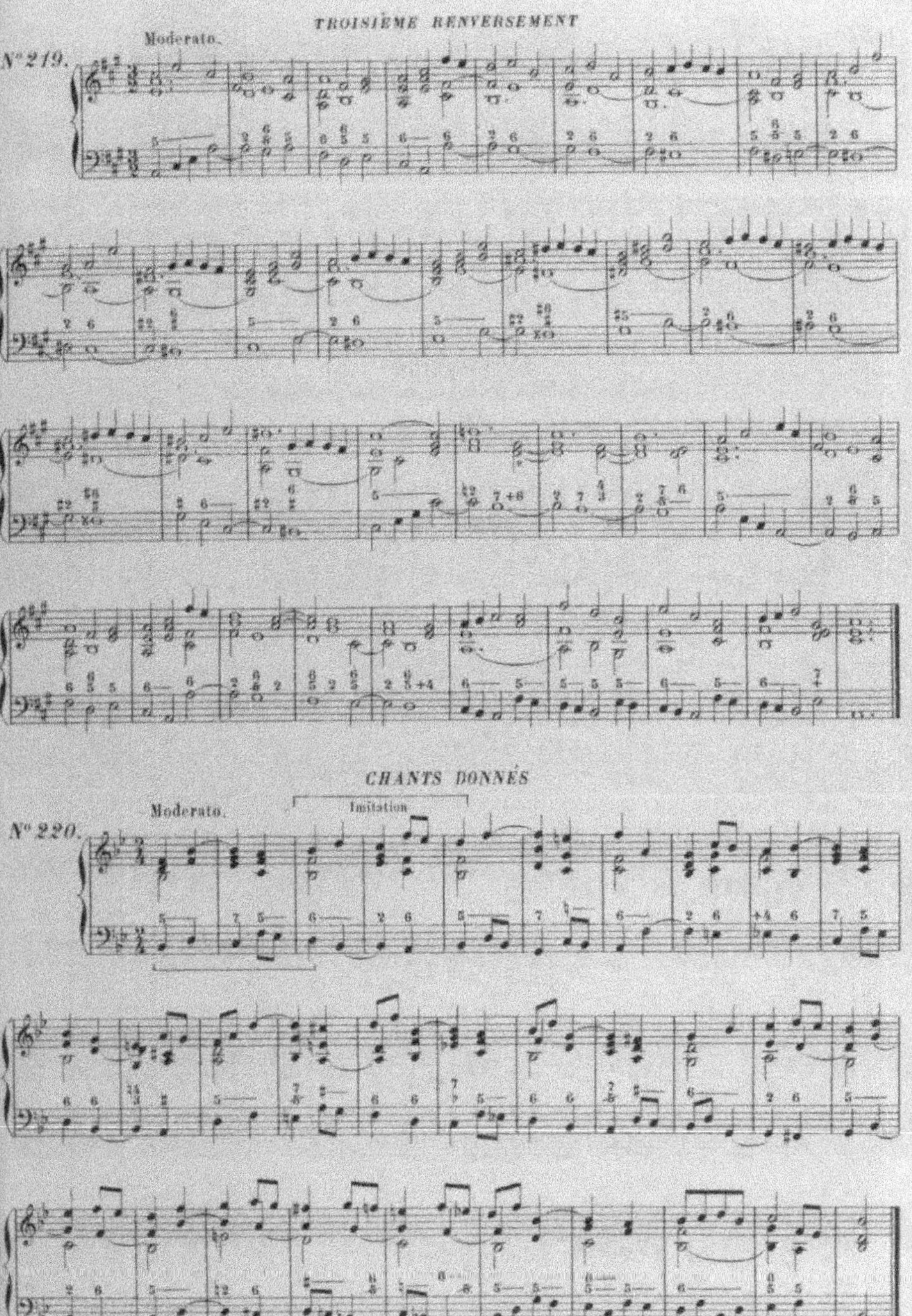

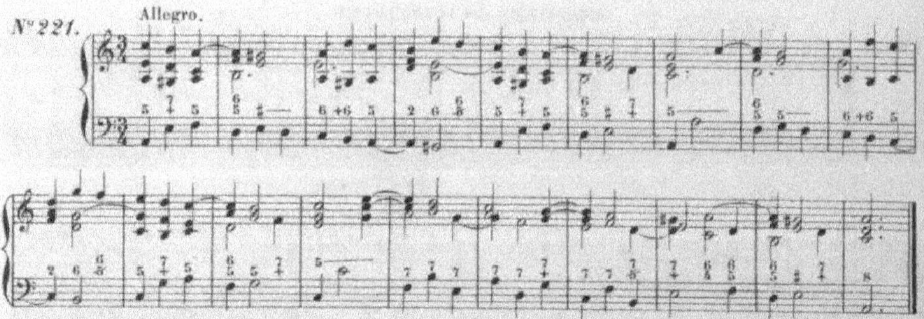

ALTÉRATIONS
dans les accords de septième par prolongation

BASSE DONNÉE CHIFFRÉE

N° 222. Moderato.

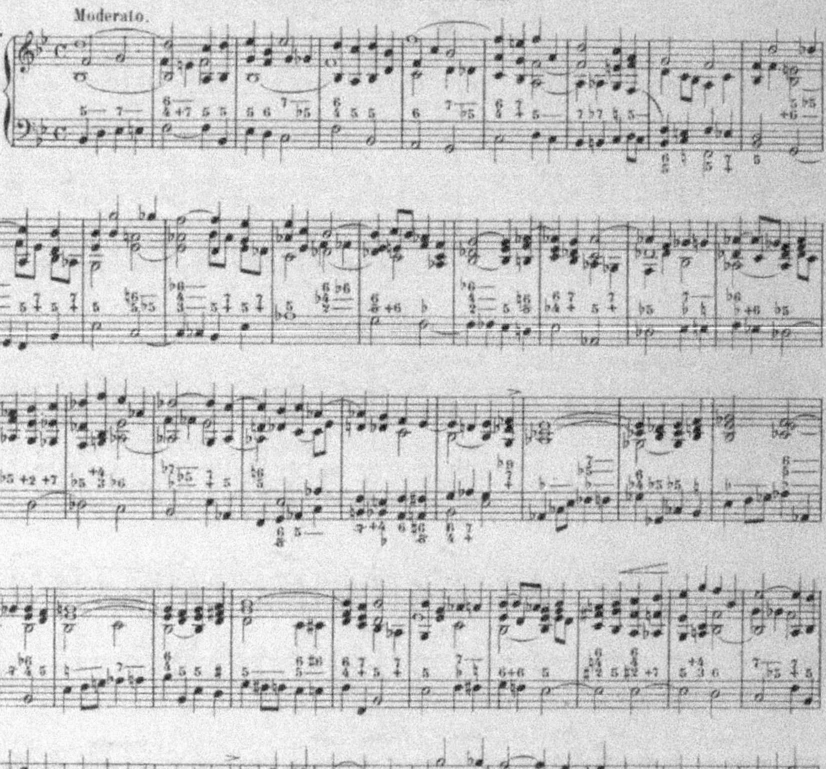

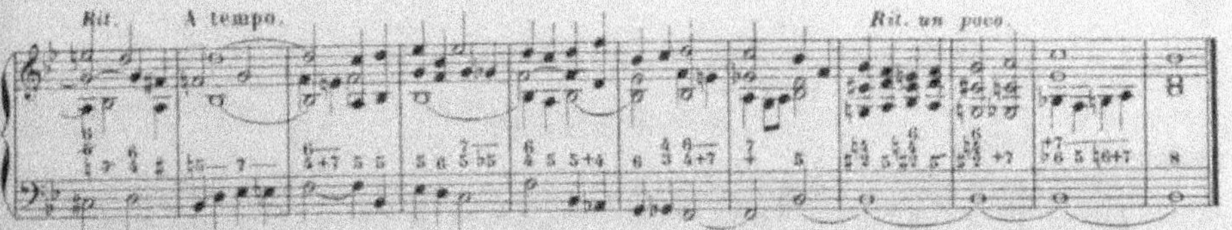

RÉSOLUTIONS EXCEPTIONNELLES
des accords par prolongation

N° 223.

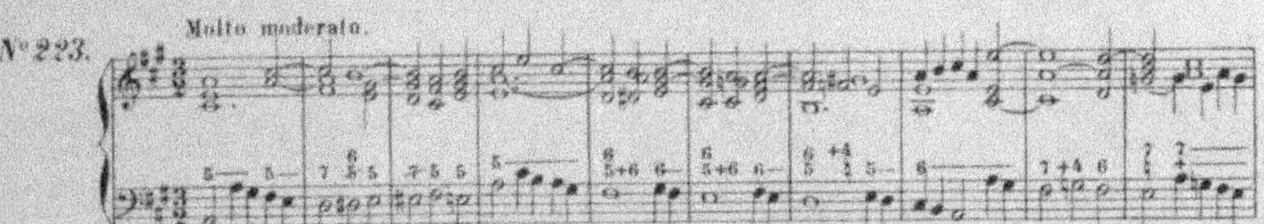

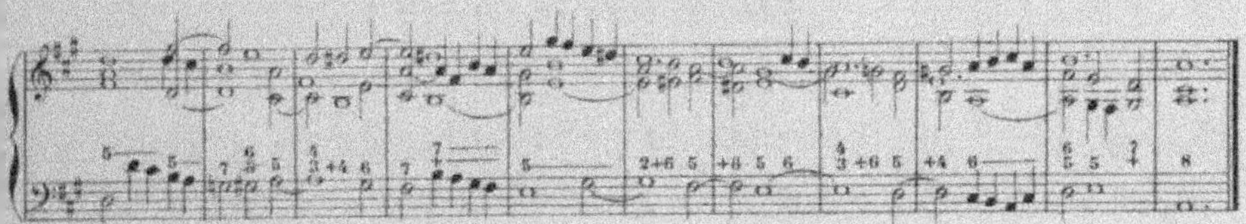

CHANGEMENTS de POSITION et ÉCHANGES de NOTES

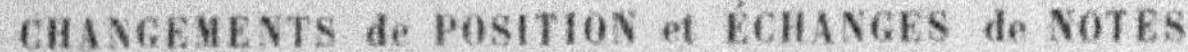

N° 224.

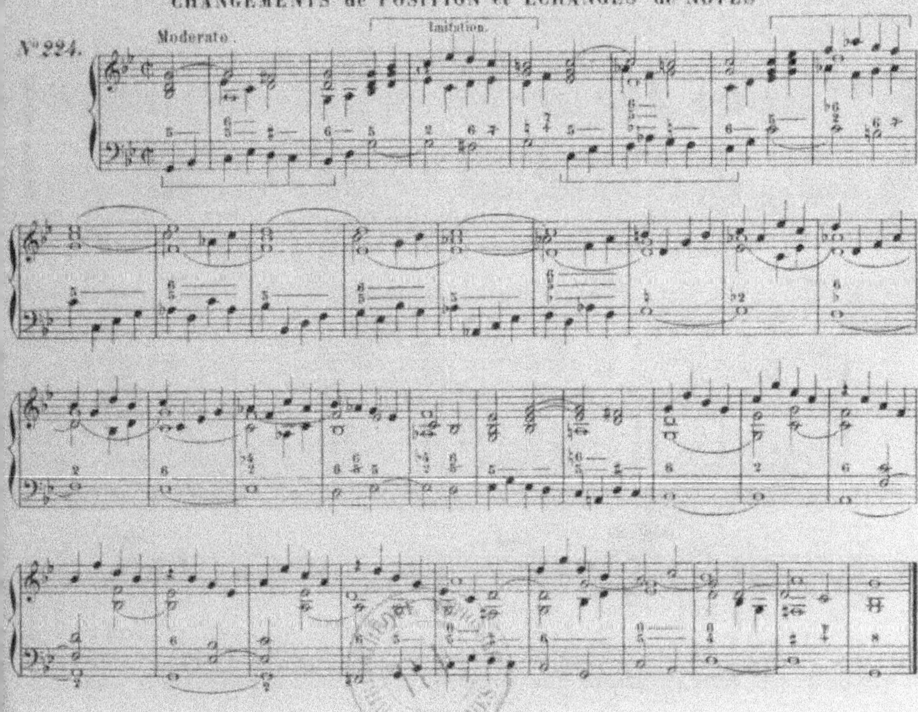

ÉCHANGES de NOTES avec NOTES de PASSAGE

BASSE DONNÉE

N° 225.

Allegro.

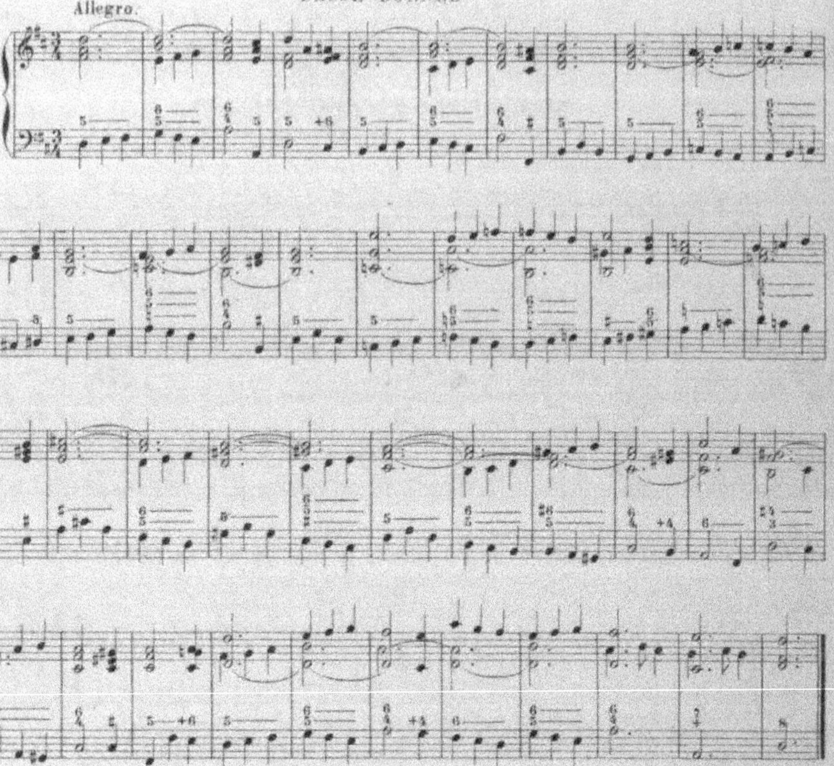

VARIANTES avec BRODERIES et NOTES de PASSAGE

BASSE DONNÉE CHIFFRÉE

N° 226.

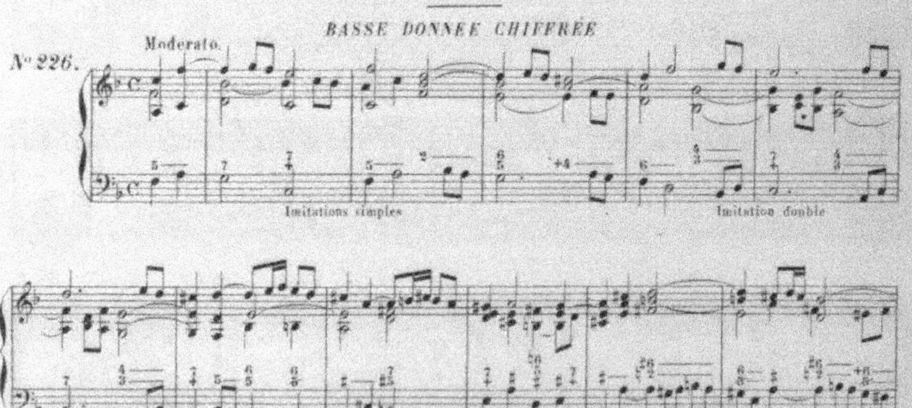

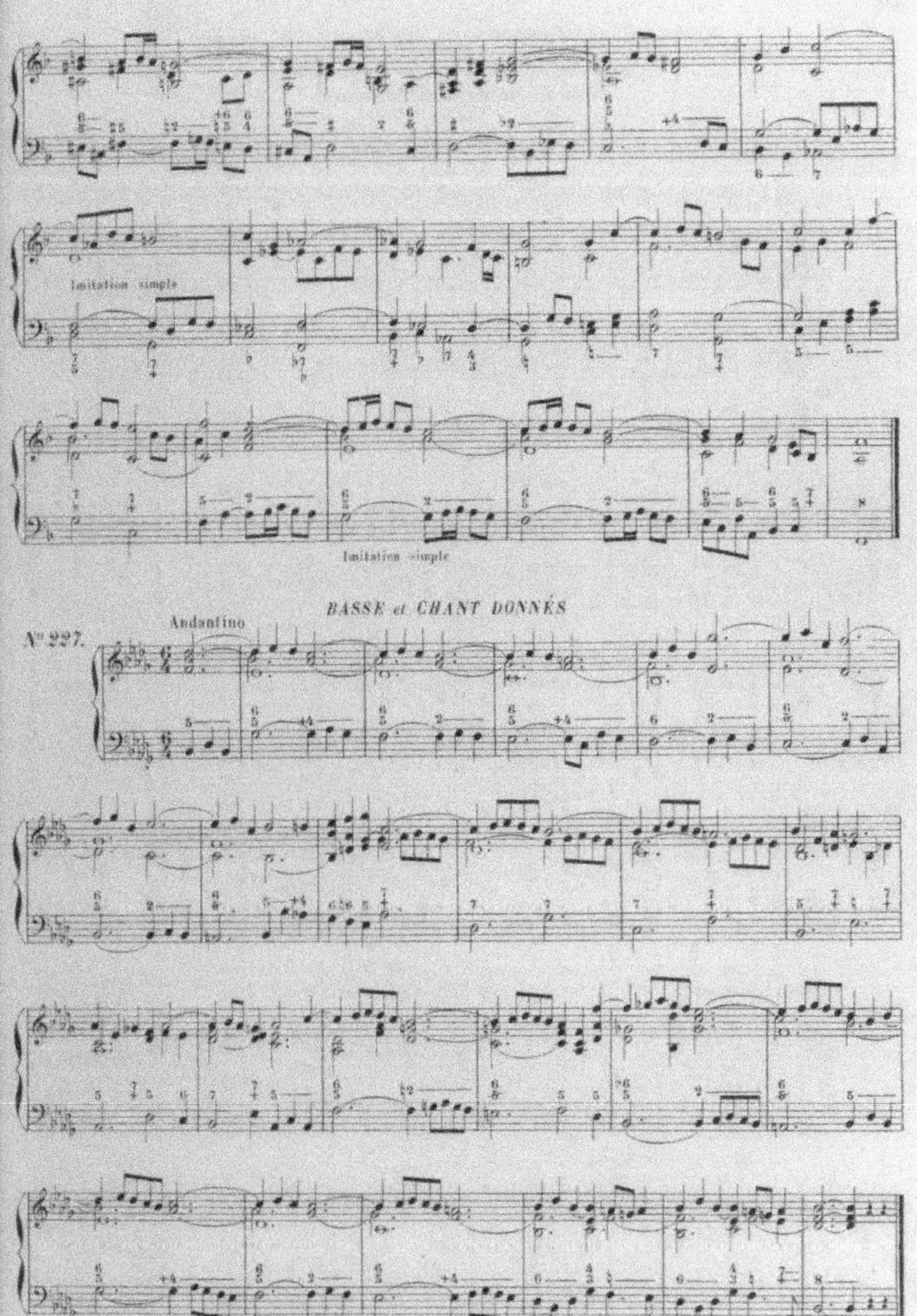
Imitation simple
Imitation simple
BASSE et CHANT DONNÉS
N° 227.
Andantino

RETARD SUPÉRIEUR de la QUINTE par la SIXTE
et retards inférieurs ou ascendants
dans les accords de trois sons

MARCHES

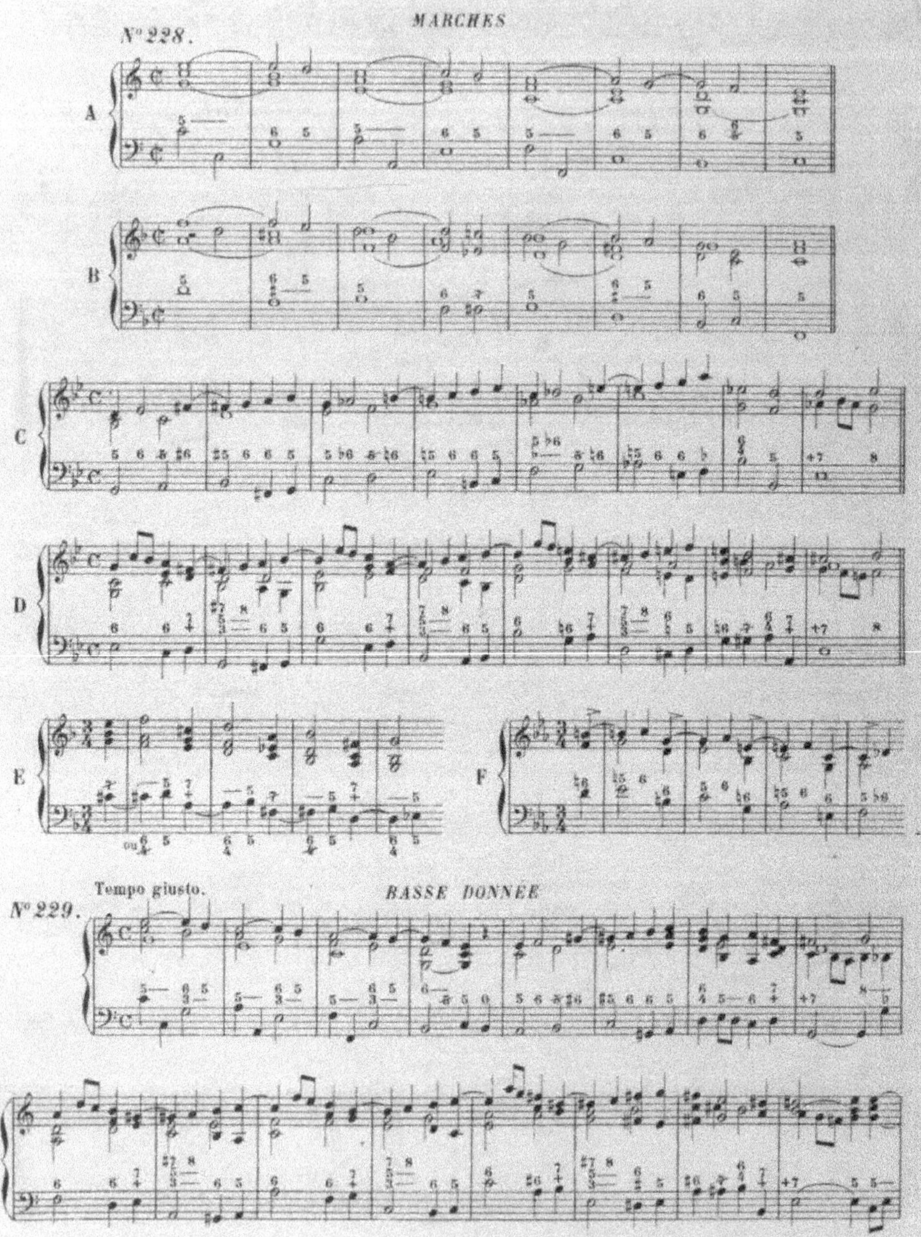

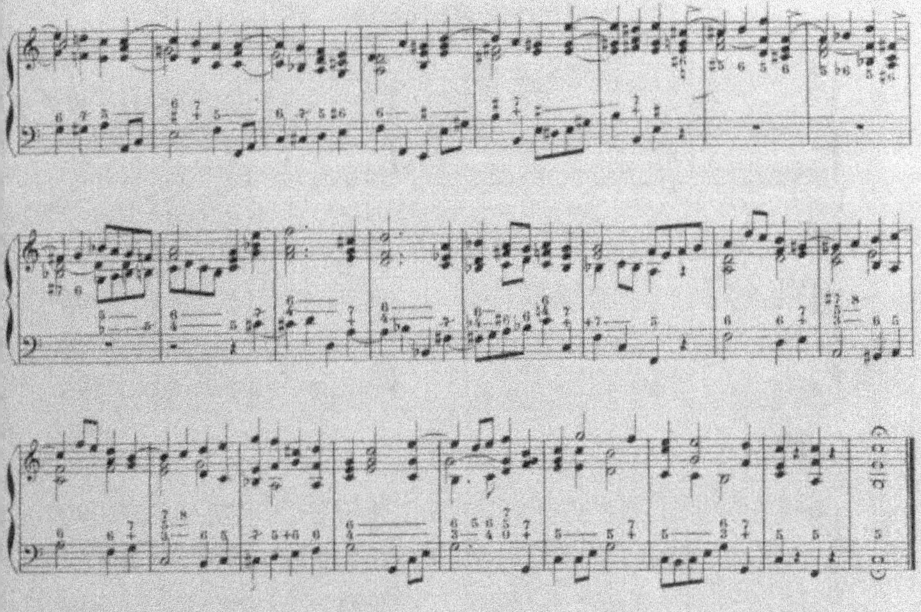

RETARD de la FONDAMENTALE
dans les accords de trois sons

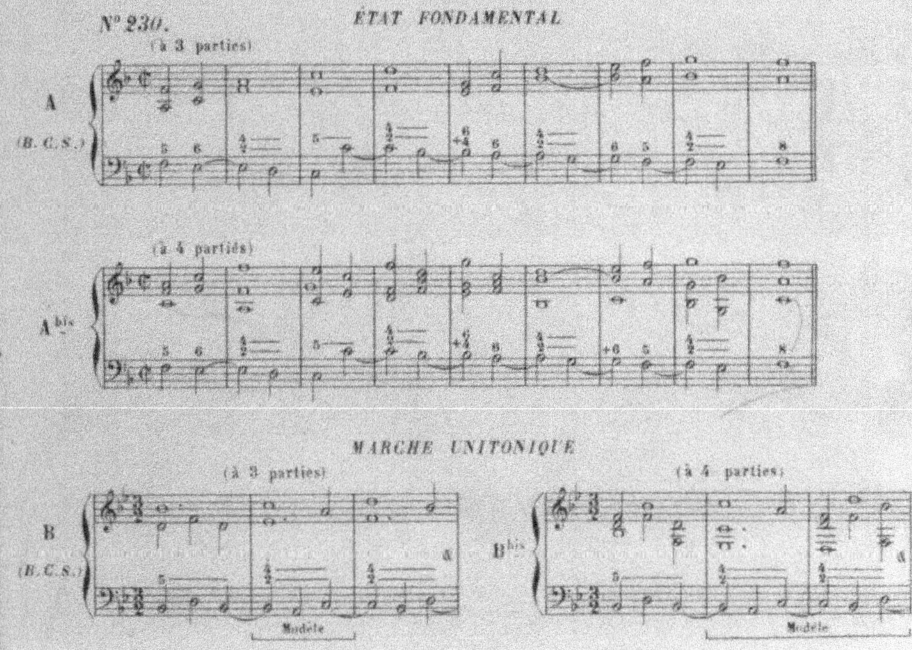

MARCHES MODULANTES

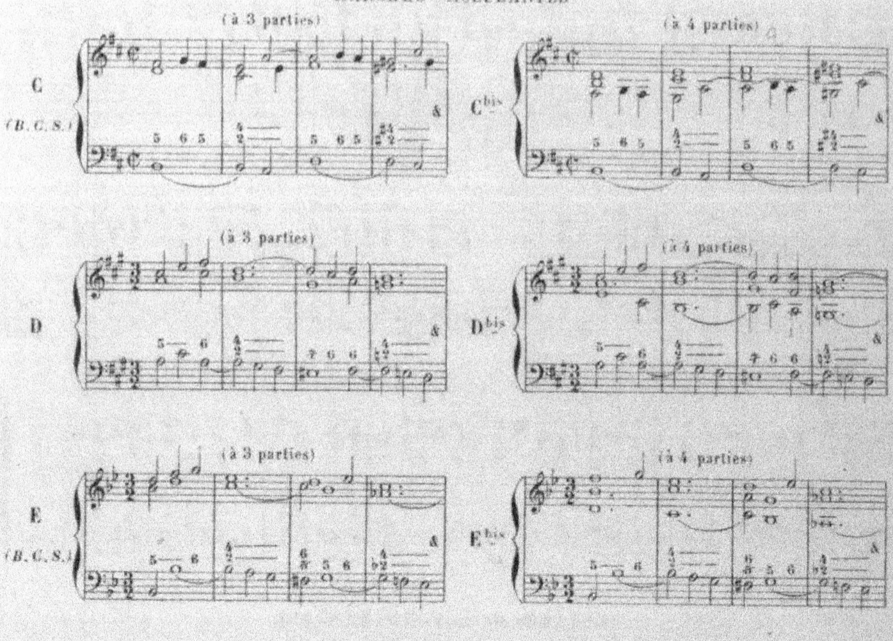
(à 3 parties)
C
(B.C.S.)
(à 4 parties)
C bis
(à 3 parties)
D
(à 4 parties)
D bis
(à 3 parties)
E
(B.C.S.)
(à 4 parties)
E bis

BASSES DONNÉES

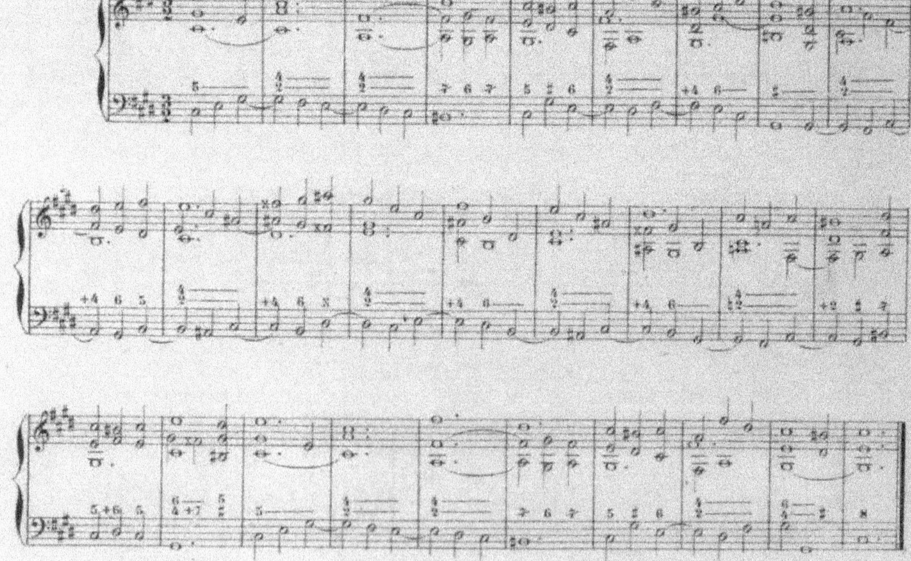
N° 231.
Molto moderato.

N° 232. Allegretto.

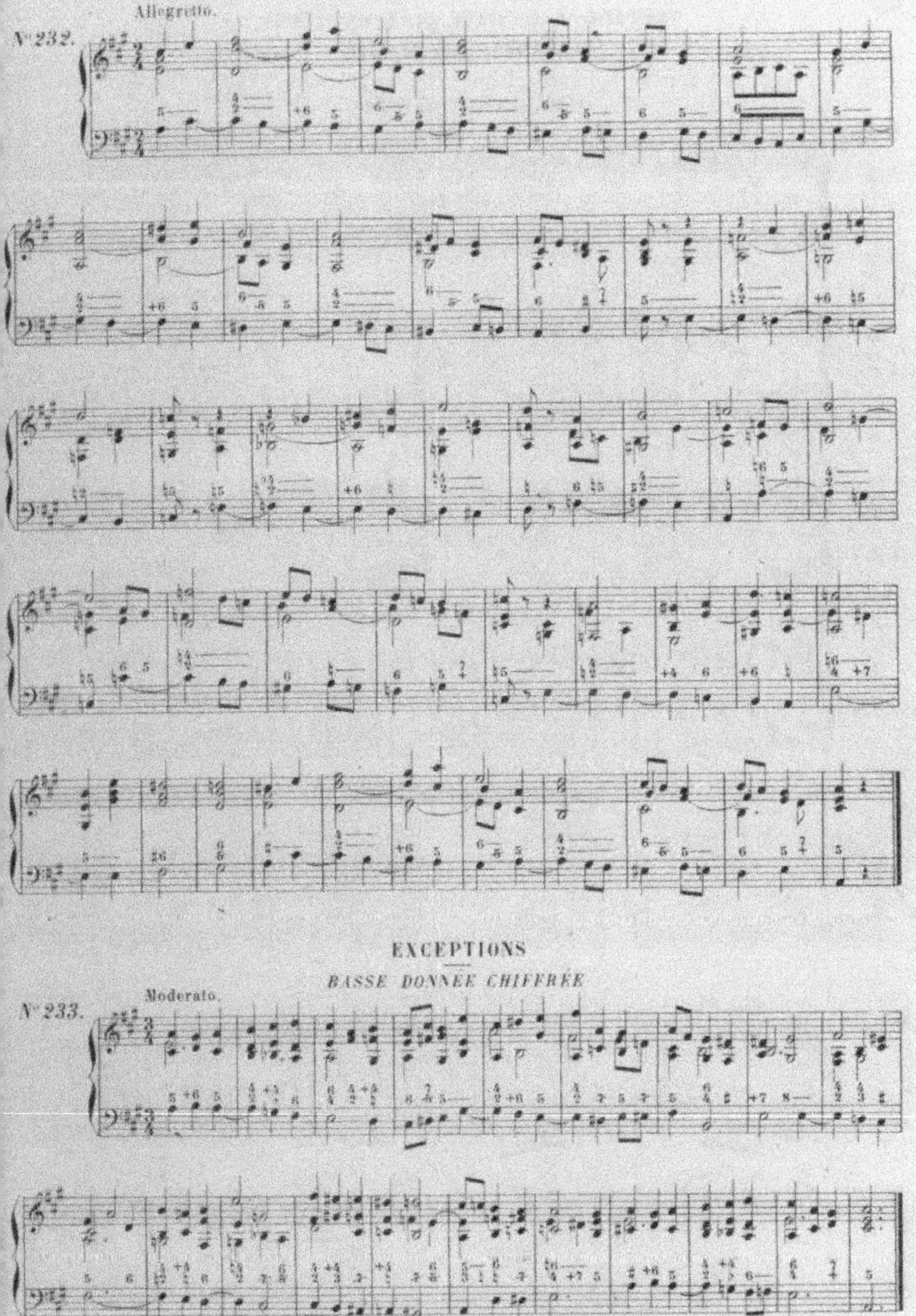

EXCEPTIONS

BASSE DONNÉE CHIFFRÉE

N° 233. Moderato.

RETARD de la SIXTE par la SEPTIÈME
dans les accords de sixte

MARCHES UNITONIQUES

N° 234.

A (B. T. C.) — Modèle

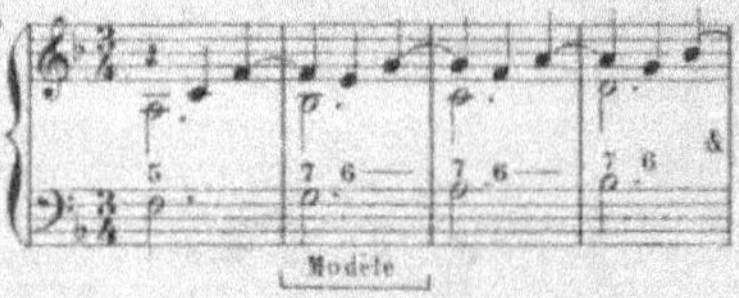

B — Modèle

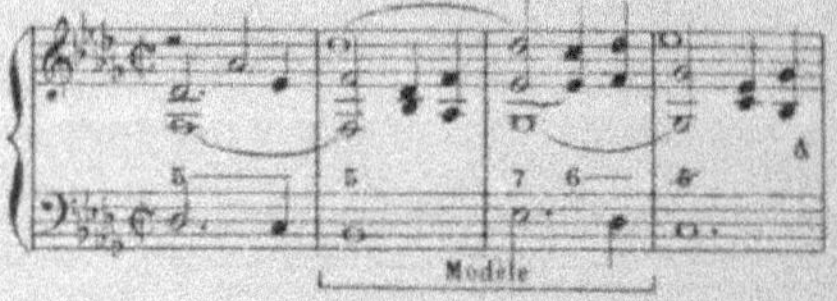

C (B. T. C.)

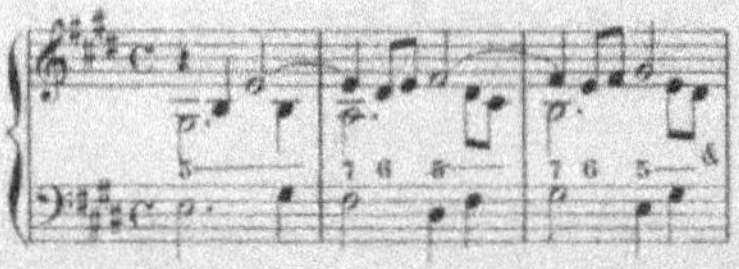

D — Imitation — Modèle

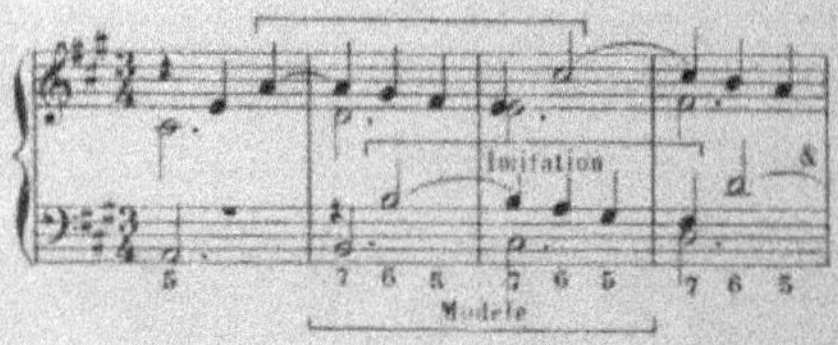

E (B. T. C.)

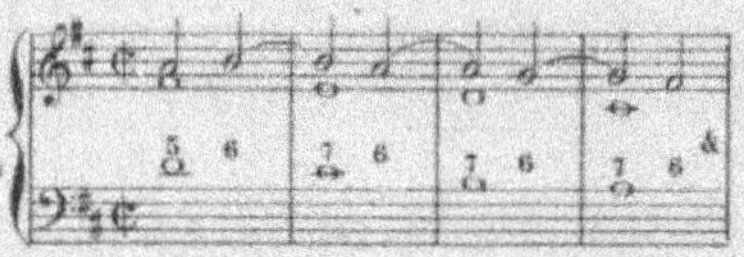

F

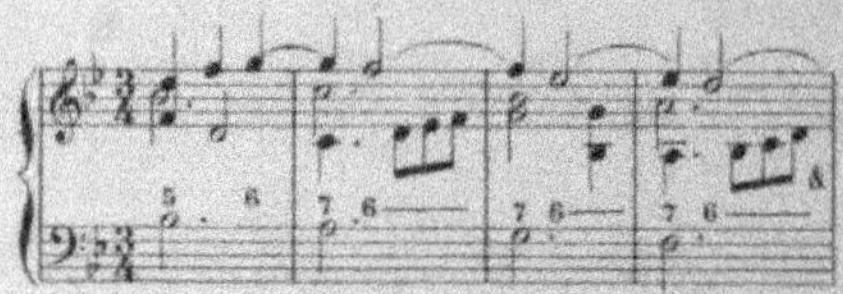

G (B. T. C.)

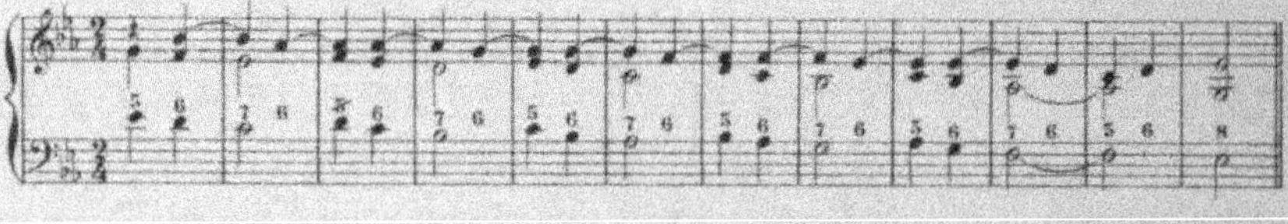

MARCHES MODULANTES

H

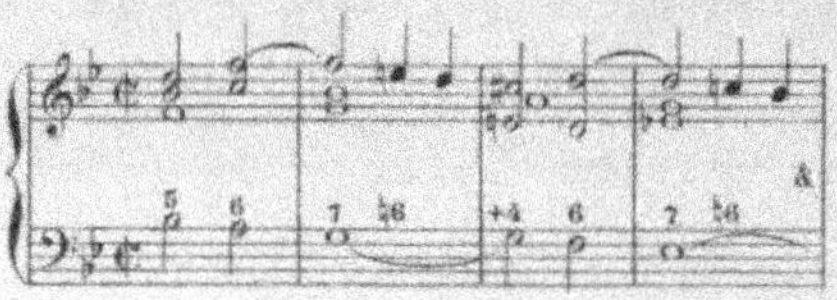

I

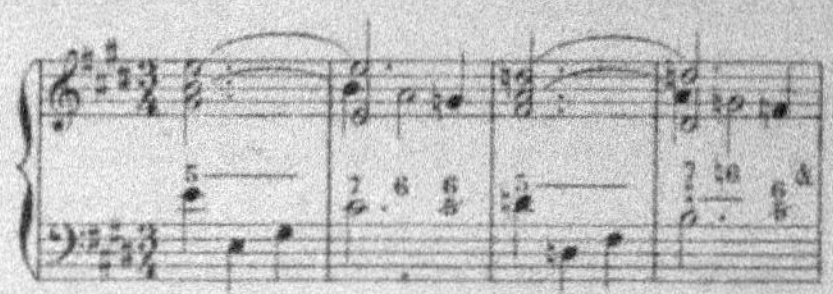

BASSE DONNÉE

N° 235. Moderato.

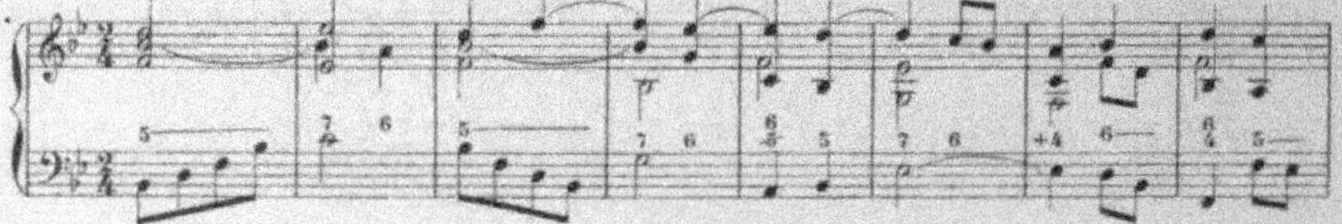

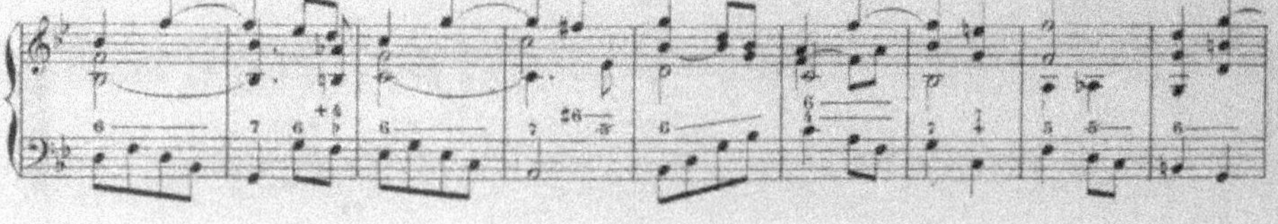

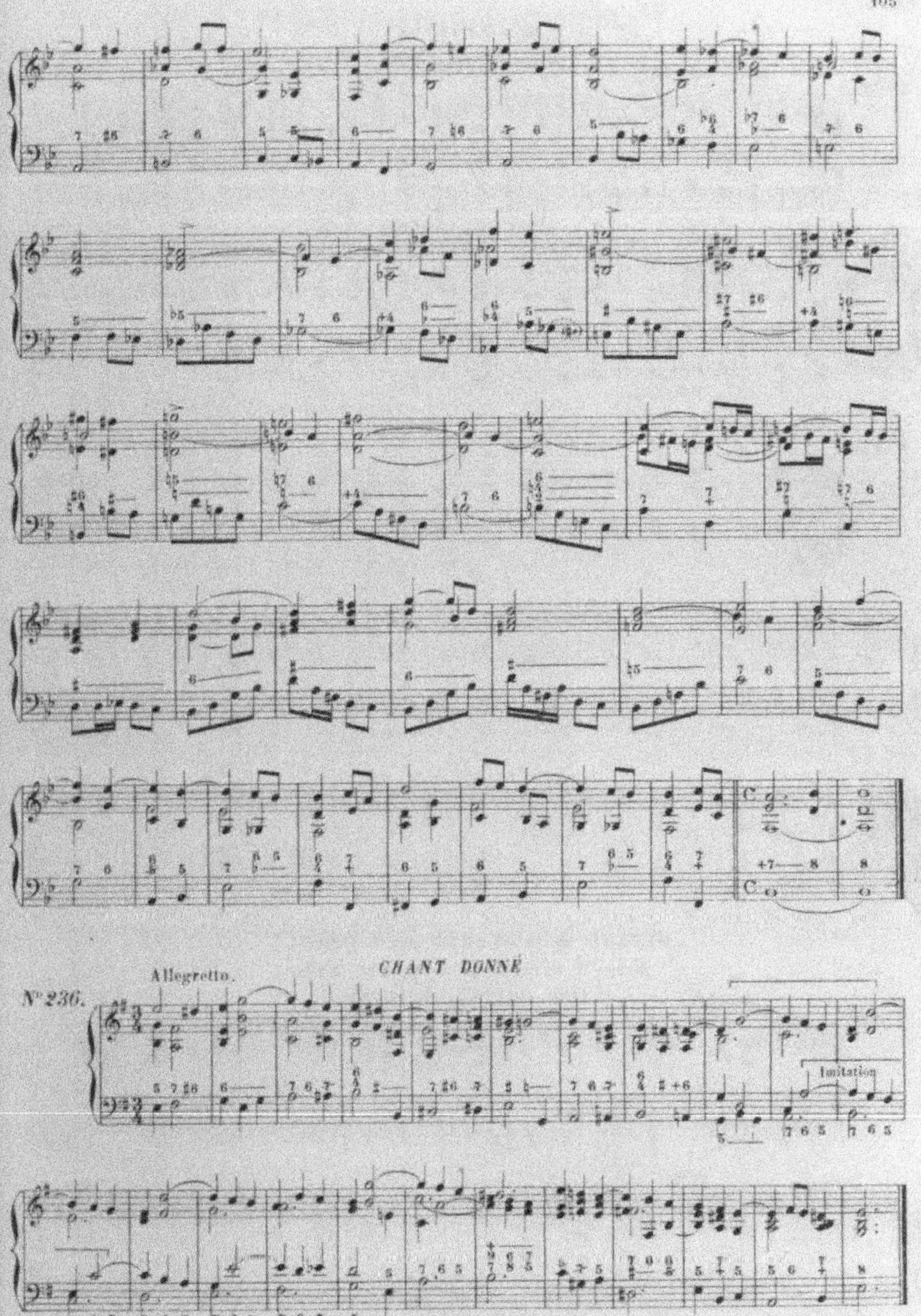

No 236.

EXCEPTIONS

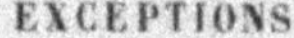

BASSES DONNÉES

N° 237. Molto moderato.

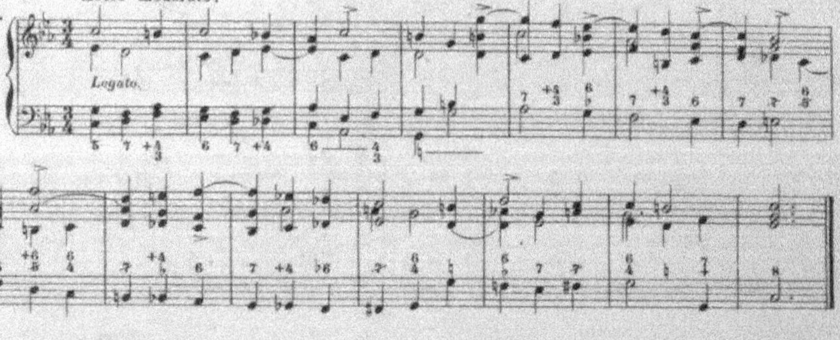

Legato.

N° 238. Tempo giusto.

ff

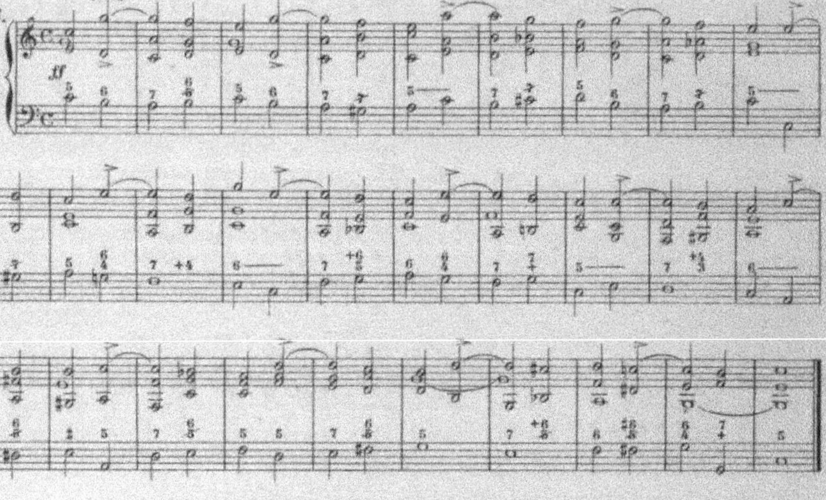

RETARD de la QUARTE par la QUINTE dans les accords de quarte et sixte

BASSE DONNÉE CHIFFRÉE

N° 239. Moderato.

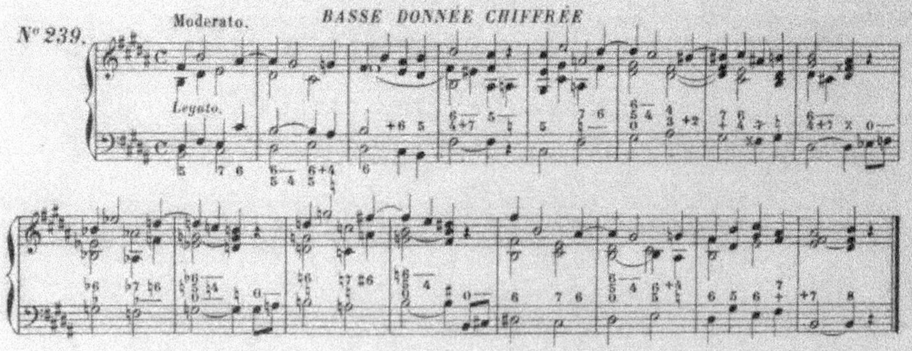

BASSES DONNÉES SANS CHIFFRES

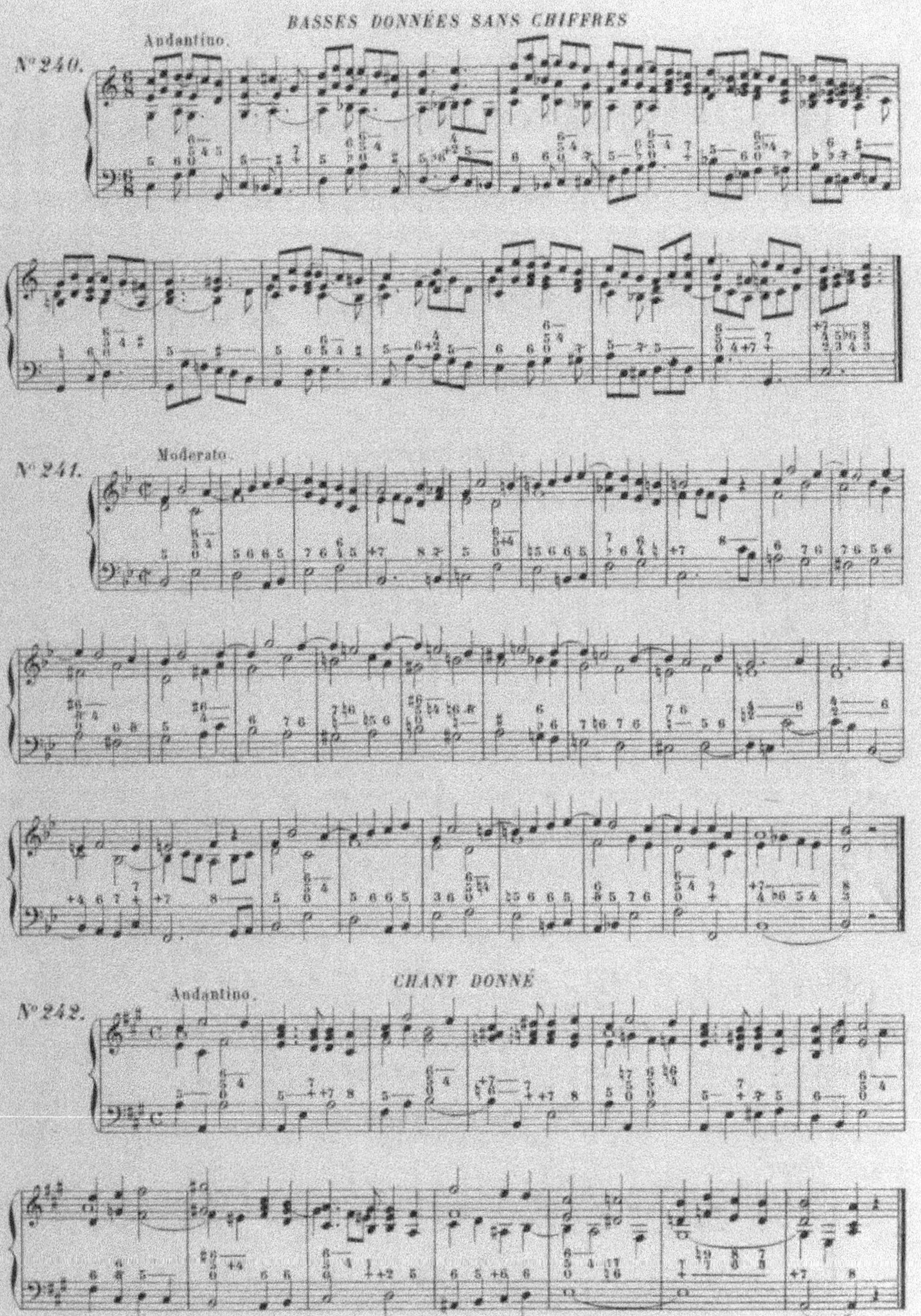

EXCEPTIONS

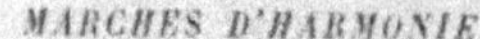

N° 243.

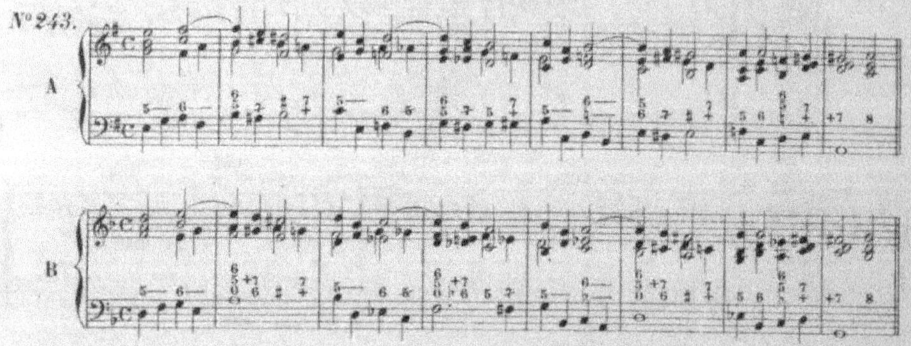

ADJONCTION
d'une sixte à l'accord de seconde et quarte et d'une quinte à la septième retardant la sixte

MARCHES UNITONIQUES

N° 244.

A

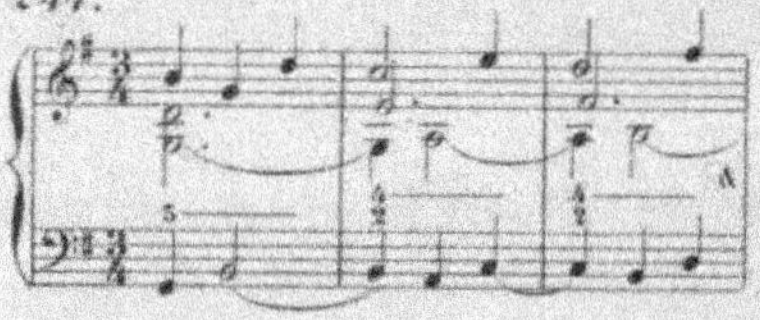

B

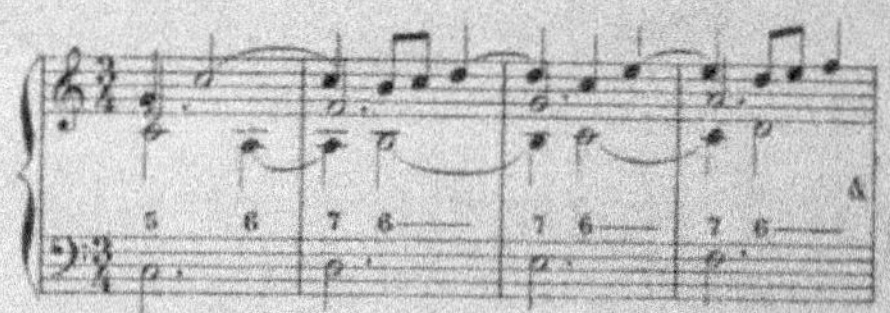

C

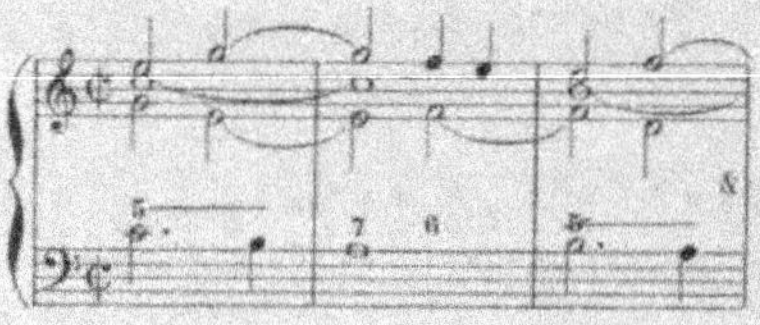

D

Imitation

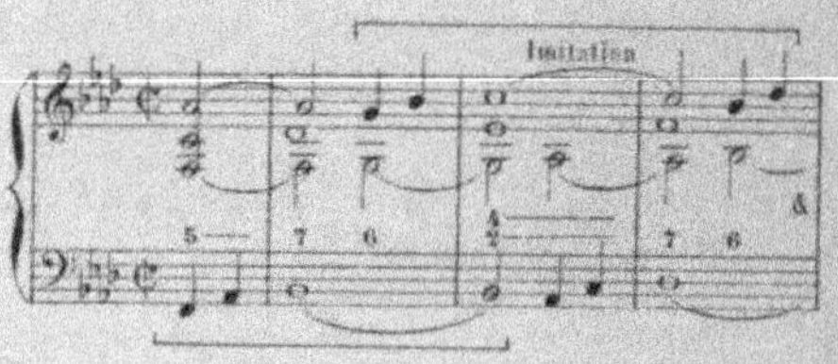

MARCHE MODULANTE

E

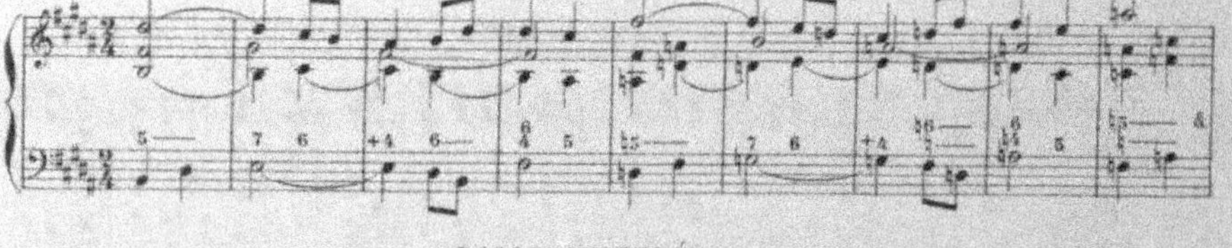

BASSE CHIFFRÉE

N° 245. Allegro.

B

Contrepoint double

A

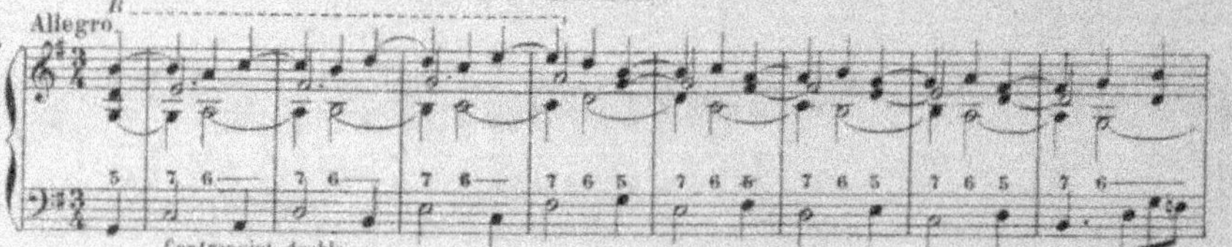

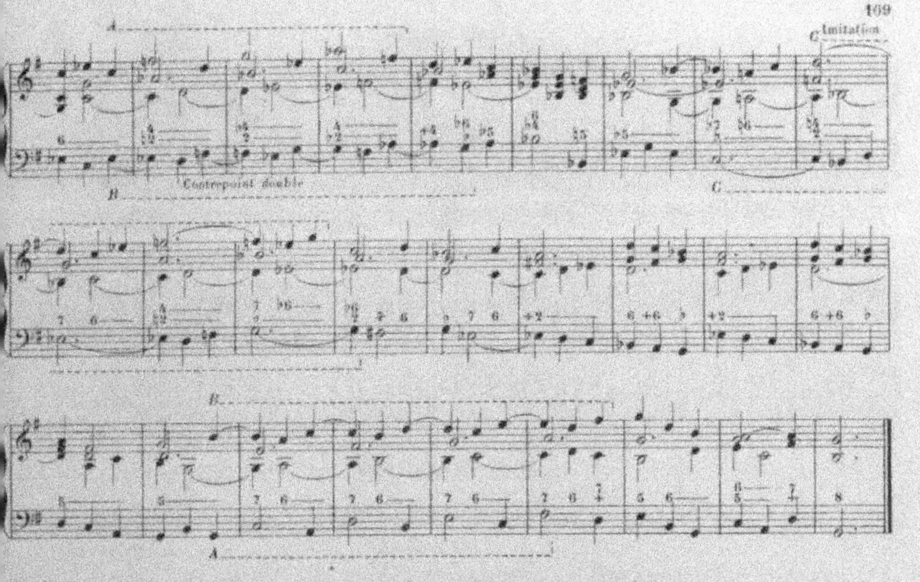

RETARD de la TIERCE par la QUARTE
dans les accords de trois sons fondamentaux

N° 246. *MARCHES UNITONIQUES*

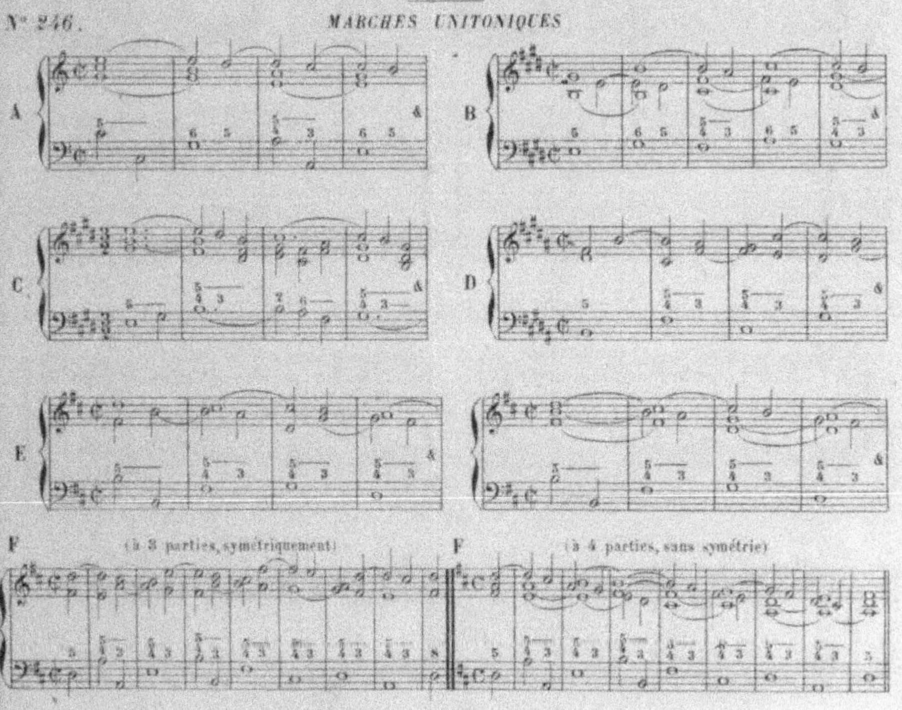

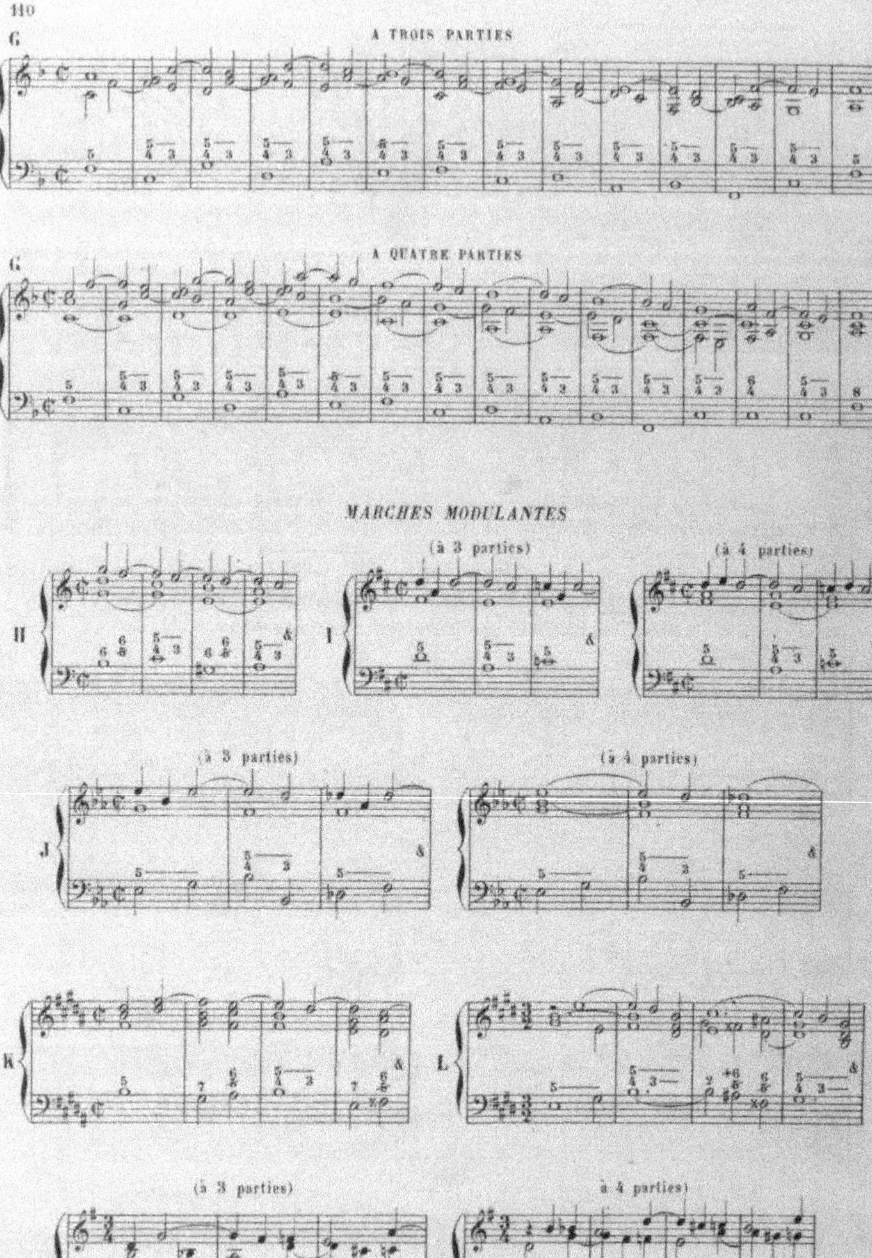
G
A TROIS PARTIES
G
A QUATRE PARTIES
MARCHES MODULANTES
H
(à 3 parties)
I
(à 4 parties)
(à 3 parties)
J
(à 4 parties)
K
L
(à 3 parties)
M
à 4 parties)

BASSES DONNÉES

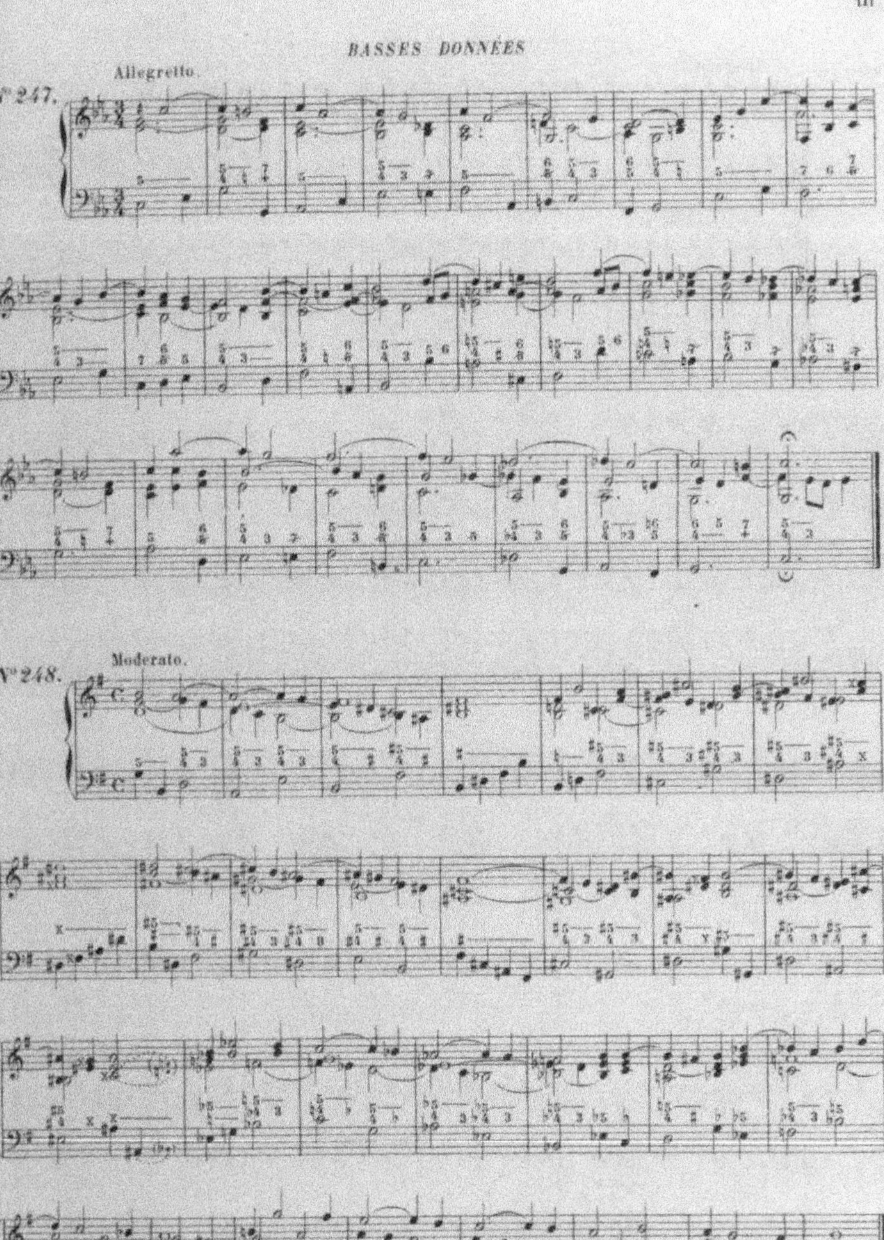

CHANT DONNÉ

Nº 249. Allegretto.

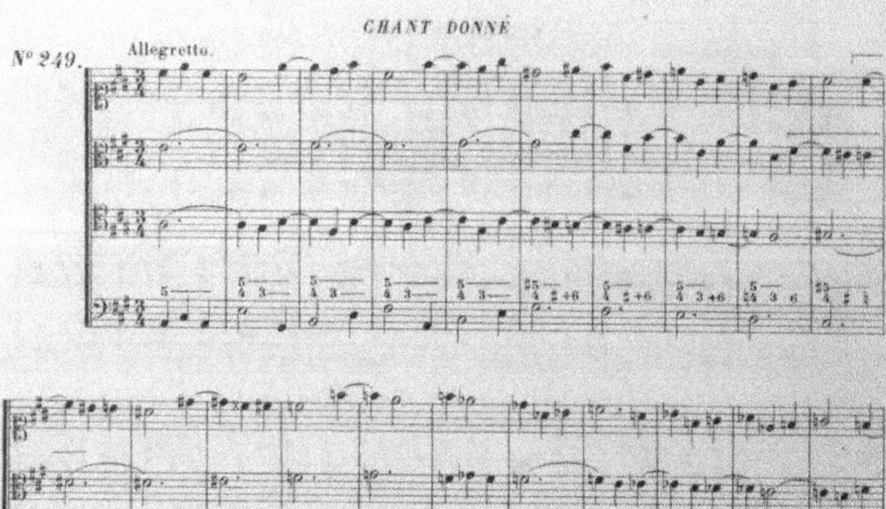

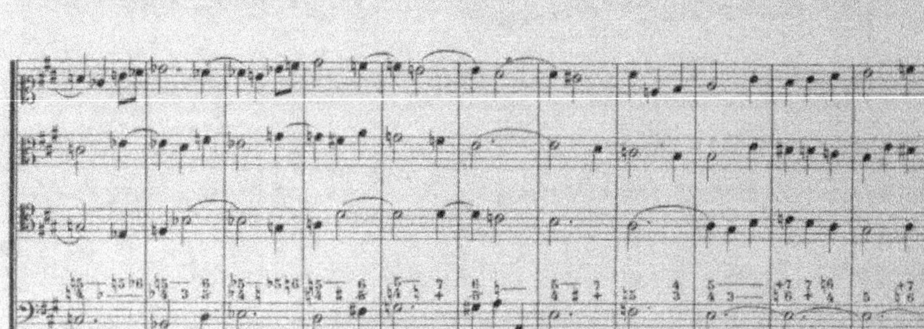

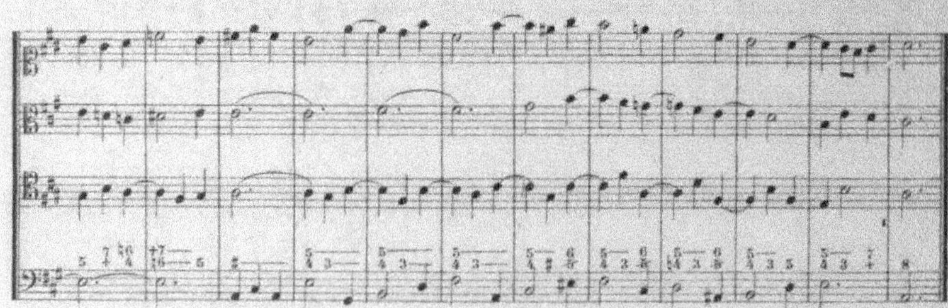

RÉSOLUTIONS EXCEPTIONNELLES

MARCHES D'HARMONIE

N° 250.

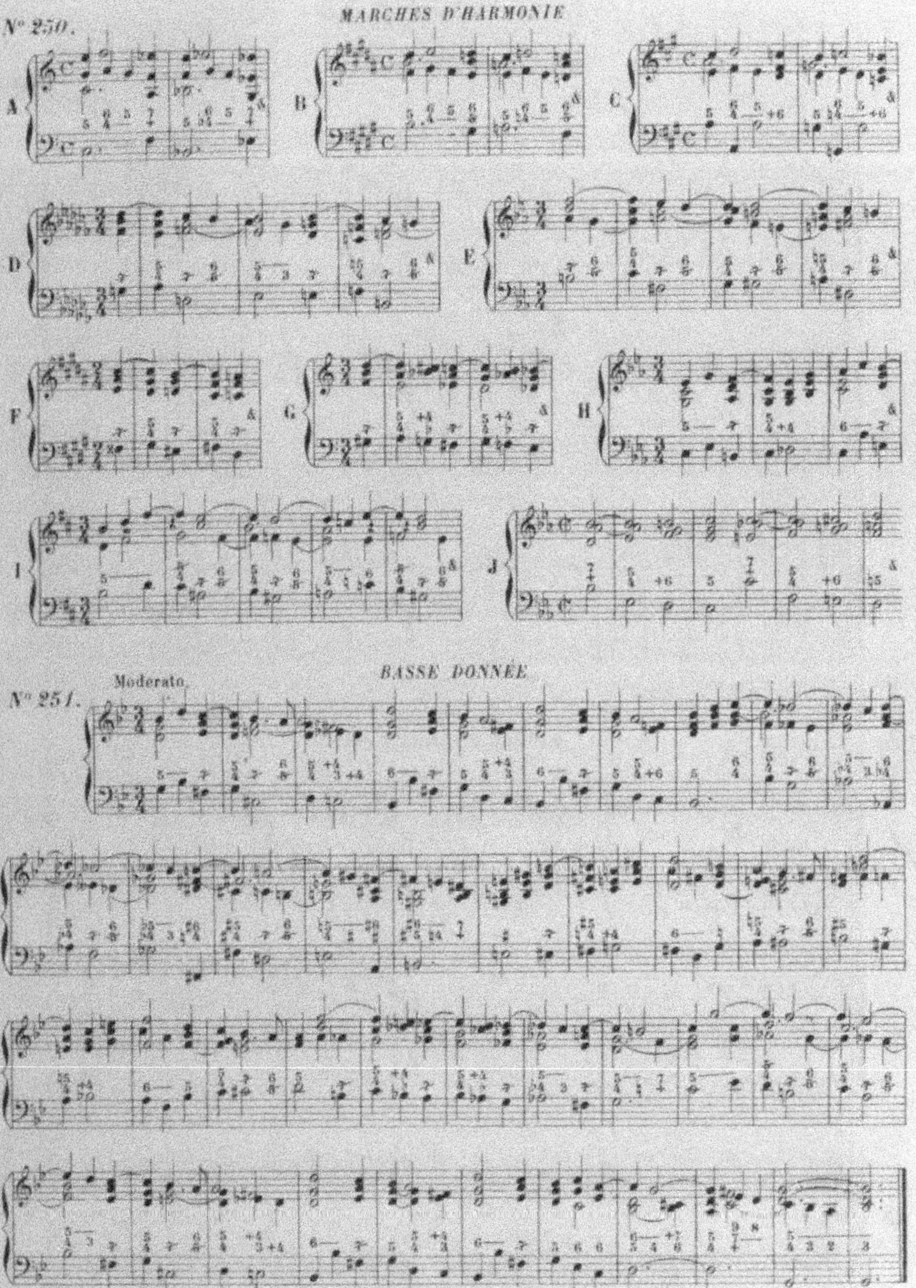

RETARD de la BASSE dans les accords de sixte

RÉSOLUTION NATURELLE

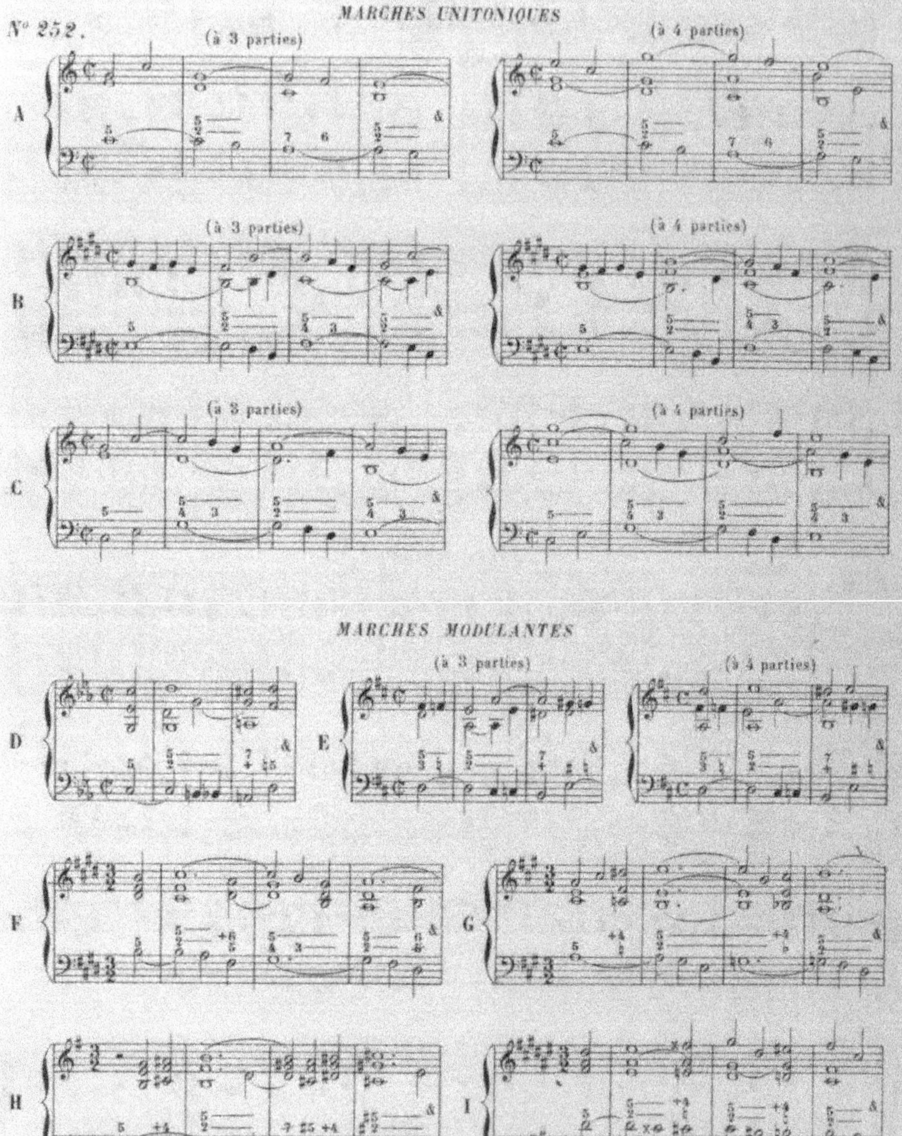

BASSE et CHANT ALTERNÉS

Nº 253. Moderato

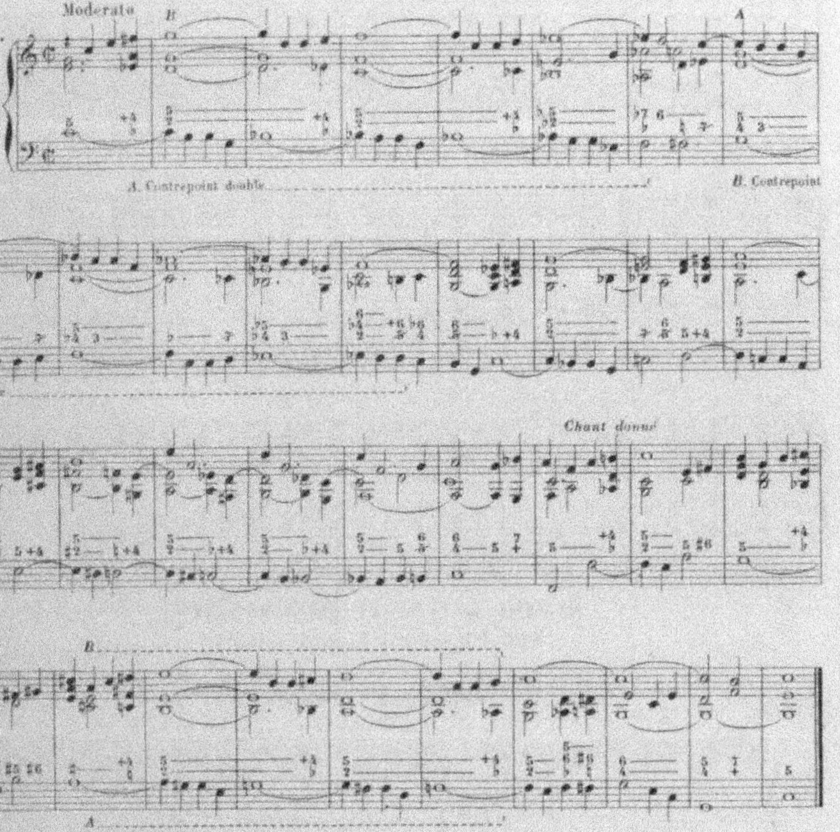

B — A

A. Contrepoint double — B. Contrepoint double

Chant donné

B — A

BASSE et CHANT ALTERNÉS

Nº 254. Mouvement de Valse.

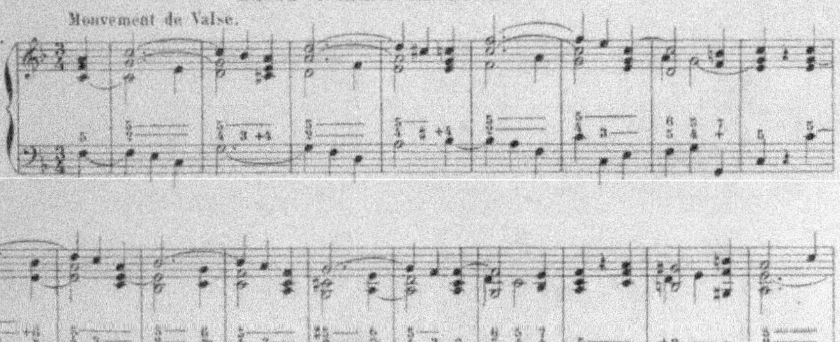

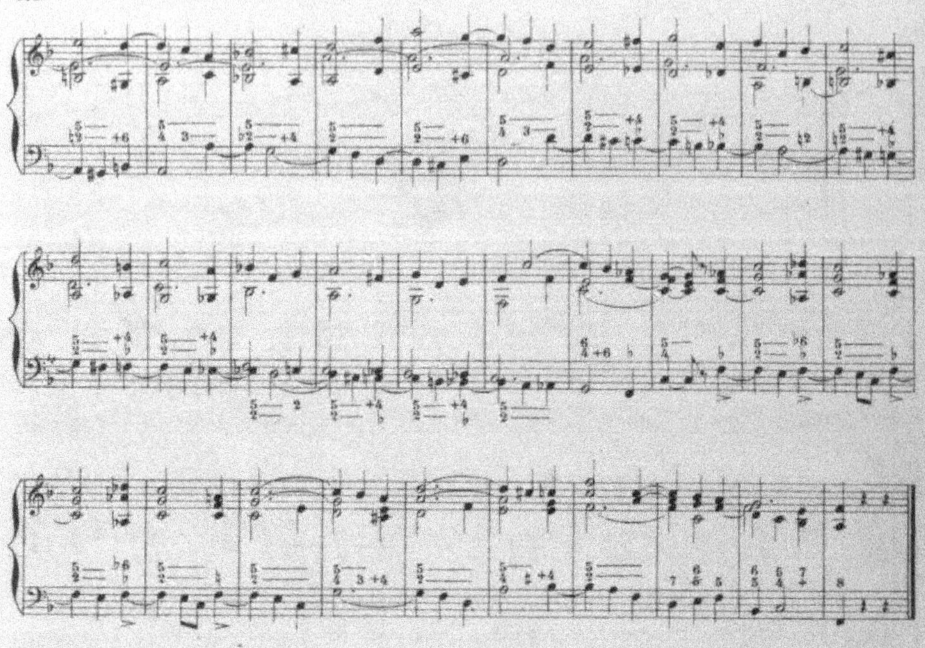

RETARD de la SIXTE par la SEPTIÈME
dans les accords de quarte et sixte

MARCHES D'HARMONIE

Nº 255.

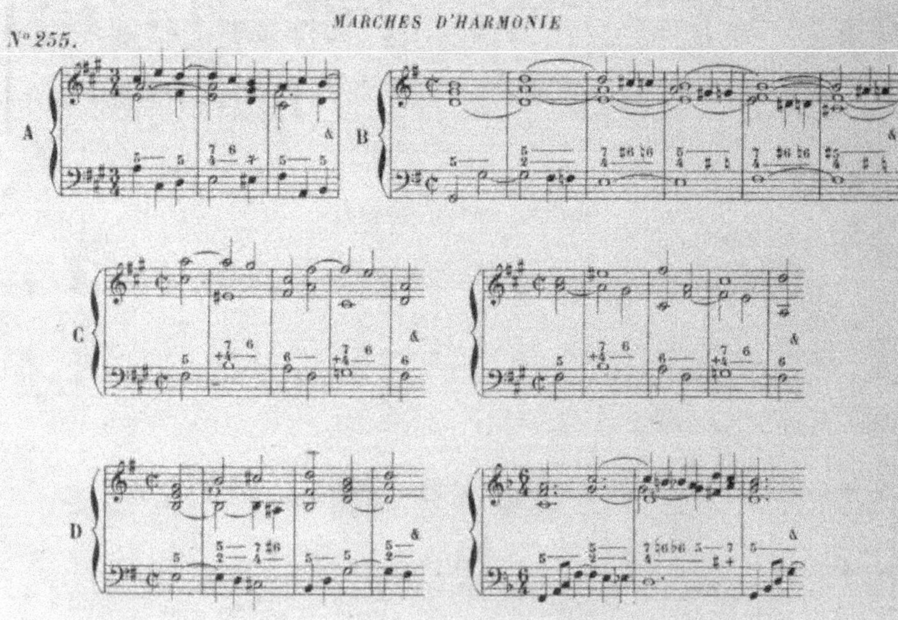

BASSES DONNÉES

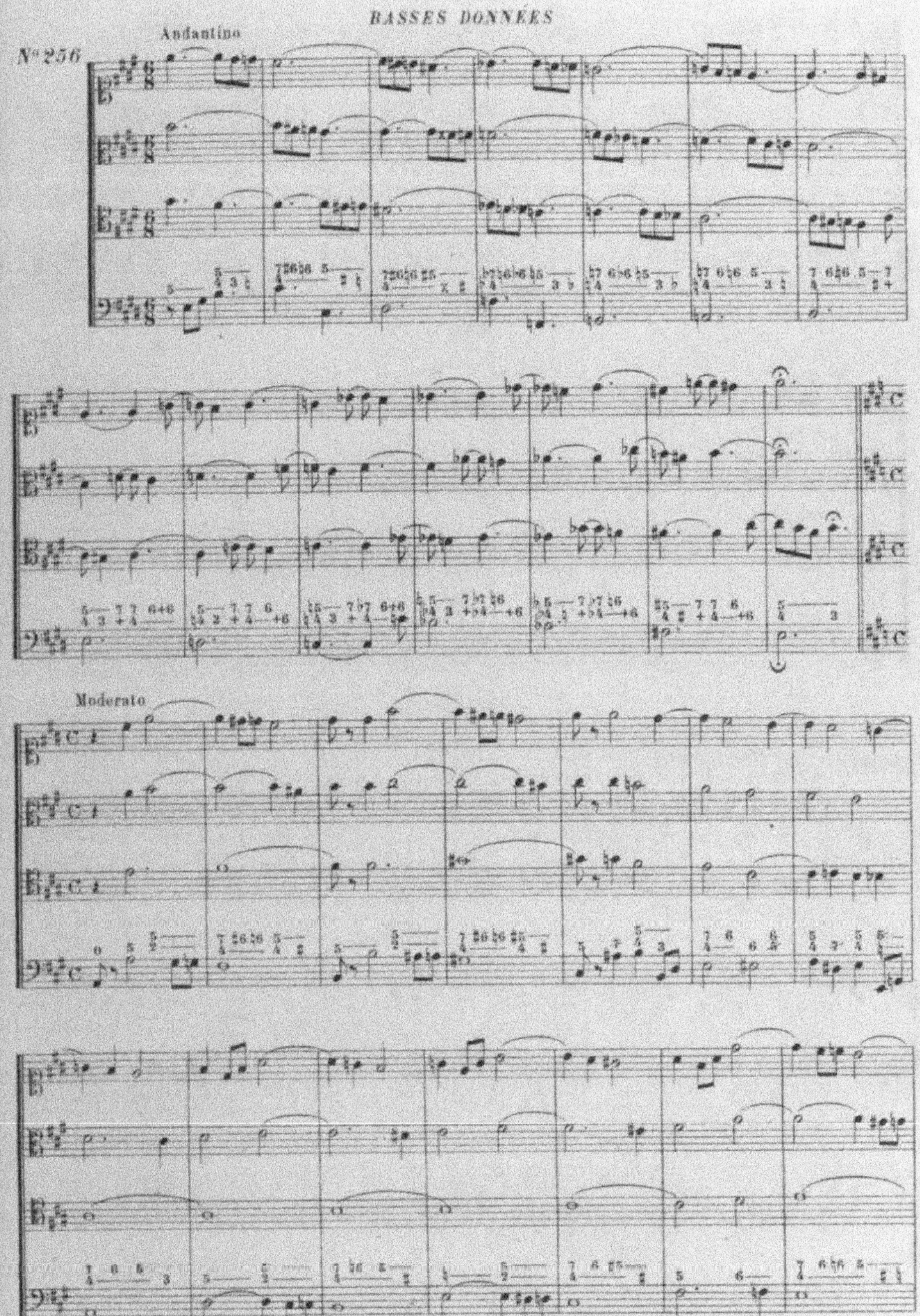

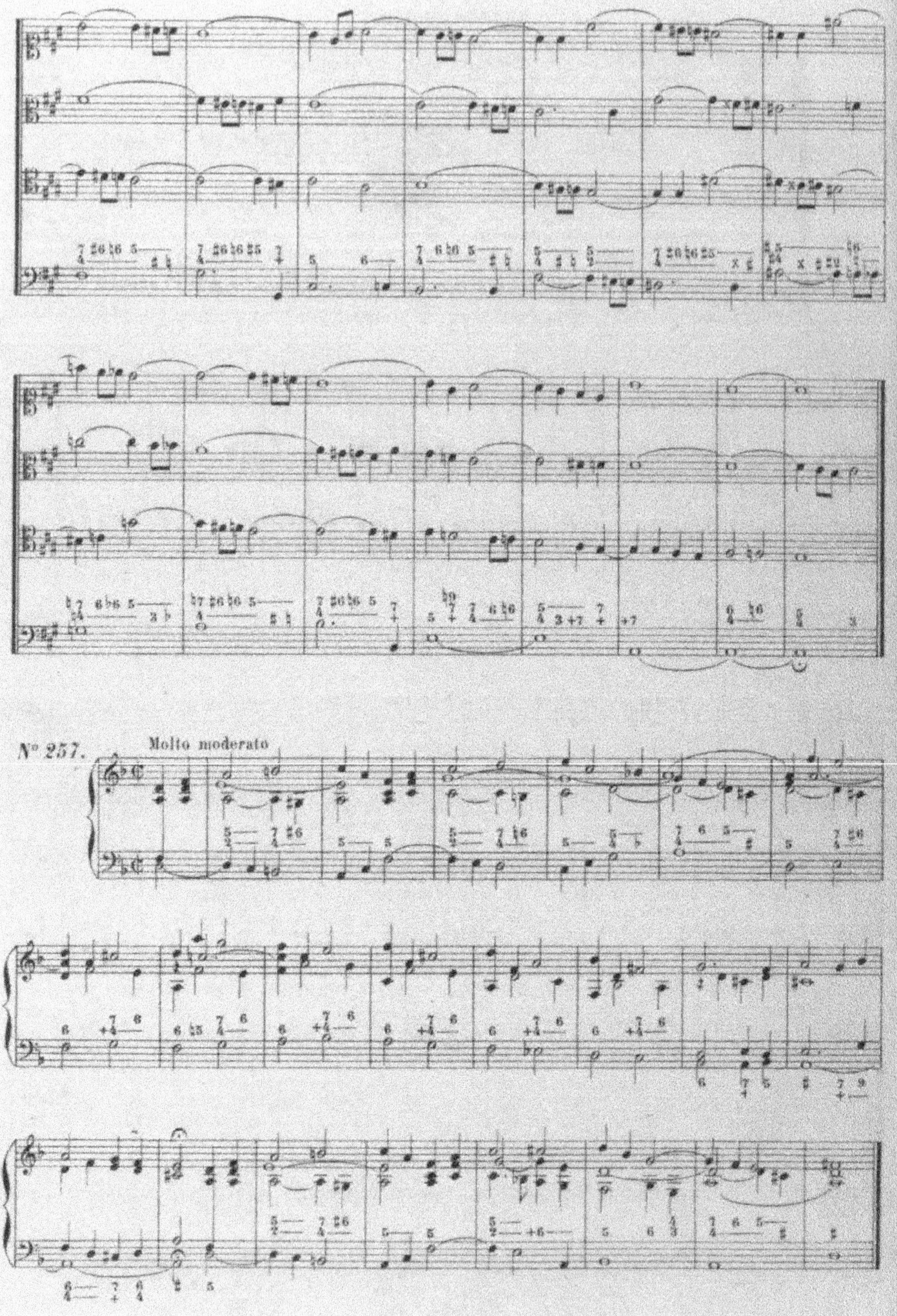
Nº 257.
Molto moderato

RETARD de l'OCTAVE par la NEUVIÈME
dans les accords de trois sons fondamentaux

RÉSOLUTION NATURELLE

MARCHES UNITONIQUES

N° 258. (à quatre parties)

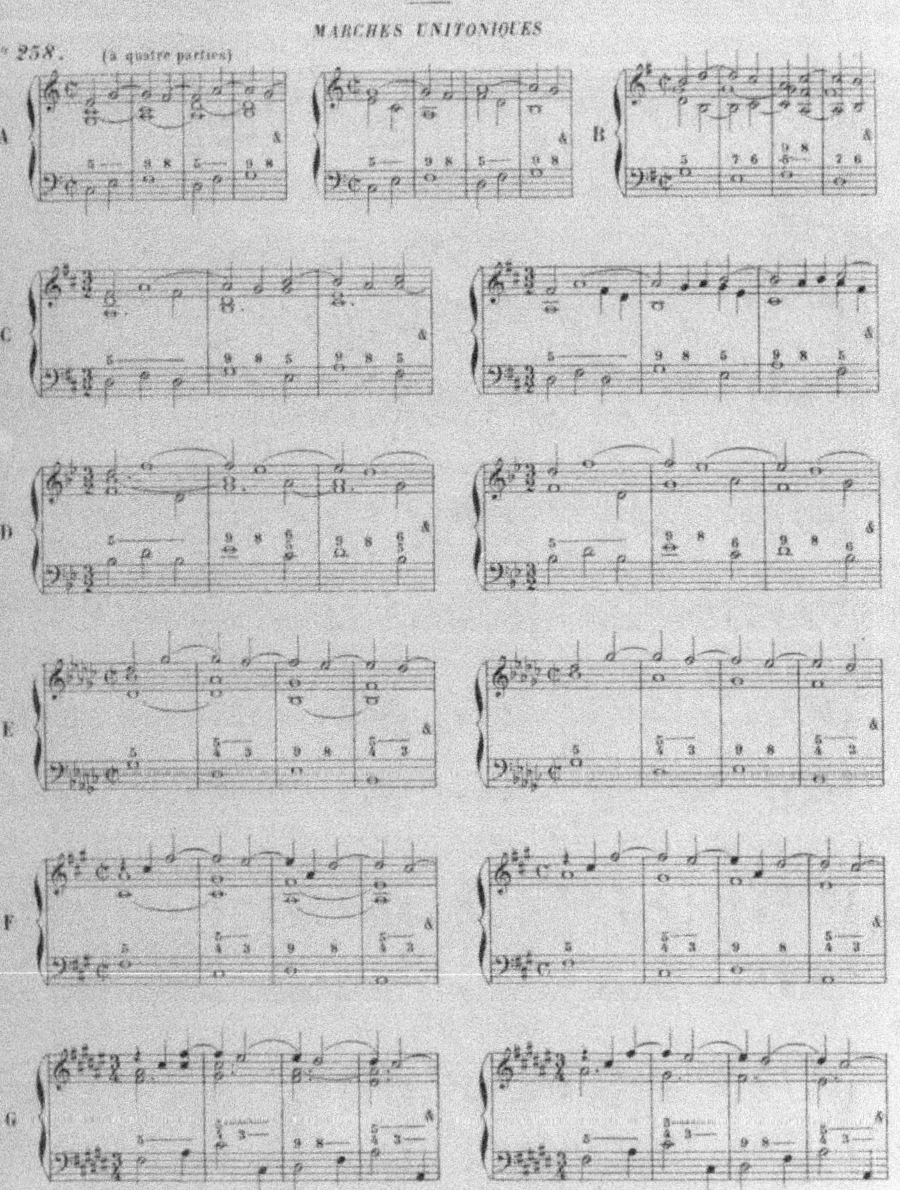

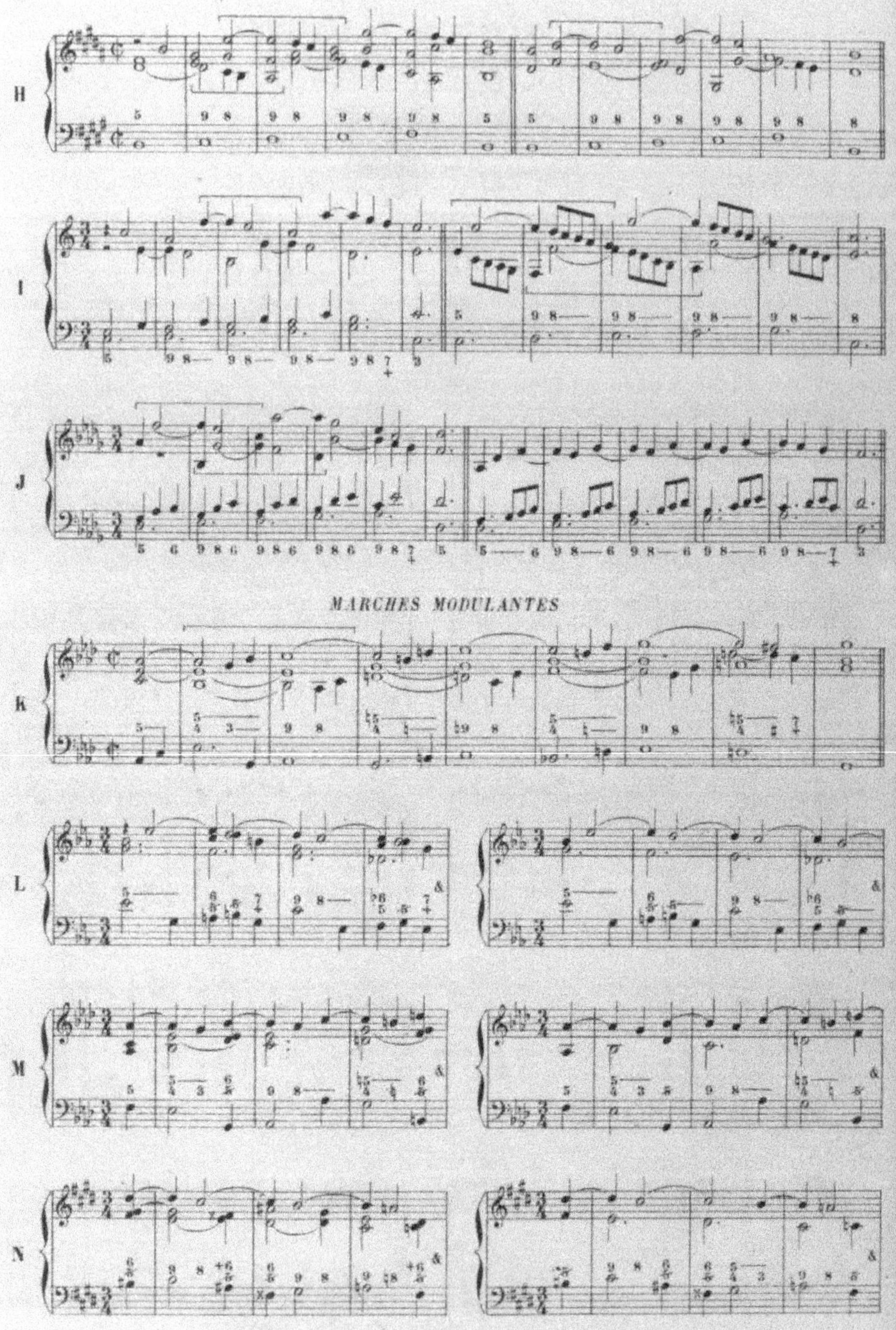
H
I
J
MARCHES MODULANTES
K
L
M
N

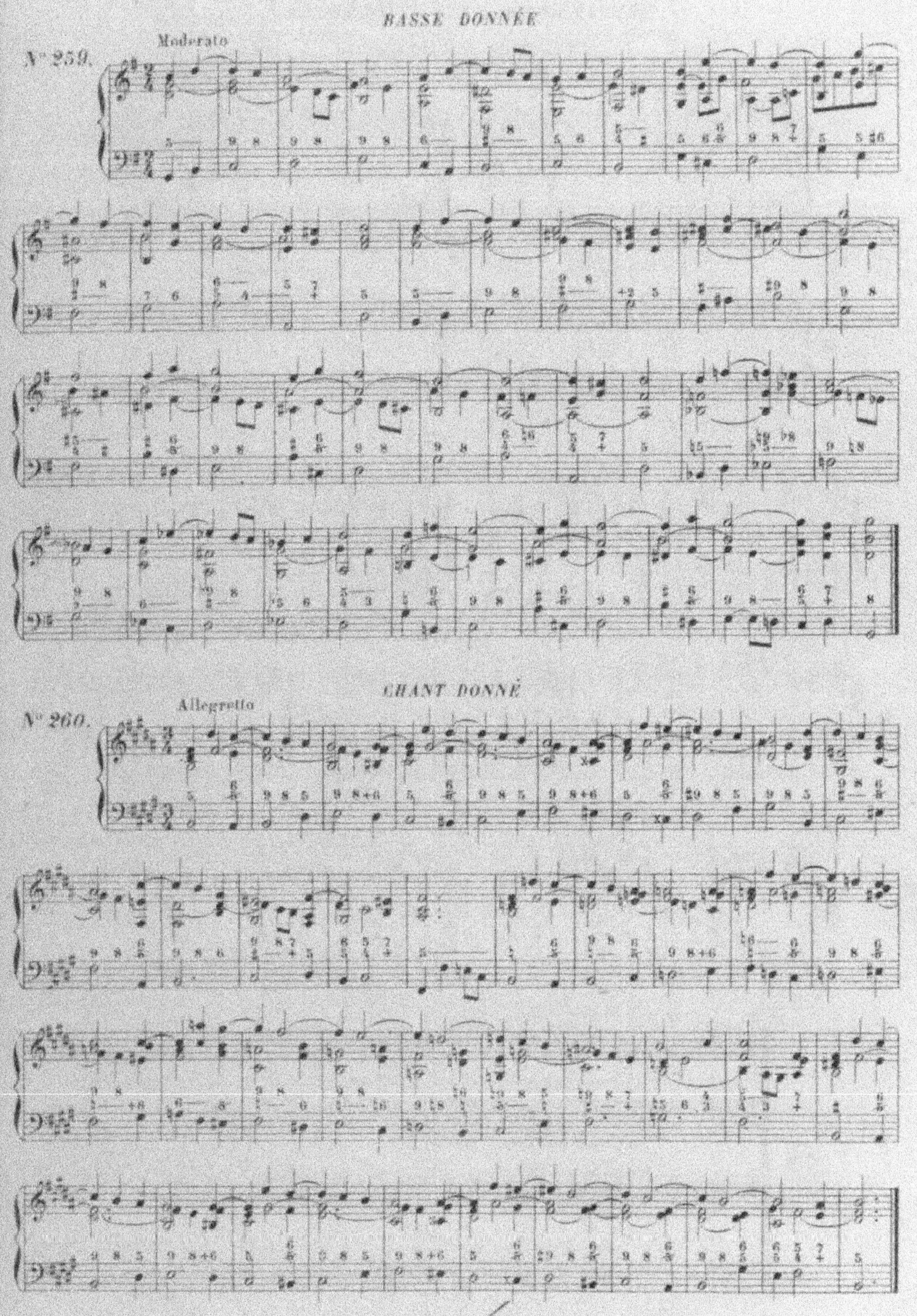
BASSE DONNÉE
N° 259.
Moderato
CHANT DONNÉ
N° 260.
Allegretto

RÉSOLUTIONS EXCEPTIONNELLES

MARCHES UNITONIQUES

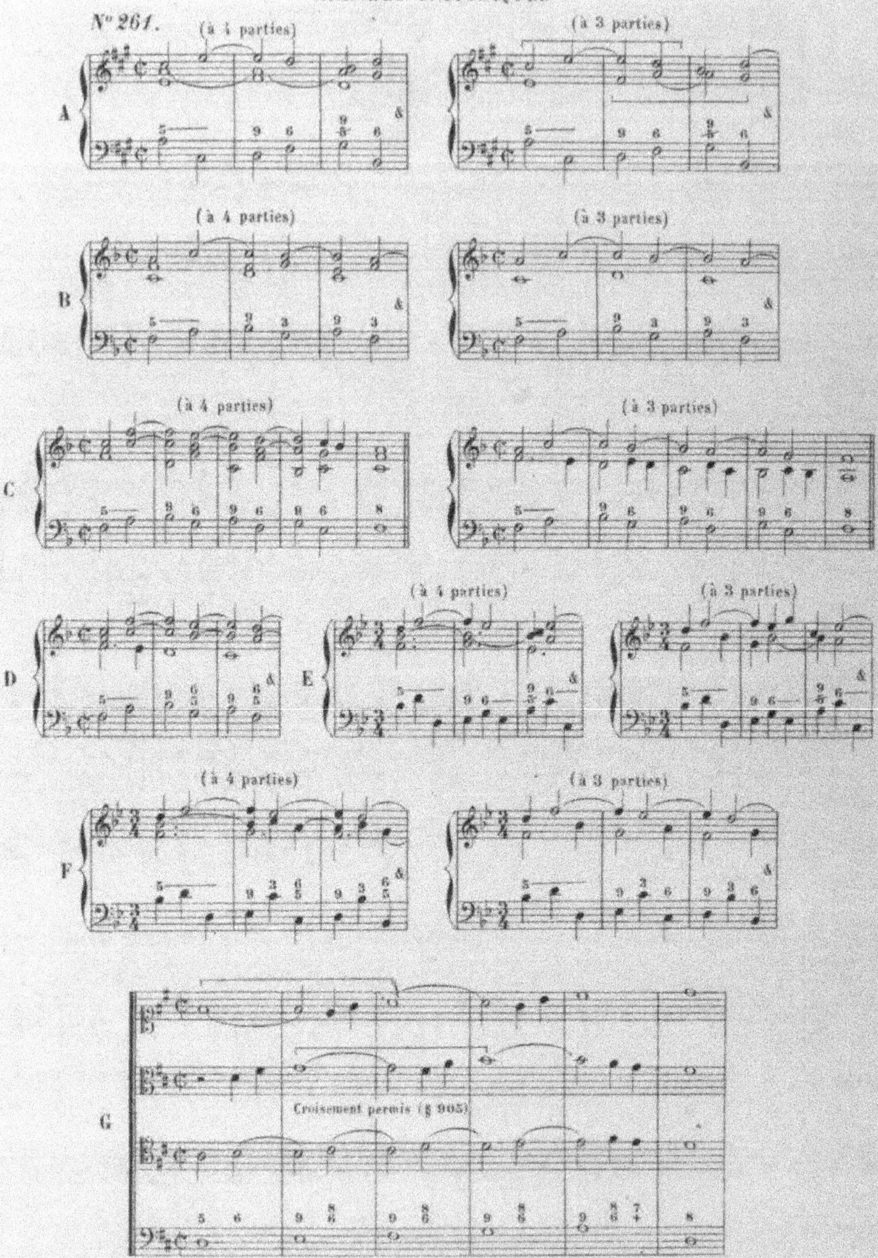

(à 3 parties) H

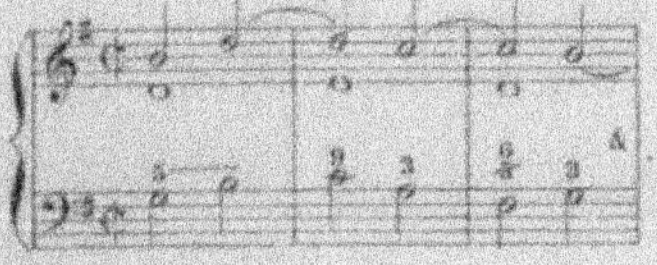

(à 4 parties) I

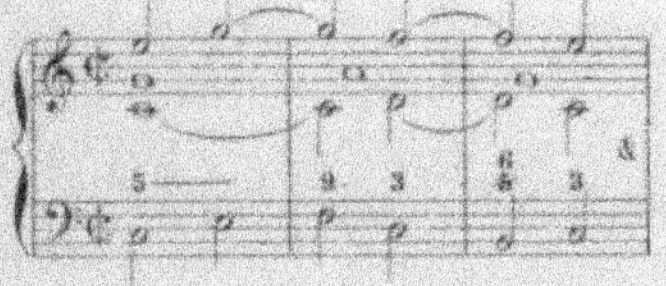

J

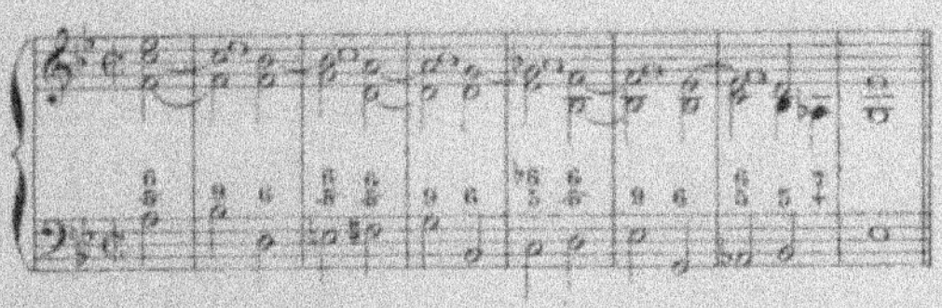

K

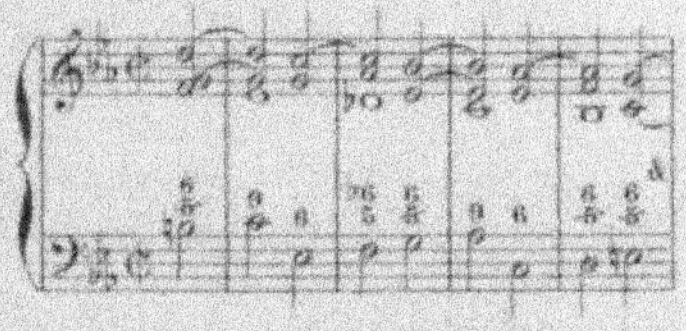

(à 4 parties) L (à 3 parties)

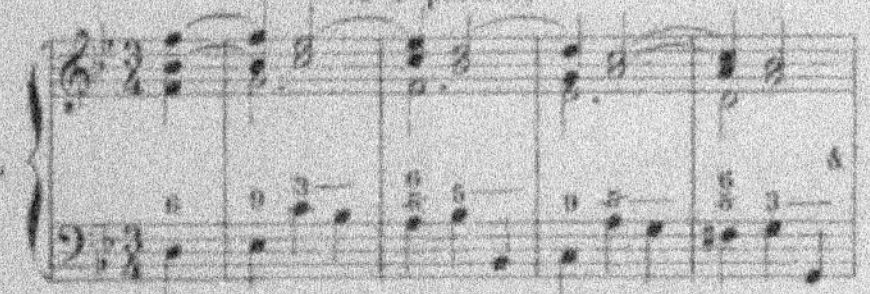

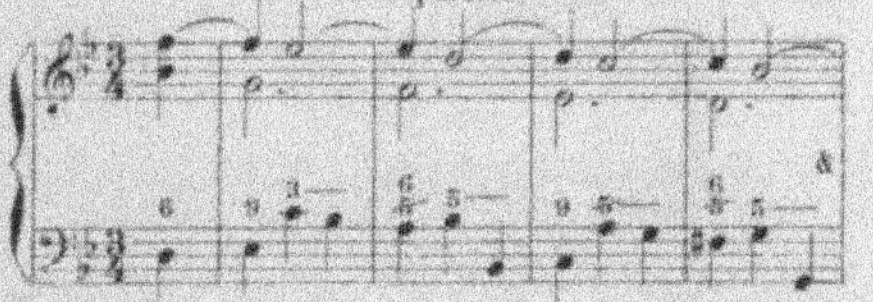

(à 4 parties) M (à 3 parties)

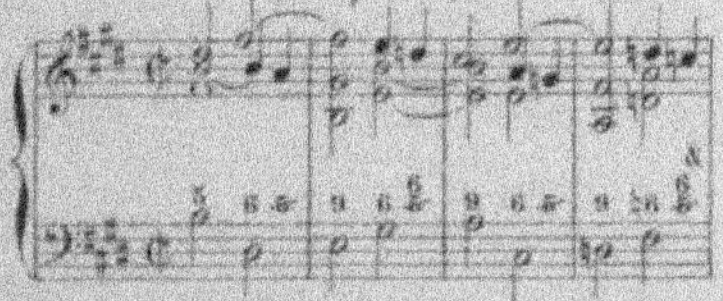

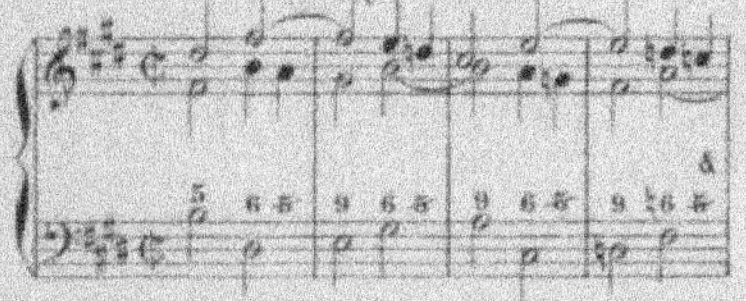

N

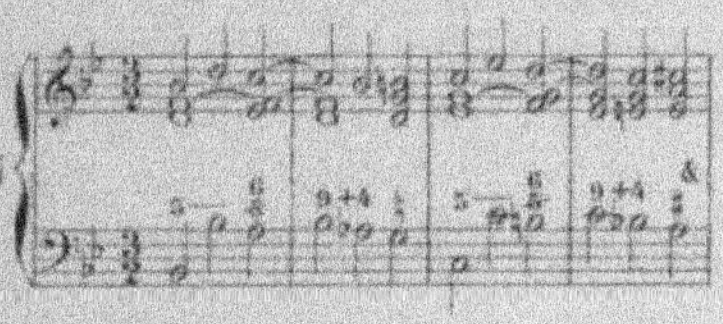

O

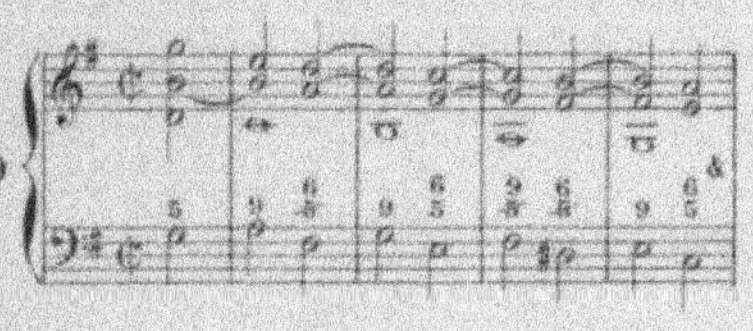

BASSES DONNÉES

(A TROIS PARTIES)

N° 262. (B. C. S.) Moderato.

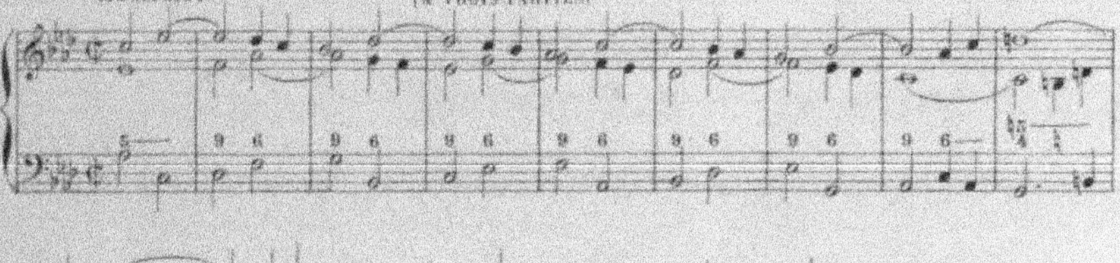

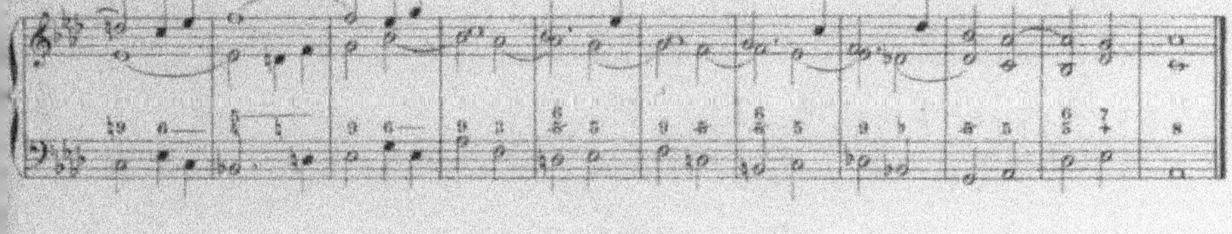

MÊME LEÇON A QUATRE PARTIES

Nº 262 bis

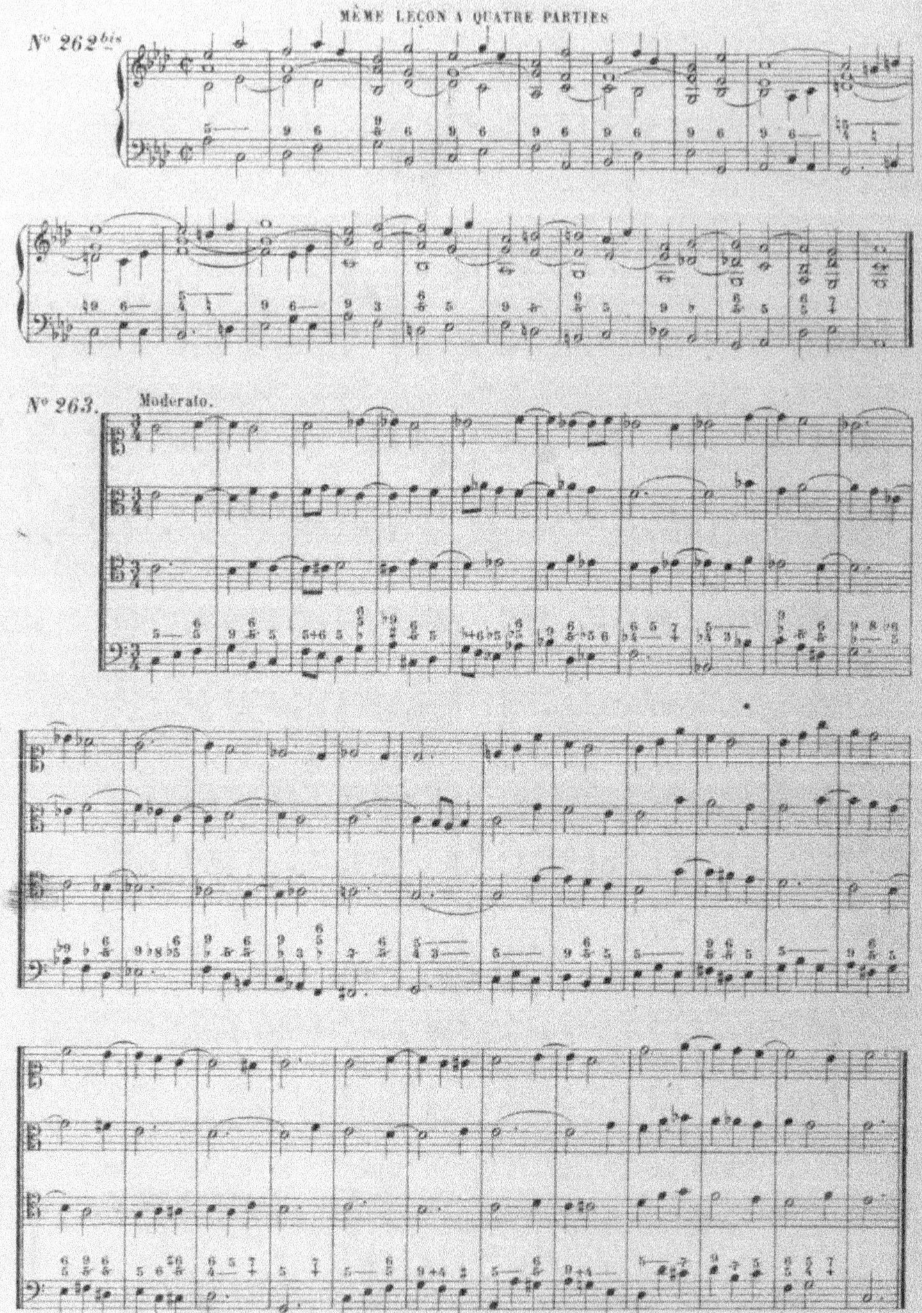

RETARD de la SIXTE DOUBLÉE dans l'accord de sixte

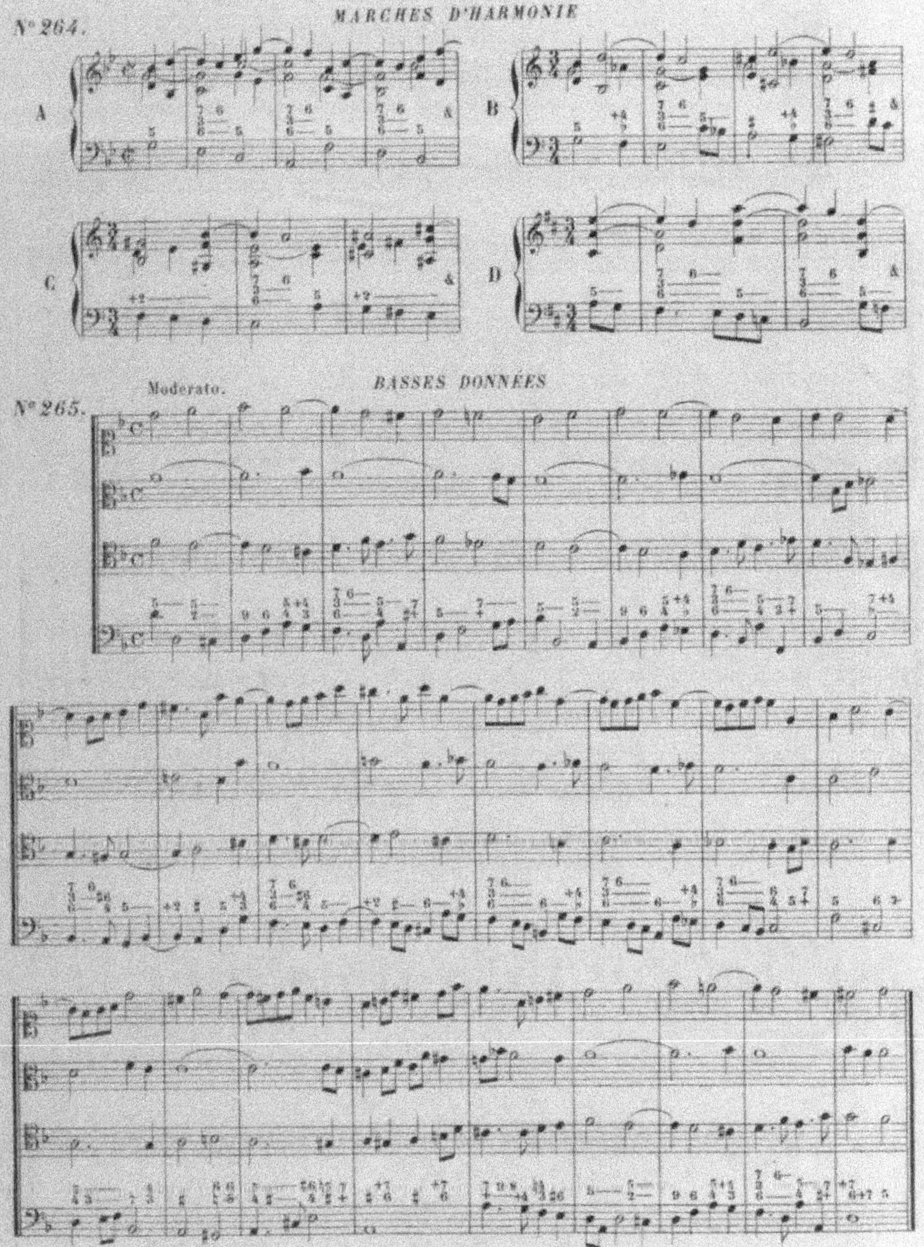

Nº 266.

Allegretto.

Riten.

A tempo

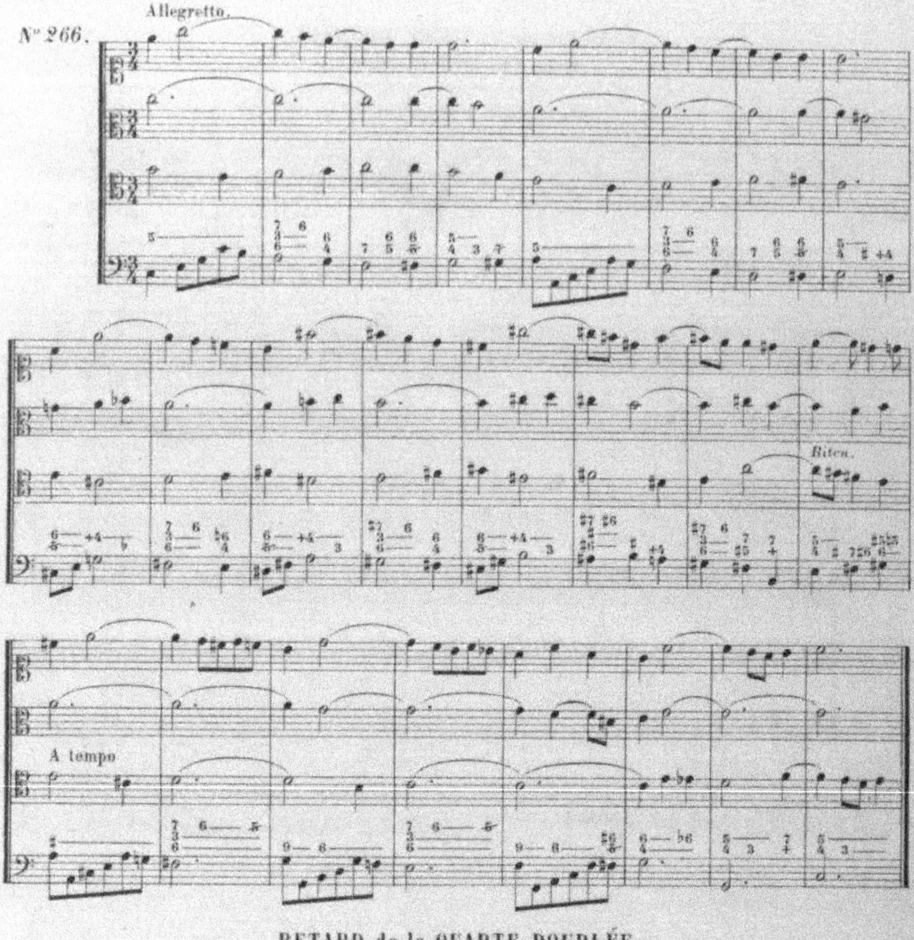

RETARD de la QUARTE DOUBLÉE
dans l'accord de quarte et sixte

BASSE DONNÉE

Nº 267.

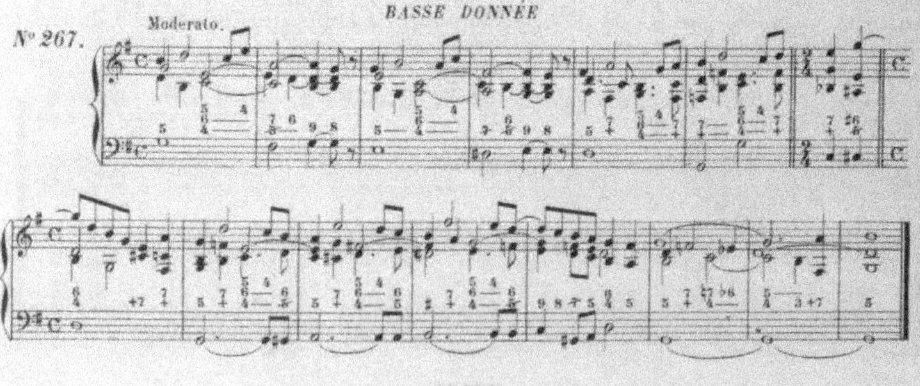

RETARD de l'OCTAVE par la NEUVIÈME
dans les accords de sixte et de quarte et sixte

BASSES DONNÉES CHIFFRÉES

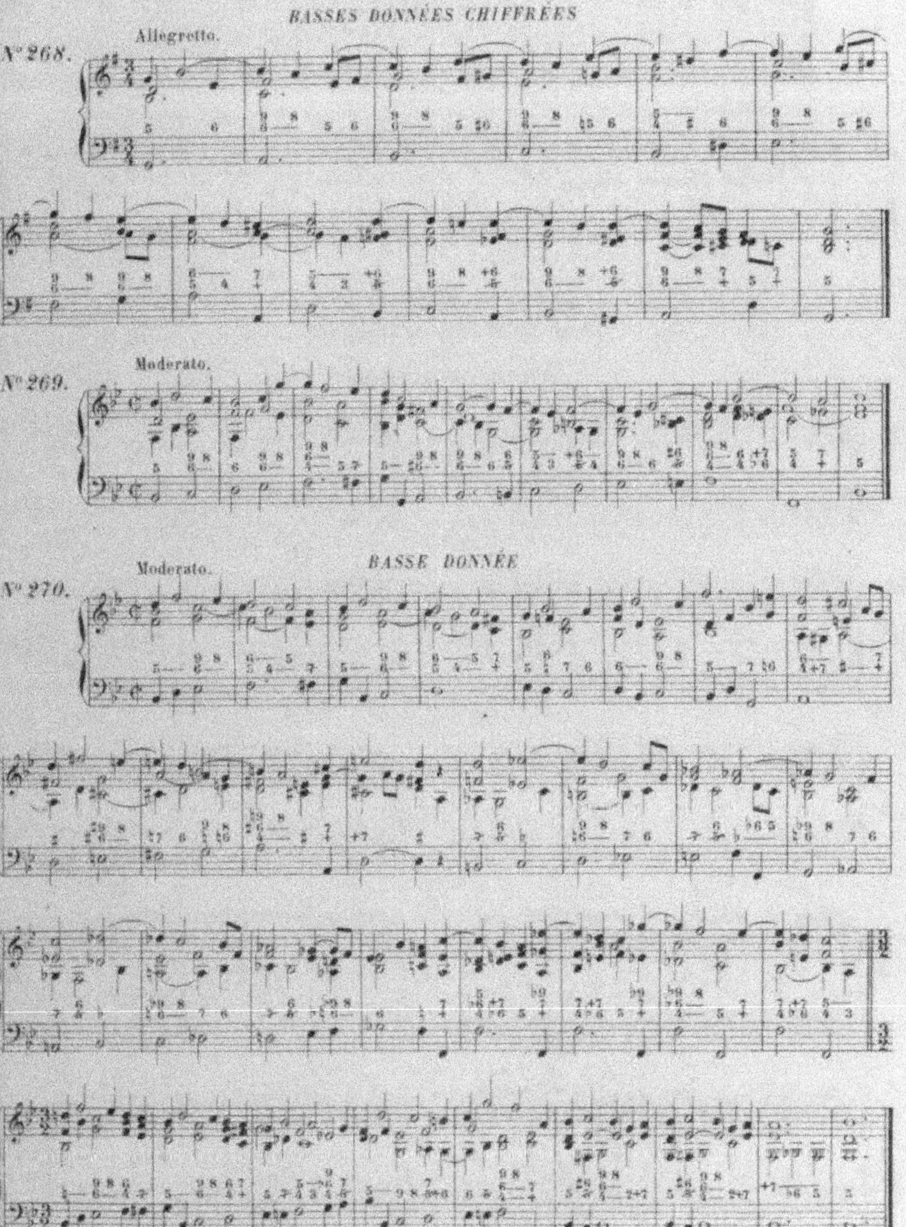

CHANT DONNÉ

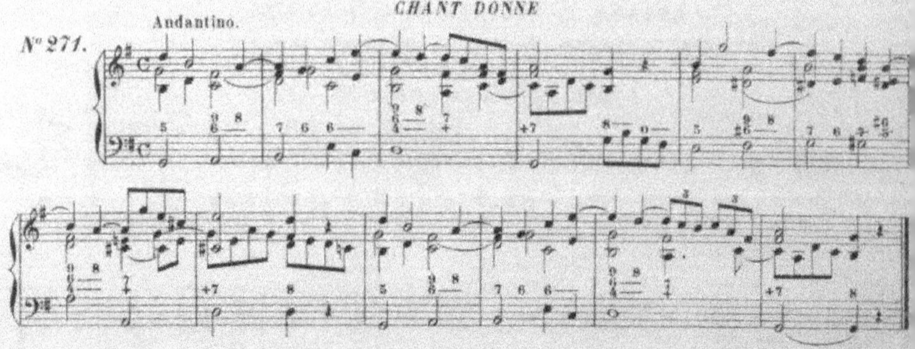

RETARDS SIMULTANÉS
dans les accords de trois sons

MARCHES D'HARMONIE

N° 272.

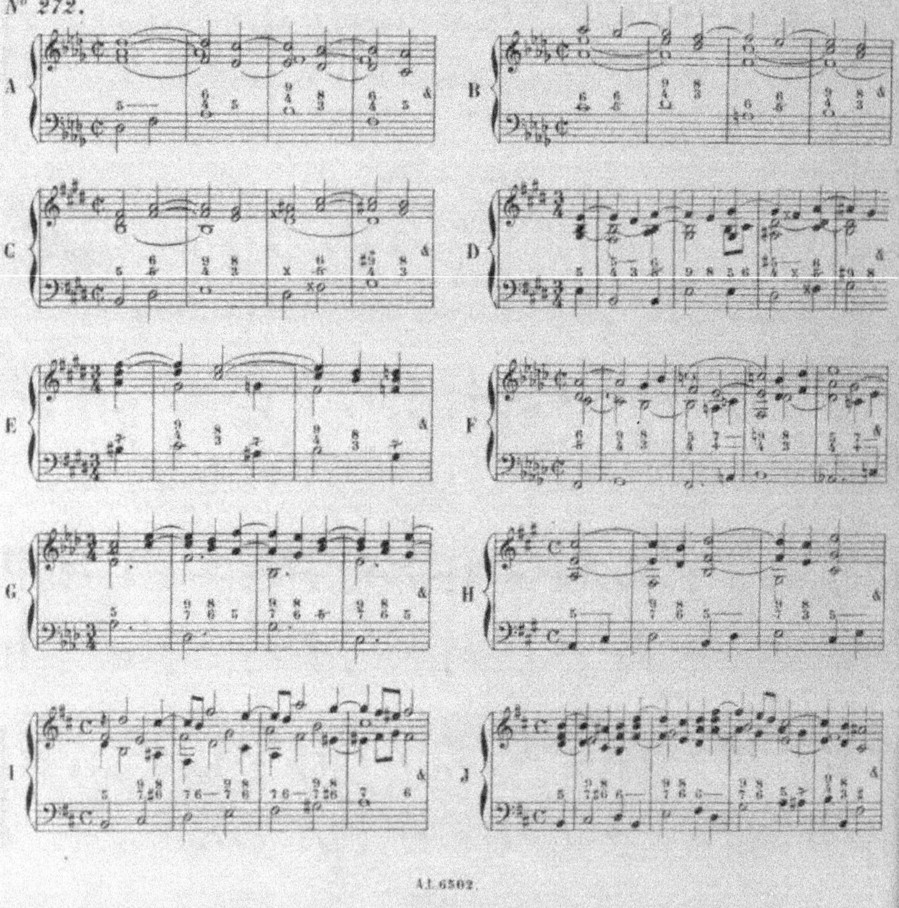

A

B

C

D

E

F

G

H

I

J

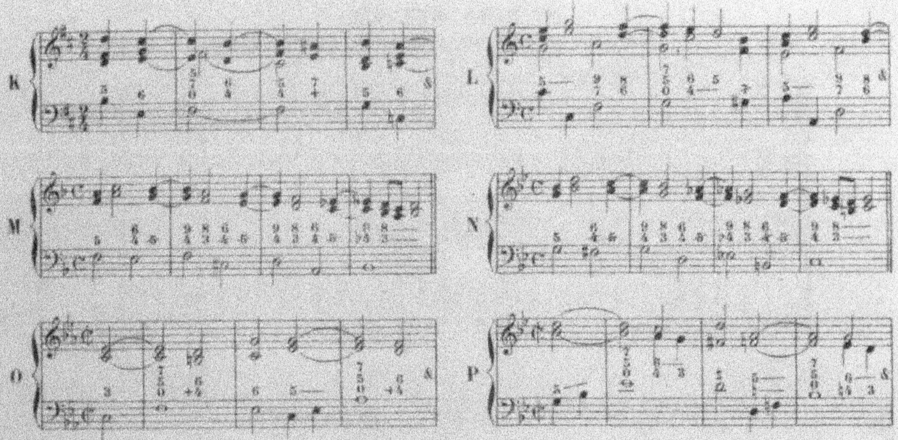

BASSES DONNÉES

DOUBLES RETARDS
dans les accords de trois sons fondamentaux ou dans leur 1er renversement
en
RÉSOLUTION NATURELLE

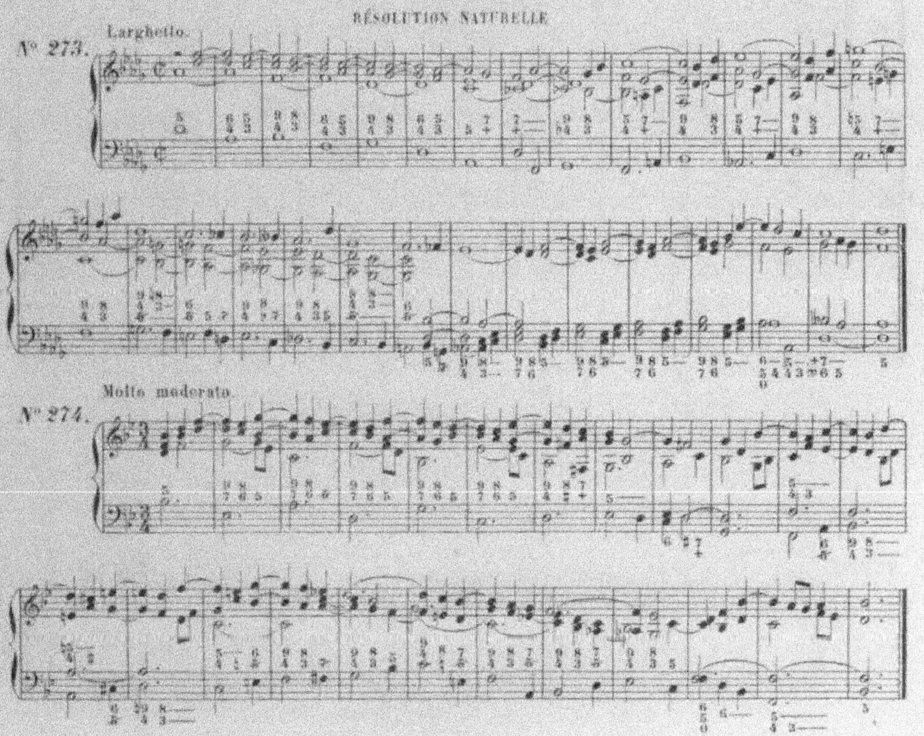

DOUBLES RETARDS
dans les accords de sixte et de quarte et sixte

N° 275. Larghetto.

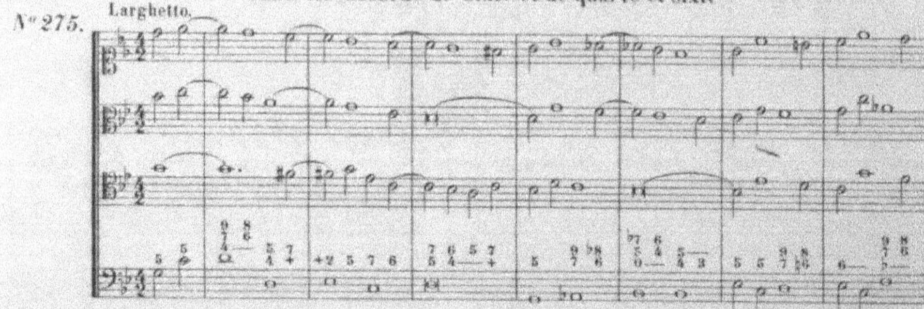

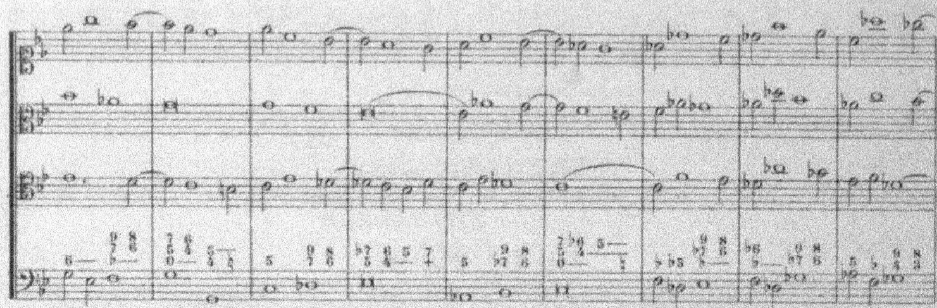

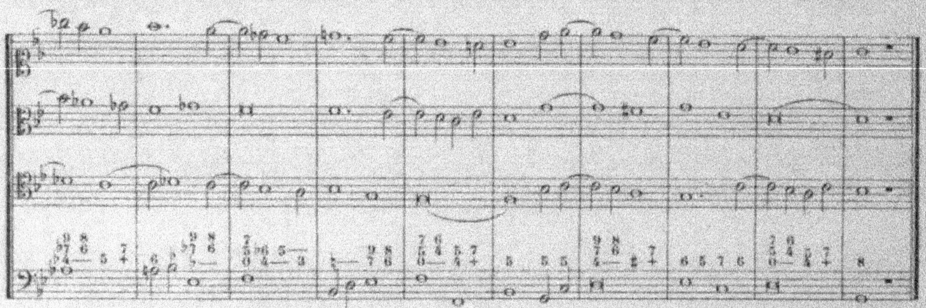

RETARDS SIMULTANÉS
à
RÉSOLUTIONS SUCCESSIVES

MARCHE D'HARMONIE

N° 276. Allegretto.

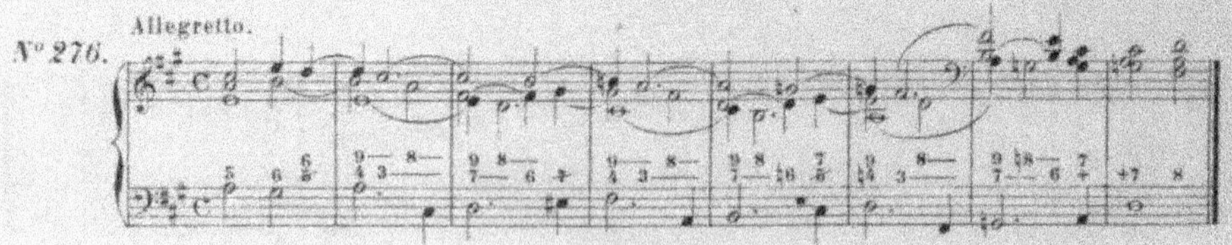

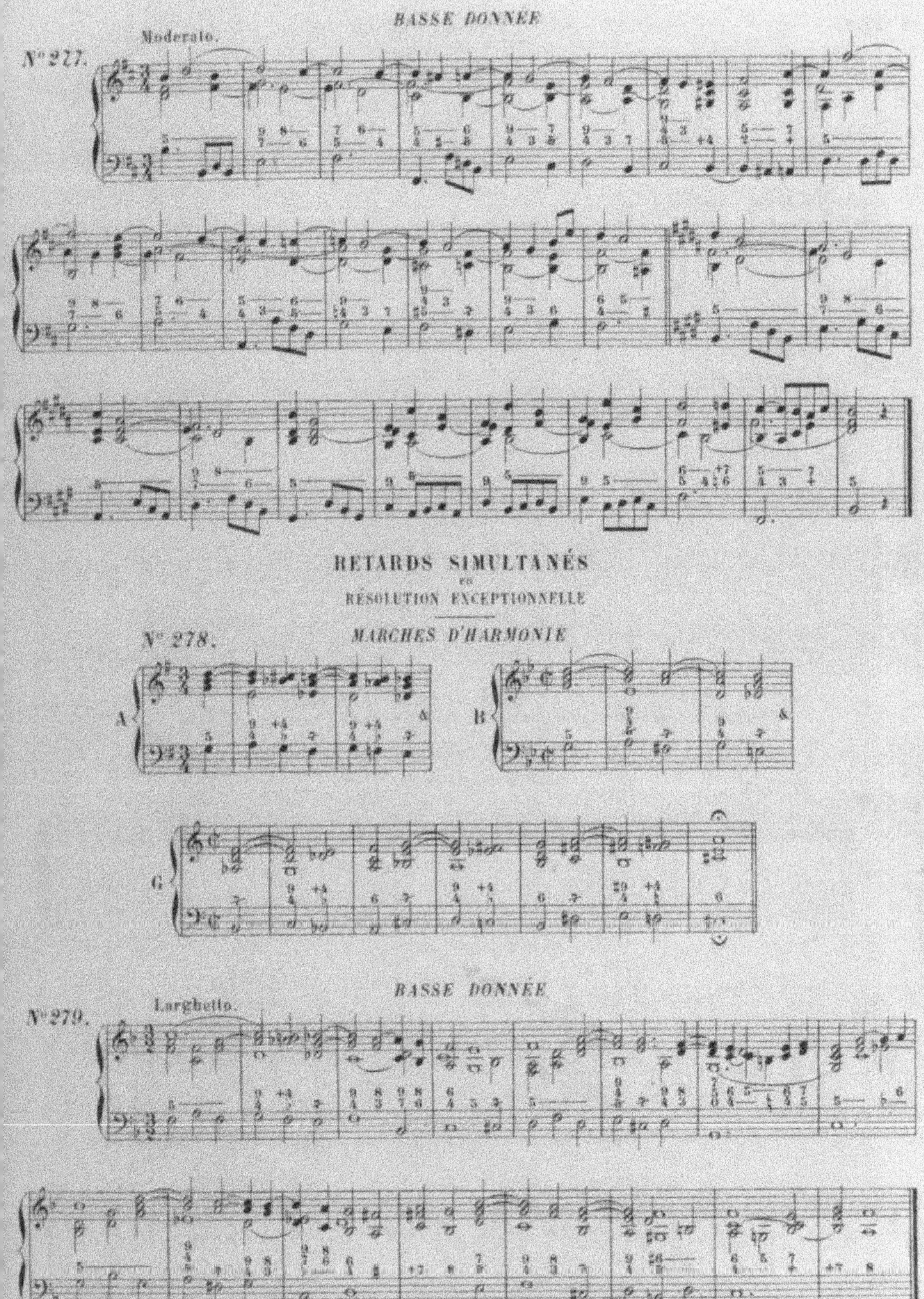
BASSE DONNÉE
Moderato.
N° 277.
RETARDS SIMULTANÉS
ou
RÉSOLUTION EXCEPTIONNELLE
MARCHES D'HARMONIE
N° 278.
A
B
C
BASSE DONNÉE
Larghetto.
N° 279.

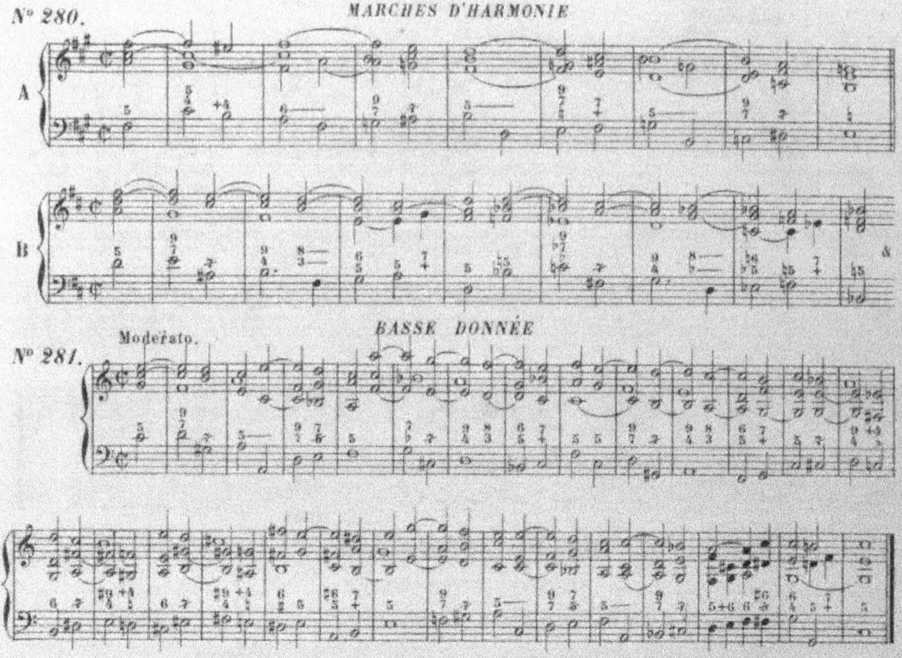

RETARD de la TIERCE de la FONDAMENTALE
dans l'accord de septième de dominante et ses renversements
en
RÉSOLUTION NATURELLE

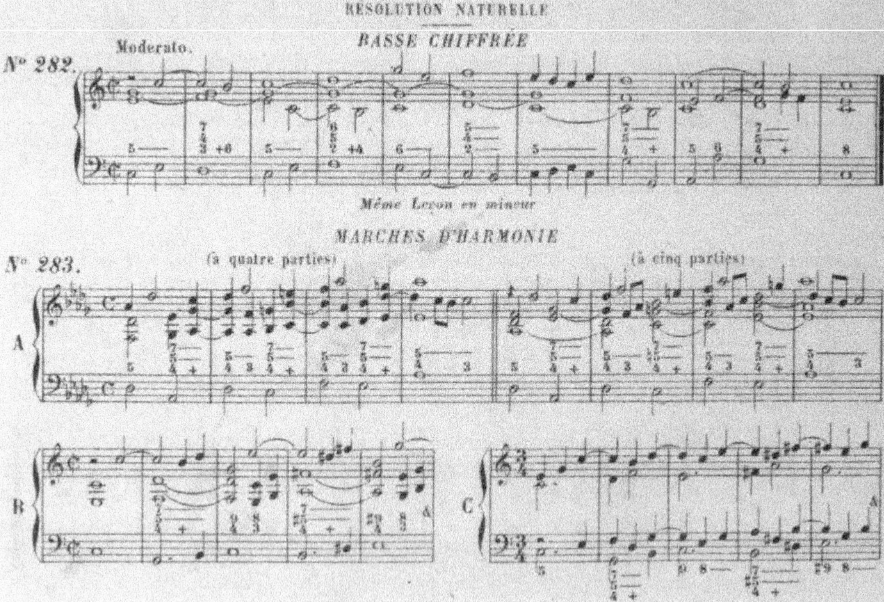

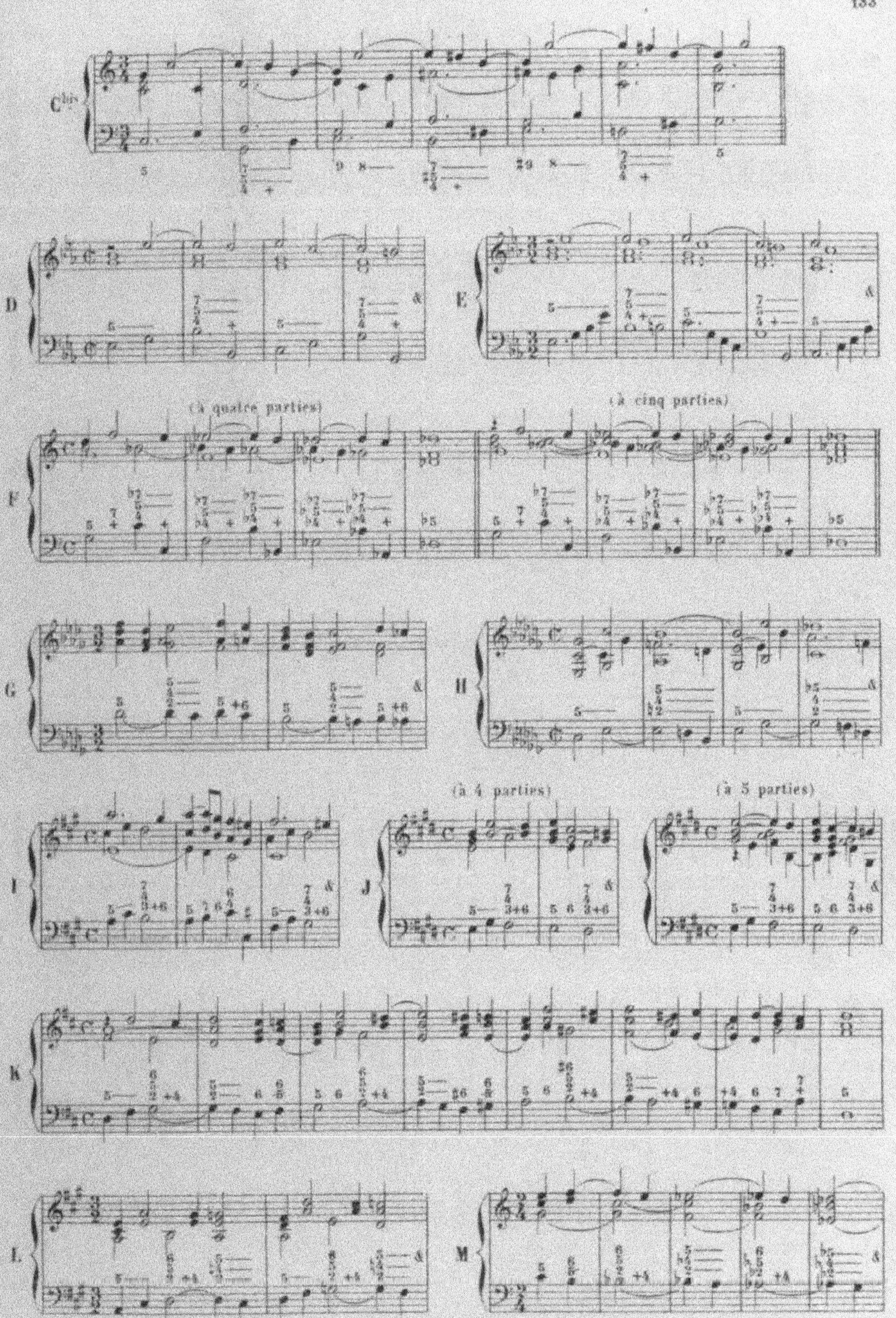
C^bis
D
E
(à quatre parties)
(à cinq parties)
F
G
H
(à 4 parties)
(à 5 parties)
I
J
K
L
M

BASSES DONNÉES

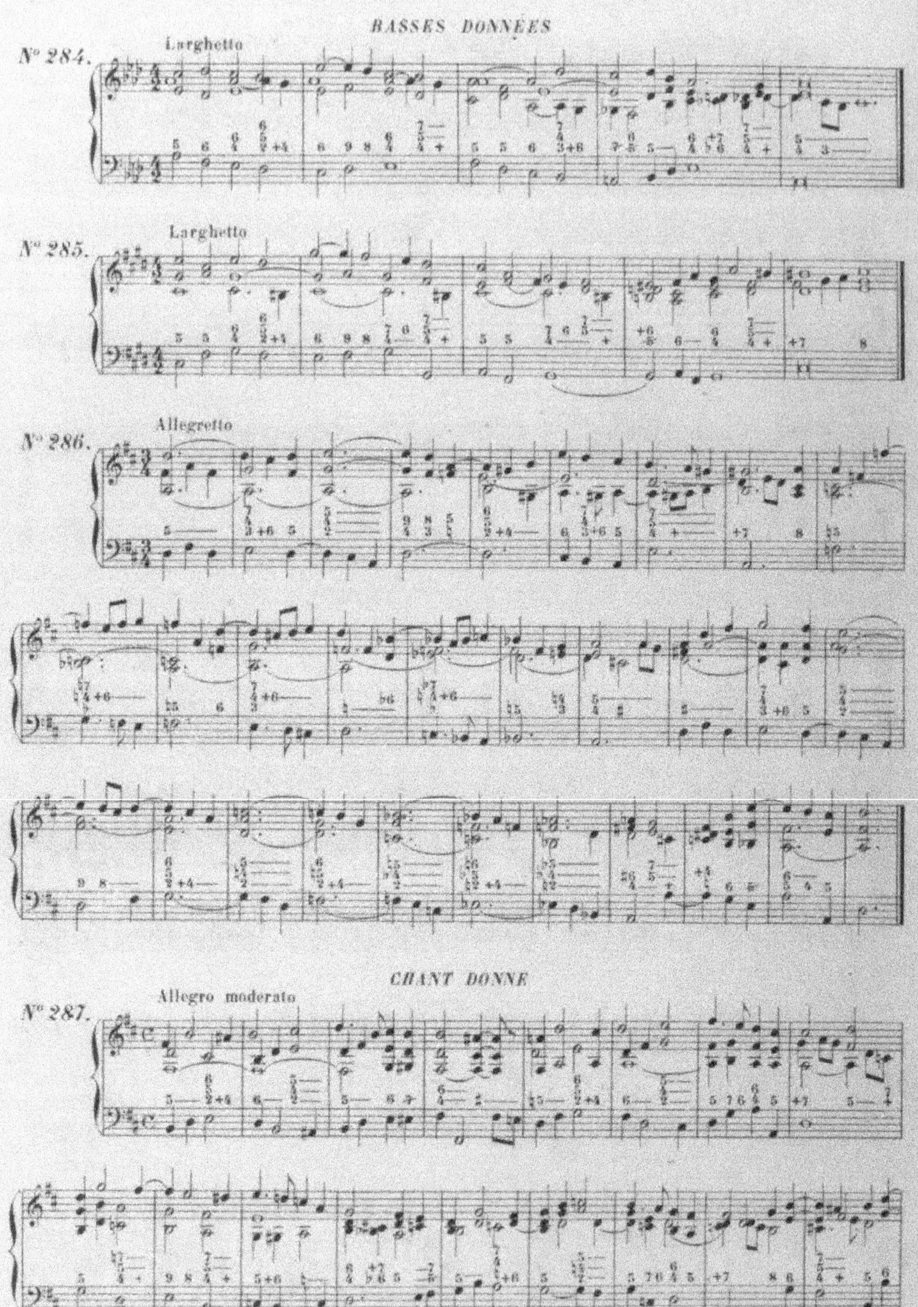

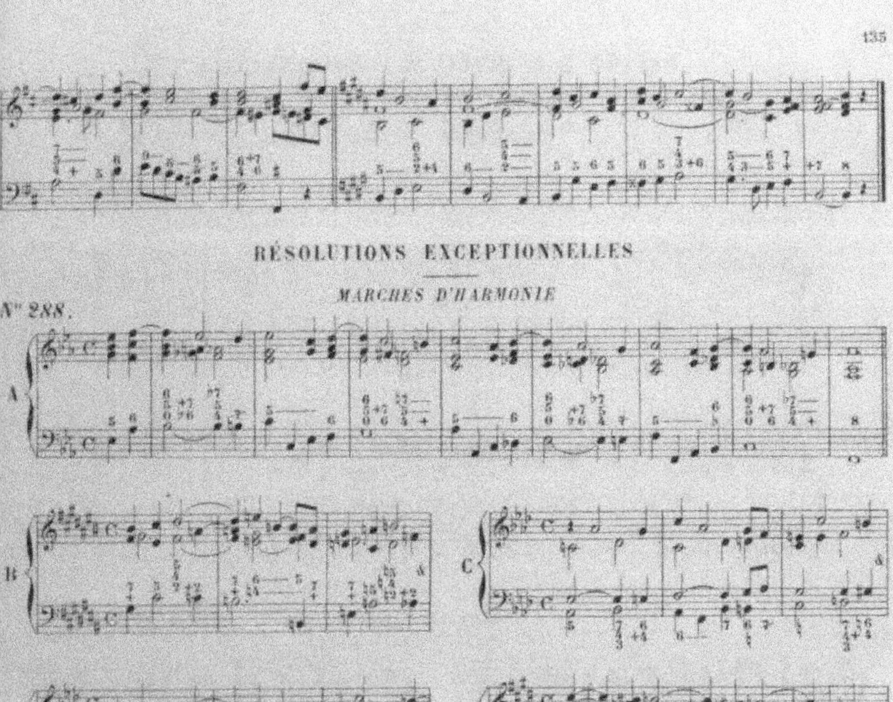
RÉSOLUTIONS EXCEPTIONNELLES
MARCHES D'HARMONIE
No 288.
A
B
C
D
E

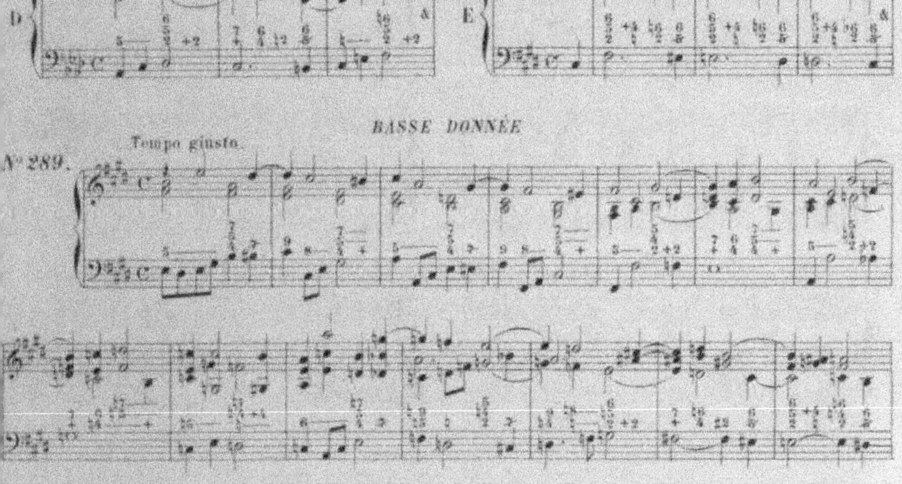
BASSE DONNÉE
Tempo giusto.
No 289.

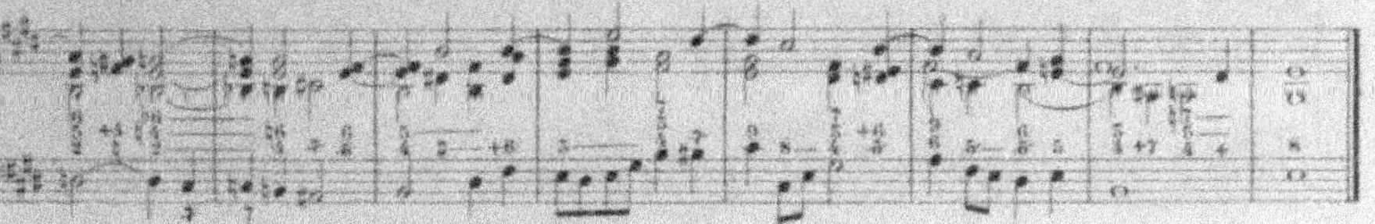

RETARD de la QUINTE de la FONDAMENTALE
dans l'accord de septième de dominante et ses renversements
en
RÉSOLUTION NATURELLE

BASSES DONNÉES CHIFFRÉES

N° 290.

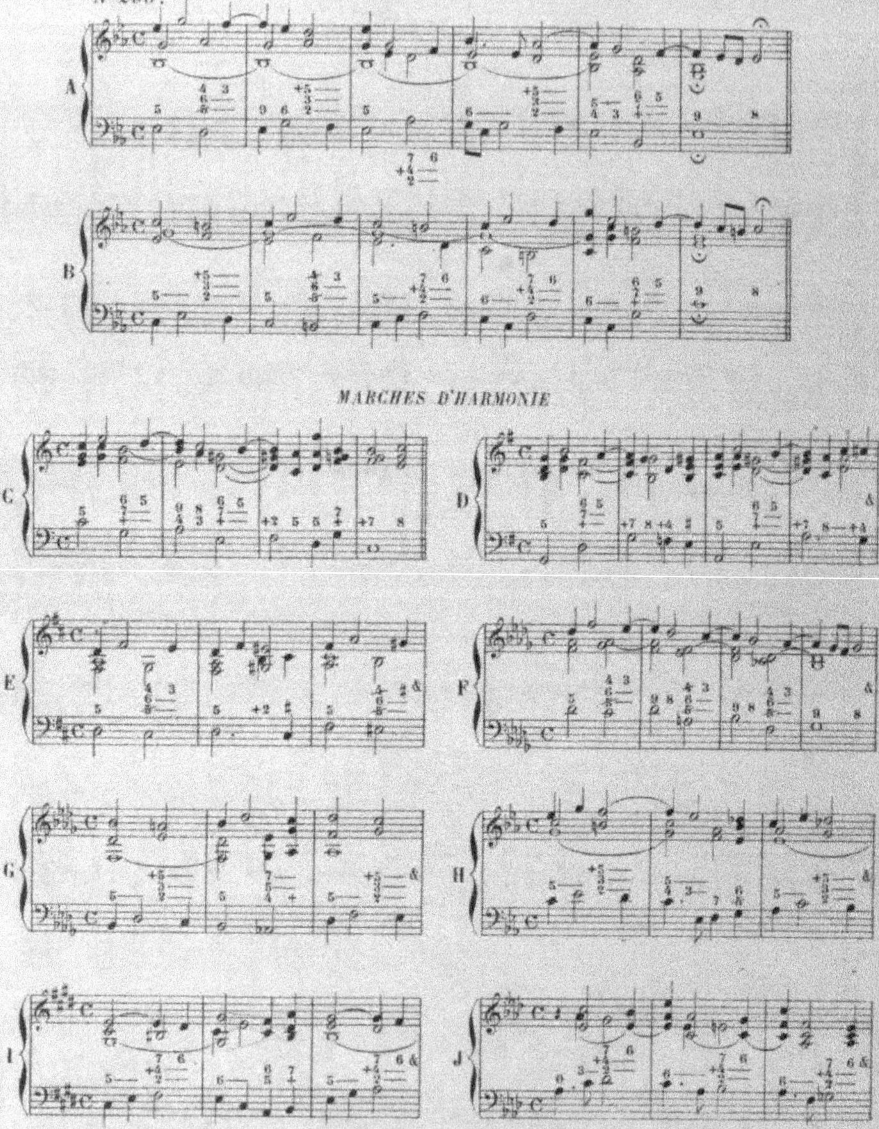

CHANT DONNÉ

Mouvement de Marche.

N° 291.

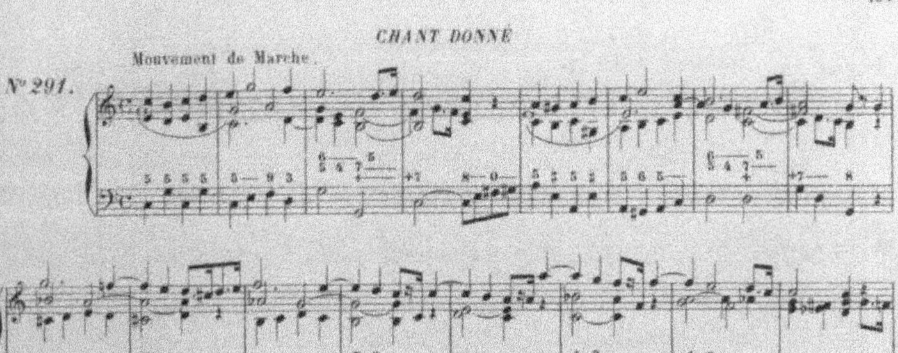

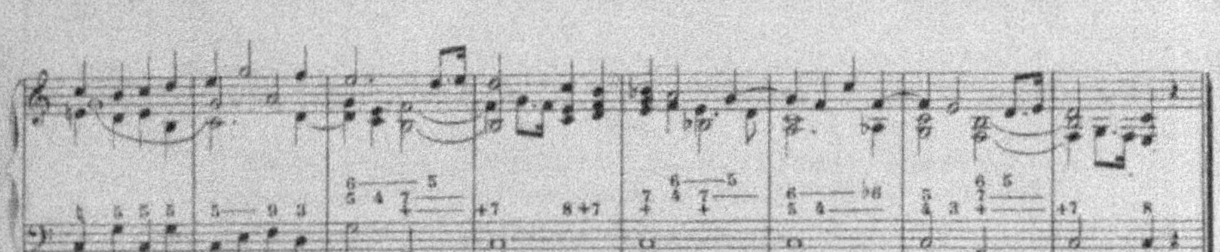

RÉSOLUTIONS EXCEPTIONNELLES

BASSE DONNÉE CHIFFRÉE

Mouvement très modéré

N° 292.

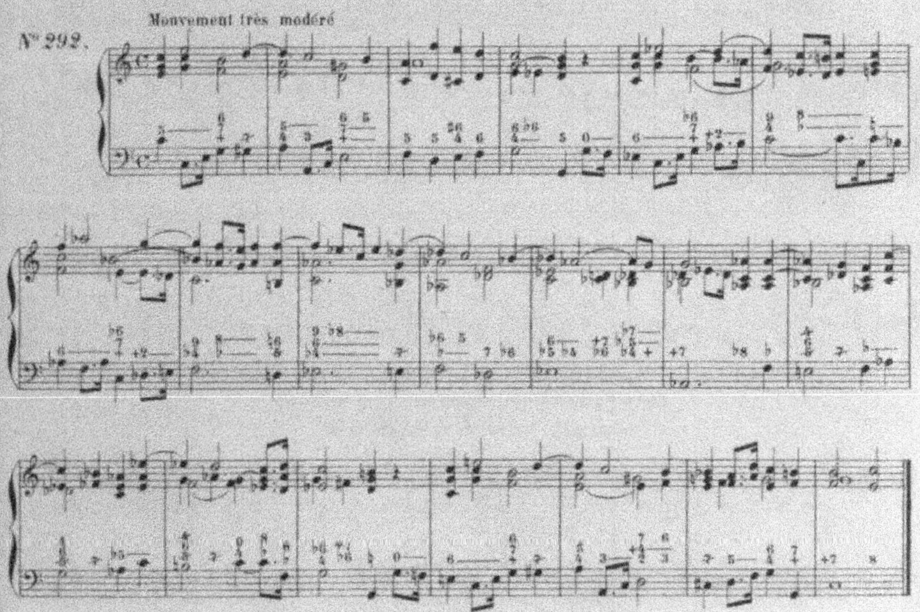

CHANT DONNÉ

N° 293.

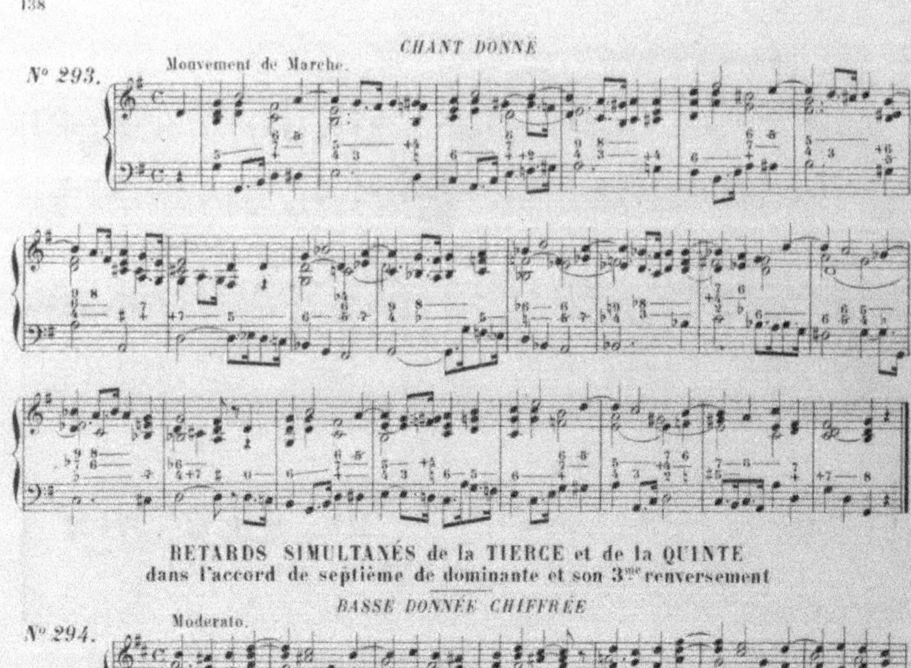

RETARDS SIMULTANÉS de la TIERCE et de la QUINTE dans l'accord de septième de dominante et son 3me renversement

BASSE DONNÉE CHIFFRÉE

N° 294.

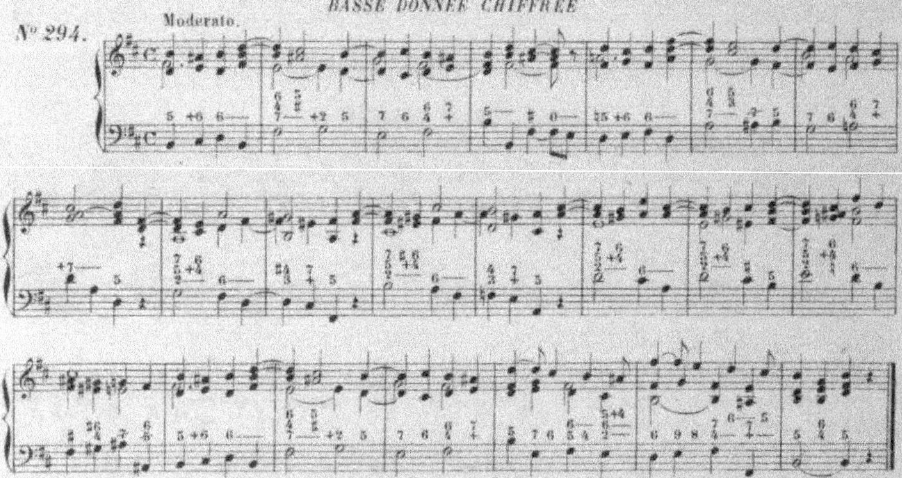

RETARDS SIMULTANÉS de la TIERCE et de la QUINTE dans l'accord de septième de dominante

PREMIER et DEUXIÈME RENVERSEMENT

BASSE CHIFFRÉE

N° 295.

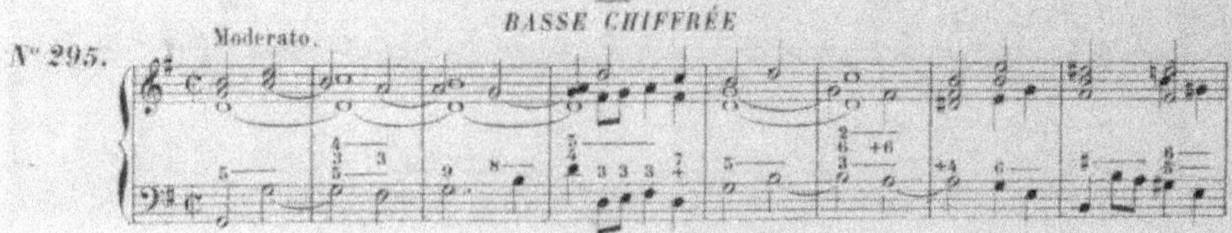

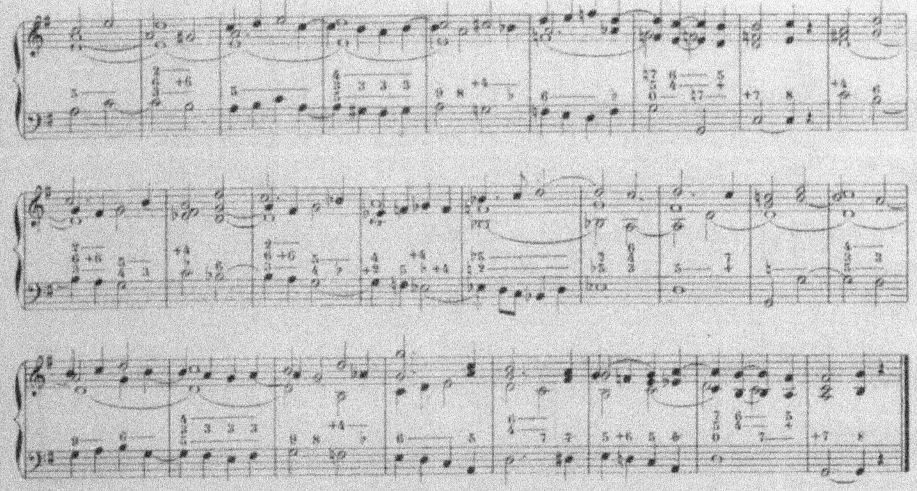

RETARDS SIMULTANÉS de la TIERCE et de l'OCTAVE dans l'accord de septième de dominante

MARCHES D'HARMONIE

N° 296.

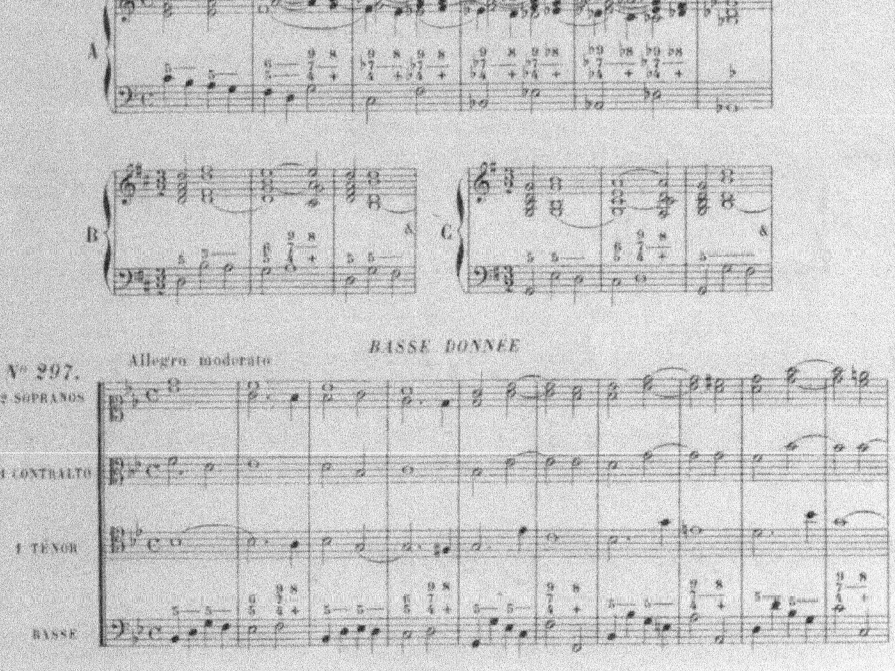

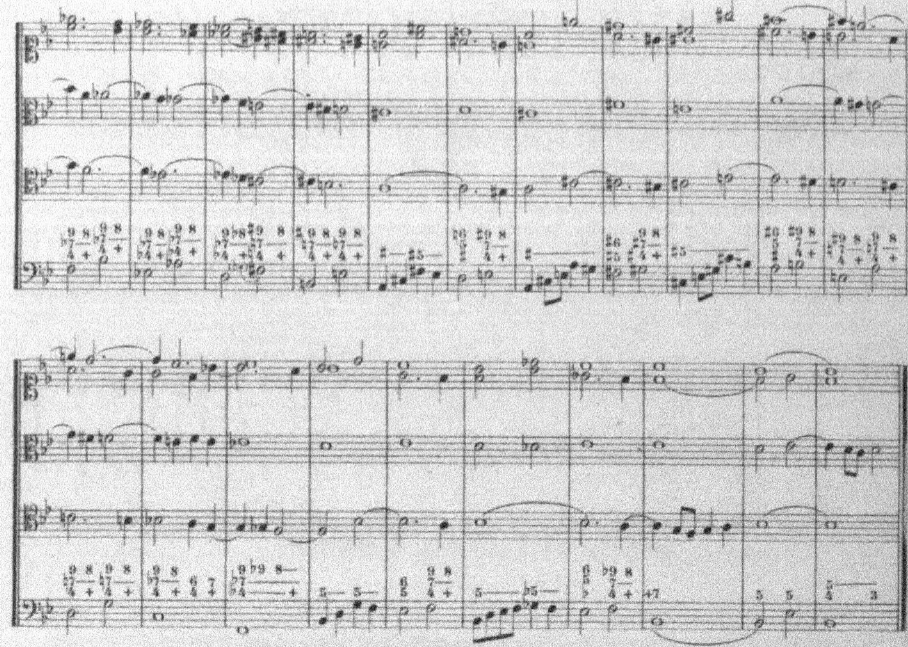

RETARD de la TIERCE par la QUARTE
dans les accords de septième de sensible des deux modes
et leurs renversements

MARCHES D'HARMONIE

Nº 298.

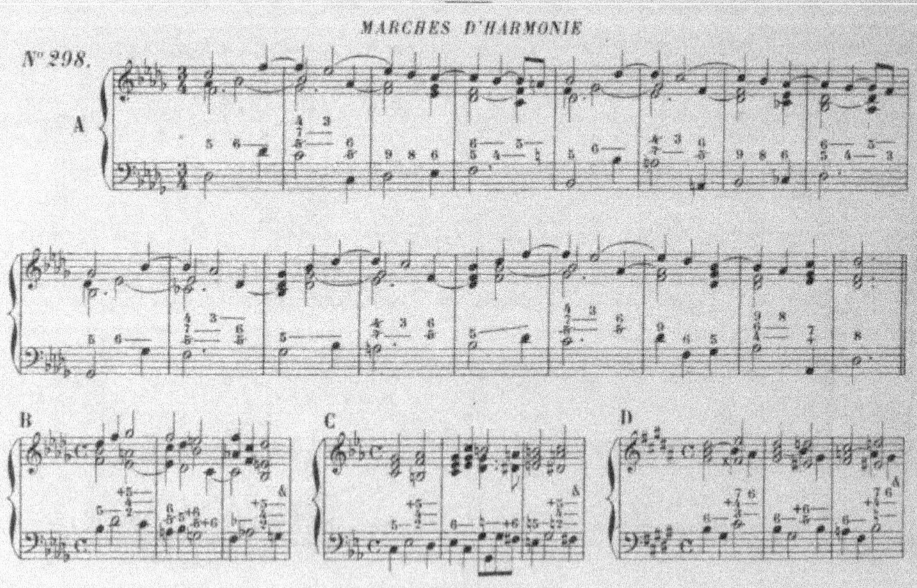

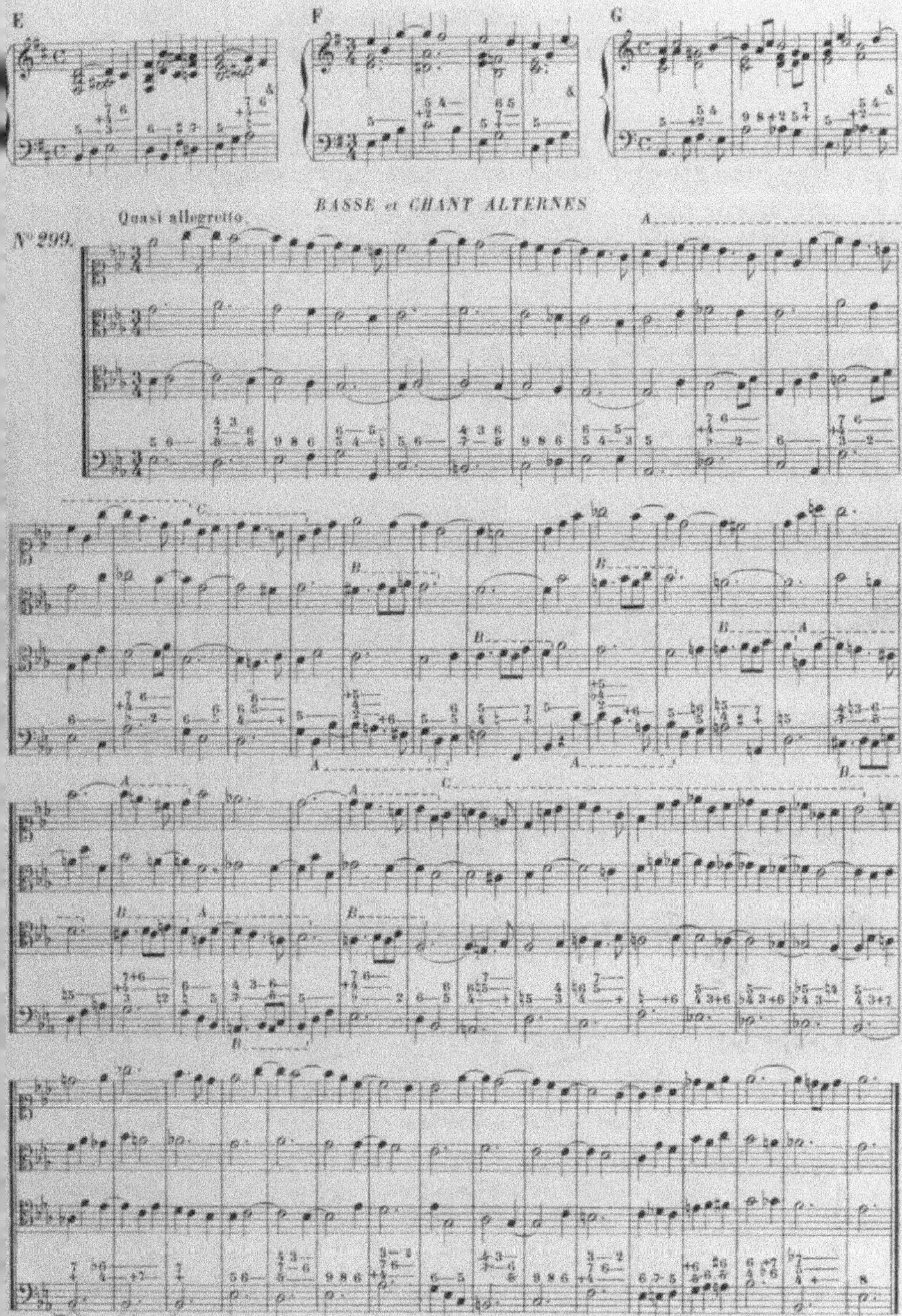
E
F
G
BASSE et CHANT ALTERNES
Quasi allegretto
N° 299.

RETARD de la QUINTE par la SIXTE
dans l'accord de septième diminuée et ses renversements

MARCHES D'HARMONIE

N° 300.

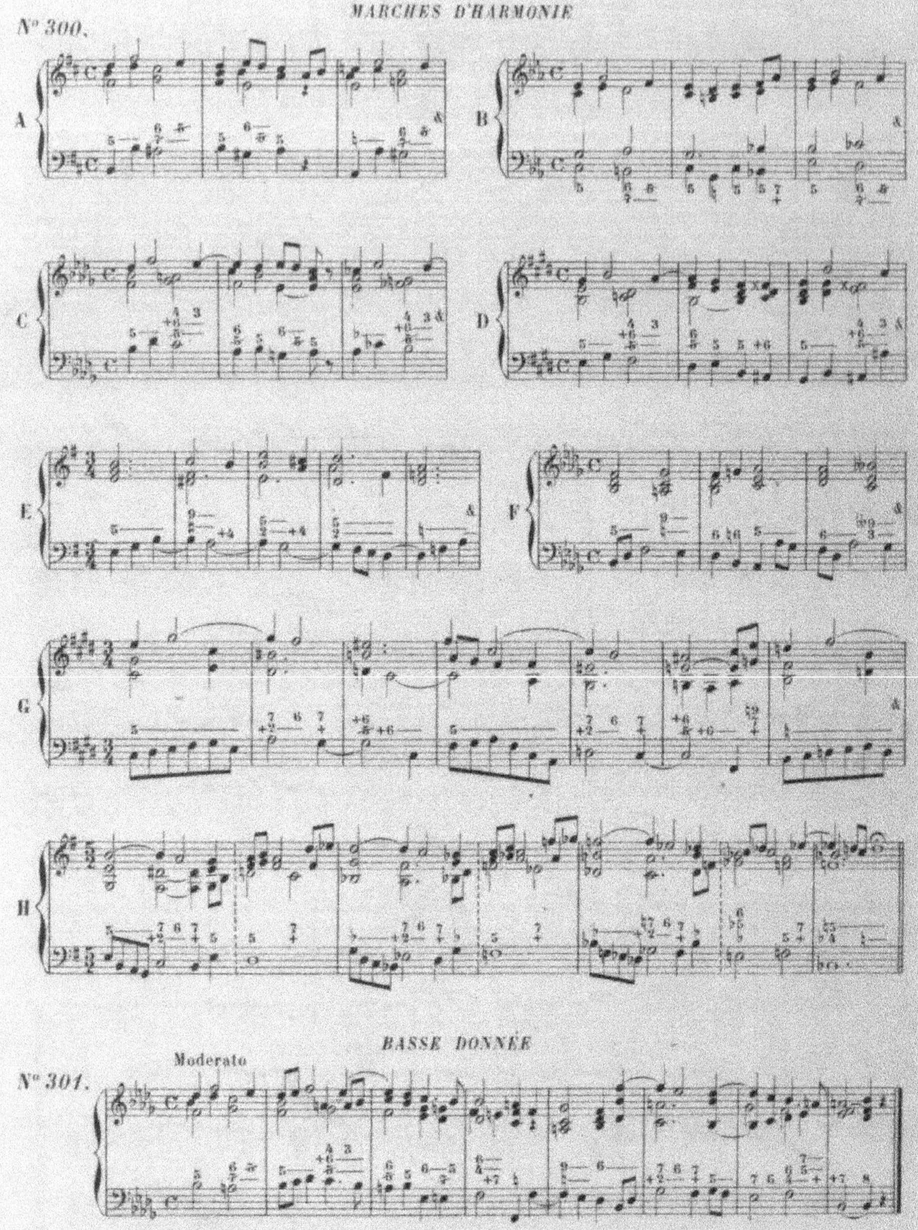

RETARD de la SEPTIÈME par l'OCTAVE dans les accords de septième de sensible des deux modes et leurs renversements

BASSE DONNÉE

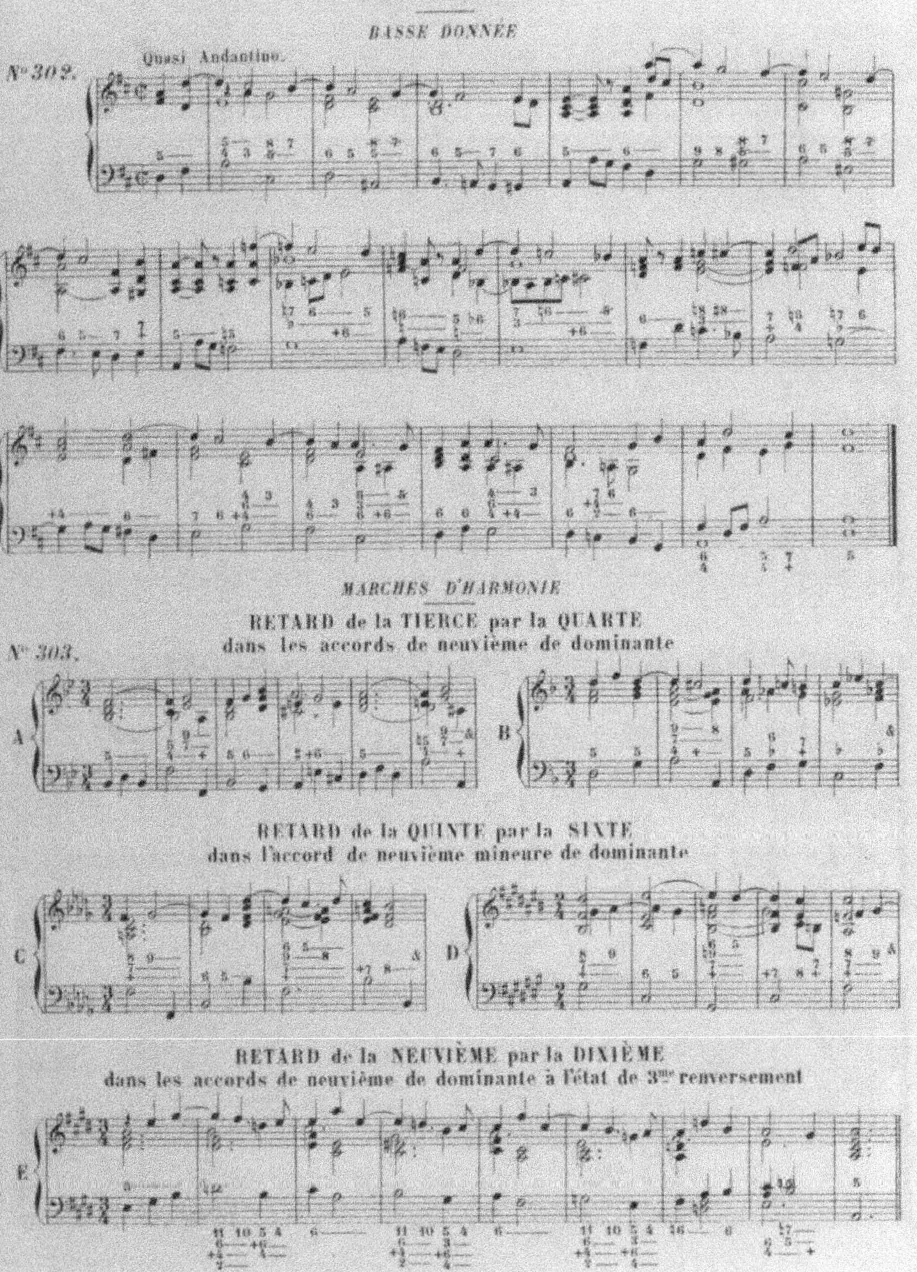

RETARDS DIVERS
dans les accords de neuvième de dominante et leurs renversements

CHANT DONNÉ

N° 304.

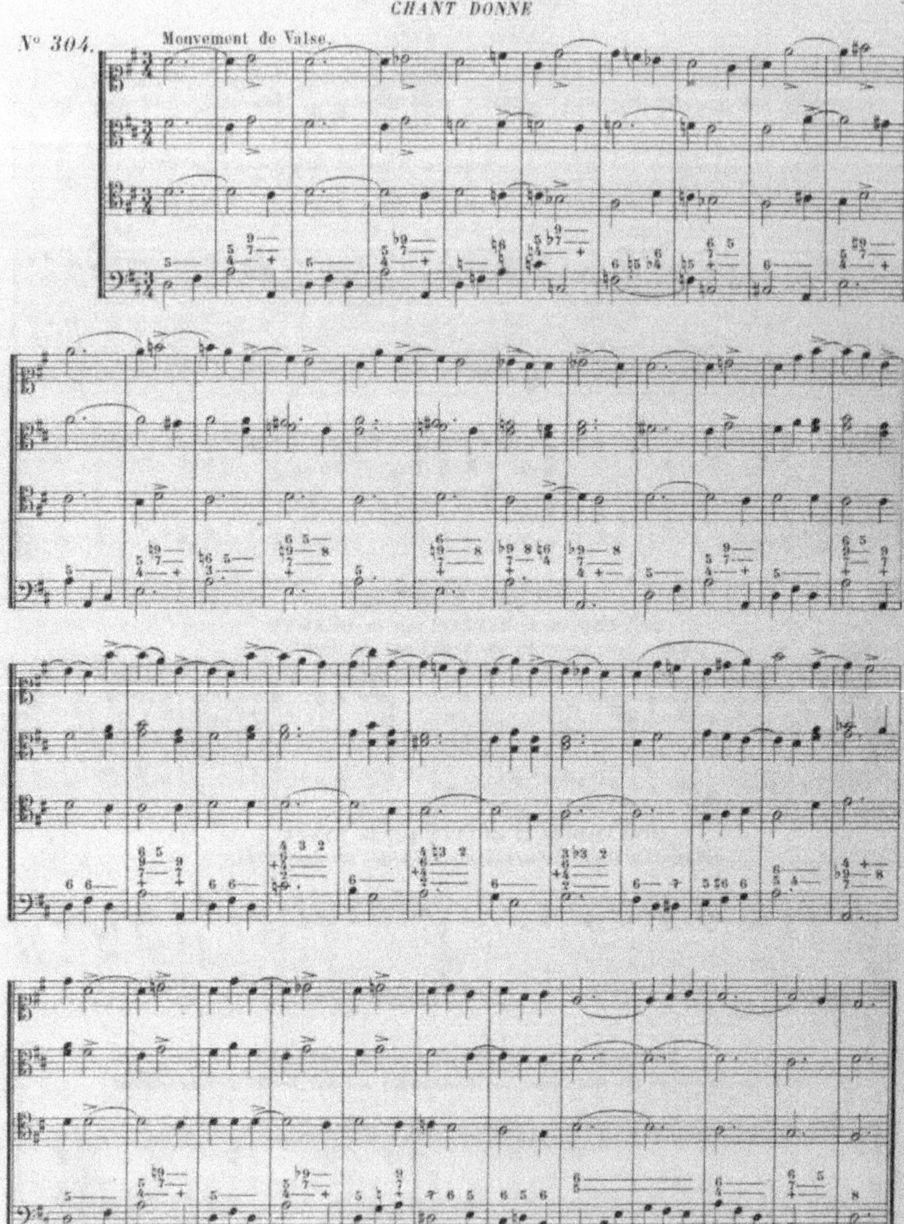

RETARD de la TIERCE par la QUARTE dans les accords de septième du 2d degré des deux modes et leurs renversements.

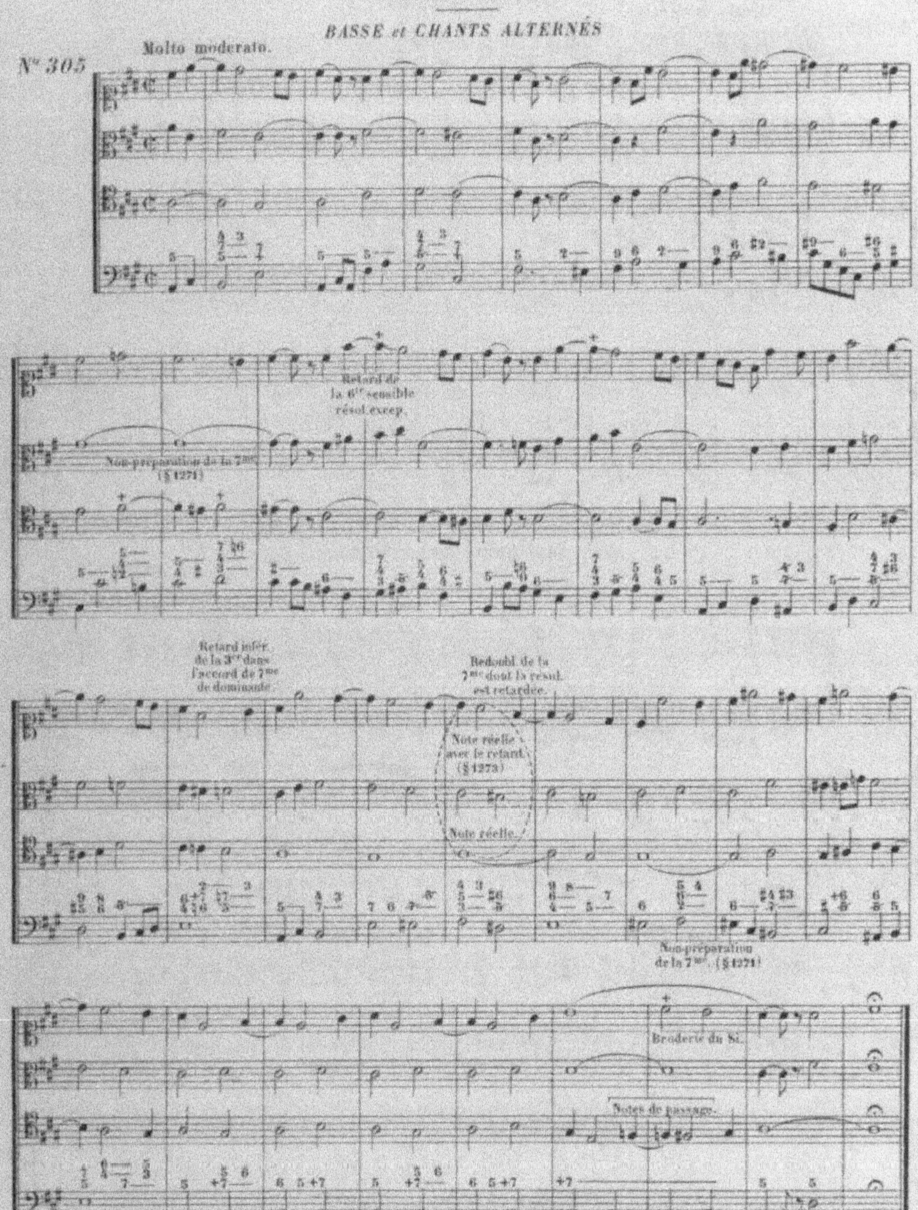

RETARD de la TIERCE par la QUARTE
dans les accords de septième par prolongation et leurs renversements.

BASSE DONNÉE

N° 306. Allegro moderato.

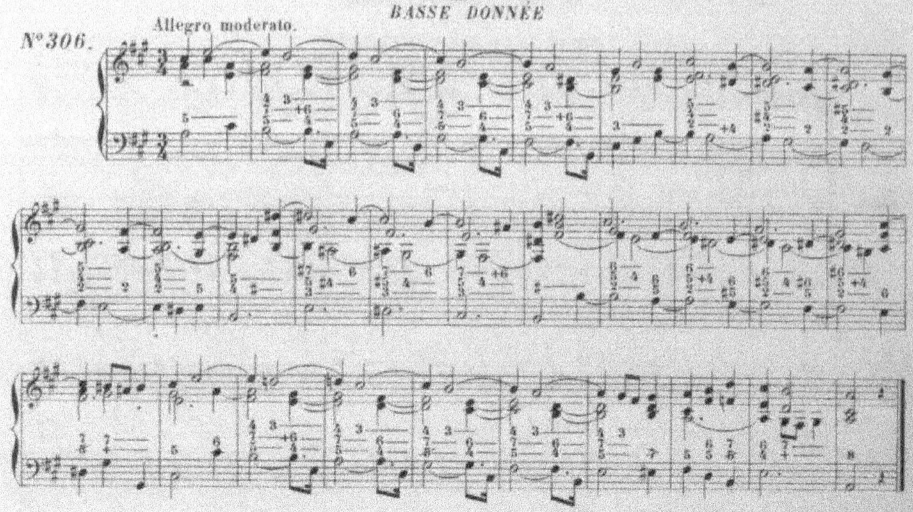

NOTES de PASSAGE et BRODERIES
appliquées aux retards.

BASSE DONNÉE

N° 307. Molto moderato.

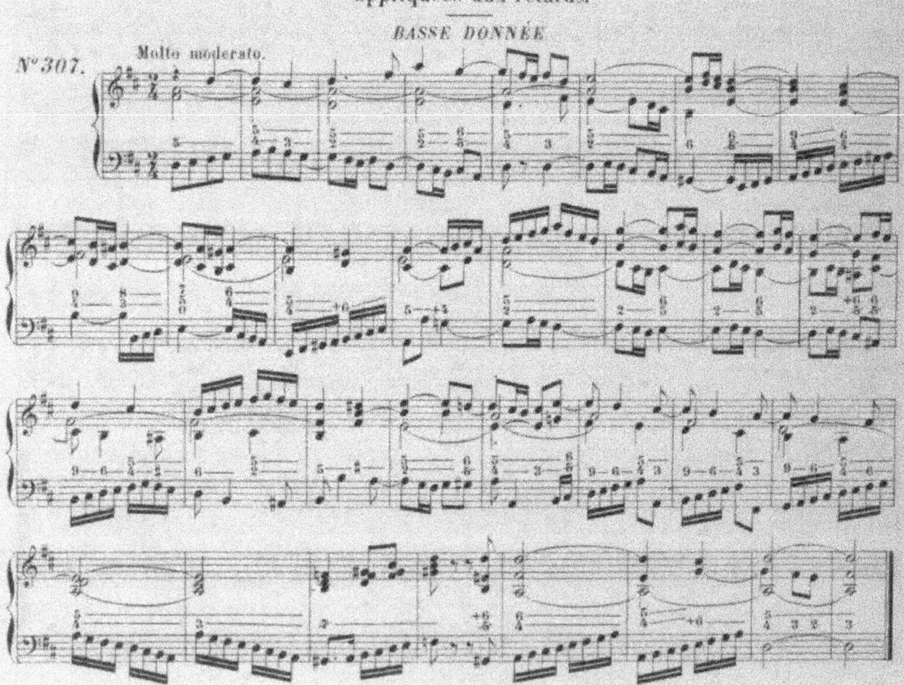

CHANT DONNÉ

N° 308.

Allegretto.

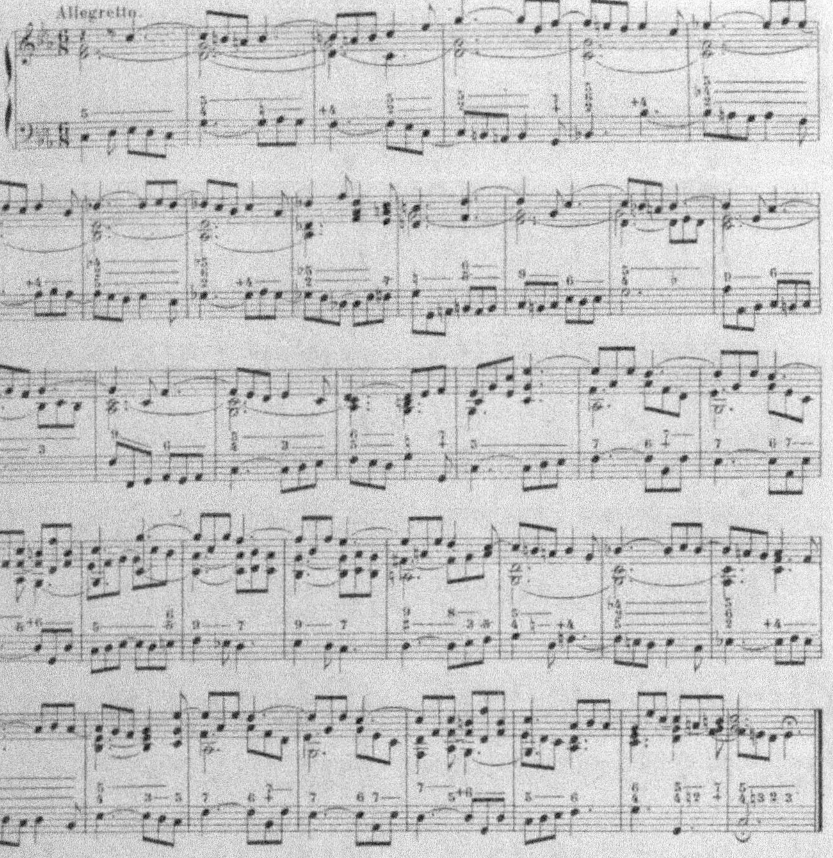

MARCHES D'HARMONIE

ALTÉRATION ASCENDANTE de la QUINTE
dans l'accord parfait majeur et ses renversements.

N° 309.

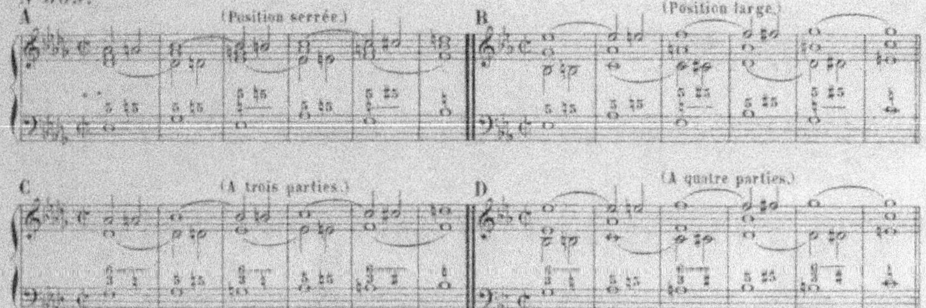

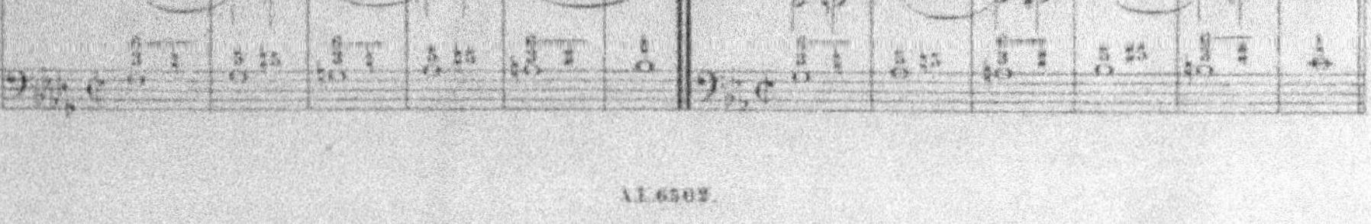

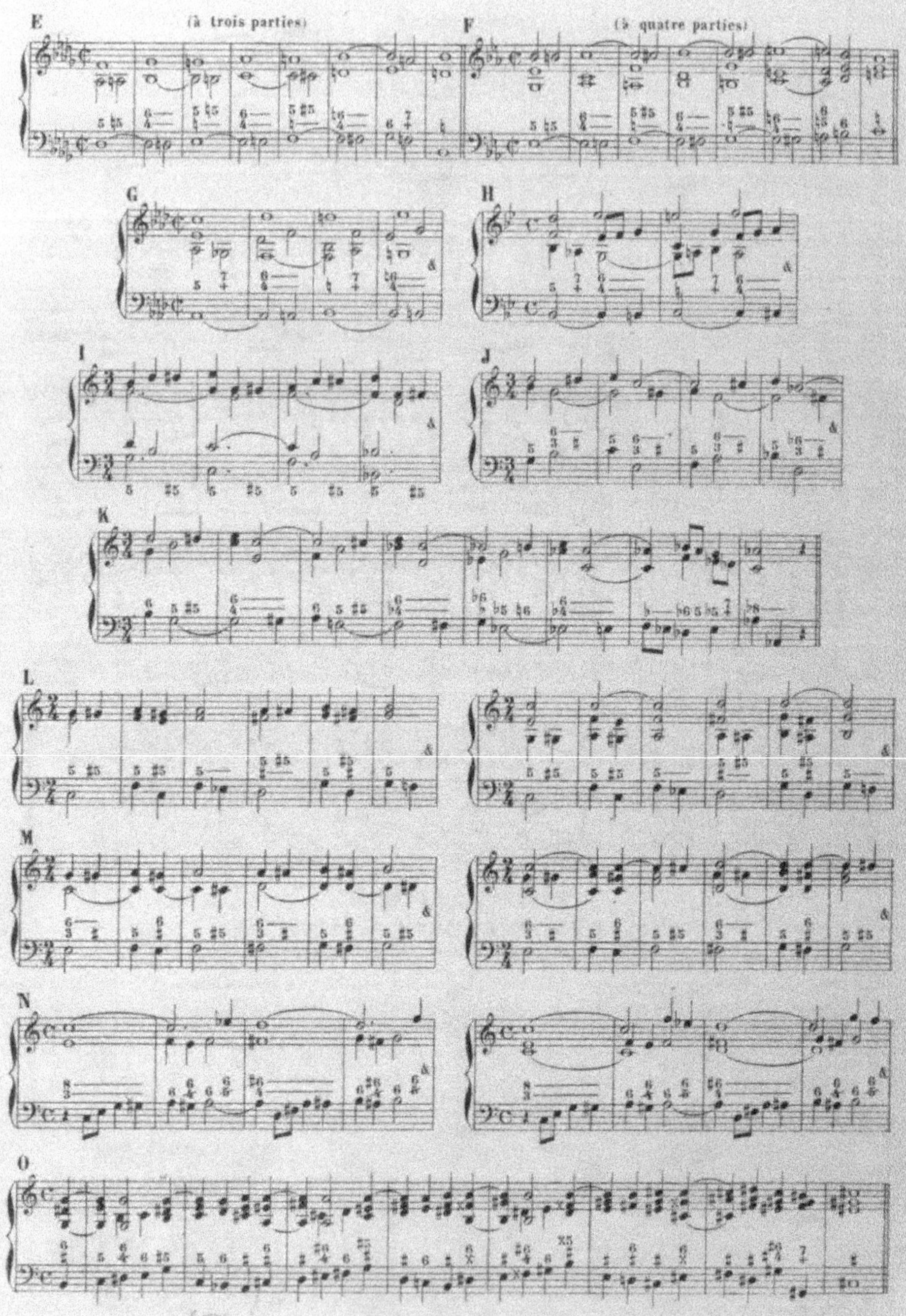
E
(à trois parties)
F
(à quatre parties)
G
H
I
J
K
L
M
N
O

ALTÉRATION DESCENDANTE de la QUINTE dans l'accord parfait majeur et ses renversements.

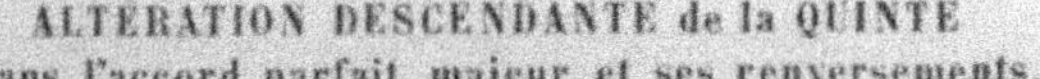

N° 310.

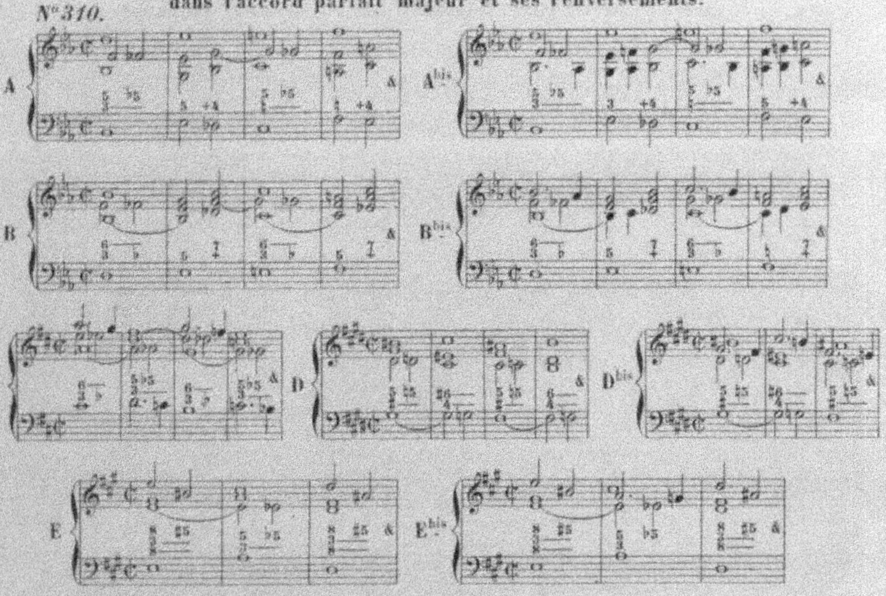

ALTÉRATIONS ASCENDANTE et DESCENDANTE de la QUINTE dans l'accord parfait majeur et ses renversements.

BASSE DONNÉE

N° 311.

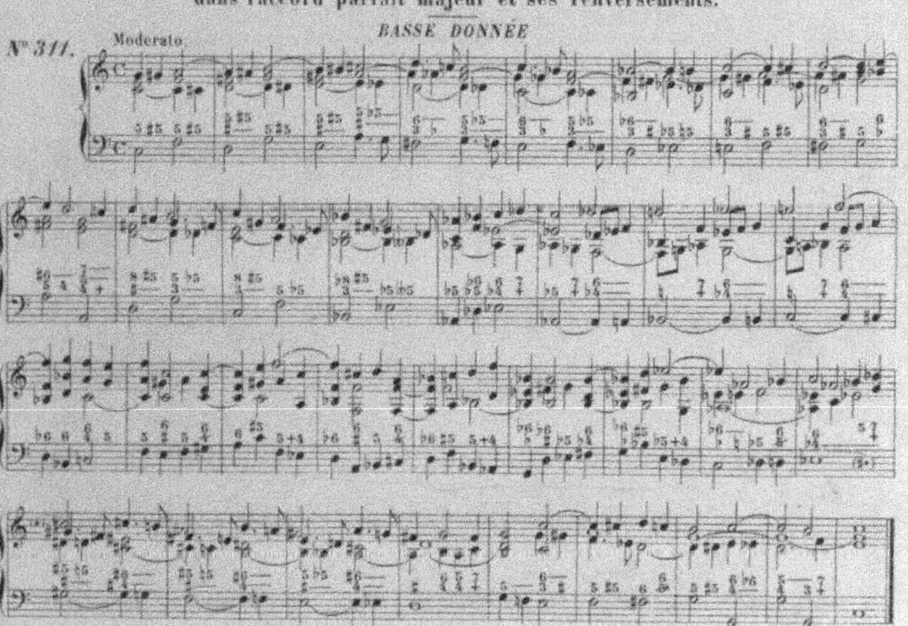

ALTÉRATION ASCENDANTE de la QUINTE
dans l'accord parfait majeur et son premier renversement.

CHANT DONNÉ

N° 312.

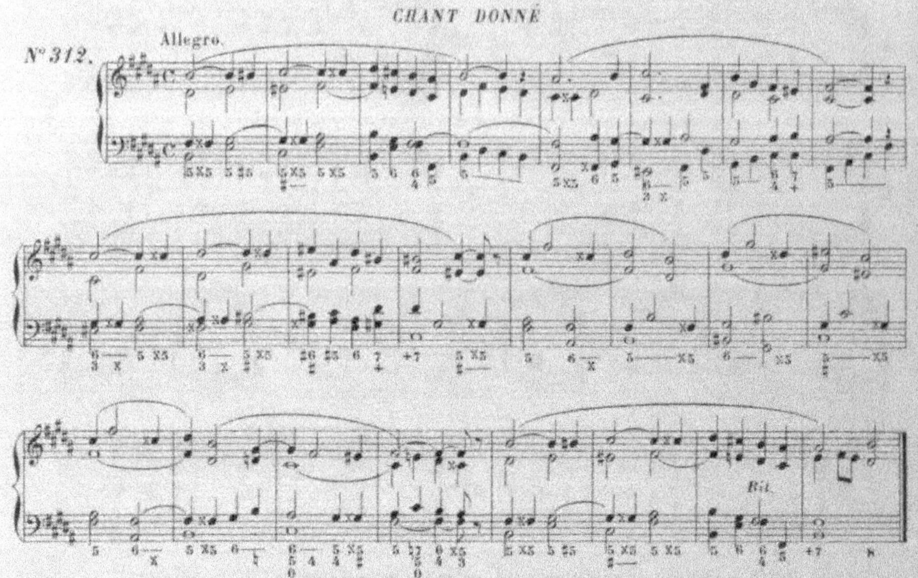

ALTÉRATION ASCENDANTE de la TIERCE
dans l'accord parfait majeur et ses renversements et accord de quinte augmentée *(3me degré du mode mineur)*

MARCHES D'HARMONIE

N° 313.

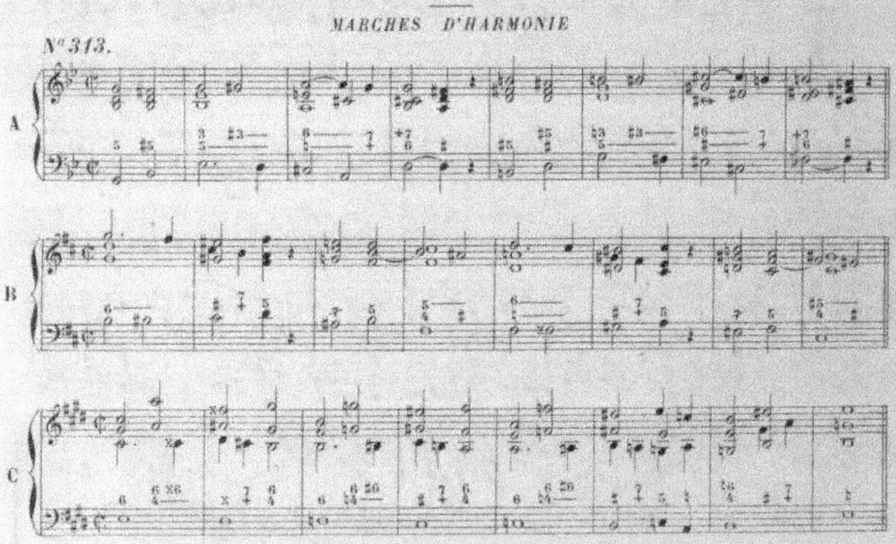

CHANT DONNÉ

N° 314.
Moderato.
ALTÉRATION ASCENDANTE de l'OCTAVE
dans l'accord parfait majeur.
MARCHES D'HARMONIE
N° 315.
A
A bis
B
B bis
C
C bis
D

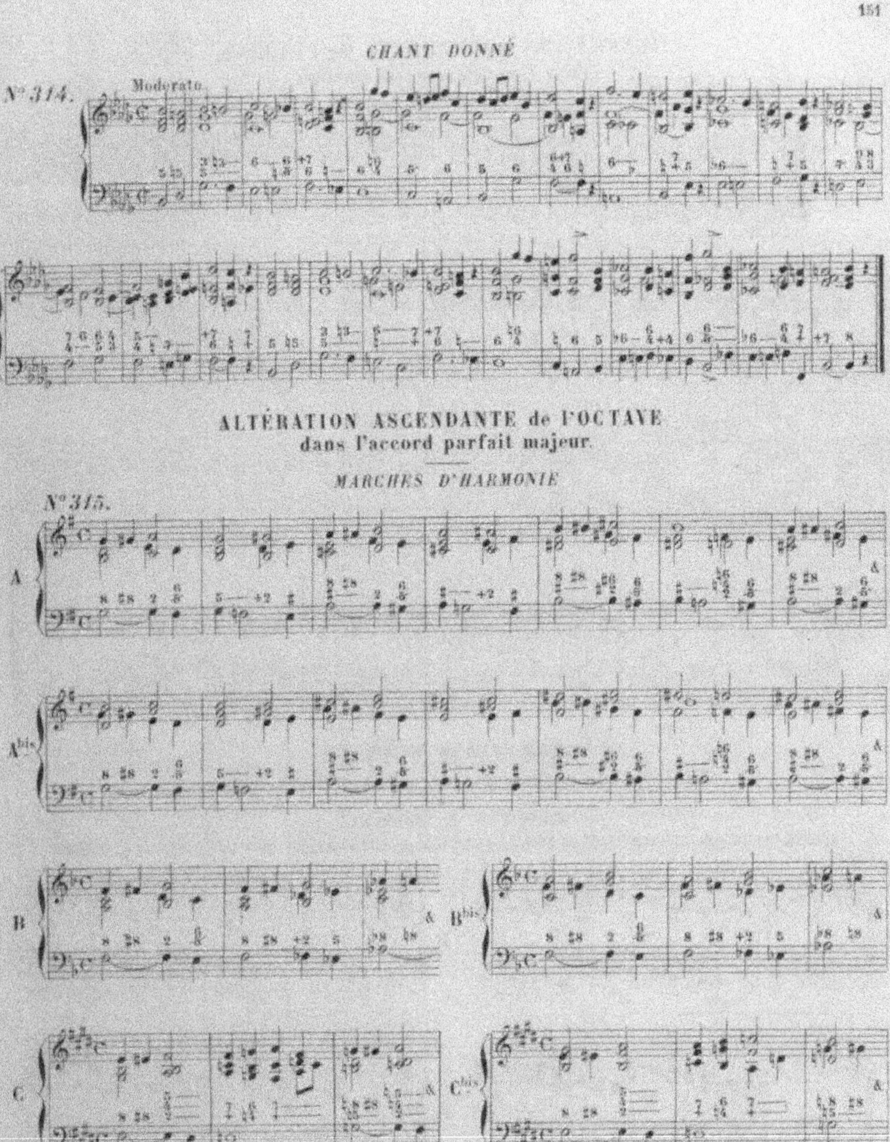

ALTÉRATION ASCENDANTE de l'OCTAVE
dans l'accord parfait majeur.

BASSE DONNÉE

N° 316.

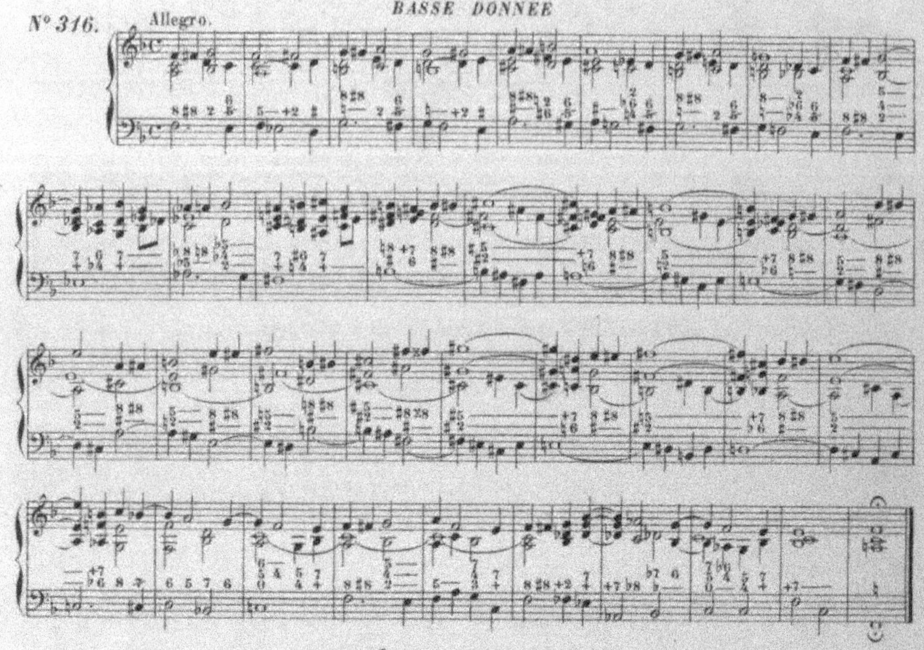

ALTÉRATIONS DOUBLES
dans l'accord parfait majeur et ses renversements.

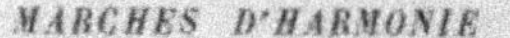

MARCHES D'HARMONIE

ALTÉRATION ASCENDANTE de la FONDAMENTALE et ALTÉRATION DESCENDANTE de la TIERCE

N° 317.

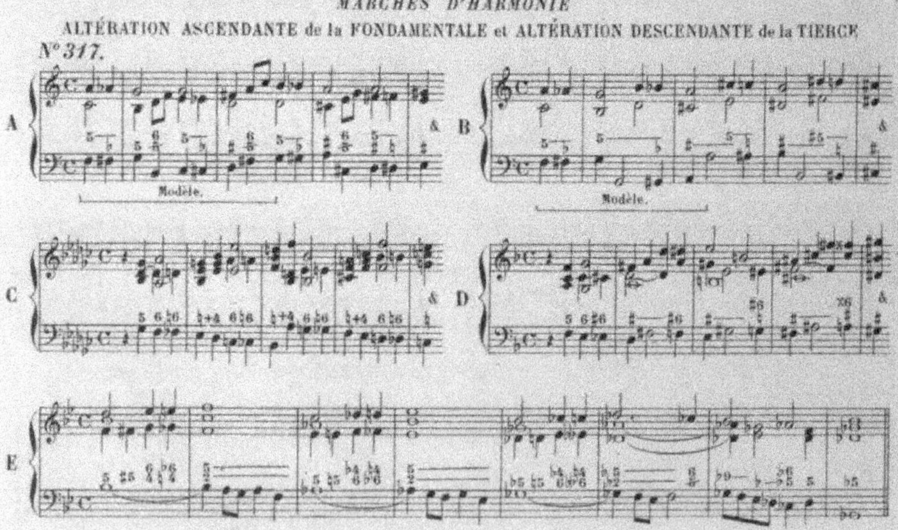

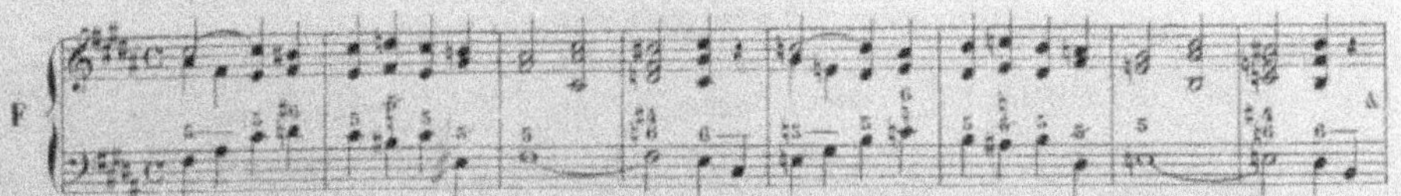

ALTÉRATIONS ASCENDANTES de la TIERCE et de la QUINTE dans l'accord parfait majeur et ses renversements.

BASSES DONNÉES CHIFFRÉES

N° 318. Moderato.

Mode majeur.

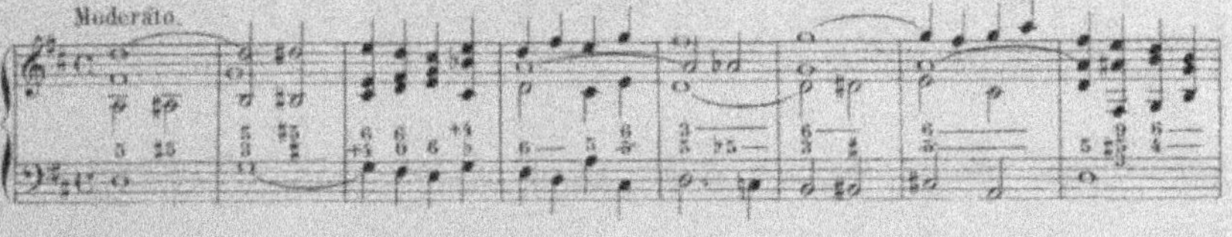

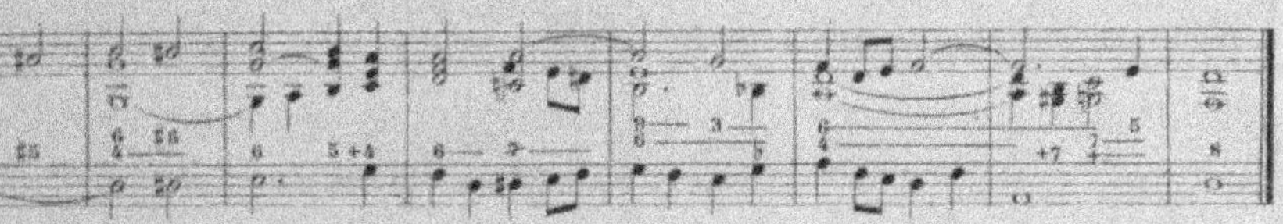

N° 319.

Mode mineur.

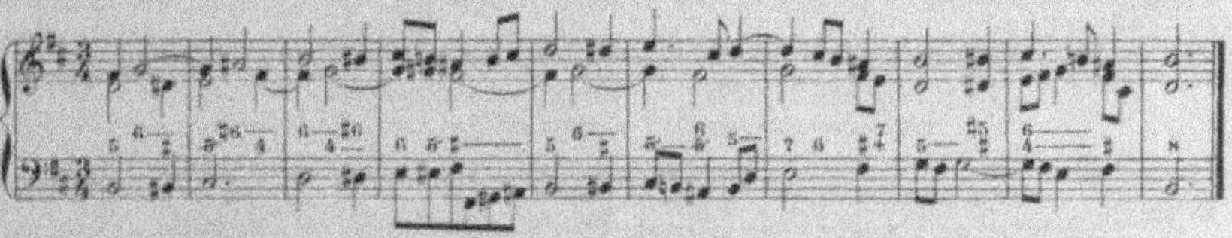

ALTÉRATION DESCENDANTE de la TIERCE et ALTÉRATION ASCENDANTE de la QUINTE

N° 320.

A

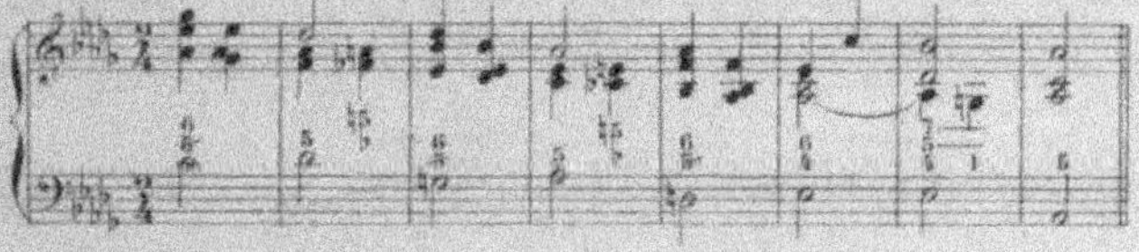

B

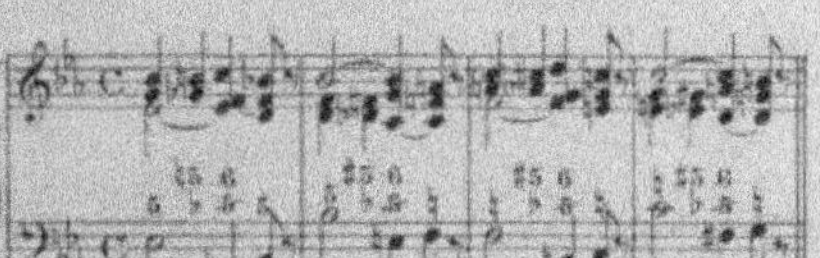

C

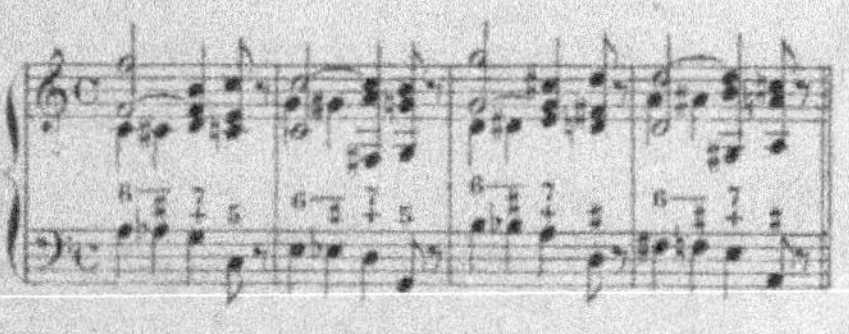

ALTÉRATION DESCENDANTE de la TIERCE et ALTÉRATION ASCENDANTE de l'OCTAVE

N° 321.

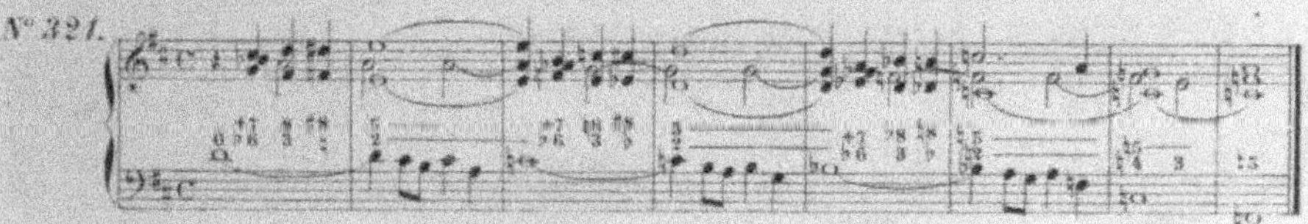

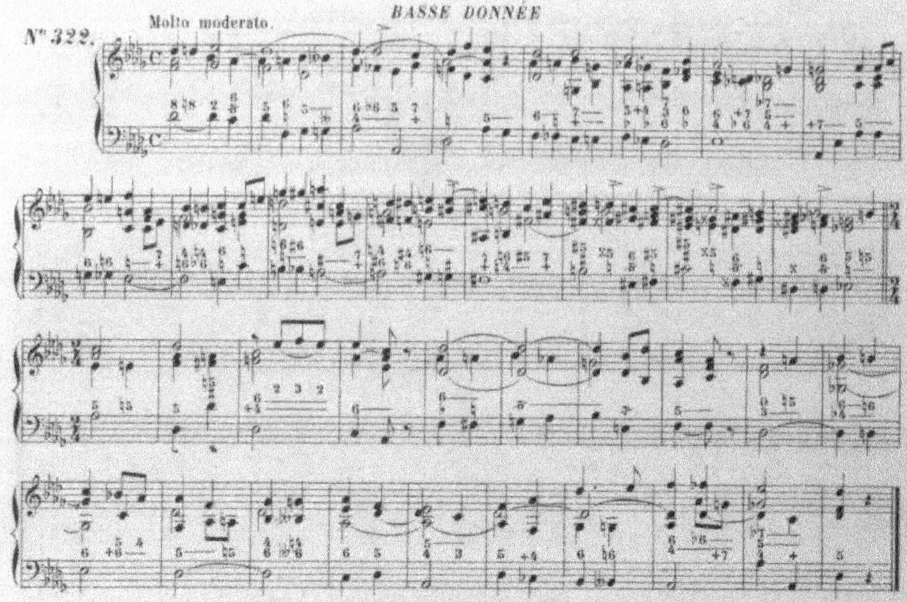

ALTÉRATIONS DOUBLES ATTAQUÉES SUCCESSIVEMENT
et résolution retardée de l'altération descendante de la tierce dans l'accord parfait majeur et ses renversements.

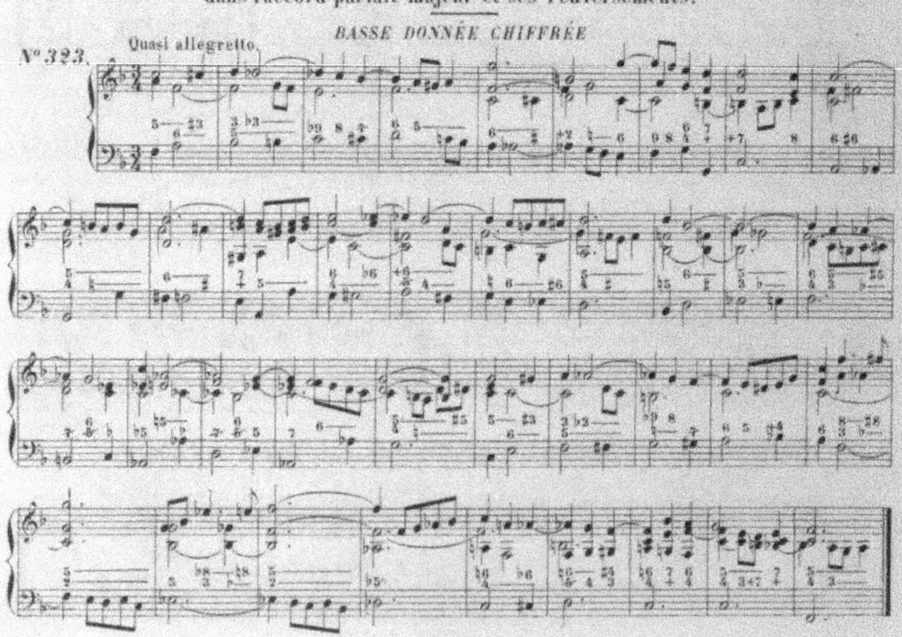

ACCORD PARFAIT MINEUR

ALTÉRATION ASCENDANTE de la FONDAMENTALE

N° 324.

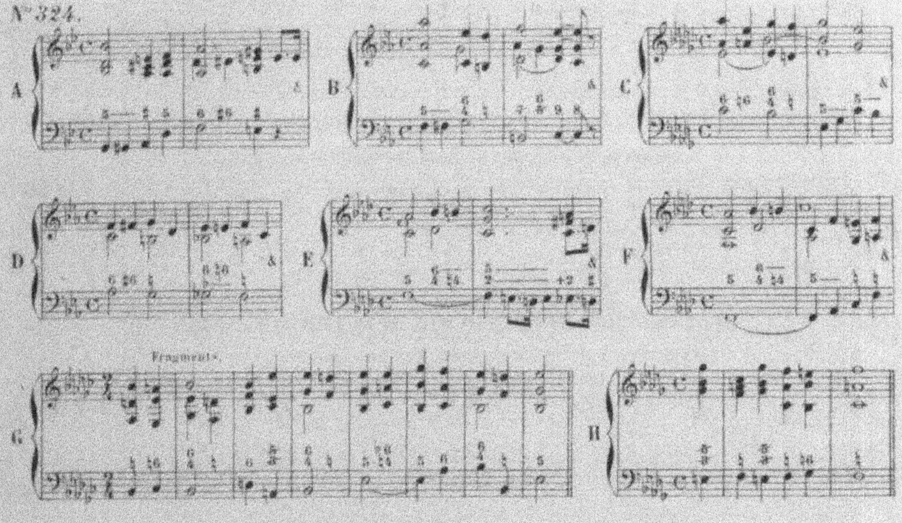

ALTÉRATION ASCENDANTE de la QUINTE

N° 325.

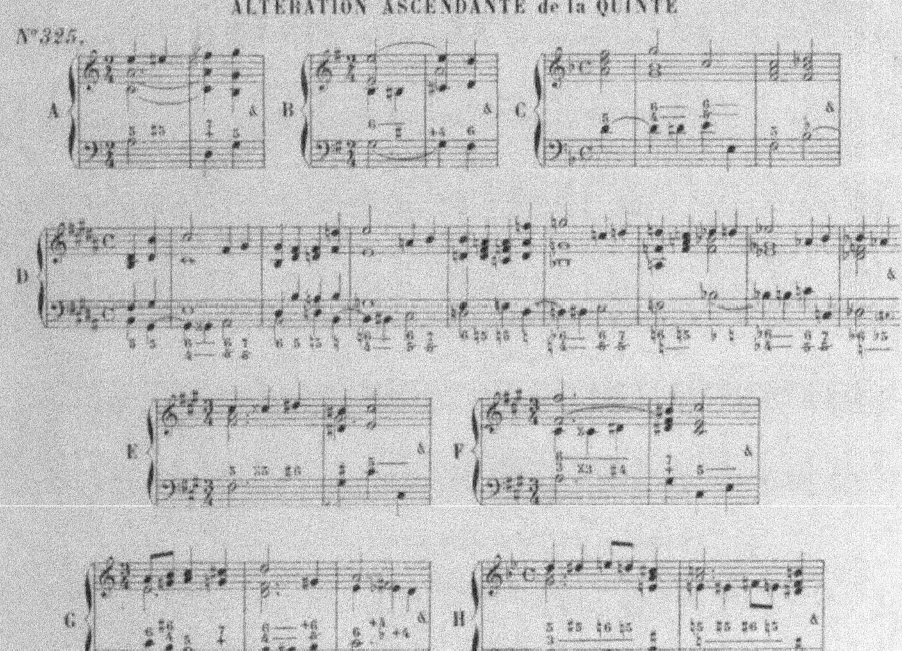

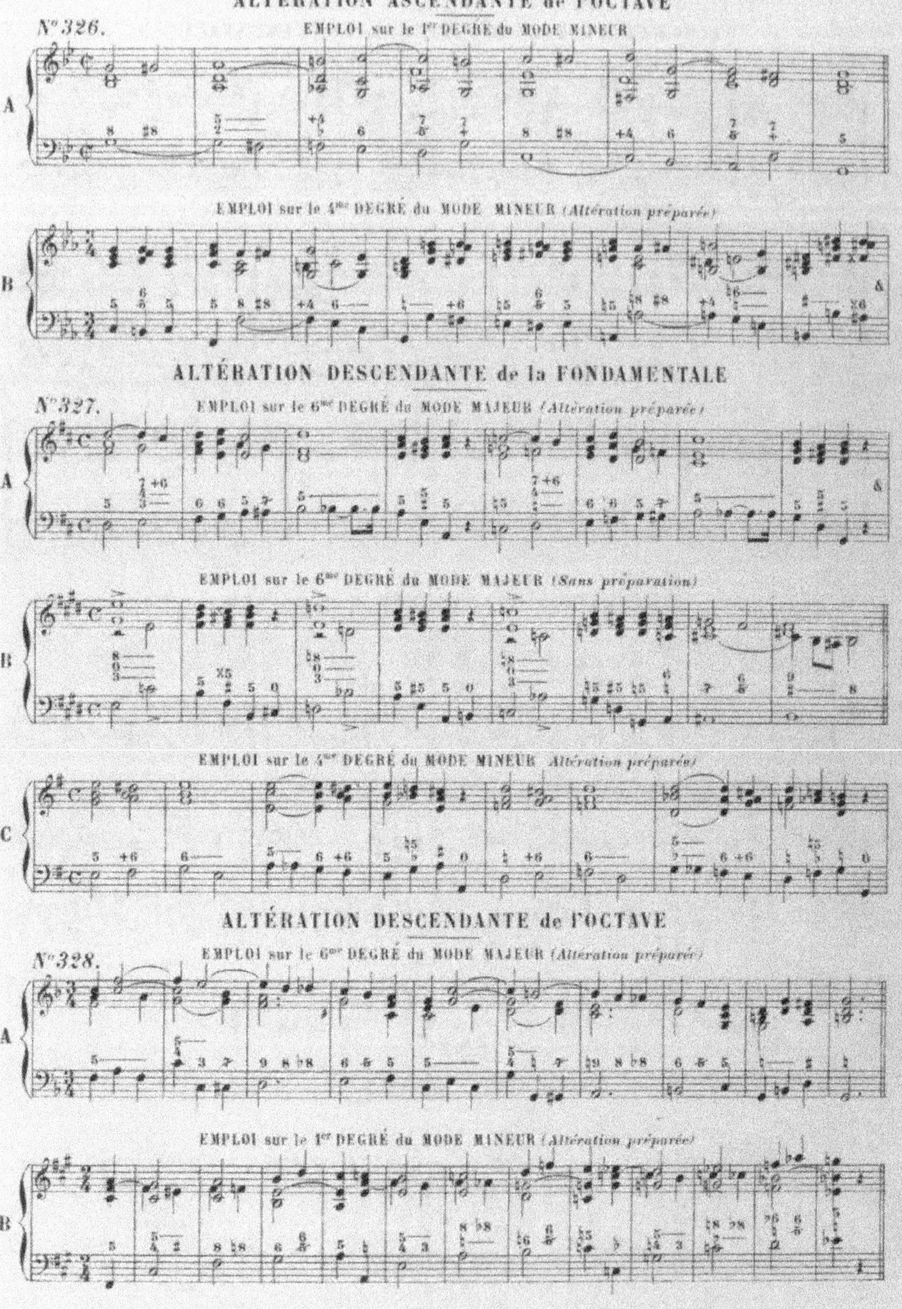
ALTÉRATION ASCENDANTE de l'OCTAVE
N° 326.
EMPLOI sur le 1er DEGRÉ du MODE MINEUR
A
EMPLOI sur le 4me DEGRÉ du MODE MINEUR (Altération préparée)
B
ALTÉRATION DESCENDANTE de la FONDAMENTALE
N° 327.
EMPLOI sur le 6me DEGRÉ du MODE MAJEUR (Altération préparée)
A
EMPLOI sur le 6me DEGRÉ du MODE MAJEUR (Sans préparation)
B
EMPLOI sur le 4me DEGRÉ du MODE MINEUR (Altération préparée)
C
ALTÉRATION DESCENDANTE de l'OCTAVE
N° 328.
EMPLOI sur le 6me DEGRÉ du MODE MAJEUR (Altération préparée)
A
EMPLOI sur le 1er DEGRÉ du MODE MINEUR (Altération préparée)
B

ALTÉRATIONS SIMPLES dans l'ACCORD PARFAIT MINEUR

BASSE ET CHANT ALTERNÉS

N° 329.

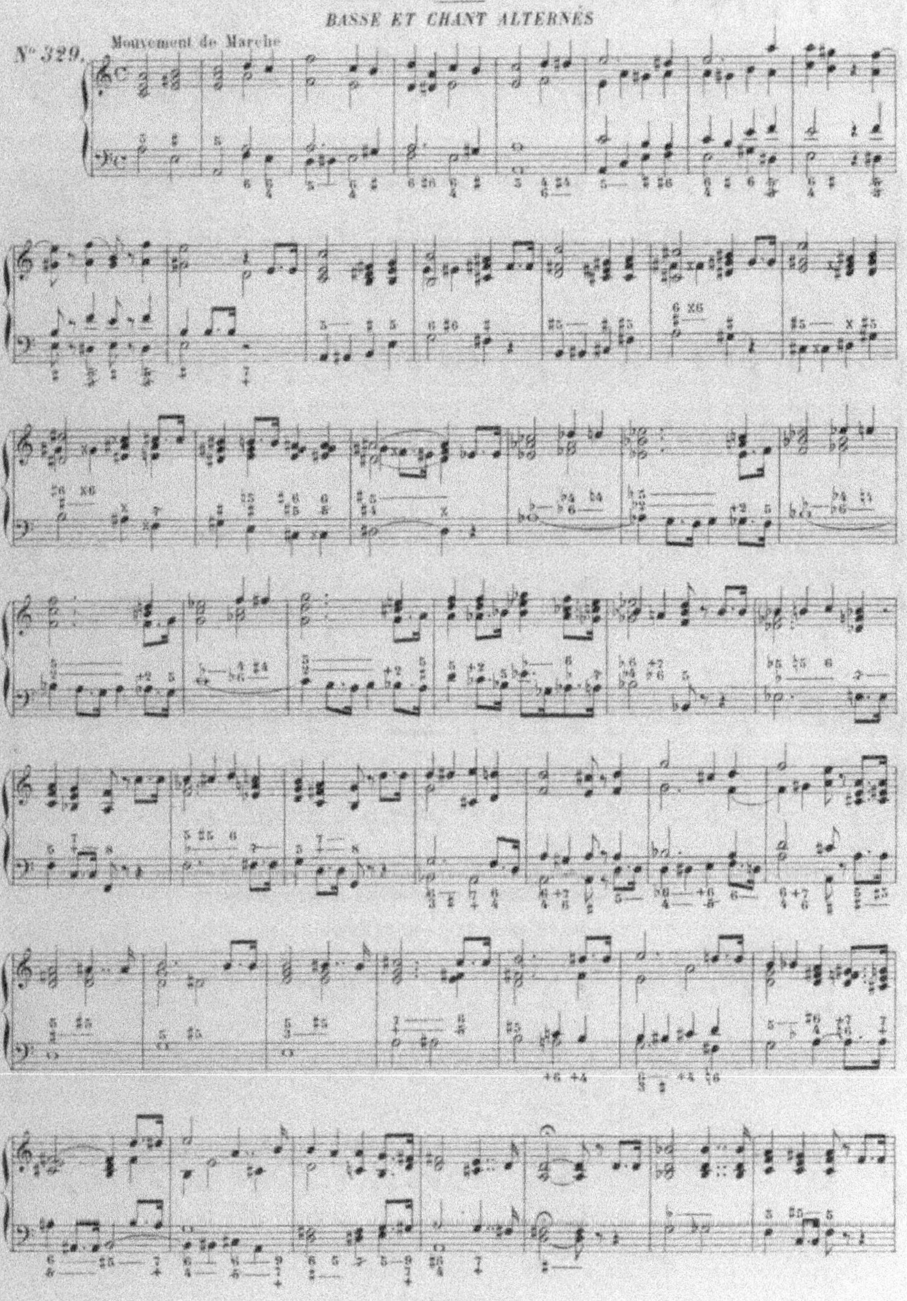

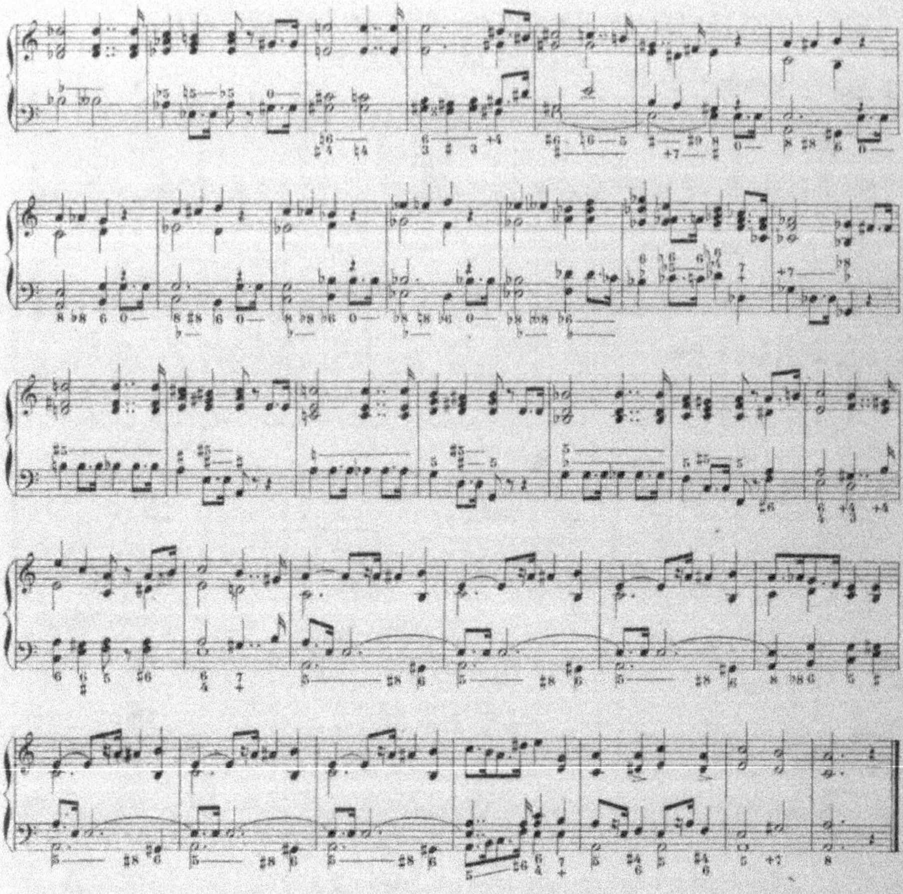

ALTÉRATION ASCENDANTE de la 3ce et ALTÉRATION DESCENDANTE de la 5te dans l'accord parfait mineur et ses renversements

BASSES DONNÉES CHIFFRÉES

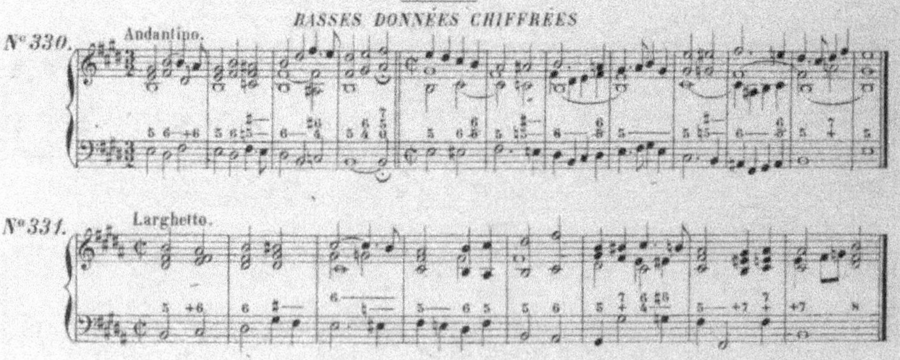

ALTÉRATIONS ASCENDANTES de la TIERCE et de la QUINTE dans l'accord parfait mineur et ses renversements.

Moderato.

Nº 332.

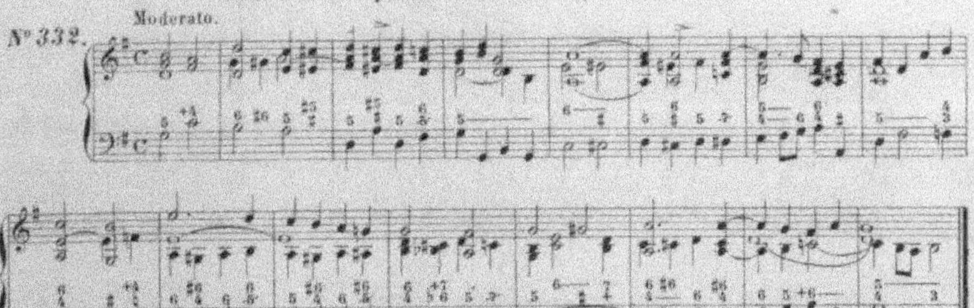

ALTÉRATION ASCENDANTE de l'8ve et ALTÉRATION DESCENDANTE de la BASSE dans l'accord parfait mineur.

Andantino.

Nº 333.

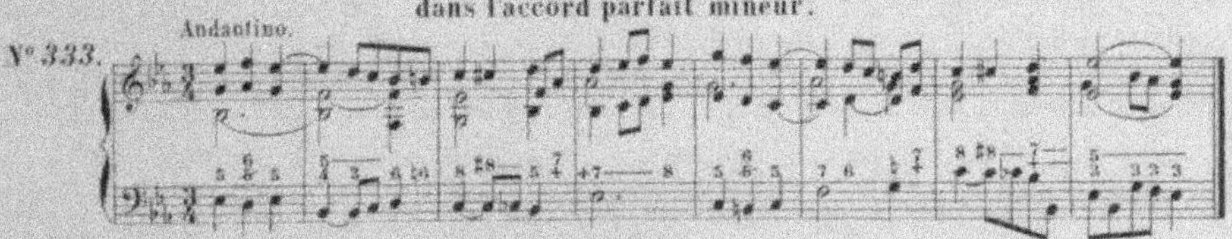

ACCORD PARFAIT MINEUR
ALTÉRATIONS DOUBLES

Quasi allegretto. *BASSE et CHANT ALTERNÉS*

Nº 334.

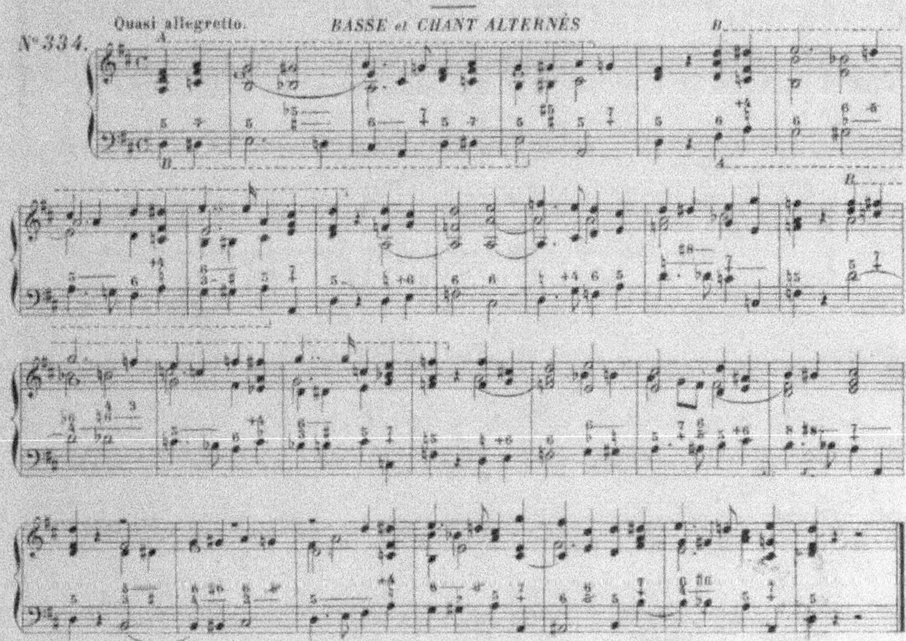

DIVERSES ALTÉRATIONS dans l'ACCORD de QUINTE DIMINUÉE et ses renversements.

BASSE DONNÉE CHIFFRÉE

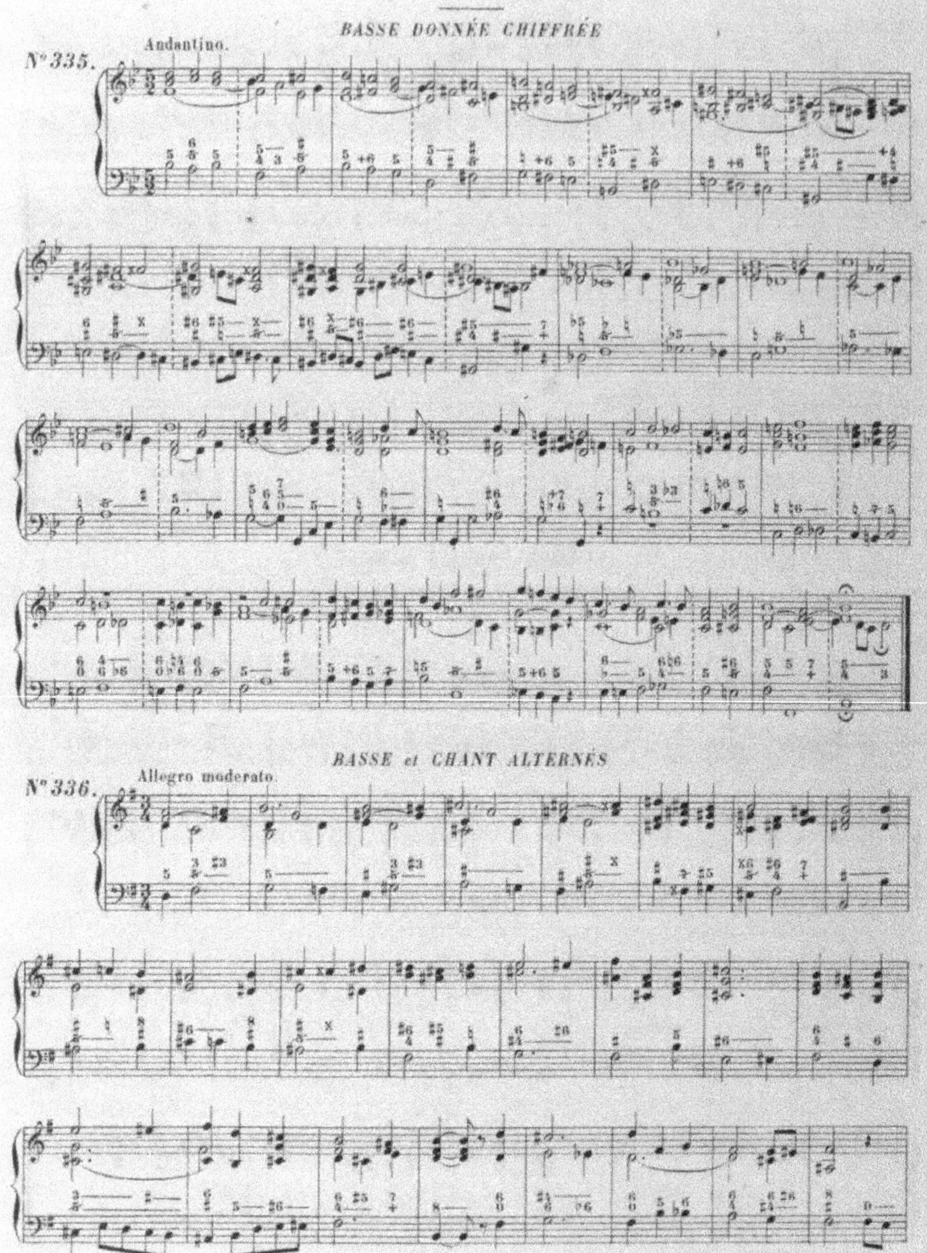

BASSE et CHANT ALTERNÉS

N° 336. Allegro moderato.

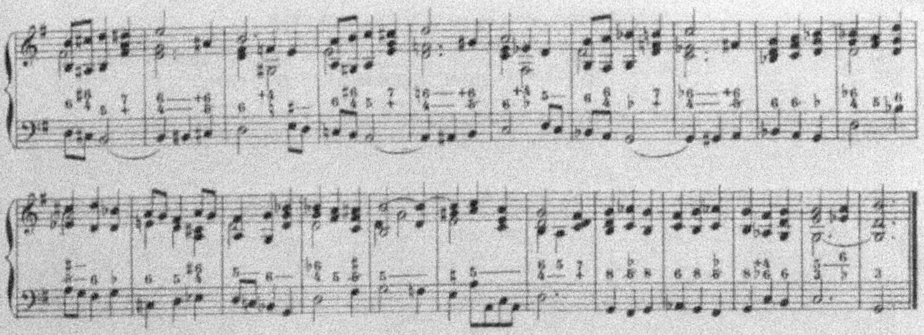

MARCHES D'HARMONIE

ACCORD de SEPTIÈME de DOMINANTE

ALTÉRATION ASCENDANTE de la QUINTE

Nº 337.

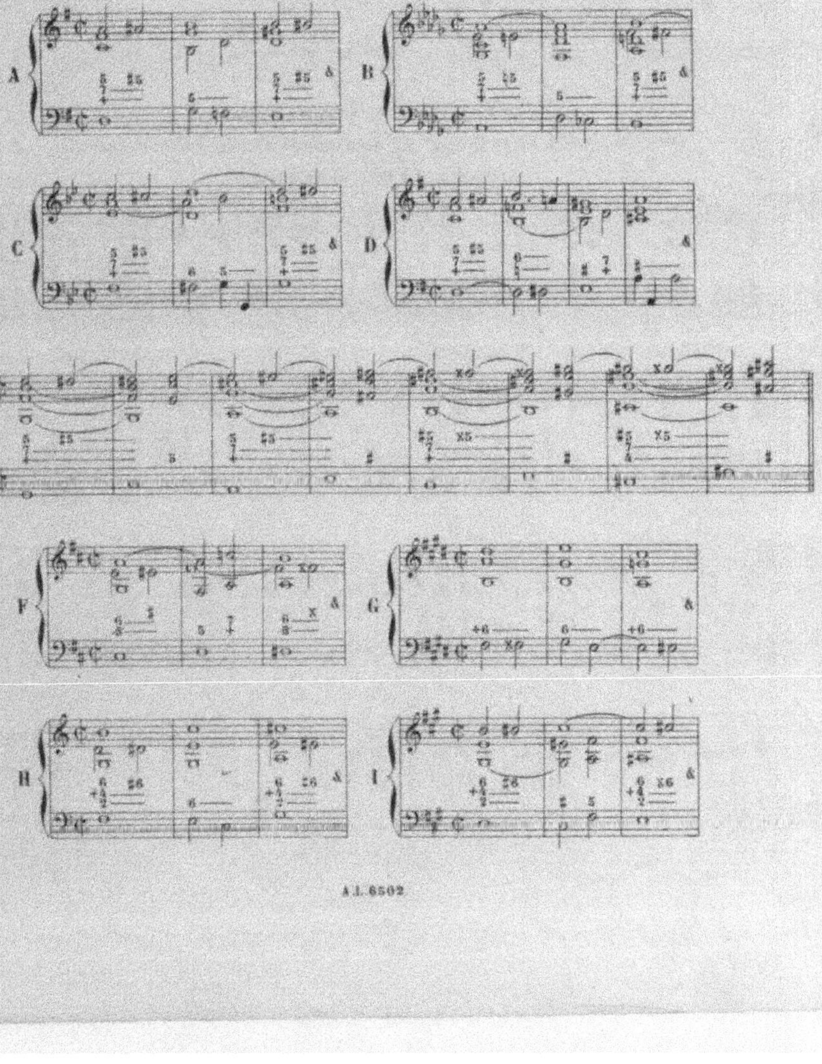

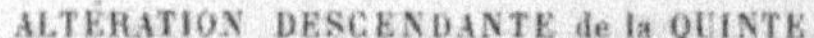

ALTÉRATION DESCENDANTE de la QUINTE

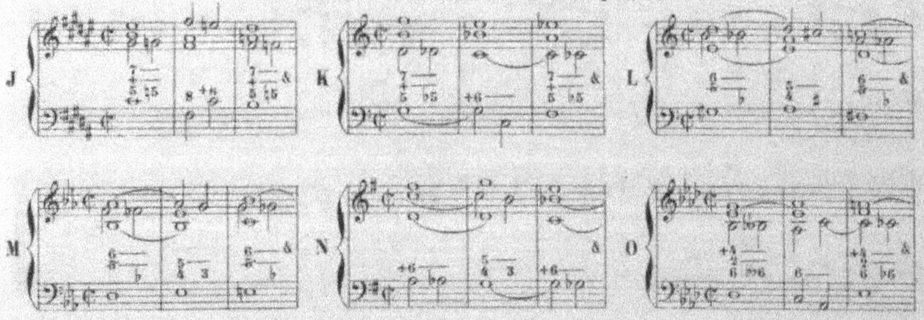

ALTÉRATION ASCENDANTE de l'OCTAVE

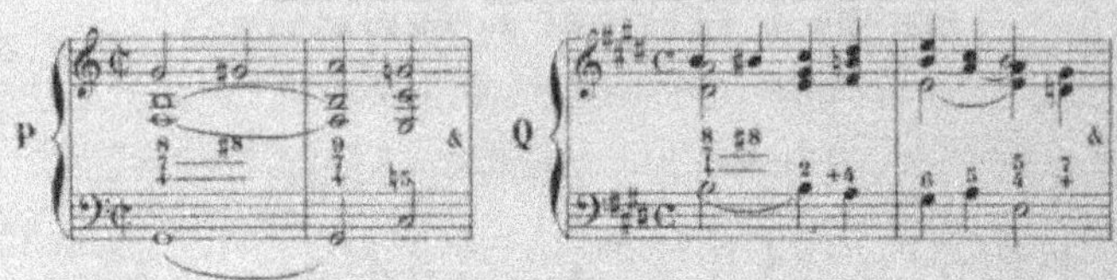

ALTÉRATIONS PRÉPARÉES

dans l'accord de septième de dominante et ses renversements.

BASSE et CHANT ALTERNÉS

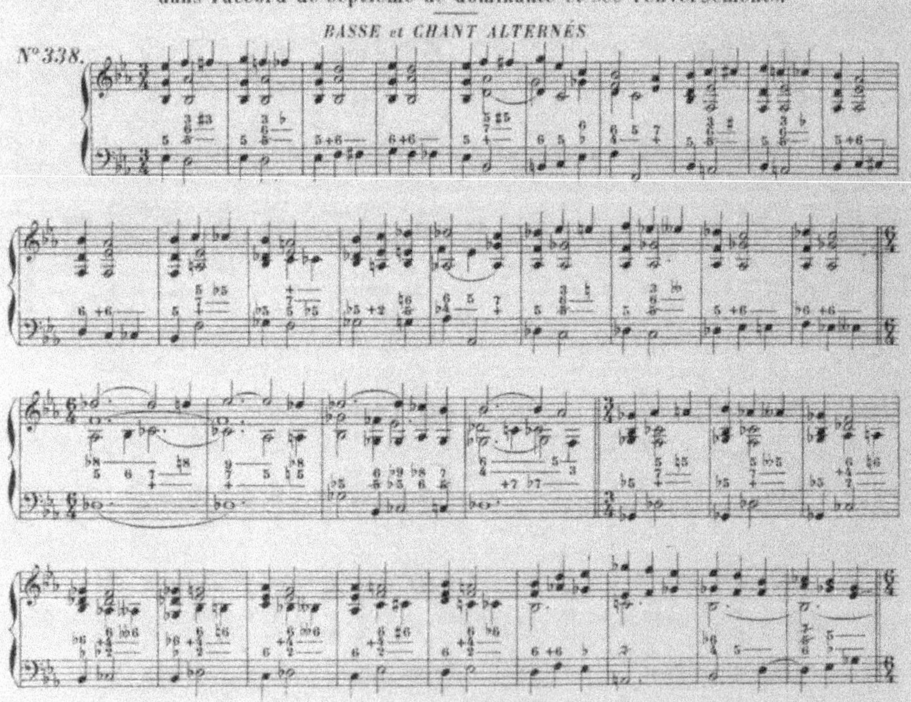

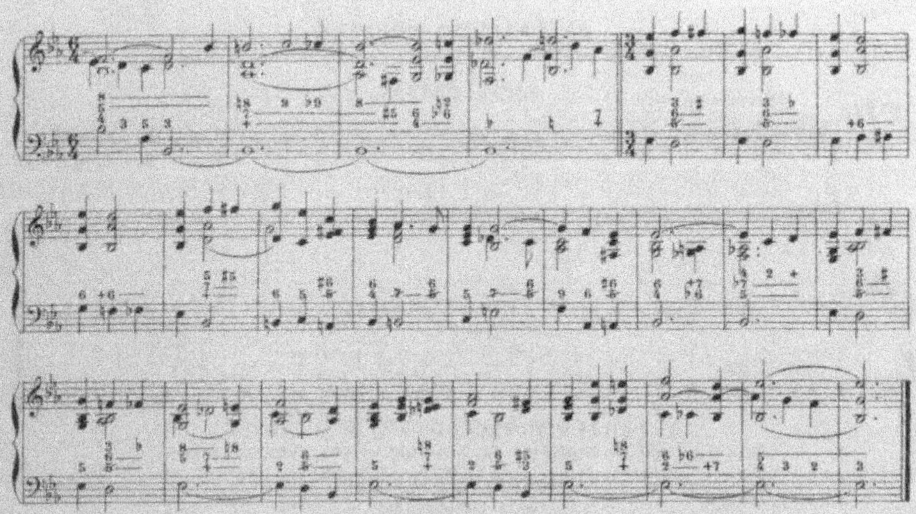

ALTÉRATIONS NON-PRÉPARÉES
dans l'accord de septième de dominante et ses renversements.

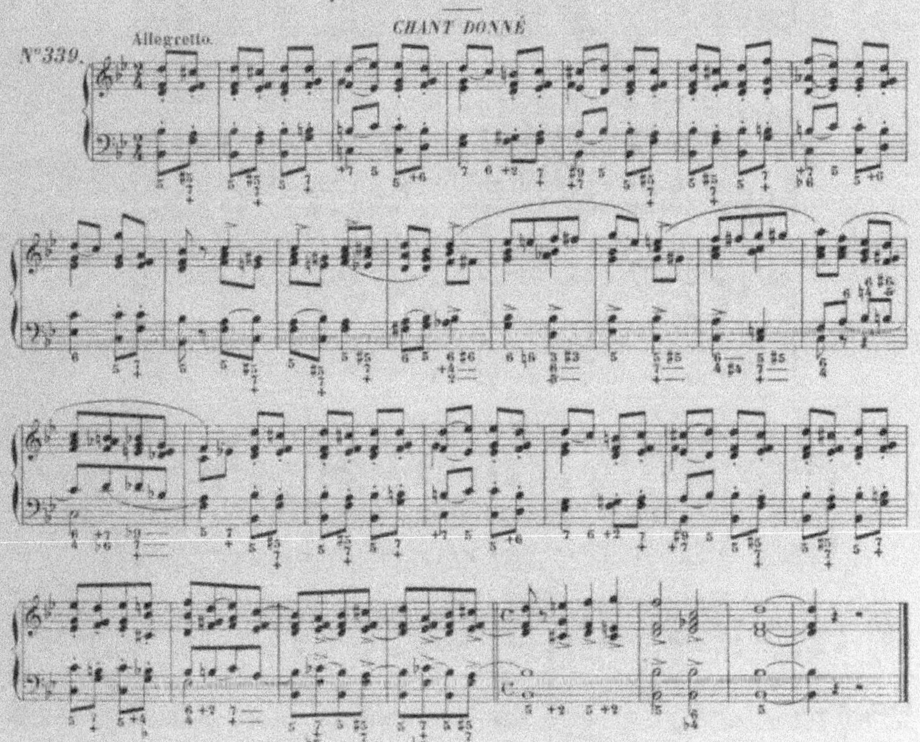

ALTÉRATIONS DOUBLES
dans l'accord de septième de dominante et ses renversements.

BASSE DONNÉE

Nº 340. Allegro moderato.

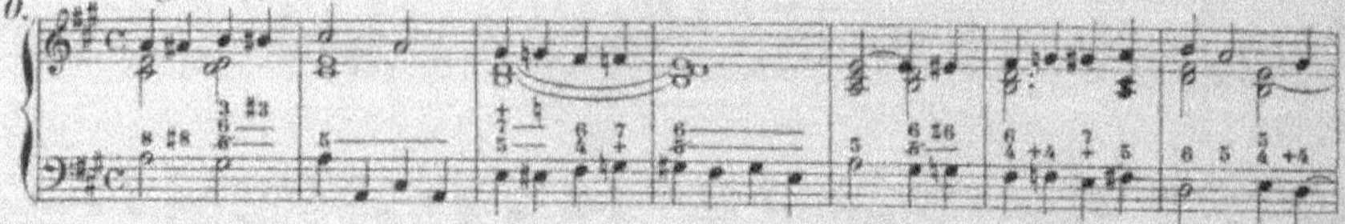

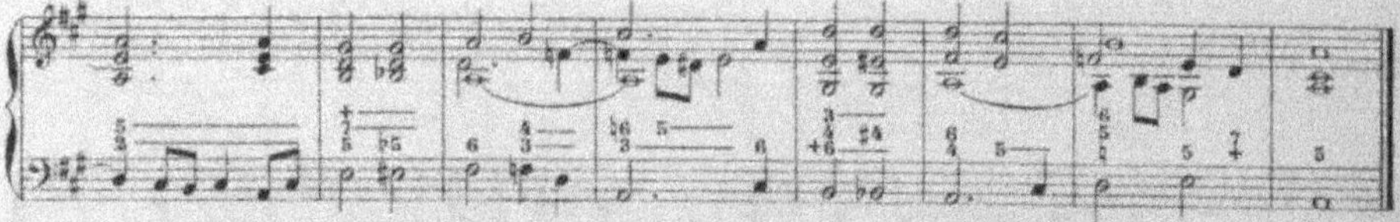

ALTÉRATION ASCENDANTE de la TIERCE
dans l'accord de septième de sensible et ses renversements.

MARCHES D'HARMONIE

Nº 341.

ÉTAT FONDAMENTAL

A

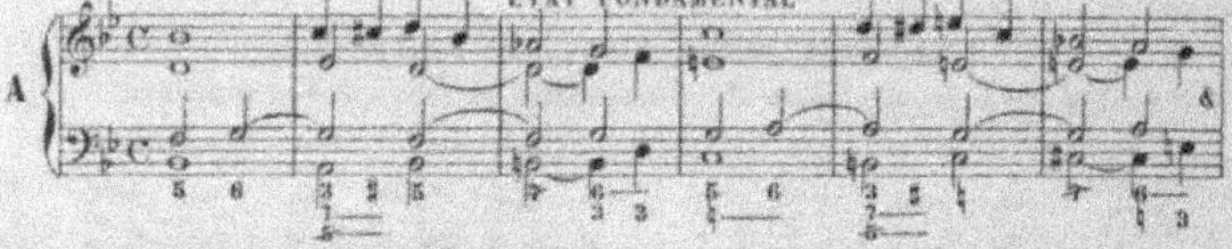

PREMIER RENVERSEMENT

B

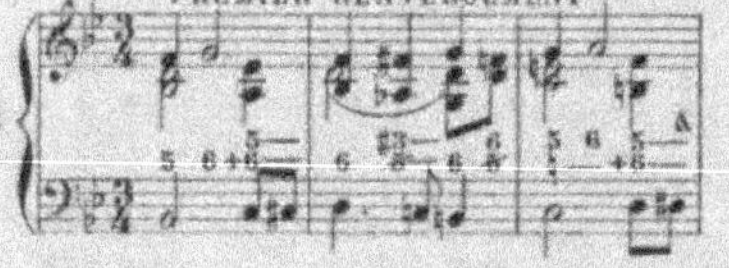

DEUXIÈME RENVERSEMENT

C

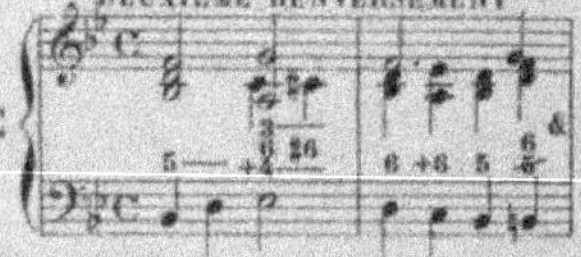

TROISIÈME RENVERSEMENT

D

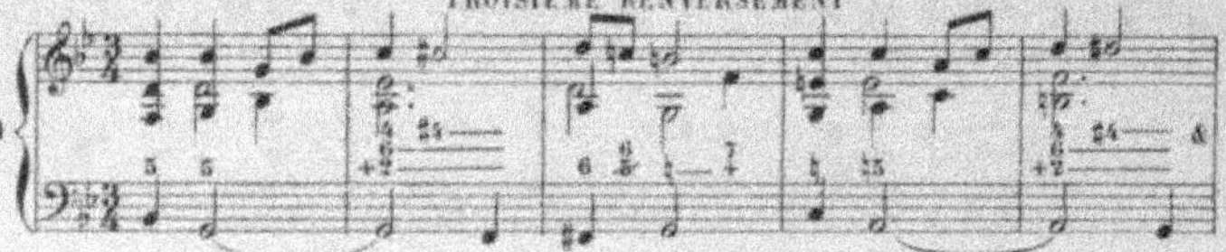

BASSE DONNÉE

Nº 342. Molto moderato.

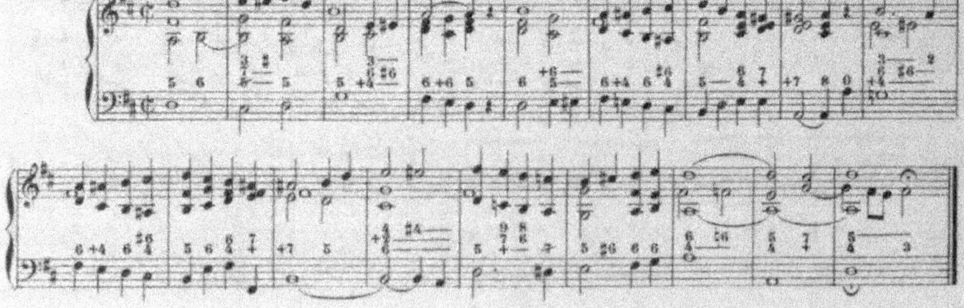

ALTÉRATION DESCENDANTE de la TIERCE
dans l'accord de septième de sensible et ses renversements.

MARCHES D'HARMONIE

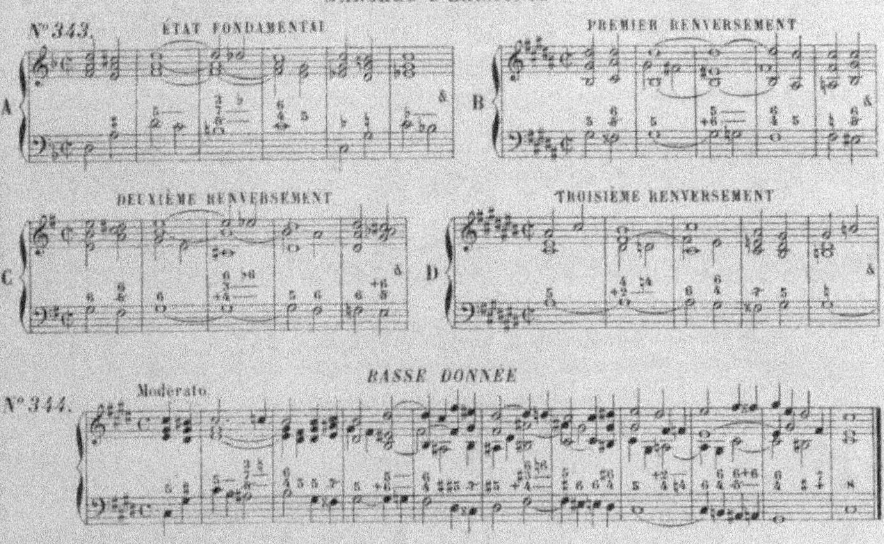

ALTÉRATIONS DESCENDANTES SIMULTANÉES de la TIERCE et de la SEPTIÈME
dans l'accord de septième de sensible et son deuxième renversement.

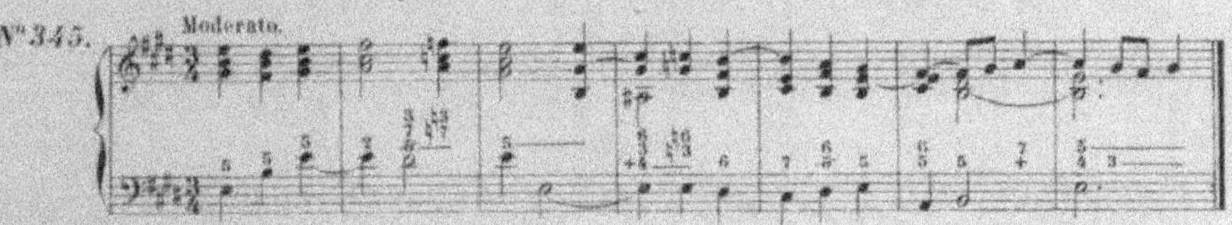

ALTÉRATION DESCENDANTE de la TIERCE
dans l'accord de septième diminuée et ses renversements.

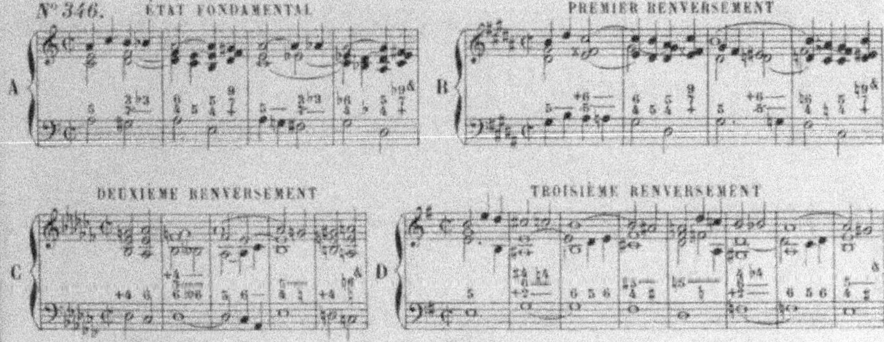

BASSE DONNÉE

N° 347. Andantino.

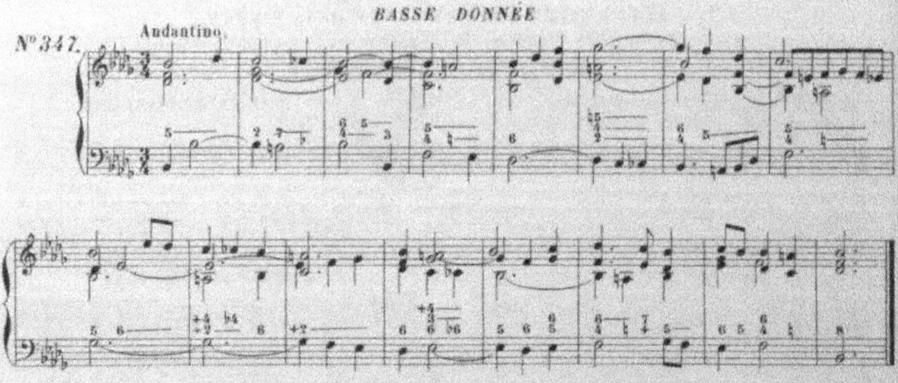

ALTÉRATION ASCENDANTE de la TIERCE
dans l'accord de septième diminuée et ses renversements.

MARCHES D'HARMONIE

N° 348.

A &

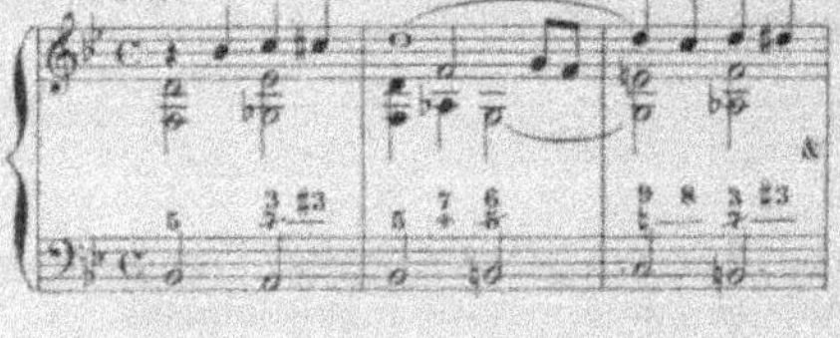

B &

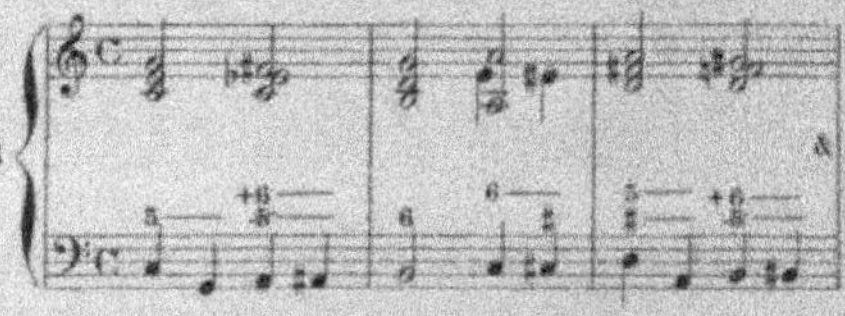

C &

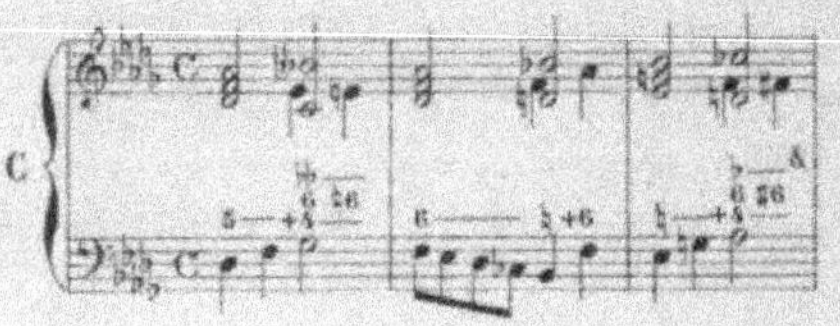

D &

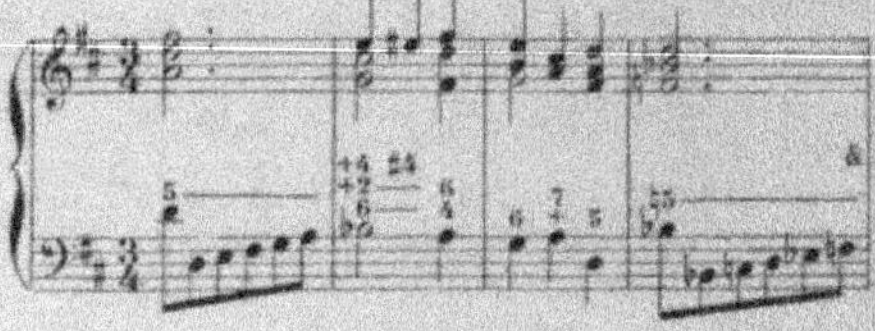

BASSE DONNÉE

N° 349. Allegro moderato.

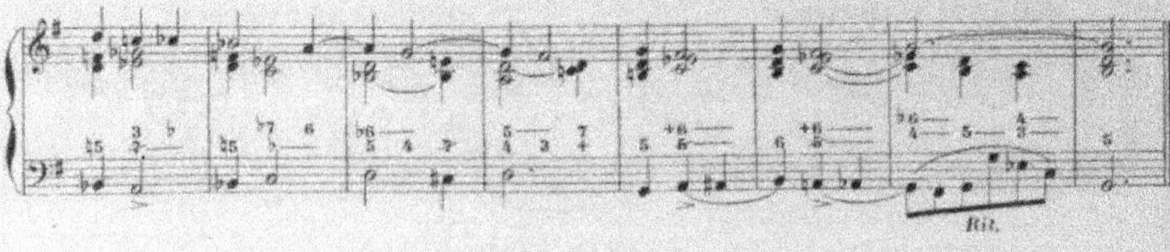

Rit.

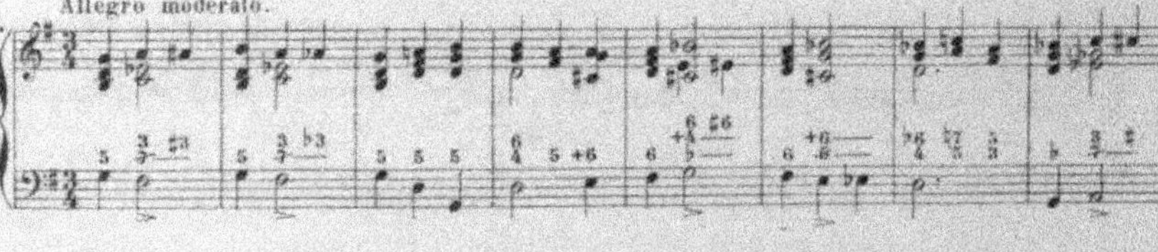

ALTÉRATION ASCENDANTE de la QUINTE
dans l'accord de neuvième majeure de dominante et ses renversements.

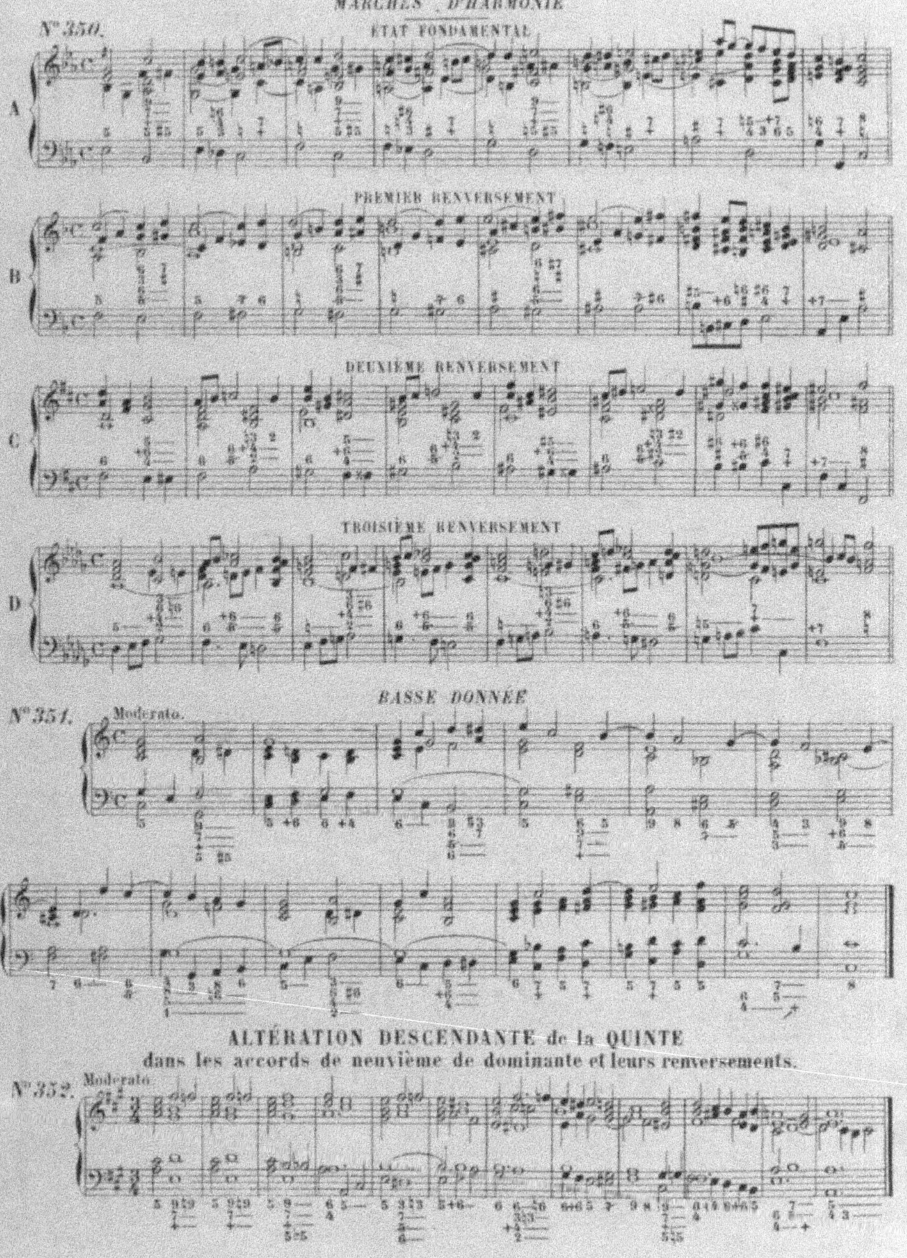

ALTÉRATION DESCENDANTE de la QUINTE
dans les accords de neuvième de dominante et leurs renversements.

ALTÉRATION ASCENDANTE de la FONDAMENTALE dans l'accord de septième du 4me degré du mode mineur.

N° 353. *MARCHES D'HARMONIE*

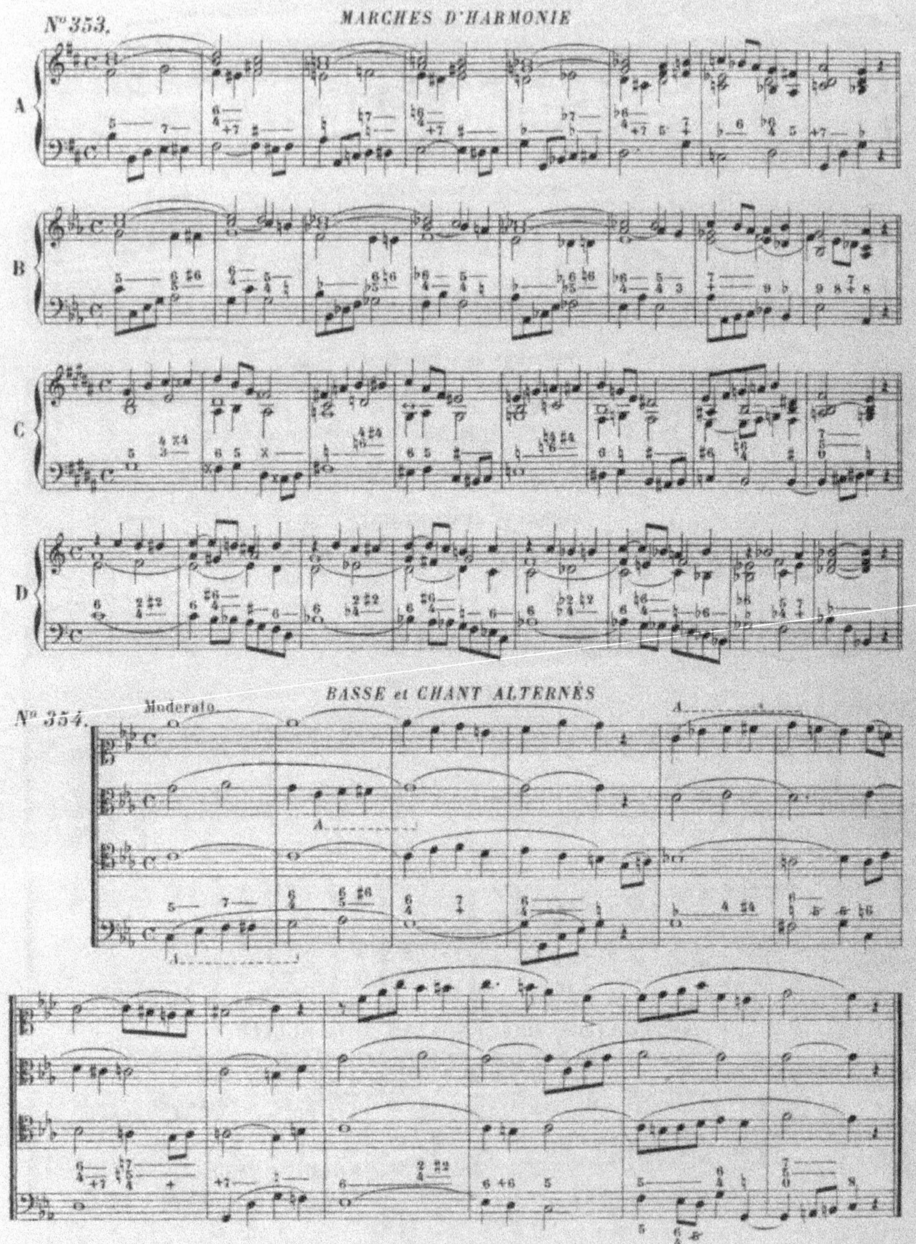

ALTÉRATIONS DIVERSES
dans l'accord de septième mineure et ses renversements.

BASSE DONNÉE

N° 355.

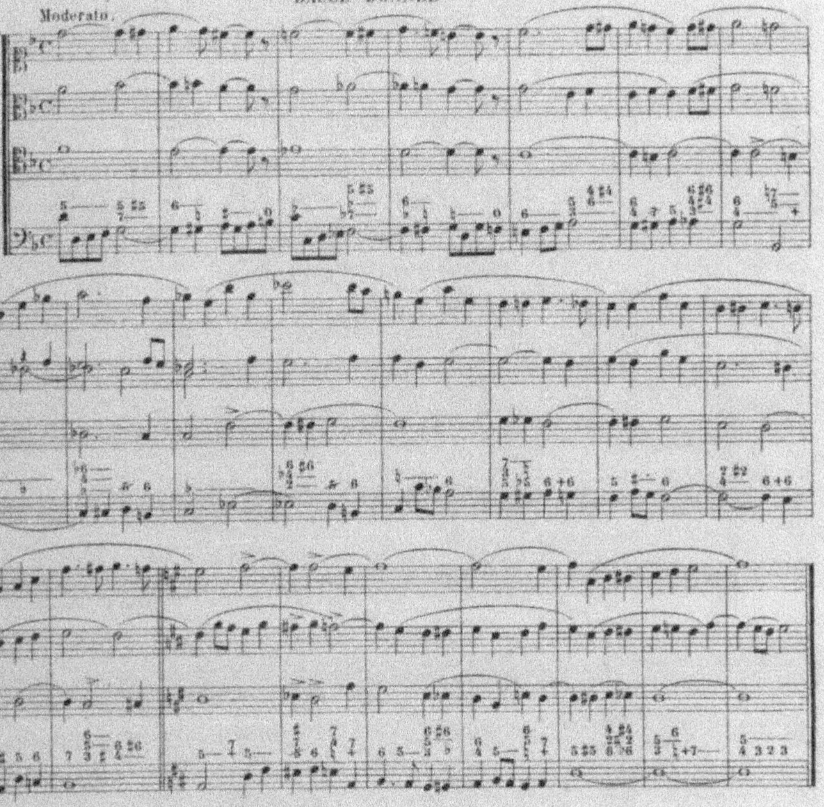

Moderato.

ALTÉRATIONS ASCENDANTES de la TIERCE et de la QUINTE
dans l'accord de septième majeure et ses renversements.

CHANT DONNÉ

N° 356.

Molto moderato.

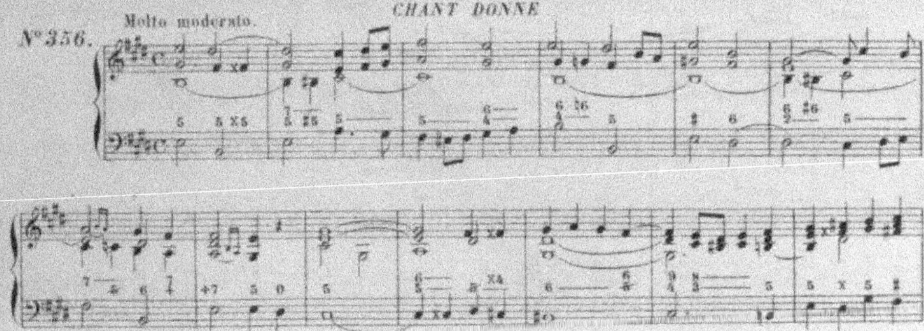

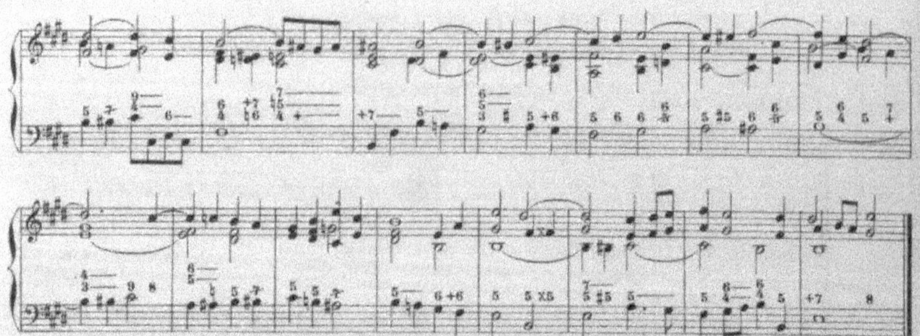

ALTÉRATIONS DIVERSES
dans l'accord de septième majeure et ses renversements.

BASSE DONNÉE

N° 357. Allegretto.

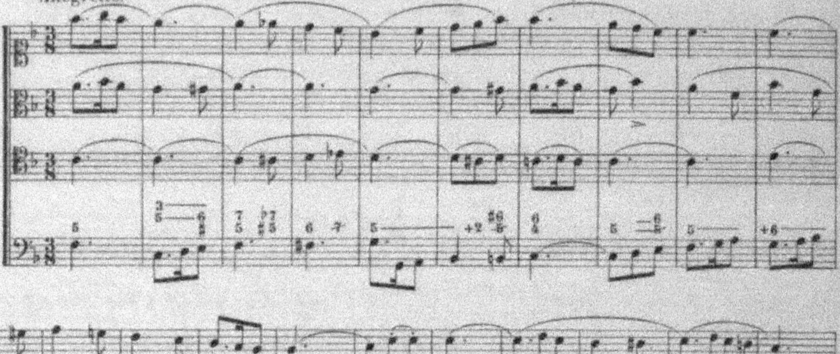

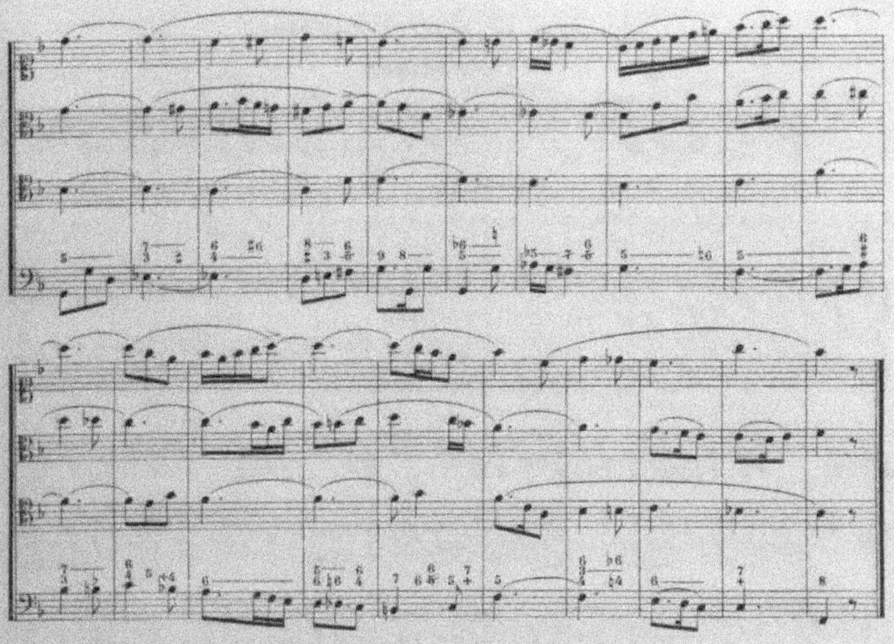

ALTÉRATION ASCENDANTE de la TIERCE
dans l'accord de septième mineure et quinte diminuée fondamental et renversé.

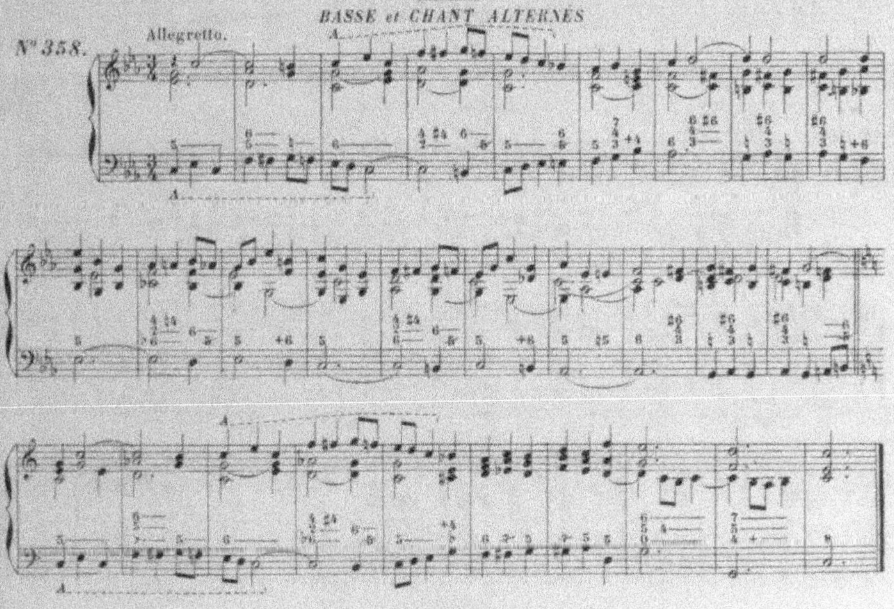

ACCORDS de SIXTE AUGMENTÉE

BASSE DONNÉE

Nº 359. Molto moderato.

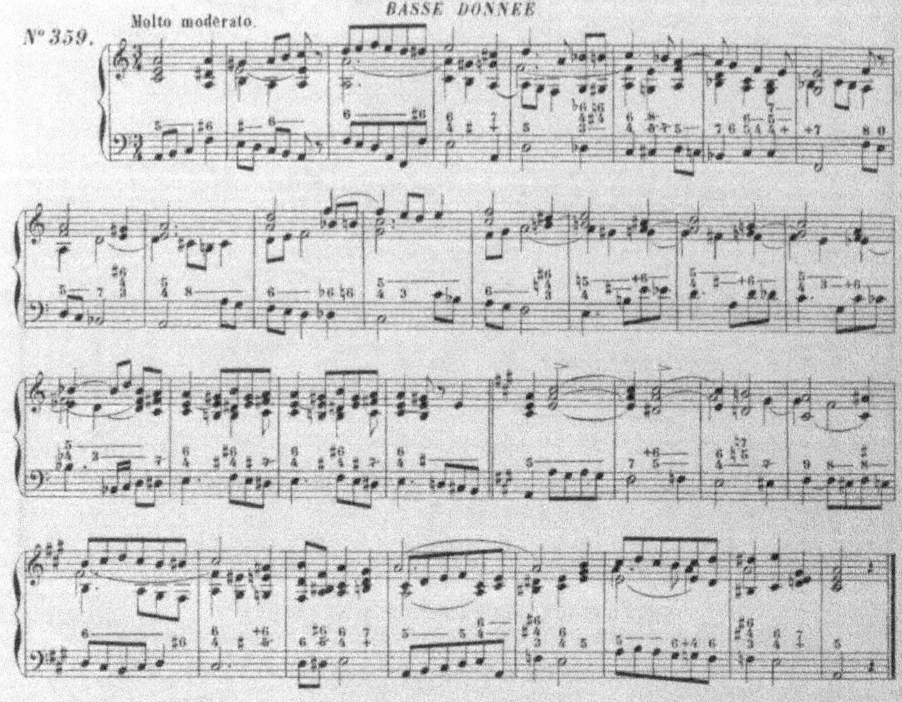

ALTÉRATIONS RETARDÉES par leur DEGRÉ SUPÉRIEUR

BASSE DONNÉE

Nº 360. Moderato.

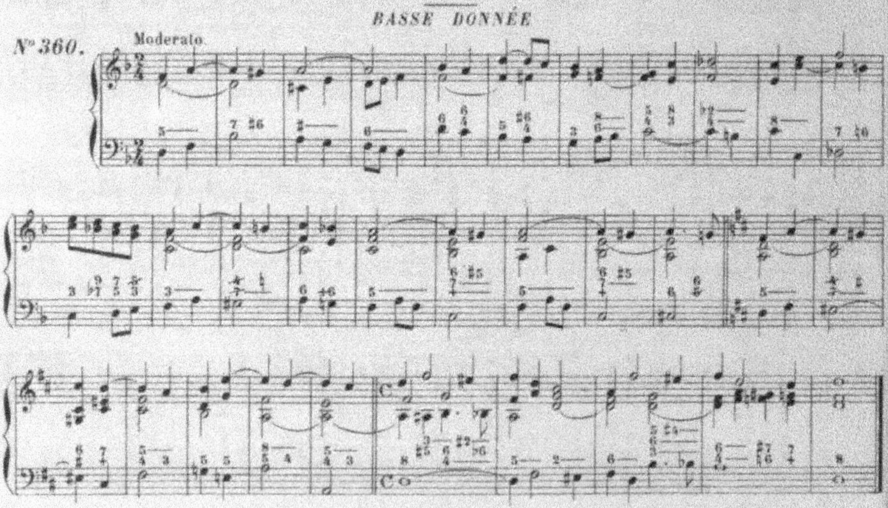

ALTÉRATIONS et RETARDS SIMULTANÉS

MARCHES D'HARMONIE

ALTÉRATION ASCENDANTE de la 5te et RETARD de la FONDAMENTALE dans l'ACCORD PARFAIT MAJEUR

N° 361.

ETAT FONDAMENTAL

A

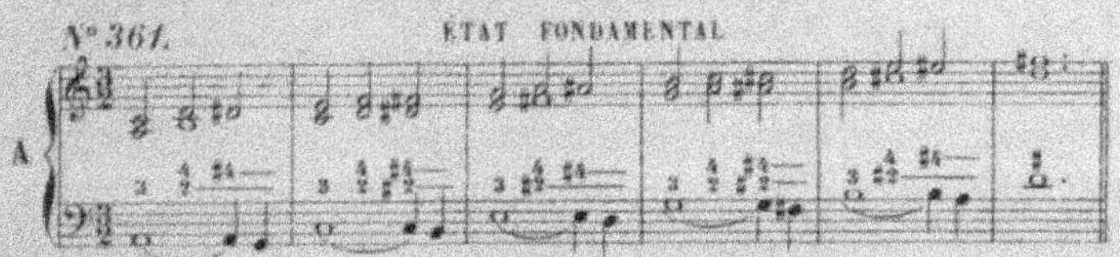

PREMIER RENVERSEMENT

B

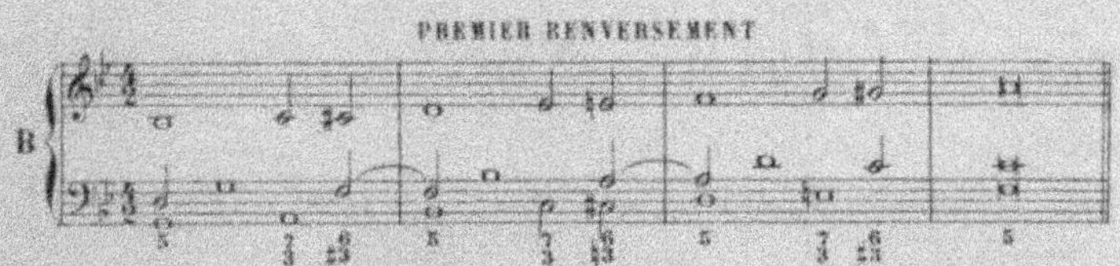

SECOND RENVERSEMENT

C

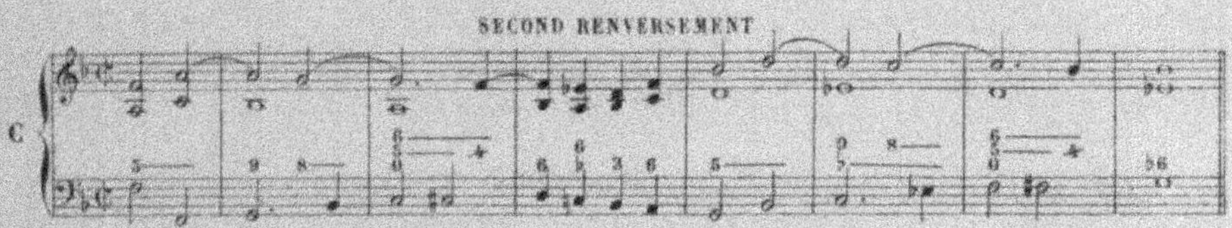

ALTÉRATION ASCENDANTE de la 5te et RETARD de la FONDAMENTALE dans l'ACCORD PARFAIT MINEUR

D

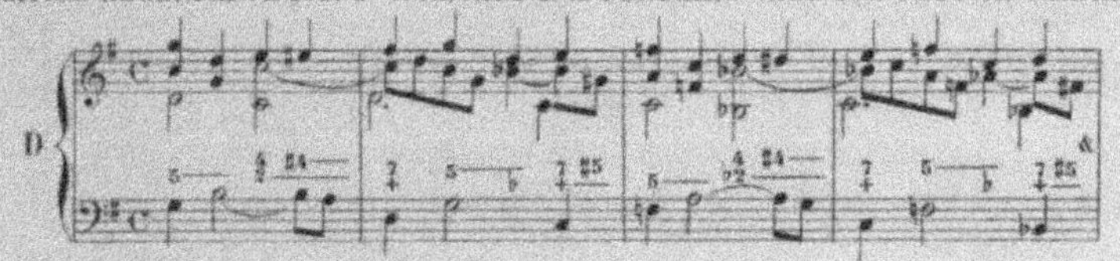

ALTÉRATION ASCENDANTE de la 3ce et RETARD de la FONDAMENTALE dans l'ACCORD de 5te DIMINUÉE

E

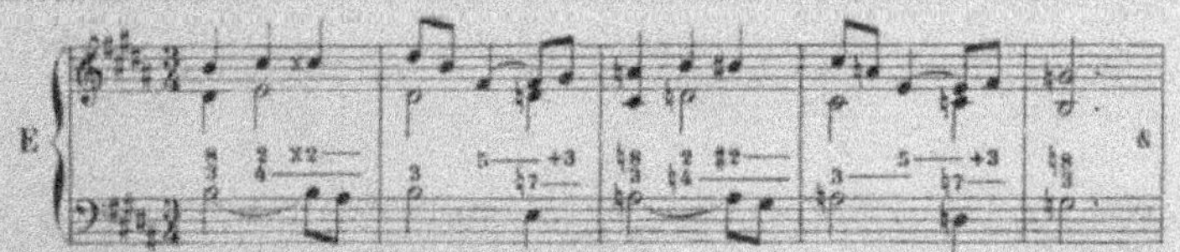

ALTÉRATION ASCENDANTE de la 5te et RETARD de la 3ce dans l'ACCORD PARFAIT MAJEUR

ETAT FONDAMENTAL — PREMIER RENVERSEMENT

F — G

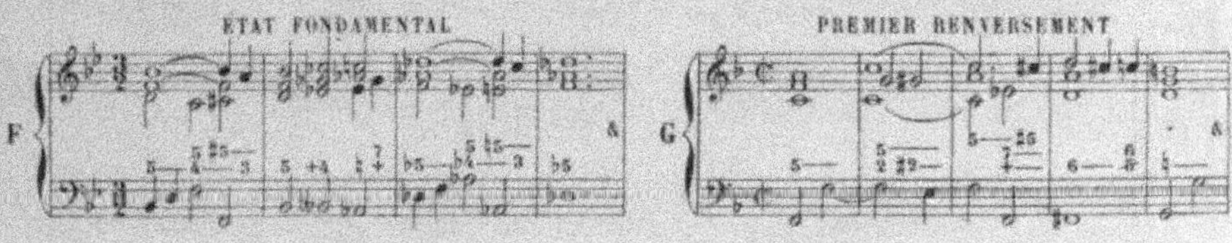

ALTÉRATIONS et RETARDS SIMULTANÉS

CHANT DONNÉ

Nº 362.

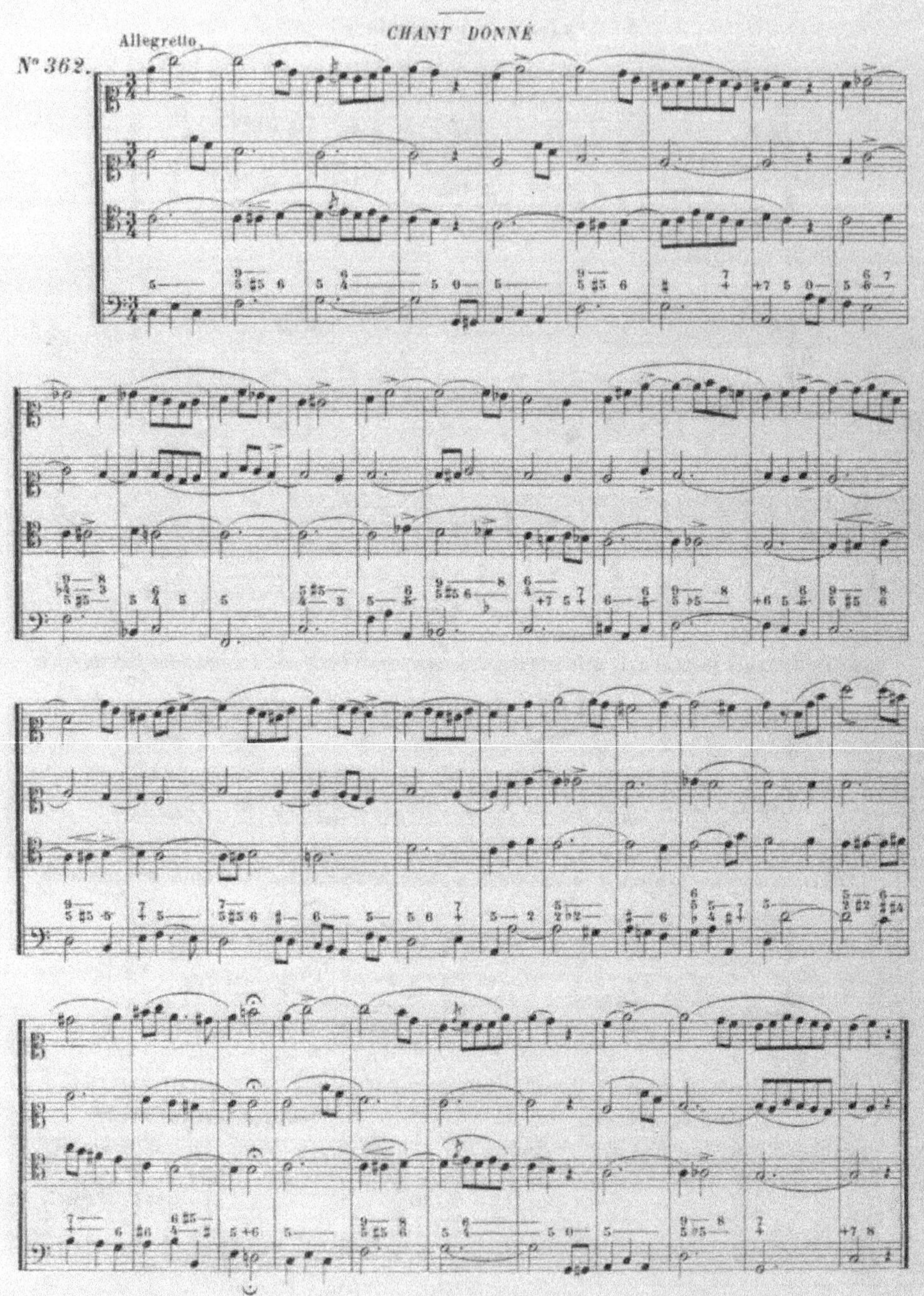

MODULATIONS ENHARMONIQUES

BASSE DONNÉE

N° 363.

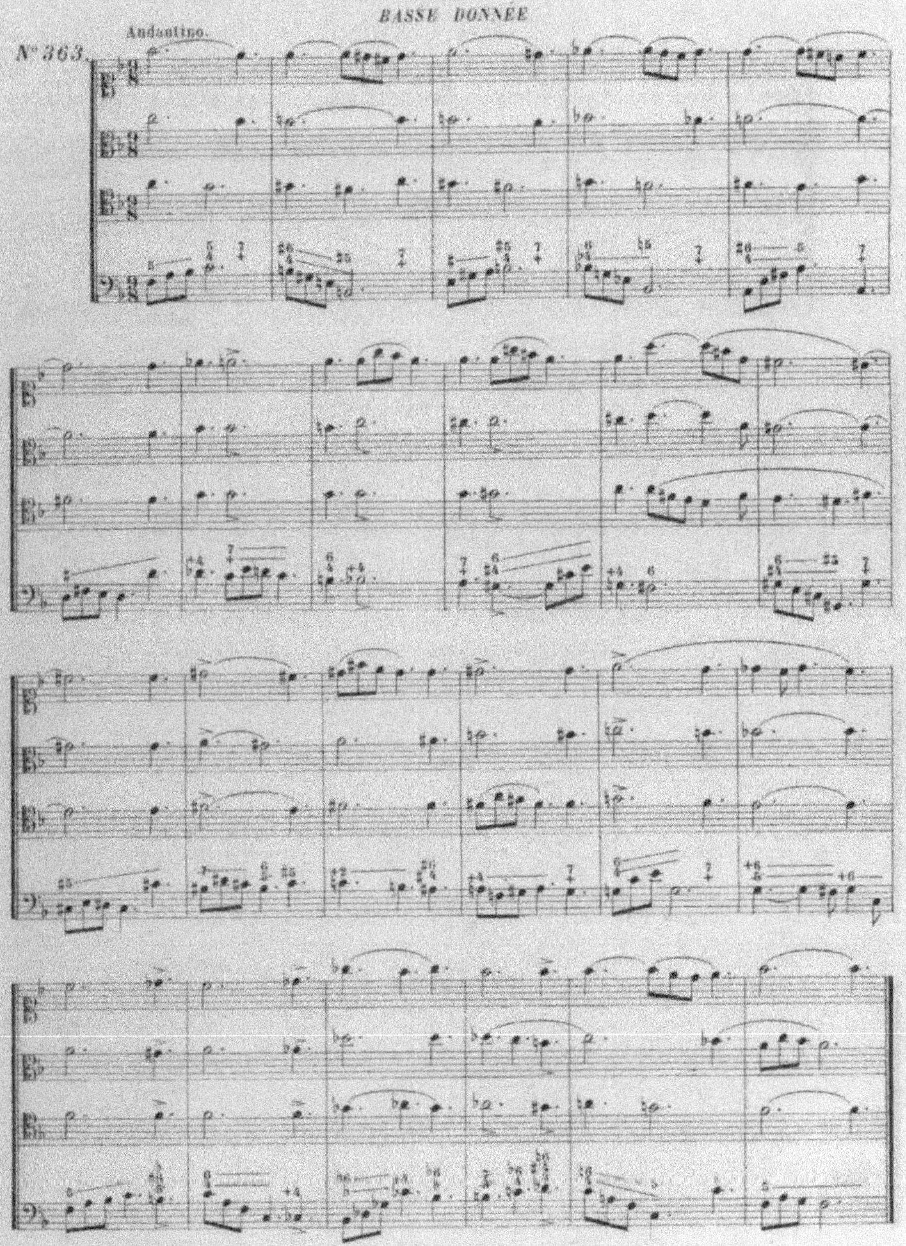

RETARDS RÉSULTANT de la PROLONGATION des NOTES ALTÉRÉES et résolutions exceptionnelles des altérations non-préparées.

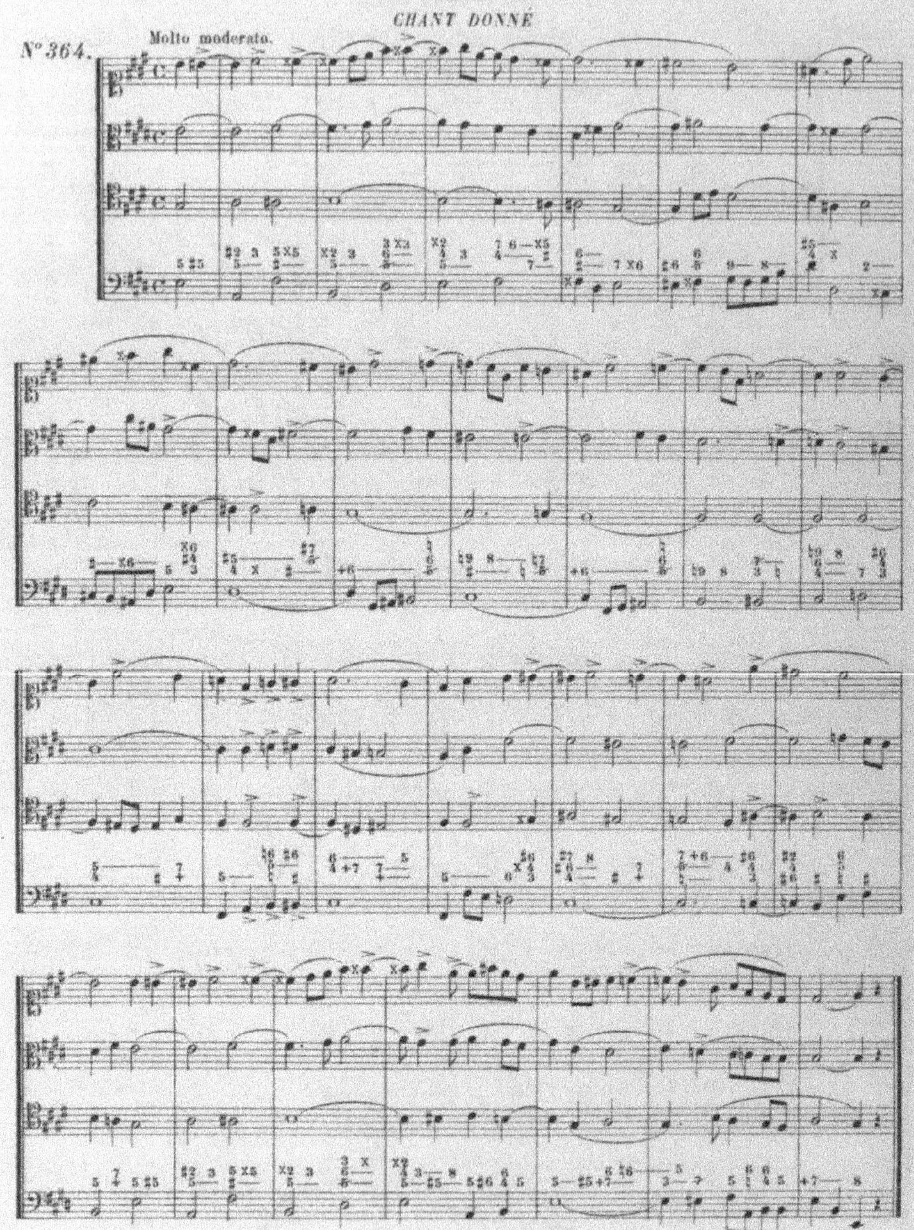

PÉDALES

Nº 365.

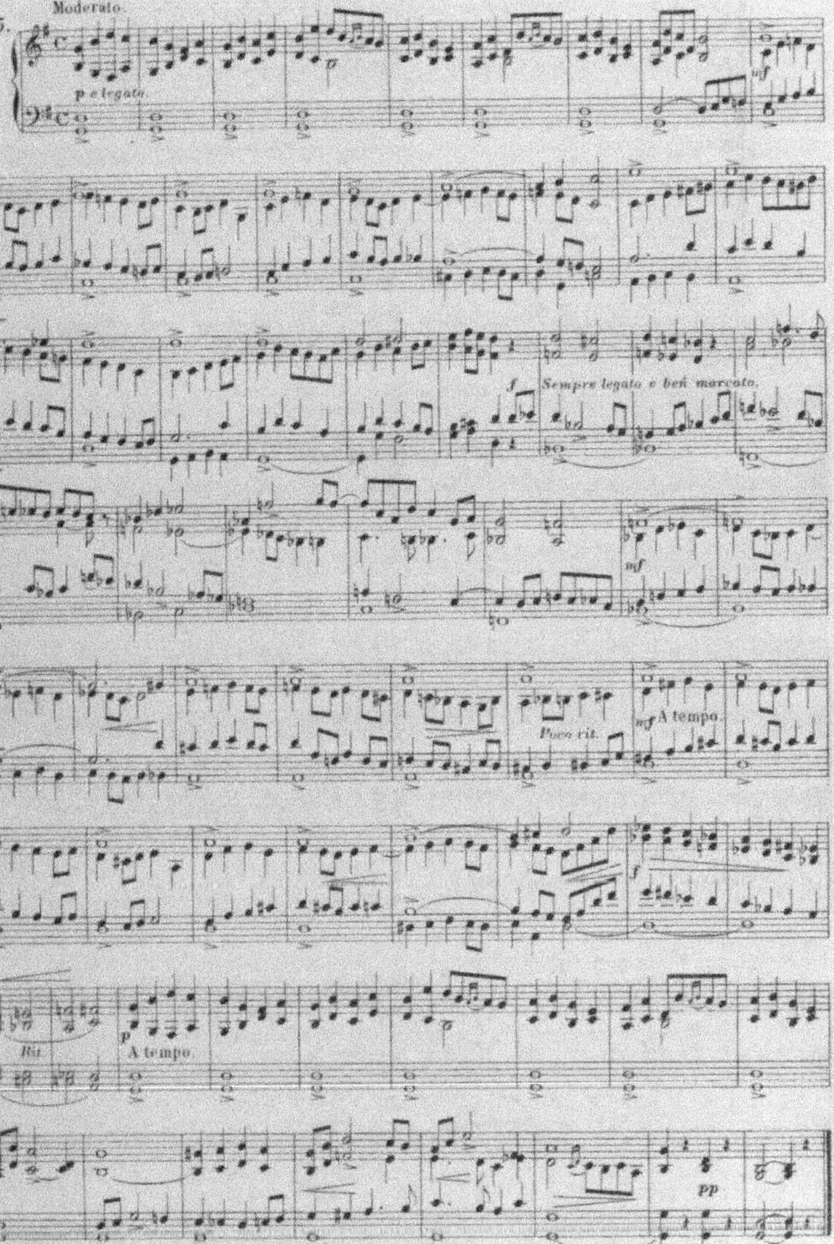

Moderato.

p e legato.

mf

f

Sempre legato e beǹ marcato.

mf

Poco rit.

mf A tempo.

f

Rit.

p A tempo.

pp

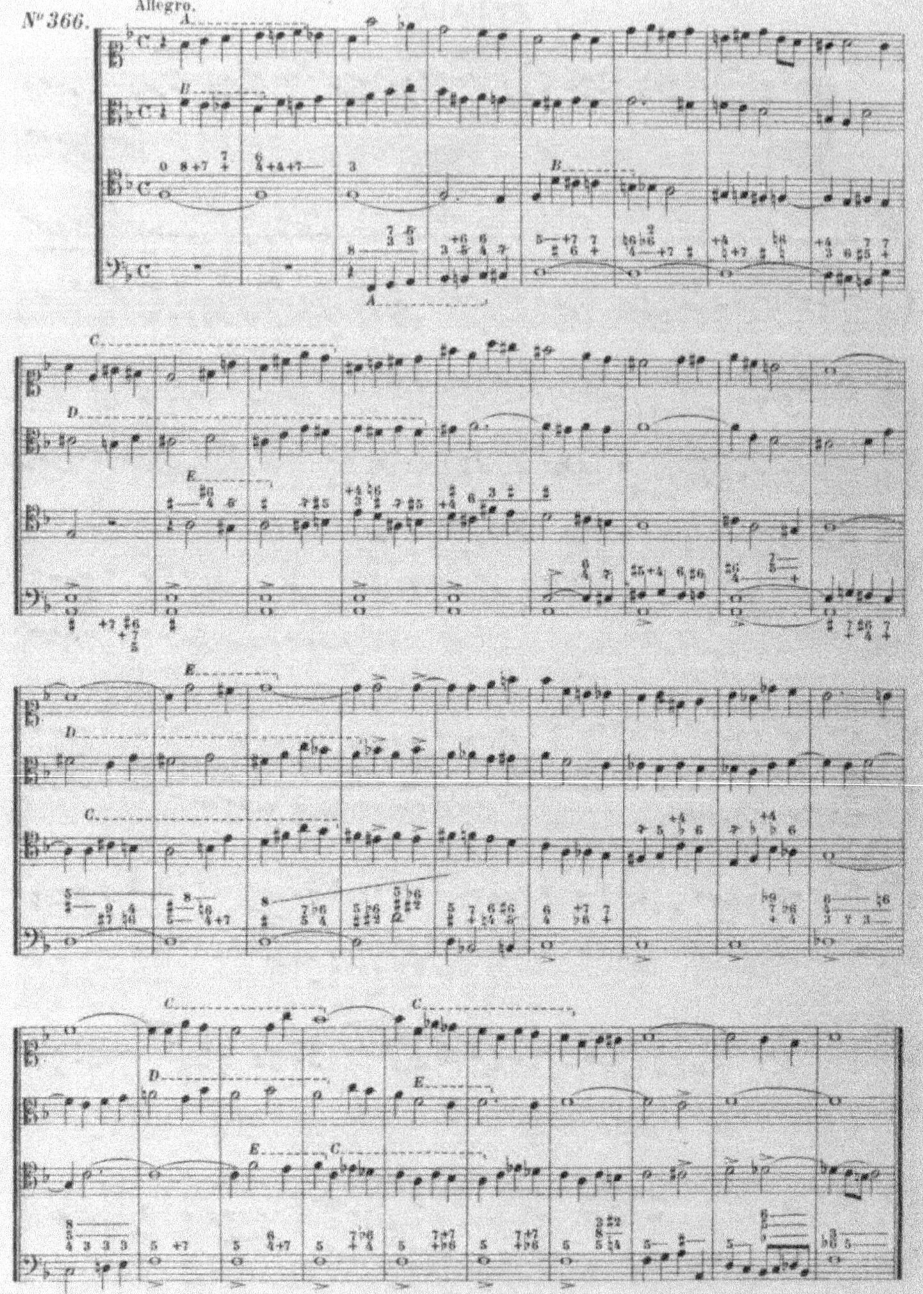
Nº 366.
Allegro.
A.
B.
C.
D.
E.

CHANT DONNÉ

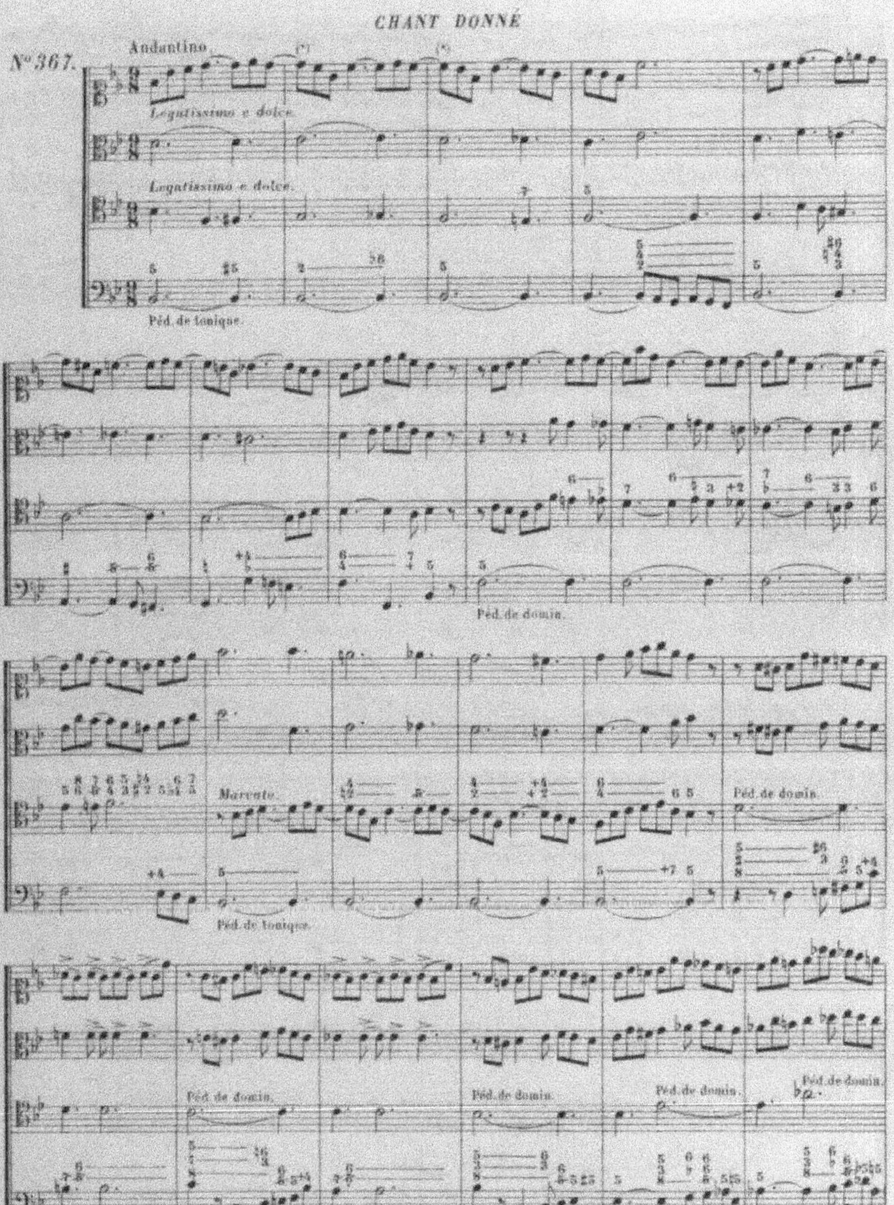

(*) Ces *retards* sont *tellement courts* que nous n'avons pas voulu les indiquer *dans le chiffrage*, pour simplifier.

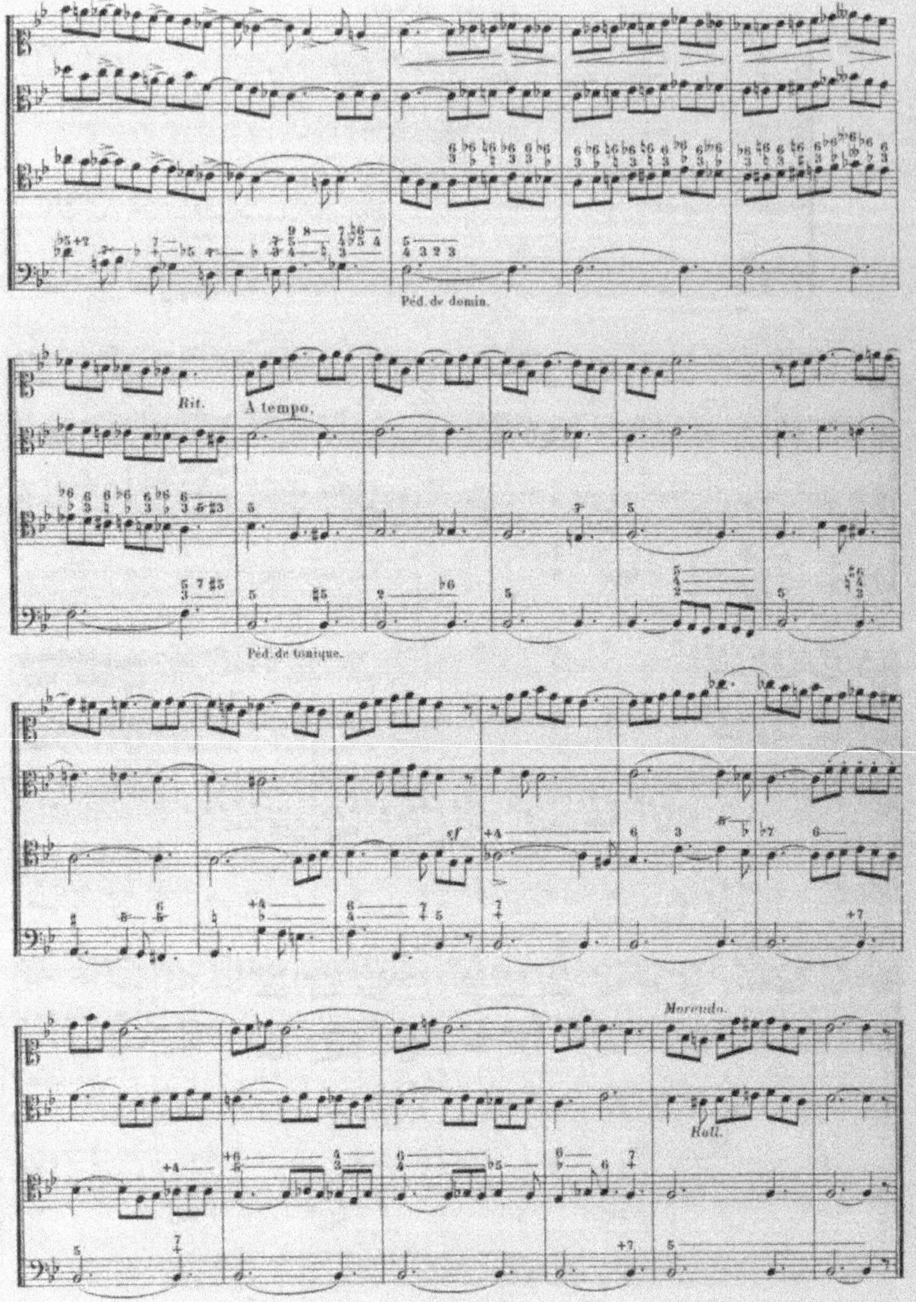
Péd. de domin.
Rit.
A tempo.
Péd. de tonique.
sf
Morendo.
Rall.

N° 368.

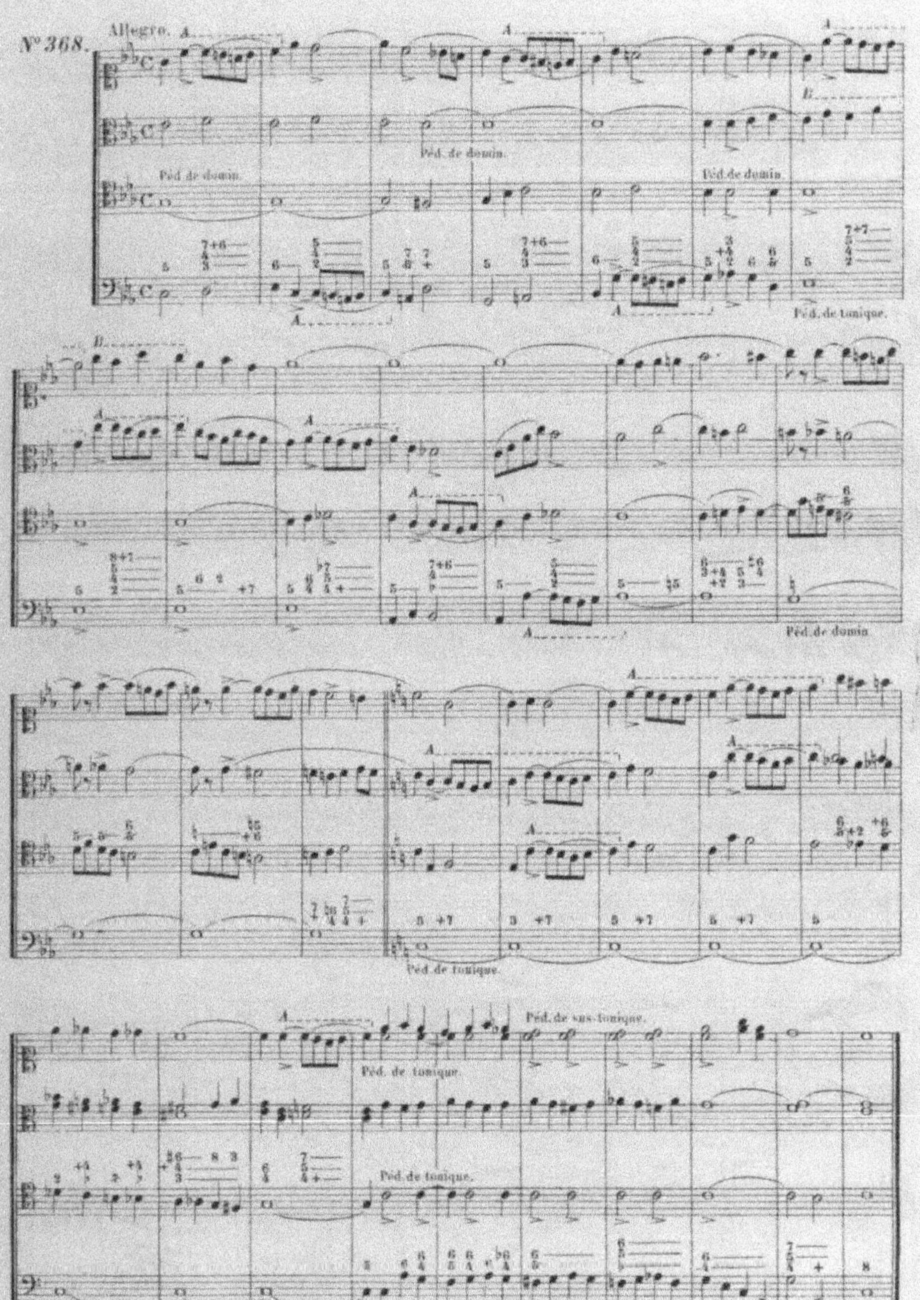

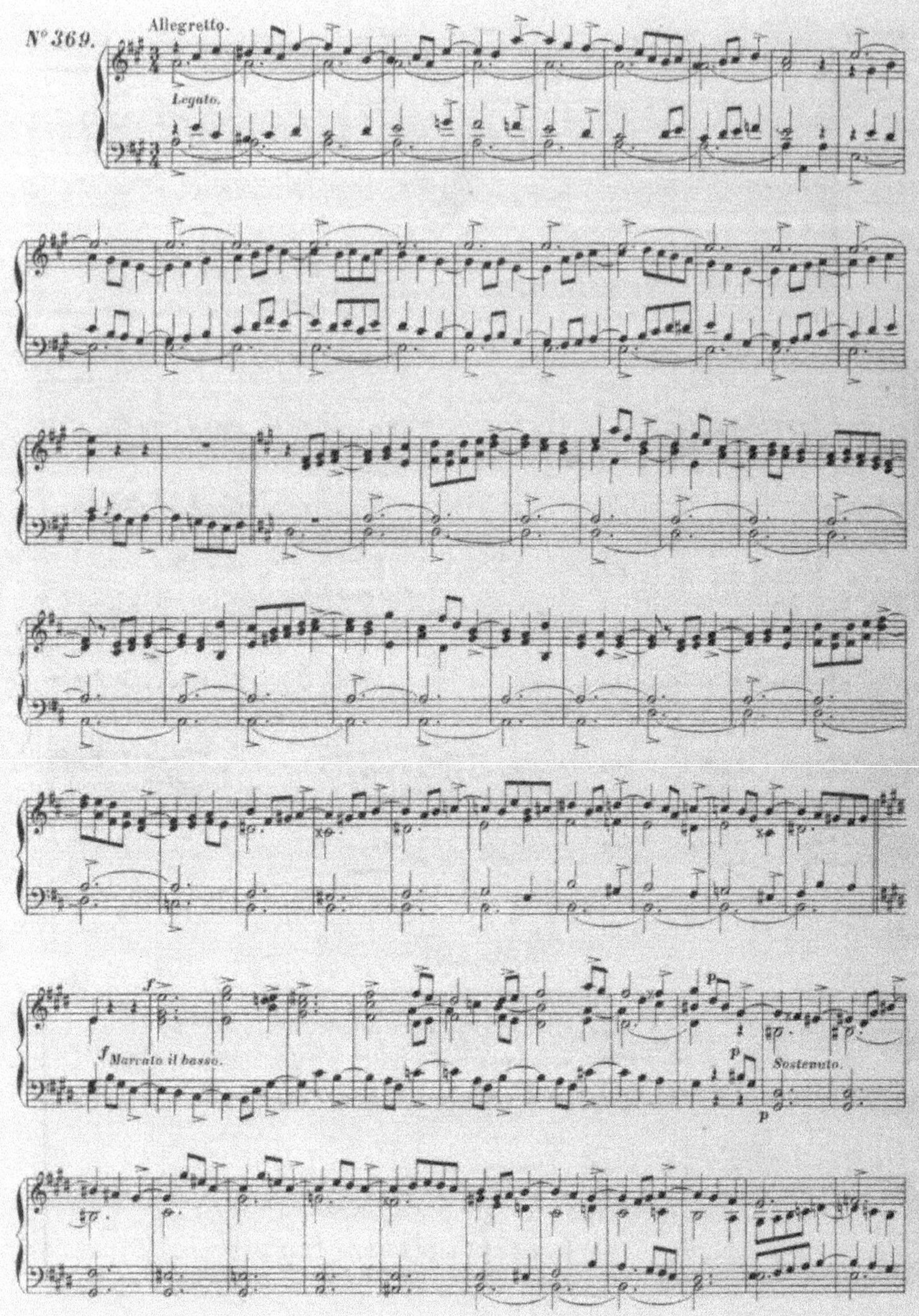
N° 369.
Allegretto.
Legato.
f
Marcato il basso.
p
Sostenuto.

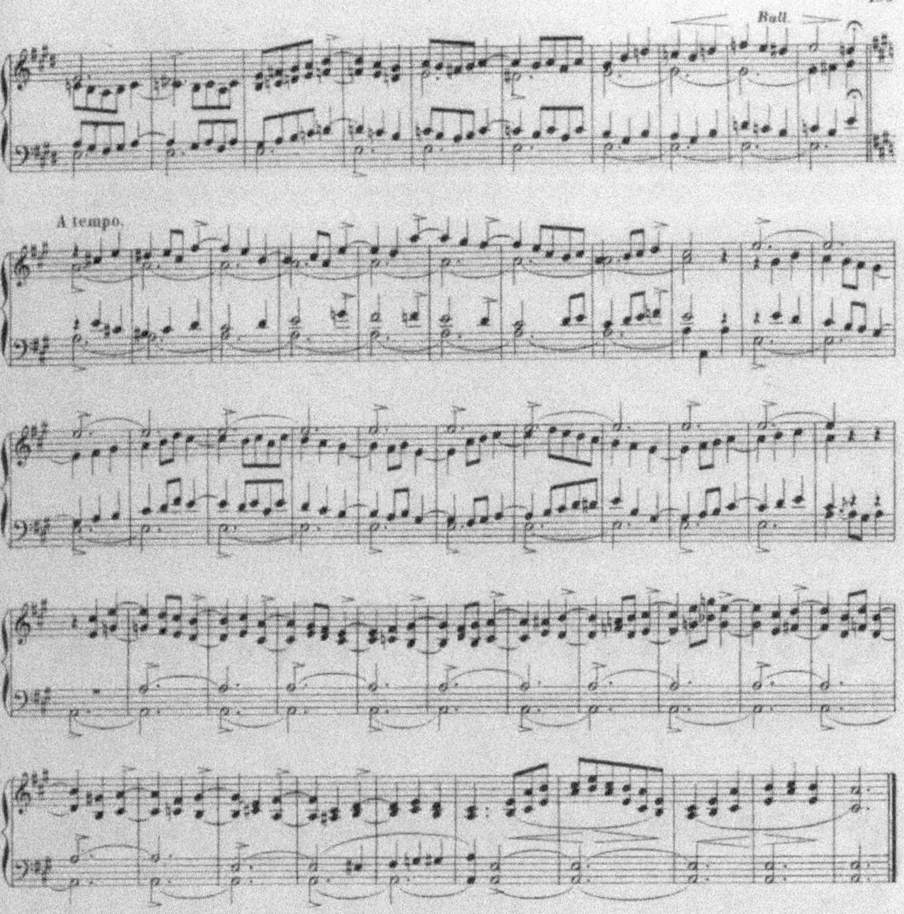

Rall.

A tempo.

APPOGGIATURES

MARCHES D'HARMONIE

N° 370.

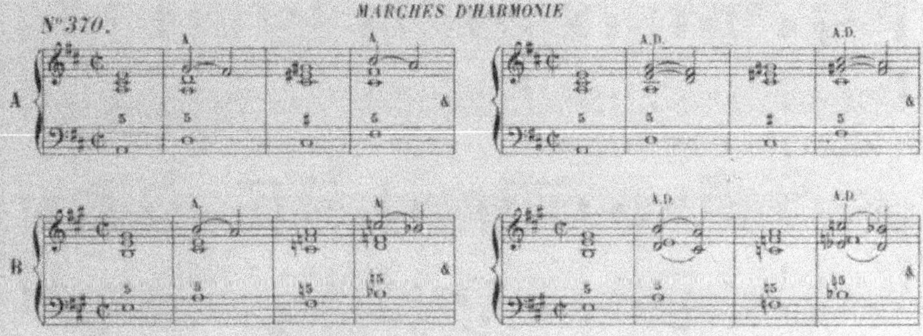

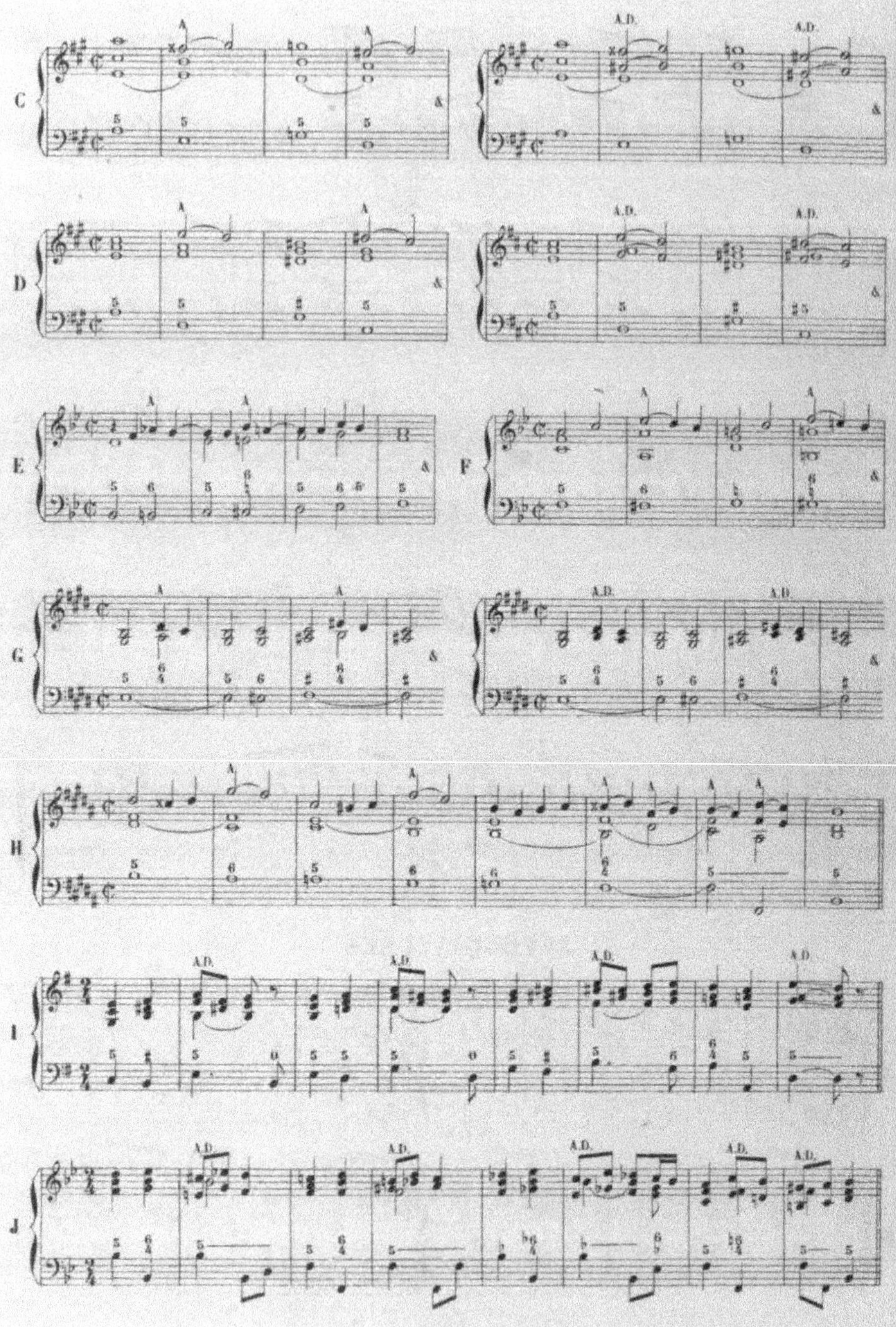
C
D
E
F
G
H
I
J
A
A.D.
&

CHANTS DONNÉS

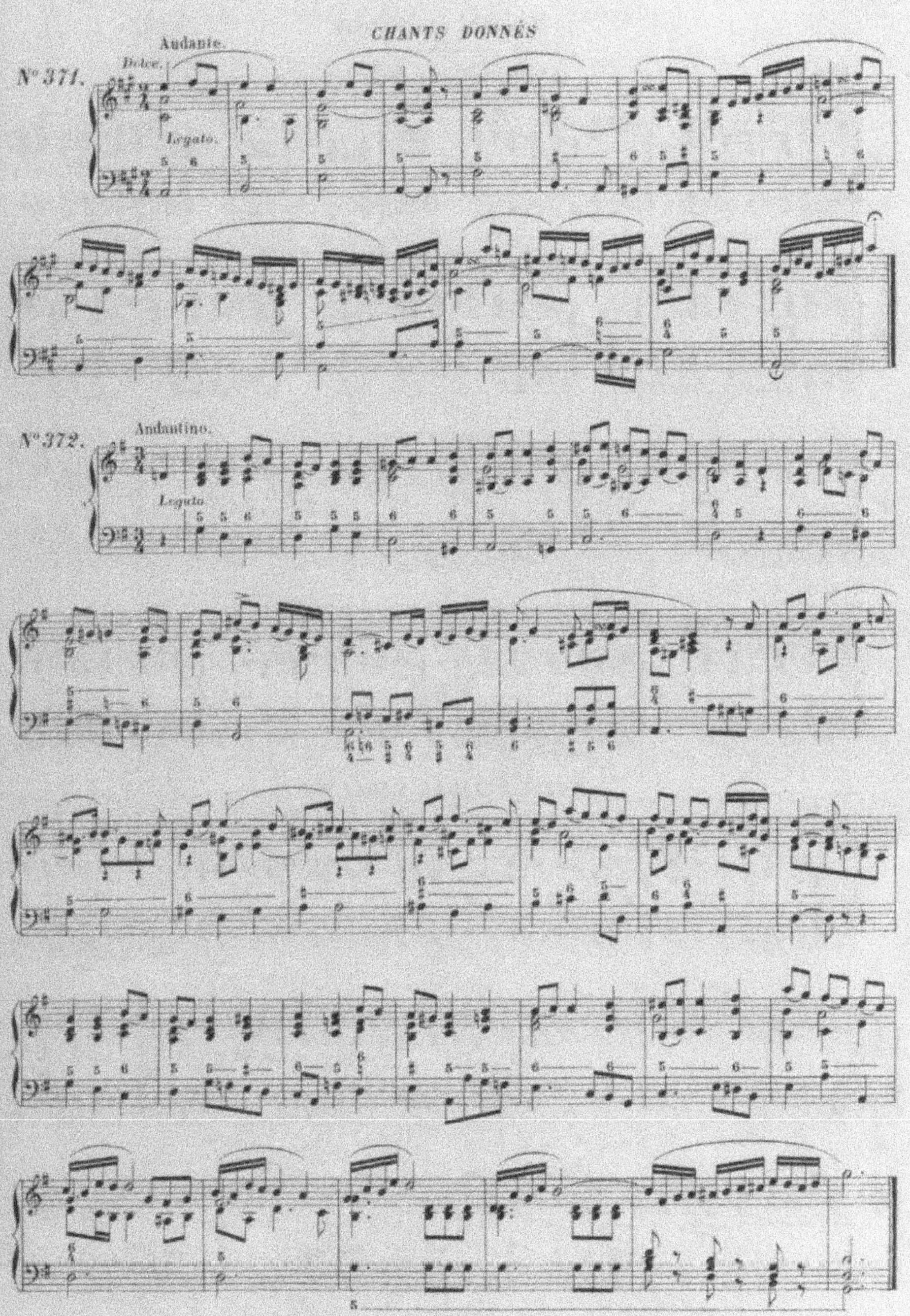

MARCHES D'HARMONIE

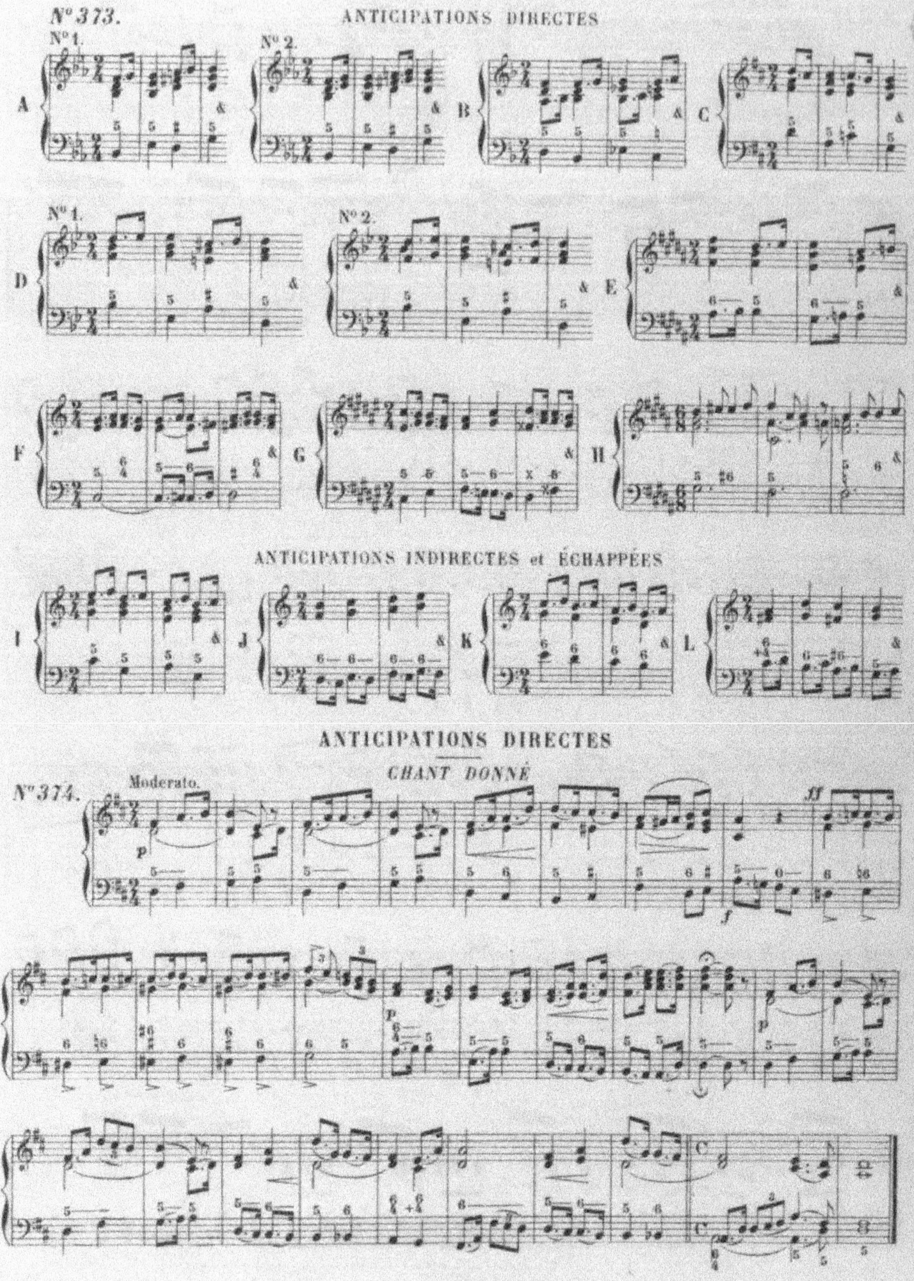

ANTICIPATIONS INDIRECTES et ÉCHAPPÉES

BASSE et CHANT ALTERNÉS

N° 375. Allegretto.

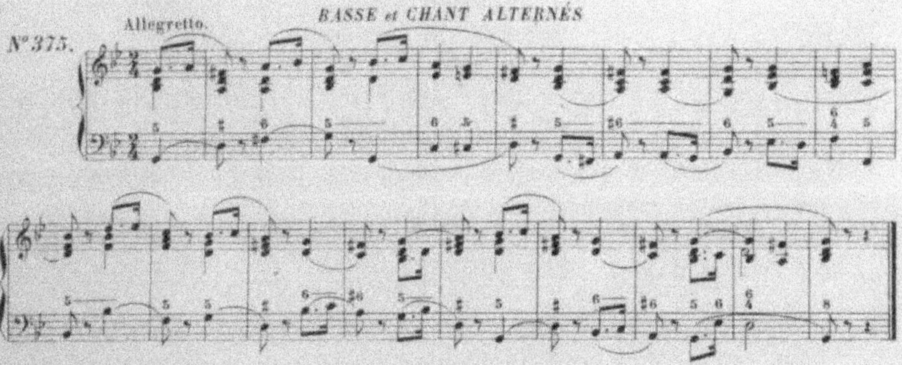

SYNCOPES

BASSE et CHANT ALTERNÉS

N° 376. Allegro agitato. *Sempre marcato.*

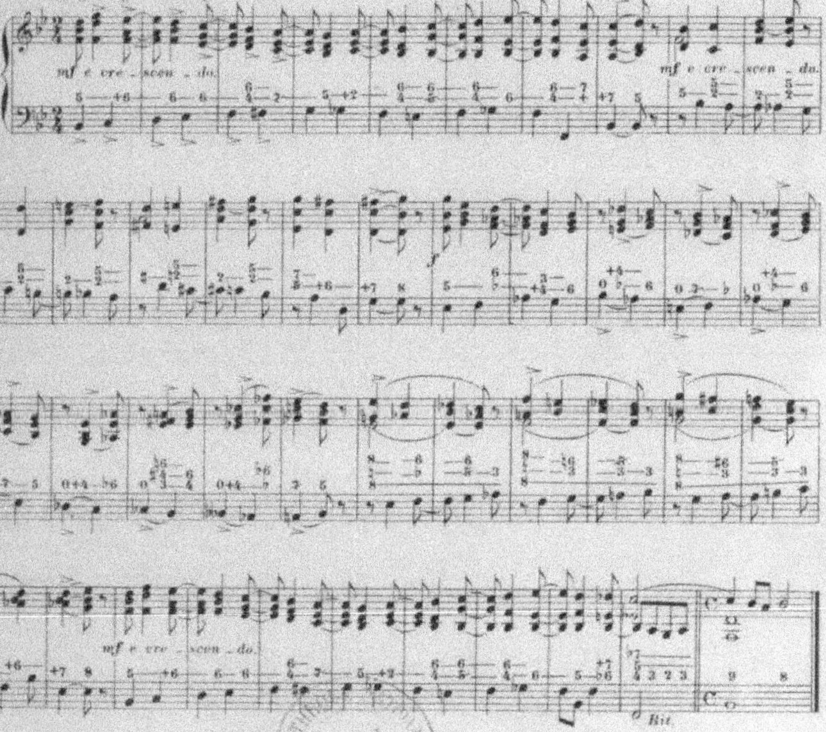

mf e cre - scen - do. *mf e cre - scen - do.*

f

mf e cre - scen - do.

Rit.

FIN

A.L. 6502.

www.ingramcontent.com/pod-product-compliance
Ingram Content Group UK Ltd.
Pitfield, Milton Keynes, MK11 3LW, UK
UKHW022103260726
13993UKWH00001B/288